Filmstil

Perspektivierungen eines Begriffs

Filmstil

Perspektivierungen eines Begriffs

Herausgegeben von
Julian Blunk, Tina Kaiser, Dietmar Kammerer und Chris Wahl

edition text + kritik

Bibliografische Information der Deutschen Nationalbibliothek
Die Deutsche Nationalbibliothek verzeichnet diese Publikation in der Deutschen
Nationalbibliografie; detaillierte bibliografische Daten sind im Internet über
www.dnb.de abrufbar.

ISBN 978-3-86916-510-3

© edition text + kritik im Richard Boorberg Verlag GmbH & Co KG, München 2016
Levelingstraße 6a, 81673 München
www.etk-muenchen.de

Umschlaggestaltung: Thomas Scheer
Umschlagabbildung: Dreharbeiten zu KALTE HEIMAT, 1978/79 (W. Werner Schaefer)
Satz und Bildbearbeitung: Claudia Wild, Otto-Adam-Straße 2, 78467 Konstanz
Druck und Buchbinder: Laupp & Göbel, Robert-Bosch-Straße 42, 72180 Gomaringen

Inhalt

Inhalt

Stil-Mittel

Tina Kaiser, Dietmar Kammerer

Bemerkungen zu Filmstil zwischen Theorie, Geschichte und Analyse

Zur Einführung in den Band

Filmstil ist ein Begriff, der an verschiedene Felder (Disziplinen, Künste, Medien) anschlussfähig ist und zwischen diesen vermittelt, selbst aber bisher nur ungenügend in den Blick genommen worden ist. Dabei weist er eine erstaunliche Flexibilität auf. Er wird als Distinktionsmerkmal individueller Filme und Personen ebenso verwendet wie zur Feststellung der Zusammengehörigkeit von Werkgruppen. Er wird einerseits der autonomen Entscheidung eines Künstlersubjekts zugerechnet, andererseits und dazu gegenläufig den äußeren (technischen, ökonomischen, kulturellen) Bedingungen ästhetischer Produktion. Dominante ästhetische Konventionen werden als »Stil« beschrieben, aber auch die Abweichung, das Zufällige, das Inkommensurable und das Unbeherrschbare. Stil ist Autonomie und Heteronomie, Epoche und Individuum, ein anzustrebendes Ideal und die Summe faktisch beobachtbarer Merkmale.[1] Stil, so scheint es, steht grundsätzlich zwischen Anschauung und Ästhetik zum einen, künstlerischer Praxis und Handwerk zum anderen: zwischen dem *Was* und dem *Wie* des Films.

Diese Bemerkungen legen es nahe, Filmstil, also die systematische und intentionale Wahl künstlerisch-ästhetischer Techniken und Verfahren, als Schnittstellenbegriff zu begreifen, der zwischen Theorie, Analyse und Geschichte zu vermitteln vermag. »Stil« ist kein Gegenbegriff zu »Theorie«, sondern immer komplementär zu dieser zu verstehen, wenn nicht gar dialektisch auf sie bezogen: Während die Theorie des Stils deduktiv vorgeht, um vom Allgemeinen zum Besonderen zu gelangen, schreitet die Analyse des Stils induktiv vom Besonderen zum Allgemeinen. Daraus folgt, dass das eine ohne das andere nicht denkbar ist – eine theorievergessene Stilanalyse

---

[1] Vgl. exemplarisch Barry Salt: *Film Style and Technology. History and Analysis*. London: Starword 1992; David Bordwell: *On the History of Film Style*. Cambridge: Harvard University Press 1997; Barry Salt: *Moving into Pictures. More on Film History, Style, and Analysis*. London: Starword 2007. Auf Deutsch vor allem die Reihe *Stilepochen des Films*, hg. von Norbert Grob, Stuttgart: Reclam 2012ff. sowie Christoph Hesse u.a.: *Filmstile*. Wiesbaden: Springer VS 2016.

steht auf genauso verlorenem Posten wie eine Theorie, die sich nicht länger für die Spezifik der Einzelwerke interessiert. Für ästhetisch-philosophische wie für kognitivistisch-neoformalistische Analysen, für sozial-politische wie historisch-analytische Studien ist die Frage nach der jeweiligen spezifischen filmischen Gestaltung unumgänglich. In diesem Sinne ist Stil als Konzept der Standpunkt, von dem aus inter- und transmedial angelegte Studien, die über den Film hinausgehen, konzipiert werden müssen: Die gründliche Durchdringung der Struktur eines Films muss einer jeden Übertragung von *Stil-Konzepten* (zum Beispiel Kamerafahrt, Montage, Einstellung, »high key lighting«, Splitscreen usw.) auf andere Medien und Künste vorausgehen.[2]

Notwendig wird vor diesem Hintergrund eine Wiederbelebung des historisch bedeutsamen, mittlerweile aber weitgehend brachliegenden, transdisziplinären Dialogs zwischen Filmwissenschaft und Kunstgeschichte. Diese steht zum Gegenstand Film bekanntlich in einem ambivalenten Verhältnis. Einerseits gab es bereits früh prominente Versuche, das Filmbild als Gegenstand der Kunstwissenschaft anzuerkennen. Bereits in den 1930er Jahren hat der Kunsthistoriker Erwin Panofsky den Versuch unternommen, den in der Kunstgeschichte seit langem benutzten Stilbegriff auf den Film zu übertragen.[3] Seine Charakterisierung des audiovisuellen Mediums als »Dynamisierung des Raumes« bzw. als »Verräumlichung der Zeit« wurde in der Folgezeit und bis heute auch von Filmwissenschaftlern wiederholt aufgegriffen. Andererseits liegt die Beschäftigung der Kunstwissenschaft mit der »Siebten Kunst« ein dreiviertel Jahrhundert nach Panofsky »weitgehend brach«, wie konstatiert werden muss.[4] Dass die kunstwissenschaftliche Beschäftigung mit dem Medium Film immer noch als »ungewöhnlich«[5] gilt, muss jedoch nicht hingenommen werden. Daher haben die Herausgeber des vorliegenden Bandes es sich zum Ziel gesetzt, im Dialog mit der Kunstgeschichte bzw. Bildwissenschaft der Stilkunde in der Filmwissenschaft neue Impulse zu geben, die auch jenseits der Grenzen der Fachdisziplin, etwa in

---

2   Für ein ähnliches Argument vgl. Gilles Delavaud: Penser la télévision avec le cinéma. In: *Cinémas* 17/2-3 (2007), S. 73–95.

3   Vgl. Erwin Panofsky: Stil und Medium im Film [1936/47]. In: Ders.: *Stil und Medium im Film & Die ideologischen Vorläufer des Rolls-Royce-Kühlers*. Frankfurt a.M.: Fischer 1999, S. 21–57.

4   Thomas Hensel, Klaus Krüger, Tanja Michalsky (Hg.): *Das bewegte Bild. Film und Kunst*. München: Fink 2006, S. viii.

5   Ebd.

der medienwissenschaftlichen Auseinandersetzung mit Computerspielen, Fernsehen, Fotografie, Wirkung entfalten können.

In diesem Sinne rückt der vorliegende Band einen Grundlagenbegriff kunst- und filmwissenschaftlicher Forschung ins Zentrum. Die Beiträge bewegen sich dabei in einem Feld, das durch eine theoretische (und kritische) Reflexion auf den Begriff, durch eine historische Perspektive auf Filmstil und durch die konsequente Fokussierung der Analyse auf die Mikrostrukturen des Films (und anderer audiovisueller Medien) markiert wird.

Der Stilbegriff ist notorisch diffus. In *theoretischer* Perspektive machen daher einige der folgenden Beiträge den Vorschlag, diesen in einem geänderten theoretischen Bezugsrahmen aufzuheben. Guido Kirsten etwa schlägt vor, im Rückgriff auf Erwägungen der Frege'schen Sprachphilosophie, die Form-Inhalt-Dyade bzw. den Form-Monismus durch die Begriffstriade »Ausdruck − Intension − Extension« zu ersetzen. Volker Pantenburg entwickelt die Idee, den Stilbegriff in eine Konstellation einzurücken, in der er als Effekt spezifischer Operationen − etwa der Kamera − und als ein Aspekt eines filmischen Gestenrepertoires beschreibbar wird. Zentral wird dadurch der Begriff der »Geste« nach Vilém Flusser. In beiden Fällen zielt die theoretische Neufassung nicht darauf, den Stilbegriff zu ersetzen, sondern dessen erkenntnisproduktive Aspekte beizubehalten, die begrifflichen Unschärfen aber abzumildern oder aufzuheben.

In *historischer* Perspektive bildet der Stilbegriff für die Beiträge keine konstante Kategorie, vielmehr ein Konzept, das sich im Verlauf der Filmgeschichte verändert und modifiziert. Diese Verschiebungen im Stildenken stehen dabei in engem Zusammenhang mit den theoretischen Denksystemen und Bezugsebenen (Autor, Epoche, Werk, Medienspezifik usw.), auf die Stil bezogen und über die er mit jeweils unterschiedlicher Akzentuierung modelliert und funktionalisiert wird. Insofern muss festgestellt werden: Nicht nach dem Anfangs- oder Nullpunkt der filmtheoretischen Befragung von Stil gilt es zu fahnden; weitaus interessanter scheint es, die Übertragungsbewegungen in den Blick zu nehmen, über die das Konzept des Stils in das Nachdenken über das Kino hineingerät, mit denen es sich verändert und unter neue Prämissen gestellt wird.

So wird von mehreren Beiträgen (u. a. bei Köhler und Wahl) vor allem die Theorie- und Reflexionsgeschichte des Filmstils als Geschichte von Verschiebungen und Umschlagsmomenten in den Fokus genommen. Deutlich wird, wie der Stilbegriff in diesem Kontext in das Spannungsfeld verschiedener Diskurse (und ihrer Akteure) gerät und dabei für unterschiedliche Interessen, Narrative und Strategien vereinnahmt wird. Dabei treten nicht nur verschiedene Vorstellungen von Stil gegeneinander an. Zugleich steht auch zur Disposition, wer die Deutungshoheit über das Konzept des filmischen Stils beansprucht.

In *methodisch-analytischer* Hinsicht sind die Beiträge der Mikroanalyse konkreter filmischer Verfahren verpflichtet. So wird Filmstil nicht nur als Kategorie der Klassifikation, Deskription und Epochenzuordnung begriffen, sondern es gerät konsequent auch die operative Seite des Stils in den Blick. Die Lektüre und Untersuchung konkreter filmischer Verfahren – etwa Splitscreen, Mehrfachbelichtung, Kameraschwenks, Tiefenschärfe, Unschärfe, *frozen time*, *digital rides* – macht Stil auf der Mikroebene konkreter filmischer Techniken (und nicht auf der Makroebene von sogenannten Gruppen-, National-, oder Epochenstilen) begreifbar. Diese *bottom-up*-Analysen technischer und materieller Grundlagen stellen die filmischen Stilmittel zugleich in einen größeren (theoretischen, kultur- und kunstgeschichtlichen) Kontext, um auf diese Weise transversale Bewegungen von Stilelementen sicht- und beschreibbar zu machen, die auch über das Medium Film und dessen Geschichte hinaus Erkenntnisgewinn versprechen.

Zur Einführung in den Band

Der vorliegende Band ist in drei Abschnitte gegliedert: »Stil-Konzepte«, »Stil-Fragen« und »Stil-Mittel«. Im ersten Abschnitt »Stil-Konzepte« führen die Beiträge von Chris Wahl und Julian Blunk in die Geschichte der Stilbegriffe der Filmwissenschaft und Filmpublizistik bzw. der Kunstwissenschaft ein.

Schlaglichter auf die Geschichte des Stilbegriffs in der Kunstgeschichte wirft die thematische Einführung von Julian Blunk. Dabei wird zunächst dargelegt, dass die Rede vom Stil weder auf ein kohärentes noch auf ein stabiles Modell der Geschichte der Kunst oder der Beschreibung von Kunstwerken zurückzuführen ist. Vielmehr werden unterschiedliche Ordnungskategorien des Stils erkennbar, die allesamt historischen Konjunkturen und Dynamiken unterliegen und die einander ergänzen, oft genug aber auch miteinander in Konkurrenz treten. Mit Perspektive auf den Film wird der in der Kunstgeschichte erarbeitete methodische Apparat der Stilanalyse in zweierlei Hinsicht problematisiert: Erstens versucht der Beitrag, für die nicht selten ideologischen Setzungen zu sensibilisieren, die einzelnen Stilbegriffen inhärent sein oder diese korrumpieren können. Zweitens stellt er fest, dass die Anwendung kunstwissenschaftlicher Stilbegriffe auf dem Feld des Filmstils zwar nur eine höchst limitierte sein kann, dass jedoch der Blick auf die kunstwissenschaftliche Methoden- und Begriffsgeschichte der Konturierung einer filmwissenschaftlichen Stilforschung umso fruchtbarere Impulse liefern kann.

Eine Annäherung an historische Verwendungen und Definitionen des Begriffs »Filmstil« anhand ausgewählter Beispiele, die nicht ausschließlich dem filmtheoretischen, -ästhetischen und -kritischen Kanon entstammen, leistet die zweite Einführung des Bandes von Chris Wahl. Dies geschieht vor dem Hintergrund der Fragestellung, was die Behandlung des Stils im Film auszeichnet, welche Probleme und welche Potenziale damit verbunden sind. Die schlaglichtartig beleuchteten Etappen der Begriffsgeschichte lassen sich folgendermaßen zusammenfassen: Filmstil vs. Stilfilm; Montage als Stil; die Bezugssysteme Literatur und bildende Kunst; Epochen-, National-, Individualstil: Expressionismus und Autorenfilm; Stil und Stilisiertheit: Film zwischen Kunst und Medium; die Neoformalisten. Als Fazit dieser Einführung werden die darin aufgezeigten, dem Filmstil zugeschriebenen Charakteristika kompakt und überblickshaft in einer Liste von zehn Punkten präsentiert.

Der Abschnitt »Stil-Fragen« versammelt Beiträge, die den Stilbegriff im weiteren Kontext diskutieren – Philosophie, Filmpublizistik, Politik, Bildende Kunst, Architektur, Dramaturgie. Den mittlerweile vielfach untersuchten *signature style* des Filmemachers Wes Anderson nimmt Guido Kirsten zum Anlass, um grundsätzliche Fragen zum Begriff des »Filmstils« zu stellen. Ausgangspunkt ist der Vorschlag, die gängige Dichotomie von Form und Inhalt, die vom Neoformalismus bekanntlich auf einen Monismus der Form reduziert wird, auf eine Triade zu erweitern. Dazu erinnert Kirsten an die von den Philosophen Gottlob Frege und Rudolf Carnap eingeführte Differenz von Sinn (Intension) und Bedeutung (Extension) eines Begriffs. Kirsten argumentiert, dass es sich bei der »Form« bereits um ein Verhältnis zweier Größen handelt: das zwischen einem Zeichenkörper und seiner Intension. Und auch das, was herkömmlich als »Inhalt« bezeichnet wird, wird in dieser Perspektive als Verhältnis fassbar, nämlich jenes zwischen Intension und Extension. Auf diese Weise, so Kirsten, lassen sich gängige Unklarheiten des Stilbegriffs in der Terminologie des Neoformalismus (vor allem die problematische »Kontingenzthese«) auflösen; die Unzulänglichkeiten des neoformalistischen Ansatzes lassen sich überwinden, ohne dessen Errungenschaften aufzugeben.

»Nicht der Stilfilm […], sondern der Filmstil ist wichtig!«, stellte der Filmtheoretiker Béla Balázs 1925 fest. Dieser Einspruch wird für Kristina Köhler zum Anlass, die Debatte um den sogenannten »Stilfilm« als Umschlagsmoment in der Diskussion des Weimarer Kinos zu rekonstruieren. Köhler skizziert den historischen Verlauf der Debatten, der im Produktionskontext seinen Anfang nahm und im Feuilleton sowie in frühen filmtheoretischen Beiträgen fortgesetzt wurde. Diese Verlagerung markiert aber auch eine grundlegende Verschiebung in der Konzeption von Stil, die Köhler als medienreflexive Wende beschreibt: An die Stelle einer bloßen Behauptung von Stil und an die Stelle von Stilübernahmen aus den anderen Künsten tritt in den 1920er Jahren zunehmend die Frage: Wann »ist« Stil? Und: Unter welchen diskursiven und medialen Bedingungen wird »Stil« im Film erfahrbar? Köhlers Beitrag plädiert dafür, die Debatte um den Filmstil aus der engen Rahmung von Film als Kunst herauszulösen und Stil ebenso als Dimension der Wahrnehmungs- und Erfahrungsprozesse, die sich zwischen Medium und Zuschauer ereignen, zu begreifen. Stil, so das Fazit, darf nicht für eine gesicherte Kategorie der Filmtheorie gehalten werden.

In ähnlicher Weise versteht auch der Beitrag von Hauke Lehmann filmischen Stil als die Gestaltung der Wahrnehmung des Zuschauers in der konkreten Dauer der Entfaltung eines Films. Als ein spezifischer Modus von Affektivität, der quer zu den klassischen Genreeinteilungen verläuft, erschließt ein solcher Stil – in diesem Fall jener der Paranoia – zudem einen genealogischen Zugang zur Filmgeschichte als einer steten Rekonfiguration des affektiven Verhältnisses zwischen Film und Zuschauer. Der von Lehmann am Beispiel von ZERO DARK THIRTY (2012, Kathryn Bigelow) untersuchte paranoide Stil eröffnet einen Dialog zwischen einem Strang des US-amerikanischen Post-9/11-Kinos und dem Kino des New Hollywood, der »goldenen Ära« (Francis Wheen) der Paranoia. Der Aufsatz konzentriert sich auf ein zentrales Merkmal des paranoiden Stils – das abweichende Detail, welches dazu benutzt wird, die charakteristischen Verkettungen herzustellen (etwa in Form von Verschwörungen) – und beschreibt, wie sich das Wesen und die Funktion dieses Merkmals in Bigelows Film im Verhältnis zu den früheren Entwürfen gewandelt haben. Ein besonderes Augenmerk gilt dabei der Rolle des digitalen im Unterschied zum analogen Filmbild.

Filmische Künstlerbiografien und der Paragone stehen im Mittelpunkt des Beitrags von Julian Blunk. Erstere werden nicht selten in dem vom Filmhelden kultivierten »Duktus« gestaltet. Trotz ihres durchaus überschaubaren Fundus narrativer Versatzstücke gelangen die Biopics proportional zum vermeintlichen Grad der »Authentizität« ihrer medialen Stiltransfers zu höchstem Ansehen. Dabei operieren sie – wohl vor allem wegen der unleugbaren Sperrigkeit gerade der Kernthemen der Inspirations- und Schaffensprozesse in Bezug auf ihre Verfilmbarkeit – zwangsläufig mit erheblichen

Verfälschungen ihrer Referenzwerke: Elaborierte Kompositionen / Allegorien werden in vom Filmhelden beobachtete *tableaux vivants* übersetzt, um die Dimension Zeit erweitert und so in mehr oder minder kausale Narrationen eingebunden. Blunk fragt nach den Ursachen und Methoden der filmischen Beschäftigung mit den Größen aus bildender Kunst und Architektur: Wie begründet und legitimiert sich das signifikant übersteigerte »Stilwollen« des Filmgenres, inwiefern wird es den eigenen Ansprüchen und denen seiner historischen Referenzgrößen gerecht — und inwieweit lässt seine Analyse möglicherweise Rückschlüsse auch auf andere Filmgenres zu?

Im Genre des dokumentarischen Architekturfilms bzw. der filmischen Architektenbiografie ist das stilistische Formenvokabular typischerweise stark kodiert. Allerdings verweigert sich ein Film wie LOOS ORNAMENTAL (2008, Heinz Emigholz) konsequent diesen Konventionen. Im Beitrag von Evelyn Echle wird auf diese Weise ein weites Feld an Subtextzuschreibungen auf bildtheoretischer Ebene sichtbar, das gerade über den Stilbegriff produktiv gemacht werden kann. Echle untersucht anhand von LOOS ORNAMENTAL die ästhetische Erfahrung von Architektur und Film, indem sie bei einem performativen Verständnis von Raum ansetzt und über eine bildtheoretische Analyse drei Linien des filmischen Essays skizziert: Zum einen die chronologische Filmdokumentation einer architektonischen Werkschau im Sinne einer Stilkunde, zum zweiten die bildimmanenten Kommentare über den kunsthistorischen Stildiskurs der Moderne und drittens die filmische Verknüpfung der biografischen Wegmarken des Wiener Architekten Adolf Loos. Dabei werden nicht nur Architektur und Film als Zeitkünste beschreibbar, die den Benutzern oder Betrachtern eine Bewegung vorführen oder von ihnen verlangen. Durch die Analyse verschiedener Blickwinkel, Lichtgebungen oder perspektivischer Verzerrungen erschafft der Film einen dynamischen Bildraum und eröffnet neue Möglichkeiten der Raumwahrnehmung von Architektur(en). Dazu zählen unter anderem die dekadrierten Kamerablicke auf die Architektur, wodurch sich der filmische Charakter ostentativ in den Vordergrund kehrt und an die Kraft der Dekadrage, wie sie bereits Pascal Bonitzer als ein distinktes filmisches Stilmittel beschreibt, erinnert.

Der Beitrag von Tina Kaiser schließlich geht der Frage nach, wie sich Stil und Narration gegenseitig beeinflussen und wie Übergänge von einem zum anderen (be)greifbar gemacht werden können. Der Text denkt beide (in Stilanalysen üblicherweise getrennten) Dimensionen zusammen: die Formästhetik als narrative Übung und die dramaturgischen Elemente als Stilstrategien. Versteht man den Plot als die konkrete Selektion der ästhetischen

13

Verfahren in ihrer zeitlichen Abfolge, ist die filmische Erzählung konkret enthalten in der Lichtführung, in der Art und Weise des Schauspiels, im Kostüm, in der Maske, im Setting, im gewählten Filmmaterial, in der Farbkomposition. Wenn die Narration beispielsweise der Verlauf der Lichtsetzung ist, dann könnte die Form des Lichts die Geschichte des Films sein. In Beispielanalysen von Michelangelo Antonioni bis Lisandro Alonso buchstabiert Kaiser Möglichkeiten dieser Blickverschiebung durch.

Die Beiträge im Abschnitt »Stil-Mittel« analysieren konkrete filmische Techniken oder Verfahren. Das »Auf und Ab eines sehr kleinen Musters« in Christopher Nolans THE PRESTIGE (2006) steht im Mittelpunkt von David Bordwells Beitrag. Variation und Wiederholung, so Bordwell, sind nicht nur konstitutiv für die filmische Struktur des Magier-Dramas, sondern verweisen auf die zentralen Elemente der Story, die konsequent auf das Motiv des verborgenen Doppelgängers aufgebaut ist. Bordwells Beitrag ist zu verstehen als eine exemplarische Analyse, in der eine feinkörnige und spezifische Untersuchung ausgewählter Szenen Mikrostrukturen freizulegen vermag, in denen der Film sich als dynamische, seine Formen in der Zeit verändernde Konstruktion entfaltet. Dass solche Analysen nicht nur die filmische Inszenierung als solche, sondern ebenso die Ökonomie der Produktion sowie filmhistorisch die Dialektik von Innovation und »klassischer« Tradition zu diskutieren vermögen, wird in Bordwells Beitrag gleichsam *en passant* erkennbar.

Das In- und Miteinander von technischen Standards und ästhetischen Entscheidungen bildet den Horizont von Barbara Flückigers Beitrag zu digital hergestellten Kamerabewegungen. Als computergestützte Verfahren erreichen diese völlig neue Freiheitsgrade, und zwar insofern als im digitalen Datenraum – anders als in der Live-Action-Aufnahme – der ganze Raum wie auch die ganze Zeit potenziell vorhanden ist und sich in allen erdenklichen Richtungen durchmessen lässt. So erfüllt sich in den technisch avancierten Verfahren ein altes Versprechen: Kino als Inbegriff der von Panofsky diagnostizierten Dynamisierung des Raums und der Verräumlichung der Zeit. In den *digital rides* des zeitgenössischen Kinos äußern sich ein entmenschlichter, entkörperlichter Blick ebenso wie Bewegungen, die zu großer Eleganz fähig sind, aber der organisch-zufälligen Qualität entbehren, die einer durch Menschen geführten Kamera anhaften. Kamerabewegungen, so Flückiger, wurden lange Zeit untertheoretisiert, erfahren jedoch aktuell zunehmend mehr Aufmerksamkeit als ein filmisches Verfahren, das vor allem über die Selbstwahrnehmung der Zuschauer, über Propriozeption und Kinästhesie erschlossen werden muss. In Analysen unter anderem von MAR

ADENTRO (2004, Alejandro Amenábar), ENTER THE VOID (2009, Gaspar Noé), PANIC ROOM (2002, David Fincher) und DOGVILLE (2003, Lars von Trier) beschreibt der Beitrag die technischen Bedingungen von neuen Bewegungserfahrungen und deren Ausdruckspotenzial. Flückiger plädiert dafür, die digitalen Kamerabewegungen weder rein funktional zu verstehen noch sie als technische Spielerei zu unterschätzen. In den digital gestützten Kamerabewegungen manifestiere sich vielmehr eine unmittelbar zugängliche Vermittlung zwischen dem Erleben der Figuren und dem somatischen Mitvollzug durch die Zuschauer.

Nicht mit der Bewegung in den Raum hinein, sondern mit dem in einem Punkt stabilisierten Kameraschwenk setzt sich Volker Pantenburg auseinander. Die ästhetischen, blickpolitischen und stilistischen Eigentümlichkeiten des autonomen, horizontalen *panning* treten dabei in den Fokus. Hierzu gehört auf der Rezeptionsseite die Frage, welche Wahrnehmungsprozesse ein Schwenk in Abgrenzung zu anderen Verfahren initiiert. Der 360-Grad-Schwenk in DEUX OU TROIS CHOSES QUE JE SAIS D'ELLE (1967, Jean-Luc Godard) und ein darin ausgedrücktes Verlangen nach »umfassender Registrierung des Raumes« stehen dabei genauso im Zentrum wie seine Nähe zur Beschreibung anstatt zur Erzählung. Der Stilbegriff selbst soll als Effekt spezifischer Operationen greifbar und (mit Vilém Flusser) als Aspekt eines filmischen Gestenrepertoires erkennbar werden.

Der Beitrag von Adina Lauenburger analysiert die Unschärfe als ein Stilmittel des Films, das vor allem zur Darstellung subjektiver Sichtweisen oder Bewusstseinszustände genutzt wird. Solcherart gehört die Unschärfe zu den stilistischen Merkmalen des späten Stummfilms, etwa bei Großaufnahmen. Für André Bazin ist sie »die logische Konsequenz aus der Montage, ihre bildhafte Entsprechung.« Bei Montagepraktiken, die – ohne auf den Stummfilm beschränkt zu sein – im Unschärfebereich des Filmbildes operieren (Doppelbelichtung, Überblendung, Rückprojektion), lassen sich so Stilfiguren des Unscharfen als theoretische Gründungsfiguren finden. Schärfentiefe dagegen wird filmhistorisch mit dem Tonfilm und dem gegen die klassische Montage gewendeten räumlichen Realismus assoziiert. Lauenburger zeigt jedoch mit Josef von Sternbergs SHANGHAI EXPRESS (1932), dass beide der ästhetisch aufgewerteten räumlich-realistischen Bildstruktur eingeschrieben sind und stets aufeinander bezogen bleiben.

Malte Hagener nimmt den Splitscreen zum Anlass einer Gegenrede auf die Annahme, durch die Analyse stilistischer Merkmale ließen sich filmhistorische Epochen trennscharf unterscheiden. Im Gegenteil kann die Stilanalyse auch dazu führen, herkömmliche filmhistoriografische Narrative zu destabilisieren. Seine Analyse des Splitscreens im frühen Kino lässt die Beschränkungen und Pauschalisierungen der gängigen filmhistorischen Einteilung dieser Epoche (Kino der Attraktionen – Kino des Übergangs – Kino der narrativen Integration) deutlich hervortreten. Im frühen Kino ist der Splitscreen ein Indikator für Medientechnik ebenso wie für besondere psychische Zustände, er ist ein stilistisches Merkmal der Avantgarde und im Stummfilm der Weimarer Republik ein Differenzierungskriterium zur Filmproduktion aus Hollywood. Der Splitscreen steht einerseits im Dienst der Narration, andererseits vermag er es, den Zuschauern eine interessante (»attraktive«) ästhetische Form anzubieten. Mit Ludwig Wittgenstein begreift Hagener den Splitscreen als »Kippfigur«, die unterschiedliche Aspekte vereint, die jedoch nie zugleich wahrgenommen werden können, sondern nur in der Alternation, im stetigen Wechsel zwischen zwei Zuständen.

Wie der Splitscreen zählt auch die Tiefeninszenierung zu denjenigen filmischen Verfahren, die in der Frühzeit des Films rege Verwendung fanden, im Regime des »klassisch« genannten Kinos und seiner *découpage* jedoch an Häufigkeit verloren haben. Umso markanter ist ihr Einsatz – eine statische Kamera, vor der sich in langen Einstellungen komplexe Choreografien von Körpern im Raum abspielen, kann als Erkennungsmerkmal individueller Filmemacher gelesen werden. Julian Hanichs Beitrag widmet sich der Tiefeninszenierung als einem zentralen stilistischen Element in den Filmen des schwedischen Regisseurs Roy Andersson. Hierbei knüpft er einerseits an entsprechende Vorarbeiten David Bordwells an, der in Studien zu Feuillade, Mizoguchi u. a. die Tiefeninszenierung vom Vorwurf des »abgefilmten Theaters« befreit und das Verfahren als ein genuin filmisches Stilmittel rehabilitiert hat.[6] Andererseits geht Hanich über die von Bordwell entwickelten Kriterien hinaus, indem er in seinen Analysen nicht nur die Mise-en-Scène, sondern auch die Tonspur und das Off berücksichtigt. Vier verschiedene Strategien erkennt Hanich in den tiefenräumlich gestaffelten Inszenierungen Anderssons: »Verbergen und Erscheinen«, »Verdecken und Offenlegen«, »Verschleiern und Enthüllen« sowie »Suggerieren und Imaginieren«. Diese Strategien können sich wiederum mit verschiedenen Funktionen verbinden (Komik, Symbolisierung u. a.). Als bedeutsamste Funktion erkennt Hanich die Aktivierung des Zuschauers: Anderssons Tiefeninszenierungen sind mehr als nur der zutiefst pessimistische Blick auf die Einsamkeit der urban geprägten Lebenswelt. Zugleich nämlich fordern sie uns als Zuschauer,

---

6   Vgl. David Bordwell: *Visual Style in Cinema. Vier Kapitel Filmgeschichte.* Frankfurt a. M.: Verlag der Autoren 2006.

durchaus mit pädagogischer Absicht, dazu heraus, aufmerksame Beobachter zu werden: Ganz im Gegensatz zu den Figuren seiner Filme, so Hanichs Fazit, sollen wir die Welt mit besonders wachsamen Augen betrachten.

Der Beitrag von Dietmar Kammerer schließlich stellt ein konkretes filmisches Verfahren in einen medienübergreifenden Kontext und verbindet dabei historische mit systematischen Überlegungen. Untersucht werden »Momente« der Aufhebung der diegetischen Zeit – bekannt geworden etwa als *bullet-time*-Effekt – in Computerspielen (PAYDAY 2), Werbeclips (CAROUSEL), Fernseh-Serien (CSI: CRIME SCENE INVESTIGATION) ebenso wie im Kinofilm (THE OTHER GUYS). Der Text versteht sich als Beitrag zu einer historischen Analyse von Spezialeffekten, die nicht nur technischen, sondern auch historischen und diskursiven Bedingungen unterliegen – und dabei jeweils unterschiedliche »Stile« ausprägen, ästhetische Effekte zeigen, narrative Funktionen erfüllen. Der *frozen moment* erweist sich als anschließbar an fotografische und künstlerische Praktiken des 19. Jahrhunderts ebenso wie an avancierte bildgebende Verfahren des 21. Jahrhunderts. Der Beitrag kontrastiert das oft diskutierte Standbild (*freeze frame*) mit weniger bekannten Varianten des *frozen moment*, in denen die Narration nicht ausgesetzt, sondern mit anderen künstlerischen Mitteln (*tableaux vivants*) weitergeführt wird. Die »zeitenthobene Plansequenz« übersetzt zeitliche in räumliche Kategorien, macht philosophische Begriffe (*kairos*, Hegel'sche Aufhebung) als Denken in Bildern anschaulich und verbindet die (repetitive, zirkuläre) Kreisbewegung mit der Linearität der Narration.

★★★

Der Band und seine Beiträge sind entstanden im Rahmen des DFG-Netzwerks »Filmstil zwischen Kunstgeschichte und Medienkonvergenz« (2012–2013), das von Dietmar Kammerer beantragt und koordiniert wurde. Auf Workshops in Marburg, Potsdam, Zürich und Wien wurden, gemeinsam mit geladenen Gästen, Vorläufer dieser Beiträge vorgetragen und diskutiert, Wissen ausgetauscht, über Begriffe und Theorien gestritten, neue Denkwege erkundet.

Die Herausgeber des Bandes bedanken sich an dieser Stelle für die Unterstützung durch die DFG, für die Gastfreundschaft der Institute an den vier Standorten, für die Diskussionsfreudigkeit aller Teilnehmer / innen auf den Workshops und bei anderen Gelegenheiten, für die Hilfsbereitschaft von Kooperationspartnern jenseits der Universität (Filmmuseum Wien, Filmmuseum Potsdam). Vor allem danken wir Christina Wehnert, die die Koordination des Netzwerks über alle Jahre unterstützt hat. Zu den Teilneh-mer / innen des Netzwerks gehörten, neben den Herausgeber / innen: Evelyn Echle, Malte Hagener, Julian Hanich, Eva Kernbauer, Guido Kirsten, Imme Klages, Kristina Köhler, Adina Lauenburger, Fabienne Liptay, Volker Pan-tenburg, Drehli Robnik. Gäste waren: David Bordwell, Christine Noll Brinckmann, Wolfgang Brückle, Michael Diers, Barbara Flückiger, Alexan-der Horwath, Dominik Kamalzadeh, Margrit Tröhler, Jörg Schweinitz, Michael Wedel und Barbara Wurm.

Stil-Konzepte

Julian Blunk

Zum Transfer kunstwissenschaftlicher Stilbegriffe in die Filmwissenschaft

Als das DFG-Netzwerk »Filmstil. Zwischen Kunstgeschichte und Medienkonvergenz«, dessen Ergebnisse der vorliegende Band präsentiert, im Sommer 2012 seine Arbeit aufnahm, trat es auch an, die Anschlussfähigkeit der bereits in den benachbarten Disziplinen bestehenden Konzeptualisierungen des Stilbegriffs an die Filmwissenschaft auszuloten. Dass dabei die Kunstgeschichte als vermeintlich nächstverwandte Wissenschaft als erste befragt wurde, wenngleich der Stilbegriff etwa auch in der Literatur-, Theater- oder Musikwissenschaft von konstituierender Bedeutung ist, ergab sich nicht zuletzt aus dem Umstand, dass die Filmhistoriografie in Fragen der formalen Gestaltung häufig selbst zuerst auf die Terminologie der bildenden Kunst zurückgegriffen hat, während sie Gattungs- oder Genrebegriffe – bei wenigen Ausnahmen wie dem »filmischen Porträt« – in der Regel aus Literatur und Theater rekrutierte. In der Filmpraxis, der, soweit sie sich der Stilfrage bewusst geöffnet hat, die Malerei als zweidimensionale Leinwandkunst zumeist die erste Referenz lieferte, entstanden insbesondere in der Frühphase des Mediums, in Analogie zu den zeitgenössischen Strömungen der bildenden Kunst und nicht selten unter Beteiligung von bildenden Künstlern, auch expressionistische, surrealistische, dadaistische und sogar abstrakte Filme.[1] Später folgten, etwa mit dem italienischen Neoverismo, »historistische« Bekenntnisse zu älteren Stilen wie dem Realismus. Während die Annäherungsversuche der fotomechanischen Medien gegenüber der älteren Schwesterkunst sich selbst in der Wahl ihrer Sujets niederschlagen konnte,[2] erprobten Malerei und Skulptur nicht zuletzt unter dem Ein-

---

[1]   Jacques Aumonts gegenteilige Diagnose einer generellen »Ungleichzeitigkeit« von Kino und Malerei im 20. Jahrhundert, von der der Autor lediglich den Expressionismus ausnahm, möchte ich nicht zuletzt deshalb infrage stellen, weil sie neben den modernistischen »Ismen« weiterhin wirksamen »konservativen«, also etwa naturalistischen oder historistischen Tendenzen in der Malerei außer Acht lässt. Vgl. Jacques Aumont: Projektor und Pinsel. Zum Verhältnis von Malerei und Film. In: *montage AV* 1/1 (1992), S. 77–89, insbesondere S. 79.

[2]   Schon dem einfahrenden Zug der Brüder Lumière (1895) waren diejenigen William Turners (1844) oder Claude Monets (1877) zuvorgekommen. Früh war ferner eine intensive Debatte auch um den Kunstwert und die gestalterischen Potenziale der Fotografie geführt worden, die ähnlich dem Film die medialen Unterschiede zur bereits in Anerkennung

druck des Films ort- und zeitdimensionale Erweiterungen über die Phasierungen von Bewegung, polyperspektivische Verfahren oder der Montage verpflichtete Collagetechniken, vollzogen aber auch Absonderungs- und Ausweichbewegungen – etwa in Gestalt verstärkter Hinwendungen zur Ungegenständlichkeit.

Auch auf theoretischer Ebene blicken Film- und Kunstwissenschaften auf eine traditionsreiche Nachbarschaft zurück, die Phasen wohlwollender Interferenz, produktiver Konkurrenz und gegenseitiger Distanznahmen durchlebt hat. Stildebatten und Begriffstransfers von der älteren in die jüngere Wissenschaft standen auch hier zunächst häufig in paragonalem Zusammenhang und dienten insbesondere der Aufwertung des Films: Ein autonomes Stil- und Selbstbewusstsein entwickelte dieser in hohem Maße auf Basis formalästhetischer Argumente, etwa wenn Rudolf Arnheim im Jahre 1932 den noch jungen *Film als Kunst* zu verstehen vorschlug.[3] Die Geschichte gegenseitiger terminologischer Anleihen spiegelt mithin mal »Kolonialisierungsgesten« der Kunstwissenschaft auf dem Terrain des Films, mal dessen Versuch, sich über die Berufung auf oder die Lossagung von außerfilmischen Traditionen als »sechste« respektive »siebte Kunst«[4] zu etablieren.

Doch trotz dieser unleugbar reichhaltigen Geschichte gegenseitiger Referenznahmen gerieten im Netzwerk bereits in Bezug auf eine interdisziplinär gangbare Nomenklatur einige Hürden in den Blick. Dies lag einerseits daran, dass einzelne Stilbegriffe bereits in der Geschichte der Kunstwissenschaften eine mitunter erstaunliche Dynamik an den Tag gelegt hatten,[5] andererseits

---

stehenden Malerei häufig zunächst zu nivellieren suchte. Noch um die Jahrhundertwende nahm sich der fotografische *Piktorialismus* sowohl Sujets als auch formale Gestaltungsmittel älterer oder zeitgenössischer Malerei zum Maß.

3   Rudolf Arnheim: *Film als Kunst*. Berlin: Ernst Rowohlt 1932. Vgl. auch Erwin Panofsky: Style and Medium in the Motion Pictures [1934]. In: Leo Braudy, Marshall Cohen (Hg.): *Film Theory and Criticism. Introductory Readings.* London und Oxford: Oxford University Press 1974, S. 151–169. Heute sei nicht mehr zu leugnen, dass der Film, der im Vergleich zu Fotografie und Malerei insbesondere die »dynamization of space« und »spacialization of time« (ebd., S. 154) betreibe, eine eigenständige Kunst ist. Ebd., S. 152.

4   Erstmals im Wortlaut bei Ricciotto Canudo: The Birth of a Sixth Art [1911]. In: Richard Abel (Hg.): *French Film Theory and Criticism. A History / Anthology 1907–1939.* Princeton: Princeton University Press 1988, S. 58–66.

5   Innerhalb der Kunstgeschichte liefert der Begriff *Manier / maniera* ein besonders anschauliches Beispiel von der semantischen Dynamik einzelner Termini insbesondere im Zusammenhang ihres interdisziplinären Transfers: Bis um 1400 bezeichnete Stil Sprachphänomene, Manier in Analogie dazu Phänomene innerhalb der bildenden Kunst. Mit der Etablierung auch des Stilbegriffs in der bildenden Kunst in der Frühen Neuzeit zielte der Begriff *maniera* zunehmend auf die individuelle Stilausprägung, bei zunächst wertneutralem, im Zuge der Aufklärung zunehmend pejorativem Gebrauch, bis er schließlich von

an den grundlegenden Differenzen der zu verhandelnden Medien: Als multisensualistisches, wenngleich »immaterielles« und auf Aufführung angewiesenes Gesamtkunstwerk gehorcht der Film grundlegend anderen Rezeptionsbedingungen als etwa die stumme und statische Malerei,[6] die eines materiellen Trägers bedarf, häufig nur aus einer einzigen »Einstellung« besteht und bei der sich die Diagnose eines Stils mithin vergleichsweise »einfach« gestaltet. Es leuchtet ein, dass die genuin filmischen Gestaltungsmöglichkeiten, die etwa auf Bewegung, Montage oder Tonspur basieren, nach anderen, gegebenenfalls neuen Kategorien und Schwerpunkten einer Stilanalyse verlangen und dass sich die fotomechanische »Zeitkunst« Film leichter mit narrativen, dagegen schwerer mit abstrahierenden Verfahren tut.

Der konsequenten Stil*bildung* im Film steht ferner neben der Vielzahl und Flüchtigkeit einzelner Einstellungen und dem Zusammenspiel zahlreicher beteiligter Künste auch die Vielzahl beteiligter, jeweils spezialisierter Künstler und Kunsthandwerker und eine entsprechend potenzierte Vielzahl stilistischer Mittel im Wege. Selbst im Autorenkino läuft die Homogenität eines Filmstils schnell Gefahr, proportional zur Anzahl seiner Köche verdorben zu werden, so der Stilpluralismus eines Stabs nicht über eine klar definierte und unablässig kommunizierte ästhetische Agenda in Schach gehalten wird. Dieser Umstand gab Erwin Panofsky Anlass, den Film einmal nicht allein über den Vergleich mit der Malerei, sondern über den Vergleich mit einer Kathedrale als eigengesetzliche Kunst zu charakterisieren.[7] In der Tat ähneln insbesondere vormoderne weltliche und geistliche Repräsentationsbauten als multimediale »Stilschwämme« dem Film insofern, als beide in der Regel

---

der akademischen Kunstgeschichte – und nun im Rekurs auf Vasaris Rede von der *maniera moderna* – zum Epochenbegriff gewendet wurde. Vgl. hierzu Ursula Link-Heer: Maniera. Überlegungen zur Konkurrenz von Manier und Stil (Vasari, Diderot, Goethe). In: Hans-Ulrich Gumbrecht, K. Ludwig Pfeiffer (Hg.): *Stil. Geschichten und Funktionen eines kulturwissenschaftlichen Diskurselements*. Frankfurt a. M.: Suhrkamp 1986, S. 93–114. Ähnliche Um- und Überschreibungen sind auch in Bezug auf das Verhältnis von kunst- und filmwissenschaftlicher Terminologie zu diagnostizieren: Die Funktion des auf Inhalte bezogenen kunstwissenschaftlichen Ordnungsbegriffes *Bildgattung* wird in der Filmwissenschaft durch den Begriff *Genre* übernommen, der in der bildenden Kunst wiederum lediglich eine der klassischen, untereinander hierarchisierten Bildgattungen, namentlich die Darstellungen von Alltagsszenen, bezeichnet. Das heißt, dass etwa das Verhältnis zwischen Historien- und Genremalerei lediglich ein hierarchisches, das zwischen Historienfilm und Filmgenre (als dem übergeordneten Sammelbegriff in Analogie zur Bildgattung) indes ein kategoriales ist.

6 Vgl. hierzu auch Chris Wahl: Kunst – Künste, Medium – Medien: Film als zentrale Instanz. Ein Debattenbeitrag zum Verhältnis von Kunst und Medienwissenschaft. In: *Zeitschrift für Medienwissenschaft* 1 (2014), S. 143–149.

7 Auch Panofsky verweist auf entsprechende Schwierigkeiten in Bezug auf die Analyse von Stil und Stilverantwortlichkeit in der Filmkunst. Vgl. Panofsky 1974 [1934], S. 167.

unzählige Kunstgattungen und Stiläußerungen eigenen Rechts und eigener Geschichte zusammenführen, die häufig nur sehr bedingt dem eigentlichen Kunstwerk oder Medium zuzuordnen sind (etwa das romanische Kapitell in der gotischen Kathedrale oder die gotische Kathedrale im Film), ohne dass sich ihr – wenngleich bescheidener – Stilbeitrag zum Ganzen verleugnen ließe. So lassen sich Stilphänomene zwar auf der Ebene isolierter Gestaltungsmittel vom Filmemacher gut kalkulieren und vom Betrachter schnell erfassen, darüber hinaus aber wirkt erst das koordinierte Zusammenspiel aller Gestaltungsebenen, die Wiederholung oder die konsequente Anwendung einzelner Mittel stilprägend auf das Gesamtergebnis. Entsprechend gestaltet sich auch die Diagnose eines vermeintlichen, kommunikationsfähigen »Filmstils« schwierig. Eine *erschöpfende* Stilanalyse eines Films käme zudem nicht nur der Herkulesaufgabe der Stilanalyse einer Kathedrale unter Einbezug ihrer *gesamten* Ausstattung gleich, sondern wäre womöglich auch so redundant wie eine solche.[8] Vielmehr wird jede filmwissenschaftliche Stilanalyse zunächst zu klären haben, auf welcher Gestaltungsebene ihr jeweiliger Zugriff maximalen Ertrag verspricht. Sie wird sich etwa gemäß der jeweils bereits über den Filmtitel kommunizierten Programmatik bei Robert Wienes an der Malerei des Expressionismus orientierten CABINET DES DR. CALIGARI von 1920 gehalten sehen, zuerst dessen Bildgestaltung, bei Walter Ruttmanns an der Zeitkunst Musik orientierten SINFONIE DER GROSS-STADT von 1927 zuerst deren Schnittrhythmus in den Blick zu nehmen.

Auch in Bezug auf ihre Ökonomie und Distribution richten sich bildende Kunst und Film an anders geartete Publikumsstrukturen, reagieren auf unterschiedliche Erwartungshaltungen und entwickelten im Zuge dessen ein unterschiedliches Selbst- und Stilverständnis. Kommerzieller Erfolg des in der Herstellung meist ungleich teureren Films ist auf eine möglichst große Zahl durchschnittlich liquider Kinobesucher zurückzuführen. Der bildenden Kunst reicht für solchen oft genug ein einzelner potenter Käufer oder Auftraggeber. Dabei sieht sich der bildende Künstler spätestens seit der Moderne in weit höherem Maße als der Filmemacher dem Zwang zur Stilfindung und zur anschließenden Stiltreue ausgesetzt – häufig genug formt erst der hinreichend individualisierte Stil eine künstlerische Identität und mit ihm ein Verkaufslabel. Für den Filmschaffenden ist dasselbe Maß an

---

8   Eine solche müsste neben der Analyse genuin filmischer Gestaltungsmittel auch eine Analyse sämtlicher Stiläußerungen der jeweils zuarbeitenden Künste erbringen – also etwa auch die Partituren einer Filmmusik zu lesen vermögen.

Stilisierung seiner Werke dagegen mindestens riskant, insofern »Formalismus« seinem künstlerischen Renommee zwar ebenfalls zuträglich sein kann, dieses jedoch (ebenfalls) keinesfalls zwingend auch monetär honoriert wird. Vielmehr läuft zu viel Stil schnell Gefahr, als schwer vermittelbare Avantgarde auf Programmkinos und nächtliche Sendezeiten abgeschoben zu werden, während das Befolgen formaler Konventionen dem Geschäft in hohem Maße zuträglich sein kann. So findet das kommerzielle Hollywoodsystem kein institutionelles Pendant innerhalb des Kunstmarktes, während der künstlerisch ambitionierte Film wie die bildende Kunst über ein jeweiliges Starsystem hinaus ohne öffentliche Subventionen kaum existenzfähig ist. Ist der Grenzverlauf zwischen Hoch- und Populärkunst dabei hier wie dort noch immer keineswegs letztgültig geklärt, werden doch die zugehörigen Debatten bis heute unter signifikant verschiedenen Vorzeichen geführt: Wo die bildende Kunst über erweiterte Kunst- oder Bildbegriffe mit wechselhaftem Erfolg, aber stets planvoll die Öffnung nach »unten« sucht, orientiert sich der Film über die Diskurse um »Stilfilm«[9] oder »Filmkunst« nach »oben«.[10] Legitimationsdruck entsteht der zeitgenössischen Kunst dennoch weiterhin insbesondere daraus, dass sie (zu) intellektuell und (zu) exklusiv ist, dem Massenmedium Film daraus, dass er es in der Breite (noch immer) nicht ist.[11] Bei allen Versuchen der Aufweichung dieser Grenzen und trotz aller Proklamationen ihres Endes: In der Summe generieren die grundverschiedenen Rahmenbedingungen von bildender und »siebter« Kunst noch immer häufig eine Gestaltungslogik, die selbst in der jeweiligen Nachwuchsförderung in Bezug auf Erstere eher die Norm des Normbruchs festigt, in Bezug auf Letztere den Akademismus begünstigt.

Dies erklärt zum Teil, weshalb Stilbewusstsein und ostentatives Stilwollen für Filmemacher bislang nicht im selben Maße zum prioritären Anliegen und Kommunikationsvehikel wurde wie etwa für ihre malenden Künstlerkollegen: Während Letztere noch in Zeitgenossenschaft des Films zahllose Manifeste hervorgebracht und mit ihnen immer wieder normative Stilidiome ausgerufen haben, blieb deren Rolle aufseiten der Filmschaffenden im selben Zeitfenster vergleichsweise marginal. So zielte das Programm des

---

9   Vgl. hierzu auch den Beitrag von Kristina Köhler in diesem Band.
10 Panofsky unterschied innerhalb des Filmmediums ein »folk art level« von der »real art«. Panofsky 1974 [1934], S. 154.
11 Entsprechend sah sich etwa Thomas Meder noch 2006 zu dem Versuch veranlasst, den Film als »die Leit-Kunst zumindest der ersten Hälfte des 20. Jahrhunderts« wenigstens »nachträglich dem Kanon der Kunstgeschichte zu implementieren«. Thomas Meder: *Produzent ist der Zuschauer. Prolegomena zu einer historischen Bildwissenschaft des Films*. Berlin: Bertz + Fischer 2006 (E-Book), S. 502.

Oberhausener Manifests von 1962 zwar auf die schärfere Konturierung individueller Handschriften, mit ihr auf die Politisierung, Demokratisierung und qualitative Aufwertung des Films, verzichtete darüber hinaus aber explizit auf jedes verbindliche Stilidiom. Anders bekannte sich *Dogma 95*, dessen Unterzeichnern es ebenfalls um die Qualitätssteigerung des Films ging, in gleichzeitiger Lossagung vom illusionistischen wie vom Autorenkino zu einem waschechten Gruppen*stil*. Indem es ein *formales* Regelwerk ohne klar umrissenen inhaltlichen oder politischen Impetus formulierte, bestätigte *Dogma 95* dennoch die Regel, insofern sein Movens erklärtermaßen darin bestand, dass über einen beträchtlichen Zeitraum *kein* Manifest mehr von Filmemachern geschrieben worden war. Die selbstverordnete, das Formalisierungsstreben des Films als solches persiflierende Askese in Bezug auf filmtechnische Gestaltungsspielräume wirkte fraglos in hohem Maße stilprägend, war aber bei aller Ironie in nicht geringem Maße auch Selbstzweck im Sinne der Etablierung und Auratisierung eines Stillabels gemäß der Logik postmoderner Kunstmarktgesetze. Über entsprechende Ausnahmen hinaus gehören normative Stilbekenntnisse oder Stilaneignungen in der Geschichte des Films tendenziell eher in den Zuständigkeitsbereich außerkünstlerischer Instanzen (Kino des Nationalsozialismus, des Stalinismus etc.) oder der Filmhistoriografie: Labels wie die *Berliner Schule* wurden nicht von dieser selbst ersonnen, sondern beruhen auf externen Stildiagnosen. Ein nicht unbeträchtlicher Anteil aller Filmproduktionen aber kann in Bezug auf seine *Intentionen* und seine formale Homogenität gemäß geläufiger Kriterien als vergleichsweise »stillos« gelten.

Folgerichtig finden die jeweils anders gelagerten Gewichtungen, Zuschnitte und Aufgaben von Stilisierung in bildender Kunst und künstlerischer Filmpraxis ihre Entsprechung in den unterschiedlichen Hierarchisierungen von inhaltlichen, stilistischen und materiellen Ordnungs- und Beschreibungskategorien in den jeweils zugeordneten Wissenschaften. Haben stilanalytische Verfahren die Kunstgeschichte bis zu ihrer grundlegenden Kritik etwa durch ikonologische Ansätze lange dominiert, wurden genuin filmische »Ismen« auch von der Filmwissenschaft kaum je begrifflich gefasst.[12] Und

---

12   Die Bezeichnung *Film Noir*, die zwar ebenfalls ein Genre (ein Subgenre des Kriminalfilms) fasst, begrifflich aber eher eine formale Gestaltungsebene aufruft (eine starke Orientierung an der Malerei des Expressionismus), steht folgerichtig in der Tradition sowohl kunst- als auch literarhistorischer Genre- oder Werkgruppenbezeichnungen. Im konkreten Fall ließe sich etwa auf die *Noirs* Odilon Redons, die *schwarze Serie* Francisco de Goyas oder die literarische *schwarze Romantik* verweisen.

während Stilbegriffe in der Filmwissenschaft, -kritik und -distribution zwar allerorts in Verwendung sind, bislang aber kaum hinreichend definiert, ausdifferenziert, historisiert oder theoretisiert wurden, betreiben die Kunstwissenschaften nach einer Phase der weitestgehenden Verwerfung stilkritischer Methoden aktuell bereits deren kritische Revision.[13] Außerhalb der Populärwissenschaften werden Stilphänomene hier nur noch mit Vorsicht zu Indikatoren der mentalen Verfasstheit von Individuen, Völkern oder ganzen Epochen erklärt, während andere klassische Zweckbestimmungen kunstwissenschaftlicher Stilanalyse, wie etwa die der Alters-, Orts- oder Individualsicherung, welchen innerhalb der Filmwissenschaft aus unmittelbar einsichtigen Gründen bestenfalls marginale Bedeutung beizumessen ist, ihre Relevanz bis heute keineswegs eingebüßt haben.[14] Die höhere Stilaffinität der Kunstwissenschaften basiert weiter darauf, dass diese nicht nur institutionell auf eine längere Geschichte des Umgangs mit Problemen des Stils zurückblickt, sondern auch ihr Gegenstand sich der vergleichenden Stilanalyse insofern zuträglicher erweist, als das »Remake« insbesondere in Mittelalter und Früher Neuzeit einen Normalfall darstellte, dass also die formale Variabilität der Gestaltung vergleichsweise invariabler Sujets wie etwa des Gekreuzigten mitunter über Jahrtausende und darüber hinaus auf breiter empirischer Basis verfolgen ließ. In der bildenden Kunst der Moderne schließlich gewähren Stil und Materialität häufig gar den ersten Zugang zum Objekt, während die Kommunikation oder Vermittlung weiterführender Inhalte vom Künstler in der Regel konzeptionell mitzudenken und mitzuliefern ist. Für den Film trifft insofern das Gegenteil zu, als sich fotografierte Gegenstände, Narration oder Genrezugehörigkeit hier vergleichsweise gut erfassen lassen, während sich der Stil eines Films dem schnellen kognitiven Zugriff meist verweigert. Dass die dominierende Ordnungskategorie hier der Stil, dort das Genre und die Gattung ist, ließe sich zuletzt auch anhand des Grades der Ausdifferenzierung und Verbindlichkeit jeweiliger Nomenklaturen verifizieren.

Angesichts dessen soll im Folgenden weniger ein chronologischer Abriss der Genesen, Modifikationen und Konjunkturen kunsthistorischer Verfahrens-

---

13   In jüngerer Vergangenheit vgl. etwa Bruno Klein, Bruno Boerner (Hg.): *Stilfragen zur Kunst des Mittelalters. Eine Einführung.* Berlin: Dietrich Reimer Verlag 2006; Caecilie Weissert (Hg.): *Stil in der Kunstgeschichte. Neue Wege der Forschung.* Darmstadt: WBG 2009; Jan von Brevern, Joseph Imorde (Hg.): *kritische berichte* 42/1 (2014) zu »Stil/Style«.
14   Vgl. Willibald Sauerländer: Alterssicherung, Ortssicherung, Individualsicherung. In: Hans Belting, Heinrich Dilly, Wolfgang Kemp, Willibald Sauerländer (Hg.): *Kunstgeschichte. Eine Einführung.* Berlin: Dietrich Reimer 2003, S. 125–152.

und Deskriptionsbegriffe[15] als vielmehr eine problemorientierte Perspektivierung zentraler stilanalytischer Konzepte in Hinblick auf ihr Potenzial innerhalb der Filmwissenschaft unternommen werden.

Der Begriff des Stils hat in der Geschichte der Kunsttheorie und -geschichte zahllose, mitunter opponierende Definitionen erfahren und dabei unterschiedlichste Anwendungsbereiche erschlossen. Konsens herrscht einzig darüber, dass der Stilbegriff im klassischen, wenngleich seinerseits diskussionsbedürftigen Dualismus von Form und Inhalt[16] auf Erstere zielt. Er lässt sich auf alle kulturellen Lebensäußerungen, also keineswegs allein auf die Künste anwenden – historisch wurde er zuerst innerhalb der Rhetorik konzeptualisiert. Stets, so Wolfgang Brückle, ist der Stilbegriff auf »komparatistischen Gebrauch hin angelegt«,[17] weshalb ihm, so Bruno Klein und Bruno Boerner, ferner »automatisch immer ein gewisser Abstraktionsgrad«[18] innewohnt. Wurde Letzterer nicht selbst in jede Betrachtung stilistischer Phänomene miteinbezogen, musste der Begriff des Stils zwangsläufig massive Kritik provozieren: Gemäß K. Ludwig Pfeiffer hafte diesem trotz seines »systematischen Charakter[s]« eine »untilgbare Vagheit«[19] an, laut George Kubler bewege sich seine alltägliche Verwendung auf einem »level of banality«[20] und für Hans-Georg Gadamer bildet der Stil »eine der undiskutierten Selbstverständlichkeiten, von denen das historische Bewußtsein lebt«.[21] Entsprechend forderte neben Gadamer[22] etwa auch Willibald Sauerländer,[23] zunächst die Begriffsgeschichte des Stils zum Ausgangspunkt aller Revisionen seiner historischen Konzeptualisierungen zu machen. Denn auch die Kunstgeschichte hatte den Begriff keineswegs störungsfrei zunächst der antiken Rhetorik

15   Vgl. hierzu insbesondere Wolfgang Brückle: II. Stil (kunstwissenschaftlich). In: Karlheinz Barck, Martin Fontius, Dieter Schlenstedt, Burkhart Steinwachs (Hg.): Ästhetische Grundbegriffe. Historisches Wörterbuch in sieben Bänden. Stuttgart und Weimar: Metzler 2003, Bd. 5, S. 664–688.

16   Vgl. hierzu auch den Beitrag von Guido Kirsten in diesem Band.

17   Brückle 2003, S. 665.

18   Bruno Boerner, Bruno Klein: Fragen des Stils. In: Dies. (Hg.): *Stilfragen zur Kunst des Mittelalters. Eine Einführung.* Berlin: Dietrich Reimer 2006, S. 7–23, hier S. 12.

19   K. Ludwig Pfeiffer: Produktive Labilität. Funktionen des Stilbegriffs. In: Hans-Ulrich Gumbrecht, K. Ludwig Pfeiffer (Hg.): *Stil. Geschichten und Funktionen eines kulturwissenschaftlichen Diskurselements.* Frankfurt a. M.: Suhrkamp 1986, S. 685–725, hier S. 693.

20   George Kubler: Toward a Reductive Theory of Visual Style. In: Berel Lang (Hg.): *The concept of style. Revised and Expanded Edition.* Ithaca und London: Cornell University Press 1987 [1979], S. 163–173, hier S. 163.

21   Hans-Georg Gadamer: *Wahrheit und Methode. Grundzüge einer philosophischen Hermeneutik.* Tübingen: Mohr 1986 [1960], S. 375.

22   Ebd.

23   Willibald Sauerländer: From Stilus to Style. Reflexions on the Fate of a Notion. In: *Art History* 6 (1983), S. 253–270.

entlehnt. In dieser beschreibt der Stilbegriff (lat. *stilus* = Schreibgriffel) die Art und den Aufbau eines Vortrags sowie die Stimmlage des Redners, mithin die formalen Charakteristika der Aufbereitung eines Redeinhalts. Über die »Handschrift« des vortragenden Individuums hinaus unterschied das rhetorische System zudem meist drei hierarchisch gegliederte Stillagen, die dem Anlass und Gegenstand einer Rede zu entsprechen hatten. Das System der Stillagen, das jede Trennung von Form und Inhalt ausschließt, wurde insbesondere in der Frühen Neuzeit auch auf Architektur und bildende Kunst übertragen, indes mit zunehmender Institutionalisierung der Kunstwissenschaften sukzessive wieder in den Hintergrund gedrängt. In der Geschichte der Kunsttheorie ging zudem das Motiv des Stils als Qualitätsbegriff aus ihm hervor.[24] Stil wurde so auch zu einem Siegel, das in der Folge bei angemessener Korrespondenz von Stil und kommunizierten Inhalten eines Kunstwerks, aber auch in Würdigung von formaler Homogenität, »Materialgerechtigkeit« oder der wie auch immer begründeten Authentizität individueller Stiläußerungen verliehen, tastenden Stilfindungsprozessen oder eklektizistischen Stiläußerungen dagegen vorenthalten werden musste.

Neben dem meines Erachtens auch filmwissenschaftlich anschlussfähigen Konzept der Stillagen[25] hat sich, ebenfalls bereits im späten Mittelalter und in der Frühen Neuzeit, eine zweite, heute prominentere Verwendung des Stilbegriffs entwickelt, die formale Charakteristika eines oder mehrerer Kunstwerke kategorisiert, um insbesondere vermeintlichen Orts- und Zeitstilen auf die Spur zu kommen. Als einer seiner Urheber hatte bereits Giorgio Vasari das Epochendenken maßgebend ausdifferenziert: So wurde sein Modell einer Früh-, Hoch-, Spät- und Zerfallsphase der Epochenstile bis heute vielfach variiert und schlug im Laufe der Jahrhunderte mal in evolutionistische Fortschritts- und Wachstumsmodelle,[26] mal in biologistische Kulturtheorien um, die etwa Geburt, Reife, Alter und Tod einzelner Stile diagnostizierten. Die letztgenannte Figur wurde maßgeblich von Johann Joachim Winckelmann popularisiert, dessen *Geschichte der Kunst des Alterthums* (1764) zugleich den Grundstein für die anhaltende Dominanz des Epochendenkens legte.[27] Wenngleich sich Winckelmann als Parteigänger des Klassizismus noch wer-

---

24   So steht der Stil etwa bei Goethe hierarchisch über der Manier. Johann Wolfgang von Goethe: Einfache Nachahmung der Natur, Manier, Stil. In: *Goethes Werke. Hamburger Ausgabe*, Bd. XII. Hamburg: C. H. Beck 1960, S. 30–34.

25   Vgl. hierzu meinen eigenen Beitrag in diesem Band.

26   Panofsky bediente dieses Modell noch in Bezug auf den Film. Panofsky 1974 [1934], S. 161, 163.

27   Johann Joachim Winckelmann: *Geschichte der Kunst des Alterthums*. Dresden: Walther 1764.

tend gab,[28] gilt er mit seiner Annahme einer inneren Einheit aller Gestaltungen einer Epoche zudem als Grundleger einer historistisch-relativistischen Geschichtsauffassung. Diese billigte jedem Epochenstil ein Eigenrecht zu, indem es ihn als Manifestation des jeweiligen »Zeitgeists«[29] einzig aus diesem heraus erklärte und allein an diesem maß. Dieser Paradigmenwechsel vor rund 200 Jahren markierte gleichzeitig die Geburtsstunde der akademischen Kunstgeschichte und »befreite« die Kunst im Fahrwasser von Aufklärung und Revolution auch rückwirkend graduell von ihren religiösen oder politischen Repräsentationszwecken zugunsten eines autonomen Kunstwertes, der fortan der Egalisierung der Epochenbilder, aber auch der Hegemonie stilanalytischer Kunstbetrachtung den Weg ebnen sollte. Ihren »radikalen« Höhepunkt erfuhr diese um die folgende Jahrhundertwende. Nun bemühte sich die sog. Wiener Schule um Alois Riegl sowie einige Zeit später Heinrich Wölfflin[30] in Basel um die Grundlegung verbindlicher Kriterien zur formalen Beschreibung von Werken der bildenden Kunst. Mit seinem Diktum »Nicht alles ist zu allen Zeiten möglich«[31] führte Wölfflin die innere Einheit des Stils auf die Sehkonventionen einer Epoche zurück.[32] Sein radikal formalistischer Ansatz einer selbsterklärten »Kunstgeschichte ohne Namen«, die ikonografische Gehalte, historische Kontexte, Künstlerpersönlichkeiten, Technik und Material gleichermaßen marginalisierte, rief früh und immer wieder massive Kritik hervor.[33] In jüngerer Vergangenheit sprach Robert Suckale in Bezug auf das

---

28 Vgl. insbesondere Johann Joachim Winckelmann: *Gedanken über die Nachahmung der griechischen Werke in der Malerey und Bildhauerkunst.* Leipzig: Johann Gottlob Immanuel Breitkopf 1756.

29 Der Begriff *Zeitgeist* wurde insbesondere in der Kulturtheorie Johann Gottfried Herders popularisiert. Vgl. etwa Johann Gottfried Herder: *Kritische Wälder oder Betrachtungen, die Wissenschaft und Kunst des Schönen betreffend, nach Maßgabe neuerer Schriften.* Riga: Hartknoch 1769.

30 Heinrich Wölfflin: *Kunstgeschichtliche Grundbegriffe. Das Problem der Stilentwicklung in der neueren Kunst.* Dresden: Verlag der Kunst 1983 [1929]. Wölfflins analytisches Modell versuchte, die Grundbausteine des (Renaissance- und Barock-)Stils in fünf opponierenden Begriffspaaren zu fassen: malerisch vs. linear, Fläche vs. Tiefe, Geschlossenheit vs. Offenheit, Vielheit vs. Einheit sowie Klarheit vs. Unklarheit / Bewegtheit.

31 Ebd., S. 18. Dieser Facette Wölfflin'schen Denkens sieht sich noch die weitsichtige Stiltheorie Ernst Gombrichs verpflichtet: Die historische Stilentwicklung einer um Mimesis bemühten Kunst ließe sich über ein lernendes Sehen, über die stetige Verbesserung bildgestalterischer Schemata nach den Taktgaben eines Trial-and-Error-Prinzips erklären. Vgl. Ernst Gombrich: *Art and Illusion. A Study in the Psychology of Pictorial Representation.* New York: Pantheon Books 1960.

32 Für jüngere sozialgeschichtliche Ansätze basieren Zeitstile etwa auf deren politischer, soziokultureller oder ökonomischer Verfasstheit.

33 1926 differenzierte Wilhelm Pinder das Modell der Epochenstile noch einmal aus, indem er die Existenz und Wirksamkeit eines Generationenstils diskutierte. Wilhelm Pinder: *Das Problem der Generation in der Kunstgeschichte Europas.* Frankfurt a. M.: Frankfurter Verlagsanstalt 1926.

bis heute dominierende Epochensystem gar von der »Unbrauchbarkeit der gängigen Stilbegriffe«,[34] Friedrich Möbius zuvor davon, dass insbesondere die ursprünglich auf Schmähbegriffen basierenden Epochenbegriffe wie *Barock* oder *Gotik* – zunächst pejorative Zuschreibung eines Stils an ein Volk, aktuell wertneutraler Epochenbegriff – nicht nur »leer, unlogisch und unsystematisch« seien, sondern »jeglicher Konzeption [entbehren]«.[35]

Eine in den Kunstwissenschaften eher friedvolle denn konkurrierende Koexistenz fristen neben den chronologischen die topografischen Ordnungskriterien, die in mitunter ähnlich fragwürdigen Generalisierungen Regional-, Territorial-, National- oder gar Kontinentalstile scheiden und häufig mit den Epochenbegriffen in einander ergänzend präzisierenden, mehr oder minder festen Begriffspaaren wie der *französischen Gotik* oder der *Weserrenaissance* aufgehen.

Wenngleich der »spätgeborene« Film gemäß des in den Kunstwissenschaften etablierten Epochensystems keine anderen als die Epochen der Moderne und Postmoderne kennt, sind historische Phasierungen von Stilphänomenen freilich auch innerhalb der Filmwissenschaft in Gebrauch. Dabei steht eine Stilgeschichtsschreibung des Films, die etwa auf technische Zäsuren, individuelle Innovationen oder politische Kontexte setzt, fraglos auf weniger hölzernen Füßen als etwa die ebenso beliebigen wie geläufigen Systematisierungen nach Dekaden, die mit dem Dezimalsystem ein mehr als fragwürdiges Interpretament von Stilphänomenen ins Feld führen.

Die in der Filmhistoriografie ebenfalls prominent vertretenen topografischen Ordnungssysteme dagegen zielen häufig keineswegs primär auf eigentliche Stilphänomene: Wo etwa vom *französischen* Drama, der *deutschen* Komödie oder dem *Italo*western die Rede ist, werden eher inhaltliche als formale Gestaltungsschwerpunkte einzelner Filmkulturlandschaften diskutiert, und auch gängige Labels wie »das junge israelische Kino« schüren eher stoffliche Erwartungshaltungen, als dass sie die Beschreibung eines nationalen oder

---

34 Robert Suckale: Die Unbrauchbarkeit der gängigen Stilbegriffe und Entwicklungsvorstellungen. Am Beispiel der französischen gotischen Architektur des 12. und 13. Jahrhunderts. In: Peter Schmidt, Gregor Wedekind (Hg.): Robert Suckale: *Stil und Funktion. Ausgewählte Schriften zur Kunst des Mittelalters.* München und Berlin: Deutscher Kunstverlag 2008 [2003], S. 287–302. Anstelle des Epochensystems schlägt Suckale eine Übertragung von Thomas Kuhns Paradigmenwechseln in die Kunstgeschichte vor. Vgl. ebd., S. 297.

35 Friedrich Möbius: Stil als Kategorie in der Kunsthistoriographie. In: Ders. (Hg.): *Stil und Gesellschaft. Ein Problemaufriss.* Dresden: Verlag der Kunst 1984, S. 8–50, hier S. 13. Die von Möbius ins Feld geführten Beispiele ließen sich etwa auch in Bezug auf anerkannte »Gruppenstile« ergänzen: Auch die heute wertneutral verwendeten Begriffe *Nazarener* oder *Fauves* (geprägt durch den Kunstkritiker Louis Vauxcelles) waren zunächst Spottbezeichnungen.

generationsspezifischen Stils in Aussicht stellen. In höherem Maße rückten regionale, nationale oder gar kontinentale *Stilausprägungen* in der Filmtheorie in den Fokus, etwa wenn Rudolf Arnheim den Montagestil der Russen gegen den kommerziellen amerikanischen »Konfektionsfilm« ausspielte,[36] oder Gilles Deleuze der »organischen« amerikanischen und der »dialektischen« russischen eine »quantitative« französische sowie eine »expressive« deutsche Schule zur Seite stellte.[37] Die noch heute vielbeschworene Opposition von »europäischem« und »amerikanischem« Kino schließlich zielt neuerlich primär auf eine Qualitätsdiskussion, die eher den Diskursen um Sozialstil oder Stilhöhen zuzuschlagen wäre, als dass sie tatsächlich kontinentale Stile beschreibt. Gefährliches Gebiet betreten topografische Etikettierungen auch innerhalb der Filmwissenschaft insbesondere im Rahmen der Vermessung von kinematografischem »Neuland«. So klingen Etikettierungen etwa eines »afrikanischen Kinos« unweigerlich wie der Nachhall der fragwürdigen Ordnungsraster einer Kunstgeschichtsschreibung der Kolonialzeit, die die Kunst Schwarzafrikas unter dem Begriff *Negerplastik*[38] subsumieren zu können meinte, um in der Folge doch immerhin »Stammesstile« oder »Stilprovinzen« zu unterscheiden. So basieren auch Ordnungskriterien wie der »afrikanische Film« auf überholten politischen Prämissen und der Ausblendung der Heterogenität und Komplexität de facto kaum zu überschauender Kulturräume. Sie lassen sich ferner schon deshalb nur schwer als analytische Kategorie akzeptieren, als der Film als eines der modernen Massenmedien, ob nun über internationale Koproduktionen oder internationalisierten Konsum, maßgeblich dazu beigetragen hat, dass topografische und politische Grenzen als vermeintliche Kulturgrenzen erheblich an Bedeutung verloren haben.

Eine weitere zentrale, den heutigen Kunstmarkt prägende Denkfigur innerhalb der Kunstwissenschaften bildet der Individualstil, der als ergänzende oder bestätigende Facettierung ebenfalls friedvoll mit Orts- und Zeitstilen koexistieren kann, häufig seinerseits über Zeit- und Ortskriterien phasiert wird (rosa oder blaue Periode, Frühwerk oder Altersstil,[39] vor oder nach der Romreise) und mitunter schließlich neuen Gruppenstilen begrifflich Pate stehen kann (Caravaggisten, Präraffaeliten). So indes hier allein eine innere Einheit oder die ästhetischen Normen einer Epoche oder eines Volkes, dort einzig der innovative Normbruch oder der individuelle Geniestreich als

36 Wie Anm. 3.
37 Gilles Deleuze: *Das Bewegungs-Bild. Kino 1.* Frankfurt a.M.: Suhrkamp 1997 [1983], S. 50.
38 Zuerst Carl Einstein: *Negerplastik*, Leipzig: Verlag der Weißen Bücher (Kurt Wolff) 1915.
39 Vgl. hierzu Andreas Zeising: Wundergreise der Moderne. Konjunkturen des »Altersstils«. In: *kritische berichte* 42/1 (2014), S. 163–178.

kulturtreibende Kraft in der Geschichte begriffen wird,[40] können beide Konzepte in grundlegend opponierenden Kulturtheorien gipfeln. Die Frage, inwieweit einzelne Stilausprägungen von einem Zeitgeist determiniert werden oder ein vermeintlicher Zeitstil sich lediglich aus deren Summe ergibt, stellt sich freilich auch der filmwissenschaftlichen Stilforschung.

Vergleichsweise spät wurde in der Kunstgeschichte, angestoßen insbesondere durch die Arbeit Francis Haskells,[41] verstärkt auch der Anteil von Mäzenen, Sammlern, Stiftern oder Bauherren an Stilbildungsprozessen ins Zentrum der Aufmerksamkeit gerückt. Mit einigem Recht spricht man etwa vom *friderizianischen Rokoko* oder *wilhelminischen Bauen*, systematisiert die frühneuzeitlichen Kunststile in Frankreich nach dessen Königen oder diskutiert Wesen respektive Existenz genuiner Stilidiome von Regimen, Höfen oder großen religiösen Orden. In Bezug auf den Film freilich lassen sich etwa nicht nur die Filmpolitik der großen Diktaturen sowie internationale oder staatliche Filmförderungsprogramme in Bezug auf ihren stilprägenden Einfluss untersuchen, sondern auch die großen Produktionsfirmen. In Folge sowohl repräsentations- als auch marktökonomischen Denkens kann Stil hier wie dort eher auf die Geldgeber eines Künstlers zurückzuführen sein denn auf diesen selbst. Mit dem Begriff des »Sozialstils« oder »kulturellen Stils« schließlich werden in den Kunstwissenschaften etwa Volkskunst, aristokratischer Stil oder imperiale Kunst unterschieden. Seine Konzeptualisierung kann zwischen jenen von Zeit-, Orts- und Individualstilen sowie dem Konzept der Stillagen vermitteln. Innerhalb der Film- oder Fernsehwissenschaft greift er etwa dann, wenn kommerzielles mit künstlerisch ambitioniertem Kino oder private mit öffentlich-rechtlichen Sendern verglichen und die jeweiligen Publikumssegmente abgesteckt werden.

So mannigfaltig wie die Stilbegriffe sind die historischen Erklärungsmuster von Stil, die der künstlerischen Praxis ebenfalls zentrale stilbildende Impulse lieferten. Auch diesbezüglich sollen hier aus vielen traditionsreichen Ansätzen nur einige wesentliche Konzepte vorgestellt und auf ihre filmwissenschaftliche Relevanz hin befragt werden.

---

40 Die Überbetonung von Norm in der Theorie und Praxis des Klassizismus sowie die Überbetonung des Künstler- und Geniegedankens in der Theorie und Praxis der Romantik liefert ein besonders anschauliches Beispiel, die Opposition des kunstwissenschaftlichen Formalismus um 1900 und seiner Kritik durch ikonografische und ikonologische Ansätze ein zweites. Terminologisch wird die Opposition zwischen Künstlergeschichte und Epochengeschichte greifbar im Begriff der Manier (vgl. Anm. 5).

41 Francis Haskell: *Patrons and Painters. A Study in the Relations between Italian Art and Society in the Age of the Baroque*. London: Chatto & Windus 1963.

Julian Blunk

Ein erstes Konzept argumentiert Stil – nicht selten sowohl deskriptiv als auch normativ – auf Basis der Materialität eines Kunstwerks: Dessen Stil habe respektive möge sich aus örtlichen Gegebenheiten, seinem Gebrauchszweck, vor allem aber aus den Gesetzen seines Materials ergeben. Vor dem Hintergrund des Historismus wurde die Debatte von dessen Befürwortern und Gegnern insbesondere innerhalb der Architekturtheorie geführt (Gottfried Semper, Heinrich Hübsch), von Beginn an aber auch auf bildende Kunst und Kunsthandwerk übertragen (John Ruskin, William Morris). Eine neuerliche Blüte erlebte sie in der klassischen Moderne (Bauhaus). Innerhalb der Historiografie fand sie in Henri Focillon einen ihrer prominentesten Vertreter.[42] Freilich geriet die Überbetonung des behaupteten oder eingeforderten stilbildenden Einflusses der Materialität eines Kunstwerks immer wieder mit all jenen Theorien in Konflikt, die etwa den Niederschlag eines Zeit-, Orts- oder Individualstils sich unabhängig von Material, Gattung und Gegenstand im monumentalen Wandbild wie in der Haarnadel gleichermaßen Bahn brechen sahen.

Fraglos stand insbesondere die frühe Filmtheorie in hohem Maße in der Tradition materialästhetischer Debatten. Geschichte und Potenziale der Filmästhetik wurden bei zahllosen russischen Theoretikern aus genuin technisch-materiellen Bedingungen des Mediums, dessen formaler Gestaltungsspielraum bei Arnheim aus seinem Minder-, bei Siegfried Kracauer auch aus seinem Mehrwert gegenüber der Wahrnehmung der »Wirklichkeit«[43] respektive der »physischen Realität«[44] hergeleitet. Dennoch bleibt zu konstatieren, dass die komparatistischen Qualitäten eines materialistischen Stilbegriffs in Bezug auf das Filmmedium vor allem innerhalb eines intermedialen Paragone fruchtbar werden. In der Binnenperspektive des Films ist die Reichweite des Ansatzes insofern limitiert, als er über die jeweiligen technischen Determinanten (Schwarz-Weiß / Farbe, digital / analog usw.) hinaus kaum Differenzkriterien entwickeln kann. Insofern Film bei seiner Aufführung stets immaterielle Lichtkunst ist, stellen sich materialikonografische Fragen der Filmwissenschaft nur in ihren Randbereichen, während eine Materialästhetik filmische Wahrnehmung in erster Linie von nicht medial gestalteten Sinneswahrnehmungen unterscheidet, sowie sie den Stil *des* Films etwa in Konfrontation des Stils *der* Malerei beschreibt. Im Vergleich von Film und

42 Henri Focillon: *La Vie des Formes*. Paris: Librairie Ernest Ledoux 1934.
43 Wie Anm. 3.
44 Siegfried Kracauer: *Theorie des Films. Die Errettung der äußeren Wirklichkeit*, Frankfurt a. M.: Suhrkamp 1964 [1960].

34

Film büßt dessen Materialität sowohl in der Theorie als auch in der Praxis einen Großteil seines kommunikativen Potenzials ein.

Kontrovers wurde weiter das Verhältnis von Stil und Optionalität diskutiert. So ergibt sich ein Stil für Kubler stets aus der Wahl unter mehreren synchronen Möglichkeiten.[45] Ähnlich erklärt auch Pfeiffer die Option zur Bedingung für Stil.[46] Eine gegenläufige Auffassung vertrat etwa Hans Sedlmayr in seinem berühmt-berüchtigten Pamphlet *Verlust der Mitte*: Ein *wählbarer* Stil sei demnach etwas anderes, zudem weniger Wertiges als »echter Stil«.[47] Zuvor hatte Alois Riegl das wenig später auch von Wilhelm Worringer popularisierte Konzept eines »Kunstwollens« entworfen.[48] Als Gegenentwurf zu Erklärungsmustern, die auf epistemologische, materialistische oder psychologische Notwendigkeiten setzten, war bereits diesem ein konstituierender optionaler Gedanke inhärent: Stil beruhe mithin nicht auf einem von der Verfasstheit einer Epoche determinierten Müssen oder auf einem technischen oder konzeptuellen (Un-)Vermögen, sondern stets auf einem Wollen, das sich gemäß der jeweiligen Darstellungsinteressen strukturiere. Auch für Wölfflin war innerhalb einer jeden Epoche stets mit einer »Mehrzahl von Möglichkeiten [zu] rechnen«.[49]

Es lässt sich wohl immerhin festhalten, dass die Zurkenntnisnahme einer Alternative die Voraussetzung für ein Stil*bewusstsein*, dieses die Voraussetzung für gezielte Stilbekenntnisse bildet, und dass sich ein entsprechendes Problembewusstsein je nach Vielfalt und Verfügbarkeit stilistischer Alternativen konturiert. Das komparatistische Wesen des Stils greift dabei nicht nur auf beschreibender, sondern auch auf gestalterischer Ebene – sei der positive oder negative Referenzstil nun historischer Natur (wie im Falle der Selbstbeschreibung der Renaissance über die produktive Konkurrenz zur Antike und die Lossagung von der Gotik) oder durch synchronen Stilpluralismus gegeben. So wird auch das Drehen in zuvor alternativlosem Schwarz-Weiß

---

45   Wie Anm. 20.

46   Wie Anm. 19.

47   Hans Sedlmayr: *Verlust der Mitte. Die bildende Kunst des 19. und 20. Jahrhunderts als Symptom und Symbol der Zeit.* Salzburg und Wien: Otto Müller Verlag 1988 [1948], S. 61.

48   Vgl. Alois Riegl: *Die spätrömische Kunst-Industrie nach den Funden in Österreich-Ungarn im Zusammenhange mit der Gesamtentwicklung der Bildenden Künste bei den Mittelmeervölkern.* Wien: Kaiserlich-Königliche Hof- und Staatsdruckerei 1901; Wilhelm Worringer: *Abstraktion und Einfühlung. Ein Beitrag zur Stilpsychologie.* München: R. Pieper & Co. 1908.

49   Heinrich Wölfflin: Eine Revision von 1933 als Nachwort. In: Wölfflin 1983 [1929], S. 295. Entgegen anderslautender Annahmen beweisen auch heute Detailstudien immer wieder, dass Stilbewusstsein, Stilpluralismus und somit ein gewisses Maß an Optionalität wohl keiner Epoche ganz fremd waren.

erst nach der Erfindung des Farbfilms zum allegorischen[50] Stilmittel, ob nun in Gestalt eines »historistischen« Bekenntnisses, als Chiffre für Tristesse oder im Dienste der Kennzeichnung innerfilmischer Rückblenden.

In diesem Kontext entfaltet der Stilbegriff auch seine politischen Valenzen: Wenn Epochen, Völker, Nationen oder soziale Gruppen gemeinsame Stile pflegen, dann liegt auf der Hand, dass nicht nur Inhalte, sondern auch die Stile selbst erhebliches kommunikatives Potenzial entfalten können, sobald sie ihren Urhebern in ihrer Optionalität zu Bewusstsein kommen. Wo Stil wähl- und verhandelbar ist, wird er zum Mittel nicht nur der Welt-, sondern auch der Selbstbeschreibung: Innerhalb eines Gefüges konkurrierender Normen und Weltanschauungen bilden ältere wie zeitgenössische Stile unumgängliche negative oder positive Referenzen jeder bewussten Stilentscheidung. Jedes ostentative Bekenntnis zu einem älteren Stil etwa in Gestalt eines Neostils beinhaltet und visualisiert einen Kontinuitätsgedanken, jede modernistische Lossagung einen Bruch etwa auch mit den sozialen, politischen oder religiösen Valenzen, die mit den jeweils vorangegangenen Stiläußerungen assoziiert wurden. In allen Graustufen betreiben Stile Vergemeinschaftung, Individuation,[51] Inklusion, Exklusion und Distinktion, artikulieren Einverständnis oder Rebellion. So legen sowohl die Geschichte der Kunst als auch die Geschichte ihrer Wissenschaft beredtes Zeugnis davon ab, wie schnell Stilgeschichtsschreibung oder einzelne Stilbegriffe tendenziösen Charakter entwickeln können. Bereits der Definition, Diagnose und Interpretation eines Stils sind häufig dessen Ideologisierungen[52] sowie die ideologischen Prämissen der Interpretierenden inhärent, die seine strategische Inanspruchnahme oder Verwerfung durch Individuen, Nationen, Interessengruppen vorbereiten und diese für andere lesbar machen. Besonders plastisch tritt diese Facette des Stils in der »Epoche« des Historismus hervor. Betrieb diese neben der und über die Historisierung von Stilen auch deren

---

50 Zum Begriff des allegorischen Stils vgl. Susanne von Falkenhausen: Stil als allegorisches Verfahren: Totalität und Geschlechterdifferenz in Mario Sironis Entwurf einer faschistischen Universalkunst. In: Sigrid Schade, Monika Wagner, Sigrid Weigel (Hg.): *Allegorien und Geschlechterdifferenz. Zur Einführung.* Köln, Weimar und Wien: Böhlau 1994, S. 187–203.

51 Bereits der viel diskutierte Satz des Georges Louis Leclerc Buffon in seiner Rede aus Anlass der Aufnahme in die Académie Française im Jahre 1753 steht ganz in diesem Zusammenhang: »Le style c'est l'homme même«. Vgl. *Meyers Großes Konversations-Lexikon*, Bd. 12. Leipzig und Wien: Bibliographisches Institut 1908, S. 452.

52 Zur Ideologisierung von Stilen im Historismus vgl. u. a. Max Onsell: *Ausdruck und Wirklichkeit. Versuch über den Historismus in der Baukunst.* Braunschweig und Wiesbaden: Friedrich Viehweg & Sohn Verlagsgesellschaft 1981.

ideologische Codierung, indem sie Stil etwa zum hierarchisierenden Grad-
messer von Fortschritt[53] und Gesinnungslagen,[54] Progress und Dekadenz,
mitunter zum Symptom evolutionärer Entwicklungsstufen ganzer Völker
erklärte, visualisierte die künstlerische Praxis auf Basis dessen kulturelle Erb-
ansprüche und ästhetisierte Geschichtserfahrung wie Gesinnungslagen gleichermaßen. Insofern Stilgeschichte schon bei Vasari eine kulturtheoretische
Fundierung des Nationalgedankens erfahren hatte, bildeten selbst die rück-
versichernden Berufungen auf eine »deutsche Kunst« durch den Nationalsozialismus bei gleichzeitiger Pathologisierung moderner Kunststile lediglich die Karikatur oder letzte Pervertierung der politischen Subtexte längst
bestehender Forschungstraditionen. Dass innerhalb der Kunstpolitik und
-ethik der großen konkurrierenden politischen Systeme mit den jeweiligen
Bekenntnissen zu verbindlichen Gruppenstilen oder zum Stilpluralismus
stets auch Übergewichtungen bestimmter Stilbegriffe und der mit ihnen
assoziierten Kulturtheorien einherzugehen scheinen,[55] mag illustrieren, dass
sich gerade in gesellschaftlichen Umbruchs- oder Findungsphasen mit dem
Stilbewusstsein stets auch der politische Impetus von Stilen, der Kategorien
ihrer Beschreibung und beider theoretischer Fundierung schärft. Wurden
vor dem Hintergrund der Kriege und Revolutionen des 20. Jahrhunderts
normative Ansprüche in Kunst und Politik in höchstem Maße enggeführt,
lässt sich wohl für bildende Kunst und Film gleichermaßen eine generelle
Rückläufigkeit des politischen Kommunikationsgehalts von Stilen und Stilbegriffen zugunsten des »Stylischen«[56] konstatieren.

---

53 Suckale spricht in Bezug auf die evolutionistischen Kulturtheorien zu Recht von einem
»Automatismus der Wertung, der in dem Entwicklungsschema steckt«. Suckale 2008
[2003], S. 296.
54 Vgl. etwa Arthur Moeller van den Bruck: *Der Preußische Stil*. München: Piper 1916. Van
den Brucks Diktum »Stil ist Gesinnung« leitete die kulturelle Überlegenheit Preußens aus
dessen Stiläußerungen ab.
55 Bei gleichzeitiger Marginalisierung des jeweils anderen überbetont etwa der Nationalis-
mus die Ordnungskategorie des Volks- oder Nationalstils, der Sozialismus die des Sozialstils, der Kapitalismus die des Individualstils.
56 Vor dem Hintergrund der referierten Mannigfaltigkeit kursierender Auffassungen von
Stil kann kaum ernsthaft bestimmt werden, ob und wo kategoriale Grenzen zwischen
Phänomenen des »Stils« und solchen vermeintlich schnelllebiger und oberflächlicher »Styles« verlaufen. Es sei hier lediglich auf die diskussionswürdige Unterscheidung zwischen
»Stil« und »Mode« hingewiesen, die Niklas Luhmann 1986 vorschlug. Demnach sei in
Bezug auf Letztere ein höherer Grad »tolerierbarer Willkür des Bruchs« zu konstatieren.
Vgl. Niklas Luhmann: Das Kunstwerk und die Selbstreproduktion der Kunst. In: Hans-
Ulrich Gumbrecht, K. Ludwig Pfeiffer (Hg.): *Stil. Geschichten und Funktionen eines kultur-
wissenschaftlichen Diskurselements*. Frankfurt a. M.: Suhrkamp 1986, S. 620–672, hier S. 655.

Wenn der Begriff des Stils unterschiedlichste Phänomene subsumiert, auf unterschiedlichsten Ebenen greift, jede seiner Konzeptualisierungen mit untilgbaren Generalisierungen, Vereinfachungen und Ausblendungen operieren muss, wenn ferner jeder einzelne Stilbegriff einer historischen Dynamik unterliegt, so wie jeder Stilbefund in Bezug auf eine Werkgruppe sein Gesicht mit jedem weiteren zugeordneten Objekt verändert, dann stellt sich freilich auch jeder eingehenderen Beschäftigung mit dem Problem des »Filmstils« zunächst die Frage nach dem Nutzen eines Zugriffs auf die Methoden und Termini kunstwissenschaftlicher Stilanalyse. Dass diese Frage nur nach Maßgabe des jeweiligen Einzelfalls zu beantworten ist, ist so evident wie die Einsicht, dass die Filmwissenschaft zunächst an einer schärferen Konturierung und Ausdifferenzierung ihrer eigenen Stilbegriffe zu arbeiten haben wird und dabei eine im besseren Falle auch interdisziplinär tragfähige Nomenklatur zum Ziel ausrufen sollte. Ferner steht die Historisierung und Problematisierung der eigenen Stilbegriffe aus: Wann und warum favorisierte die Filmtheorie und -historiografie topografische Ordnungskriterien, wann sah sie sich dem Epochendenken, wann einer Innovations- und Künstlergeschichte verpflichtet? Unter welchen Umständen und mit welchen Interessen wurden Sozialstile, Stillagen oder stilbezügliche Qualitätsbegriffe in den Fokus genommen und in welchen Gewichtungen wurden Apparaturen, Regisseure oder Produzenten als ursächliche Urheber von Stilphänomenen in Betracht gezogen? Wie weit ist die auch in diesem Band betriebene Basisarbeit in Bezug auf die Definition und Beschreibung einzelner Stilmittel fortgeschritten und ab wann läuft die Suche nach »Stylemen« Gefahr, den größeren Zusammenhang oder bereits das fragmentierte Kunstwerk aus dem Blick zu verlieren?[57] Welche Vorannahmen, Wertmaßstäbe und Ziele lassen sich schließlich aus den Methoden, Kategorien, Terminologien und Auslassungen bisheriger Stilgeschichtsschreibung rekonstruieren?

Die in Bezug auf die Aufarbeitung der eigenen Wissenschafts- und Begriffsgeschichte weiter »fortgeschrittene« kunstwissenschaftliche Stilforschung kann der filmwissenschaftlichen Standortbestimmung dabei insbesondere insofern von Nutzen sein, als sie gerade in ihren »Irrwegen« anschaulich belegt, dass die historischen Raster der Stildiagnose bisweilen mehr über die Zwecke und Funktionen einzelner Stilbegriffe verraten als über die von ihnen gerasterten Phänomene. Bislang hat sich noch jedes stilanalytische

---

57   Zum »Styleme« als vermeintliche Quelle und kleinste Einheit eines Stils in den Künsten vgl. Berel Lang: Looking for the Styleme, in: *Critical Inquiry* 9/2 (Dezember 1982), S. 405–413.

Verfahren auch als strukturelles Kind der sozialen Bedingungen und Prämissen seiner Entstehungszeit und noch jeder Stilbegriff als potenziell korrumpierbar entpuppt. Nicht zuletzt ließe ein vergleichender Blick auf die Wissenschaftsgeschichten der wahlverwandten Disziplinen womöglich einige auffällige Analogien in den Blick geraten, denen nachzugehen die Mühe wert sein könnte: Am Beginn der Institutionalisierung der jeweiligen Disziplinen standen hier wie dort konstituierende Debatten, die den Kunstwert einzelner Werke oder Werkgruppen, die in beiden Fällen nicht zuletzt aufgrund ihrer Inhalte in Verruf standen, insbesondere auf Basis stilanalytischer Argumente taxierten. So konnten etwa unzählige Bildwerke dem Ikonoklasmus der französischen Revolution, der im Bild das jeweils Dargestellte symbolisch zu treffen hoffte, nur über die Behauptung ihres autonomen Kunstwertes und über ihre Musealisierung nach alleiniger Maßgabe stilhistorischer Kriterien entgehen. Wenn Historiografie und Theorie im Verweis auf den Stil hier das Herrscherdenkmal, dort den Film in seinem (potenziellen) ästhetischen Eigenwert begriffen, korrespondierten die jeweiligen Denkfiguren bei allen historischen, sozialen und medialen Differenzen doch sprechend in Bezug auf beider strategischer Trennung von Form und Inhalt. In der Geschichte beider Wissenschaften traten ferner jeweils erstaunlich spät und jeweils getragen von einem umso erstaunlicheren Positivismus vermeintlich »objektive« Verfahren der Stildiagnose auf den Plan – vertreten etwa durch den Formalismus der Wiener Schule hier oder die »Statistical Style Analysis« Barry Salts[58] und seiner Anhänger dort. In zentralen Passagen schließlich hatte zuvor bereits Gilles Deleuzes selbsterklärte »Taxinomie«[59] des (Film-)Stils einiges mit derjenigen Heinrich Wölfflins gemein. Kurzum: Vielleicht kann die Filmwissenschaft in vielen der sich ihr stellenden Stilfragen mehr Nutzen aus der Geschichte der kunstwissenschaftlichen Stilbegriffe ziehen denn aus den Begriffen selbst.

---

58   Vgl. etwa Barry Salt: *Moving into Pictures. More on Film History, Style and Analysis.* London: Starword 2006.
59   Deleuze 1997 [1983], S. 11.

Chris Wahl

Eine kleine Geschichte des Begriffs »Filmstil« und seiner Bedeutung

> »Was aber keinen Stil hat,
> wird nie große Kunst sein können.«
> (Rudolf Arnheim, 1934)[1]

> »En art c'est finalement le style qui compte.«
> (André Bazin, 1953)[2]

> »There are no style-less works of art.«
> (Susan Sontag, 1965)[3]

Im Grunde ist eine Reflexion des Filmstils jeder Auseinandersetzung mit einem Film implizit, die nicht völlig hermetisch bleiben will, insofern es bei der Stilbestimmung im Wesentlichen um ein komparatives Verfahren geht, um ein wechselseitiges Herausarbeiten von rekurrierenden Mustern und individuellen Kennzeichen sowie um die Beantwortung der Frage, welche vorhandenen technischen, materialen und personalen Mittel zur Erzielung welcher Effekte eingesetzt worden sind und in welcher Tradition dieses Vorgehen steht oder von welcher es sich abheben will. Trotzdem ist die informierte Diskussion explizit stilistischer Themen in weiten Teilen der filmwissenschaftlichen Debatten geradezu verpönt. Dies liegt sicherlich nicht nur an der Schwammigkeit des Begriffs »Stil« und seiner zunehmenden Problematisierung innerhalb des kunstwissenschaftlichen Diskurses der letzten Jahrzehnte,[4] sondern hat auch damit zu tun, dass filmstilistische Analysen äußerst mühsam sind, weil sie ein technisches Grundverständnis und ein möglichst großes

1   Rudolf Arnheim: Stil [1934]. In: Ders.: *Die Seele in der Silberschicht. Medientheoretische Texte. Photographie – Film – Rundfunk.* Hg. von Helmut H. Diederichs. Frankfurt a.M.: Suhrkamp 2004, S. 168–170, hier S. 170.
2   André Bazin: De L'Ambiguïté [Filmkritik zu THE RED BADGE OF COURAGE, 1951, John Huston]. In: *Cahiers du Cinéma* 27 (Oktober 1953), S. 49–54.
3   Susan Sontag: On style [1965]. In: Dies.: *Against Interpretation and other Essays.* London: Penguin 2009, S. 15–36, hier S. 18.
4   Vgl. die Einführung von Julian Blunk in diesem Band. Für einen ähnlichen Verlauf in der Musikwissenschaft vgl. Burkhard Meischein: Stil. In: Ders.: *Einführung in die historische Musikwissenschaft.* Köln: Dohr 2011, S. 155–157.

ästhetisches Vergleichskorpus voraussetzen.[5] Vielleicht ist das auch der Grund, warum traditionell der Filmstil in Äußerungen der Filmkritik eine größere Rolle zu spielen scheint als in denen der akademischen Filmwissenschaft, da man sich in der cinephilen Kritik dem Handwerk des Filmemachens näher fühlt, zudem nicht selten über eine rein quantitativ bessere Kenntnis der Filmgeschichte verfügt und dieses Wissen auch gerne in Form von Vergleichen und Anspielungen anwendet. Allerdings bleibt in solchen Auseinandersetzungen die Verwendung des Stilbegriffs im Unpräzisen, was wiederum zu dessen schlechtem Ruf beigetragen haben mag. Das aber sind nur Vermutungen. Worum es in diesem Beitrag gehen soll, ist die Annäherung an historische Verwendungen und Definitionen des Begriffs »Filmstil« anhand ausgewählter Beispiele, die nicht ausschließlich dem filmtheoretischen, -ästhetischen und -kritischen Kanon entstammen. Das Ganze geschieht vor dem Hintergrund der Fragestellung, was die Behandlung des Stils im Film auszeichnet, welche Probleme und welche Potenziale damit einhergehen.

Filmstil vs. Stilfilm

Es wäre geradezu ein Coup, an dieser Stelle die erste Verwendung des Begriffs »Filmstil« klar benennen zu können, allerdings müsste man dazu sehr ausführliche, möglicherweise automatisierte Recherchen anstellen. Stattdessen möchte ich auf einen Text verweisen, der mir einen guten Einstieg in frühe filmstilistische Diskussionen zu geben scheint, und zwar »Stilfilm, Filmstil und Stil überhaupt« von Béla Balázs, erschienen am 15. September 1925 in der Zeitschrift *Die Filmtechnik*.[6] Kristina Köhler arbeitet in ihrem Beitrag zum vorliegenden Band heraus, wie Balázs darin den sogenannten Stilfilmen vorwirft, am bloßen Stilzitat in Bezug auf vorangehende Epochen der Kunstgeschichte und auf im Film repräsentierte Künste haften zu bleiben,[7] und diesem Vorgehen einen eigenständigen, von der Kamera-

---

5 Vgl. auch Christian Metz: *Sprache und Film*. Frankfurt a.M.: Athenäum 1973 [frz. Orig. 1971], S. 89: »Um einen Stil oder eine Schule des *cinéma* zu definieren, muß eine große Zahl von Filmen, und zwar von bestimmten Filmen (die nicht durch andere Titel ersetzt werden können) überschaut werden; vor allem muß man diese Filme mit anderen vergleichen können«.

6 Hier zitiert nach Béla Balázs: *Schriften zum Film*. Band 1. Berlin: Henschelverlag Kunst und Gesellschaft 1982, S. 341–345.

7 Rudolf Kurtz sprach von einer »gewisse[n] Aufnahmebereitschaft des Films, sich einer bewußten, präzis erkennbaren Stilabsicht unterzuordnen« und bezeichnete Ernst Lubitschs DIE BERGKATZE (1921) als »erste[n] konsequent durchgeführte[n] Stilfilm in

arbeit geprägten Filmstil entgegenhält. Damit schließt er an die Vorkriegs-debatten um die Rolle des Films im Konzert der etablierten Künste an und wendet sich, so Köhler, implizit gegen Erich Pommer, der nach dem Ersten Weltkrieg den Qualitätsfilm zu propagieren begann und damit die Stil-debatte in Richtung einer Produktions- und Reklamefähigkeit verscho-ben habe.

Auffällig ist bei Balázs die explizite Abgrenzung vom Theater, unter des-sen Einfluss die Stilfilme noch zu leiden scheinen, was in folgendem Satz prägnant zum Ausdruck kommt: »Es genügt nicht, daß der Dekorateur expressionistisch arbeitet; der Operateur muß es auch.«[8] Sein Kaprizieren auf den Kameramann (Operateur) und die Kamera ist die zweite Auffällig-keit, durch die Balázs sich zwar vom Theater abzusetzen sucht, aber gleich-zeitig eine gewisse Nähe zur Malerei nicht aufgibt. Dies ist auch vor dem Hintergrund erwähnenswert, dass Köhler in Balázs' Aufsatz und in seinem Filmstilbegriff eine medienspezifische und medienreflexive Wendung erkennt. Bei Balázs fehlt allerdings noch der entscheidende Schritt vom Bild bzw. von der Fotografie zur Montage, der zu einer wirklich medienspezifi-schen und medienreflexiven Filmstildefinition (Zeitkunst) unbedingt dazu-gehört. Zudem war der Medienbegriff in den Filmstildebatten der 1920er Jahre gar nicht präsent, da Film damals ausschließlich im Kontext von Kunst bzw. Künsten diskutiert wurde; auch bei Balázs sucht man das Wort »Medium« vergeblich.[9] Statt also die stilistischen Möglichkeiten des Films im Sinne einer dezidierten Medienspezifik schon umfassend erkannt zu haben, ähnelt Balázs' Definition des Filmstils vielmehr einem in der franzö-sischen Debatte kursierenden Begriff, dem der »Photogénie«,[10] der all das

Deutschland«. Rudolf Kurtz: *Expressionismus und Film*. Berlin: Verlag der Lichtbildbühne 1926. Nachdruck 2007 im Chronos Verlag, Zürich, S. 82.

8   Balázs 1982, S. 343.
9   Vgl. hierzu Chris Wahl: Kunst–Künste, Medium–Medien: Film als zentrale Instanz. Ein Debattenbeitrag zum Verhältnis von Kunst und Medienwissenschaft. In: *Zeitschrift für Medienwissenschaft* 1 (2014), S. 143–149.
10   Laut Jacques Aumont hat der Begriff »Photogénie« zwei Wurzeln, die gleichzeitig seine zentralen Anwendungsfelder sind: die Bewegung und das Gesicht. Gerade Letzteres steht auch in Balázs' Theorie der 1920er Jahre im Vordergrund. Die Definition der Photogénie, wie sie Louis Delluc und Jean Epstein um 1920 gegeben haben, könne man laut Christian Kiening und Heinrich Adolf folgendermaßen zusammenfassen: »eine visuelle Erschei-nung des Flüchtigen, das im filmischen Bild sinnliche Präsenz erhält und ästhetisch-poetische Bedeutungssteigerung erfährt – in Form von Figuren, Körpern und Gesichtern ebenso wie von Dingen.« Christian Kiening, Heinrich Adolf: Nachwort. In: Dies. (Hg.): *Der absolute Film. Dokumente der Medienavantgarde (1912–1936)*. Zürich: Chronos 2012, S. 419–500, hier S. 466. Zur Geschichte des Begriffs der Photogénie vgl. beispielsweise Oliver Fahle: *Jenseits des Bildes. Poetik des französischen Films der zwanziger Jahre*. Mainz: Bender 2000, S. 34–35.

einschließt, was durch die filmische Reproduktion auf eine neue Ebene gehoben wird, und all das aus der Kunst des Films ausschließt, was unempfindlich für die Magie der Kamera ist (dies ist offenbar die Quelle von Balázs' Kamerafetischismus):

> Entscheidender scheint mir aber die Tatsache, daß durch die *bloße Photographie die Dinge eine Betontheit bekommen*, die sie in der Wirklichkeit des Lebens, in der sie mit hundert anderen Dingen verwoben, vermischt und verwischt sind, nicht besitzen. […] Photographieren bedeutet Sehen. Und auch in der naturalistischen Film-Aufnahme ist gleichsam der Lebensrhythmus der Gegenwart herausgeschält und bloßgelegt. So wird Stil offenbar.[11]

Ein Zufallsfund stellt allerdings die Allgemeingültigkeit der von Balázs vorgenommenen Parallelisierung des Begriffs »Stilfilm« mit einem Stilzitat infrage: In einer Kritik von Murnaus NOSFERATU (1922) schreibt die *Vossische Zeitung* dreieinhalb Jahre vor dem Erscheinen von Balázs' Text, dieser Film sei »sprechenrampenfremd, buchfeindlich; ein eigener Stil-Film. Murnau, sein Bildlenker, stellt die Bildchen, sorglich durchgearbeitet, in sich abgeschlossen.«[12] Abgrenzung vom Theater, von der Literatur, dagegen Betonung der Bildgestaltung. Das ist genauso viel »Medienspezifik« wie bei Balázs, dies allerdings unter dem Label »Stil-Film«, nicht Filmstil.

Neben dem subjektiven Stil des Kameramanns bzw. des Operateurs, wie Balázs ihn nennt, erwähnt er auch die Möglichkeit eines auf den Regisseur bezogenen Individualstils; beiden stellt er den »objektiven Stil des heutigen Lebens«[13] entgegen, der immer erst im Nachhinein erkennbar werde. Die hier von Balázs im Sinne eines Wölfflin'schen Dualismus aufgemachte Opposition zwischen bewusstem und unbewusstem (den Zeitgeist reflektierendem) Stil beschreibt Frank Curot als gängiges Argumentationsmuster von Regisseuren; so beziehe sich beispielsweise Angelopoulos explizit auf Mizoguchi und Antonioni, während andere behaupteten, ihr Stil würde sich unbemerkt manifestieren, ohne dass sie darüber nachdächten.[14] Letztere

---

11 Balázs 1982, S. 345.
12 ej.: NOSFERATU. In: *Vossische Zeitung* (Berlin), Nr. 111 vom 7. März 1922 (Frühausgabe). Zitiert nach URL: http://www.filmportal.de/material/nosferatu-0 [letzter Zugriff am 22.10.2015]. Hinter dem Kürzel »ej.« könnte sich Ernst Jerosch verbergen, dem Rolf Aurich in einer unveröffentlichten Aufstellung dasselbe Kürzel für den *Film-Kurier* des Jahres 1940 zuordnet.
13 Balázs 1982, S. 344.
14 Vgl. Frank Curot: *Styles filmiques. 1. classicisme et expressivisme.* Paris und Caen: lettres modernes minard 2000, S. 15. Zu den zwei von Curot benannten Typen könnte man noch einen dritten hinzufügen, nämlich jenen, der sich (trotz klarer Vorbilder oder Lehrmeis-

Attitüde ist im deutschsprachigen Kontext von so unterschiedlichen Regisseuren wie Werner Herzog und Dominik Graf bekannt.[15] Ein Schlüssel zu deren Selbstdefinition als Filmemacher liegt vielleicht in folgender Empfehlung, die Rudolf Arnheim bereits Anfang der 1930er Jahre gegeben hat: »Wir lernen von stilvollen Künstlern nicht, indem wir ihre Tricks, sondern indem wir ihre Einstellung zur Arbeit kopieren: die Welt scharf ansehen, ihr Wesentliches möglichst prägnant zu erfassen versuchen – und dann probieren, welche die einfachsten und sparsamsten Mittel sind, um diesen Eindruck wiederzugeben.«[16]

Wer also Vorbilder hat, und wer hat das nicht, tut gut daran, sich nicht an deren konkreten Umsetzungen zu orientieren, sondern an ihrer allgemeinen Haltung; nur so vermeidet man bloße Imitationen und eröffnet sich die Chance, einen eigenen Stil hervorzubringen, den man dann nicht einmal bemerken will. »An attitude means a style. A style means an attitude«, heißt es in Lorenza Mazzettis, Lindsay Andersons, Karel Reisz' und Tony Richardsons *Free Cinema Manifesto* vom Februar 1956. Stil, so viel wird hier schon klar, ist ein Oberflächenphänomen, das in unterschiedlichem Maße bewusst oder unbewusst hervorgebracht wird, das Anschlussfähigkeit an eine Tradition, eine Mode oder einen Zeitgeist nachweist oder im Gegenteil sich explizit von solchen Strömungen und Einflüssen absetzt.

ter) weder explizit auf eine bestimmte Traditionslinie bezieht noch von einem geisterhaften Einhauchen des Stils ausgeht, sondern stilistische Raffinesse aus seinen (kunst-)handwerklichen Fertigkeiten ableitet; ein Beispiel hierfür wäre Kurt Hoffmann. Vgl. auch Chris Wahl: Fingerspitzengefühl, Herz und Verstand – Zum »Filmischen« in Kurt Hoffmanns Filmen. In: Ders., DIF (Hg.): *Der Mann mit der leichten Hand – Kurt Hoffmann und seine Filme.* München: belleville 2010, S. 167–190.

15   Zu Herzog und Graf vgl. Chris Wahl: Das Authentische und Ekstatische versus das Stilisierte und Essayistische – Herzog als Doku-Fiktionär. In: Ders. (Hg.): *Lektionen in Herzog. Neues über Deutschlands verlorenen Filmautor Werner Herzog und sein Werk.* München: edition text + kritik 2011, S. 282–327, bzw. Chris Wahl: Stilistische Muster in den Filmen von Dominik Graf – Off-Kommentar, Zwischenbild, Freeze Frame und transparente Reflexion. In: Ders., Marco Abel, Jesko Jockenhövel, Michael Wedel (Hg.): *Im Angesicht des Fernsehens – Der Filmemacher Dominik Graf.* München: edition text + kritik 2012, S. 238–266.

16   Rudolf Arnheim: Stil – aber nicht mit Absicht [1933]. In: Ders.: *Die Seele in der Silberschicht. Medientheoretische Texte. Photographie – Film – Rundfunk.* Hg. von Helmut H. Diederichs. Frankfurt a. M.: Suhrkamp 2004, S. 136–137, hier S. 137.

Montage als Stil

Balázs schrieb seinen Text inmitten der 1920er Jahre, die für die Herausbildung einer kinematografischen Avantgarde, von Cinéphilie und Filmkultur, ein entscheidendes Jahrzehnt waren.[17] Es war die Phase, in der die Frage von Film als Kunst wahrscheinlich am heißesten diskutiert wurde, und es war auch die Epoche, in der man sich vielleicht am grundlegendsten für die Essenz des Filmischen interessierte. Eine diesbezüglich zentrale Stellung nehmen die filmtheoretischen Texte der russischen Formalisten ein, die 1927 unter dem Titel *Poetika Kino* erschienen und so essenzialistische Überschriften trugen wie »Über die Grundlagen des Films« oder »Die Natur des Films«.[18]

In ersterem Beitrag definiert Jurij Tynjanov den »Begriff des Filmstils« als die »semantische Korrelativität der sichtbaren Welt.«[19] Es geht ihm dabei um die vielfältigen Bezüge »zwischen Mensch und Gegenstand und zwischen den Gegenständen untereinander«,[20] die der Film durch den Wechsel an Einstellungen und damit durch eine Vielzahl »verschiedenartiger Aufnahmewinkel und Beleuchtungen«[21] erzielt. Was hier anklingt, ist die filmtypische Dimension der Zeit, eingebettet in den Rhythmus des Einstellungswechsels, die in Balázs' Text noch fehlt, bei den Russen aber eine zentrale Stellung einnimmt. Diese Dimension markiert einen fundamentalen Unterschied zwischen Fotografie und Film, weshalb Tynjanov ganz konsequent vorschlägt, statt von »Photogenie« von »Filmogenie« zu sprechen.[22]

Während Tynjanov das Wort »Montage« an dieser Stelle vermeidet (und dafür mit der »Überblendung« ein montageähnliches Verfahren herausstellt), steht es im zweiten Text von Boris Kazanskij im Vordergrund: »Die Stilistik

17 Vgl. hierzu z. B. Malte Hagener: *Moving Forward, Looking Back. The European Avant-garde and the Invention of Film Culture, 1919–1939*. Amsterdam: Amsterdam University Press 2007; Malte Hagener (Hg.): *The Emergence of Film Culture: Knowledge Production, Institution Building and the Fate of the Avant-garde in Europe, 1919–1945*. New York und Oxford: Berghahn Books 2014.

18 Für die deutsche Übersetzung, auf die ich mich hier beziehe, vgl. Wolfgang Beilenhoff (Hg.): *Poetika Kino. Theorie und Praxis des Films im russischen Formalismus*. Frankfurt a. M.: Suhrkamp 2005. Die restlichen vier Beiträge heißen: »Probleme der Filmstilistik«, »Poesie und Prosa im Film«, »Zur Theorie der Filmgattungen« und »Die Rolle des Kameramanns bei der Produktion eines Films«.

19 Jurij Tynjanov: Über die Grundlagen des Films [1927]. In: Wolfgang Beilenhoff (Hg.): *Poetika Kino. Theorie und Praxis des Films im russischen Formalismus*. Frankfurt a. M.: Suhrkamp 2005, S. 56–85, hier S. 62.

20 Ebd., S. 63.

21 Ebd.

22 Vgl. ebd. Soweit ich erkennen kann, hat niemand diese Anregung aufgenommen.

des Films entsteht durch die *Montage*.«[23] Im Konflikt sieht Kazanskij die Stilistik / Montage mit dem Sujet und dessen Darstellung bzw. Ausgestaltung in den einzelnen Einstellungen: »Das Sujet unterdrückt im Film jeden Schimmer von Stil so sehr, daß es ebenso unsinnig erscheint, vom Stil eines Films zu reden wie vom Stil eines Abenteuer- oder Boulevardromans.«[24] Kazanskij scheut sich nicht vor extremen Zuspitzungen: »In der Tat besitzt der Film allein auf diesem Gebiet eigene Stilmittel. Nichts sonst hat für sich allein stilistische Bedeutung. Denn allein in der Montage der Einstellungen, der sowohl der aufnehmende Kameramann wie auch das Modell und der Filmarchitekt dienen, besteht die Meisterschaft des Films.«[25]

Nur wenige Jahre später – kurz nach dem Wechsel vom Stumm- zum Tonfilm – bezog sich der Literaturwissenschaftler und Mitbegründer der Theaterwissenschaft Artur Kutscher in seinem Text »Vom Stil des Films« implizit sowohl auf die französische Idee der Photogénie als auch auf die russischen Formalisten:

> Der Film ist durchaus nicht nur – wie man wohl behauptet hat – eine »technisierte« Kunst: die gibt es überhaupt nicht. Der Film hat neben technischen und mechanischen auch rein künstlerische Möglichkeiten, in denen Technik und Mechanik nichts sind als Mittel künstlerischen Ausdrucks. Der Film in seinen höheren Erscheinungen, *besonders etwa bei den Russen*, kennt sehr wohl den für alle schöpferischen Gestalten charakteristischen Prozeß der Stilisierung, ja die Stilisierung geht im Film sogar besonders energisch vor sich, *weil das Einzelbild als solches noch der Wirklichkeit nahe steht*. Bezeichnend aber für den Stilwillen des künstlerischen Films ist, daß nur in ganz besonderen Fällen das *Kunstmittel der Reportage* verwendet wird. Mit voller Beherrschung der Technik, die doch Voraussetzung jeder Kunst ist, mit *Einstellung, Bildwinkel, Zeitraffer, Zeitlupe,*[26] *Überblenden, Montage* bildet *der Regisseur* gemäß seiner angeborenen, mehr

23   Boris Kazanskij: Die Natur des Films [1927]. In: Wolfgang Beilenhoff (Hg.): *Poetika Kino. Theorie und Praxis des Films im russischen Formalismus.* Frankfurt a. M.: Suhrkamp 2005, S. 86–129, hier S. 123.
24   Ebd.
25   Ebd., S. 125.
26   1935, zwei Jahre nach Kutschers Beitrag, erschien Jean Epsteins Aufsatz »Photogénie de l'impondérable«, in dem die Stilmittel Zeitraffer und vor allem Zeitlupe im Fokus stehen. Vgl. Jean Epstein: Photogénie des Unwägbaren [Aus dem Französischen von Frieda Grafe und Enno Patalas]. In: Christa Blümlinger, Karl Sierek (Hg.): *Das Gesicht im Zeitalter des bewegten Bildes.* Wien: Sonderzahl 2002, S. 263–268. Vgl. auch Ludovic Cortade: The »Microscope of Time«: Slow Motion in Jean Epstein's Writings. In: Sarah Keller, Jason N. Paul (Hg.): *Jean Epstein. Critical Essays and New Translations.* Amsterdam: Amsterdam University Press 2012, S. 161–176, hier S. 170.

stimmungsmäßigen oder gegenständlichen, musikalischen oder plastischen, unmittelbaren oder mittelbaren künstlerischen Eigenart. Er gliedert den Filmraum, nicht indem er einen dreidimensionalen vortäuscht, sondern indem er den zweidimensionalen ganz erfüllt, belebt durch Verteilung von Licht und Schatten sowie den *Rhythmus* von Form und Bewegung und Gruppierung.[27]

Man meint, nicht zuletzt den Text von Kazanskij deutlich durchklingen zu hören, wonach die einzelnen Einstellungen noch sehr vom Sujet bzw. hier von der Wirklichkeit dominiert seien, was sich laut Kutscher im filmischen Genre der Reportage niederschlage – der Begriff des Dokumentarischen hatte sich zu dieser Zeit noch nicht allgemein durchgesetzt. Im Vordergrund steht also das Zusammentreffen von »Wirklichkeit« und einer ganzen Reihe von Stilmitteln (nicht nur der Montage), die diese zu Kunst transformieren, ein Zusammentreffen, das – trotz seiner Allgemeingültigkeit[28] – im Film aufgrund von dessen Kombination aus fotografischer Reproduktionsqualität und »lebendiger« Zeitbasiertheit sicherlich explosiver ist als bei jeder anderen Kunstform. In diesem Punkt scheint mir Kutscher einen wesentlichen Konflikt zu erkennen. Im Verlauf seiner Argumentation isoliert er zwei Elemente des Films, wie er sich ganz im essenzialistischen Geiste ausdrückt, und zwar zum einen den Regisseur, der hinter der künstlerischen Anwendung der filmtechnischen Möglichkeiten stecke und die Wirklichkeit in Kunst umforme, und zum anderen »das wahre Gesicht der Menschen und der Dinge«,[29] eine Kategorie, die stark an das Konzept der »Photogénie« erinnert und das Ergebnis der künstlerischen Behandlung beschreiben soll, die »Erfassung des Lebens«,[30] wie sie nur im Film möglich sei.

---

27   Artur Kutscher: Vom Stil des Films. In: Karl Wolffsohn (Hg.): *Jahrbuch der Filmindustrie.* 5. Jahrgang. Berlin: Verlag der »Lichtbildbühne« 1933, S. 4–6, hier S. 5. Hervorhebungen von mir.

28   Der Kunsthistoriker Erwin Panofsky, der einerseits den Film im Reigen der etablierten Künste akzeptierte und andererseits Ansätze des expressionistischen Films kritisierte, schrieb in Anspielung auf Das Cabinet des Dr. Caligari (1920, Robert Wiene): »Die Realität stilisieren, bevor man sie anpackt, heißt letztlich dem Problem ausweichen. Das Problem ist: Mit der unstilisierten Realität so verfahren, sie so aufnehmen, daß das Ergebnis Stil hat. Diese Aufgabe ist nicht weniger legitim und nicht weniger schwierig als irgendeine Aufgabe in den älteren Künsten.« Erwin Panofsky: Stil und Medium im Film [1947, zunächst als »On Movies« 1936]. In: Ders.: *Stil und Medium im Film & Die ideologischen Vorläufer des Rolls-Royce-Kühlers.* Frankfurt a. M.: Fischer 1999, S. 19–54, hier S. 54.

29   Kutscher 1933, S. 6.

30   Ebd.

Chris Wahl

Die Bezugssysteme Literatur und bildende Kunst

Im Verlauf des Nachdenkens über eine Definition von Filmstil haben sich in den ersten Jahrzehnten des 20. Jahrhunderts vor allem zwei Bezugssysteme hervorgetan, die Literatur und die bildende Kunst.[31] Béla Balázs, der (Drehbuch-)Autor,[32] schrieb in seinem 1930 erschienenen zweiten filmtheoretischen Werk *Der Geist des Films*: »Filmregisseure können wohl auch ihre persönliche Note haben wie Schriftsteller ihren besonderen Stil.«[33] Wenn es nach dem Kunstpsychologen Rudolf Arnheim ging, hatten »Filmkünstler«, allerdings nur wenige, dagegen eine »Palette« aus »Gestaltungsmöglichkeiten, die der Film bietet,« waren also zumindest metaphorisch mit Malern gleichgesetzt.[34] In einem weiteren Aufsatz Arnheims aus der frühen Tonfilmzeit heißt es:

> Wie in den übrigen Künsten wird man auch beim Film zwischen dem persönlichen Stil eines einzelnen Künstlers und ganzen Stil-Epochen zu unterscheiden haben. Daß innerhalb der zwei Jahrzehnte Filmkunst, die hinter uns liegen, noch nicht viele echte Stilformen zu verzeichnen sind, wird niemanden wundern. Immerhin heben sich schon mindestens zwei große, festumrissene Stil-Epochen heraus, die des amerikanischen Groteskfilms und die des durch den Russenfilm am reinsten verkörperten Naturalismus.[35]

In diesem Absatz versucht Arnheim, die drei großen Kategorien Individualstil, Kollektiv- bzw. Nationalstil und Epochenstil auf den Film anzuwenden.

---

31 An dieser Stelle ist daran zu erinnern, dass der Stilbegriff nicht nur in seiner fernsten Etymologie (lat. *stilus* = Griffel) aus der Literatur stammt: »Wenn wir eine deutsche Enzyklopädie aus der Mitte des 18. Jahrhunderts aufschlagen, Zedlers bekanntes Universallexikon, dann finden wir unter Stil nicht einen einzigen Beitrag mit Bezug auf Architektur und bildende Künste, aber was wir finden, sind an die 50 Einträge zu verschiedenen literarischen Stilen.« Willibald Sauerländer: Von Stilus zu Stil. Reflexionen über das Schicksal eines Begriffs [engl. Orig. 1983]. In: Caecilie Weissert (Hg.): *Stil in der Kunstgeschichte. Neue Wege der Forschung.* Darmstadt: WBG 2009, S. 102–122, hier S. 105. Darüber hinaus seien die verschiedenen Stile »niemals auf eine individuelle Kraft zurückgeführt« worden, sondern »strikt normativ« gewesen.

32 Zu Balázs vgl. Hanno Loewy: *Béla Balázs – Märchen, Ritual und Film.* Berlin: Vorwerk 8 2003.

33 Béla Balázs: *Der Geist des Films.* Frankfurt a. M.: Suhrkamp 2001 [Orig. 1930], S. 145.

34 Vgl. Rudolf Arnheim: Stil und Stumpfsinn im Film [1931]. In: Ders.: *Die Seele in der Silberschicht. Medientheoretische Texte. Photographie – Film – Rundfunk.* Hg. von Helmut H. Diederichs. Frankfurt a. M.: Suhrkamp 2004, S. 97–99, hier S. 98. 1934 schrieb Arnheim einen Aufsatz über »Malerei und Film«. In: Ders.: *Die Seele in der Silberschicht. Medientheoretische Texte. Photographie – Film – Rundfunk.* Hg. von Helmut H. Diederichs. Frankfurt a. M.: Suhrkamp 2004, S. 171–174.

35 Rudolf Arnheim: Stil [1934], S. 168.

Den Nationalstil erwähnt er zwar nicht explizit, seine Beispiele für einen Epochenstil, Groteske und Naturalismus, lassen sich aber – wie Arnheim selbst impliziert – genauso gut national (amerikanisch und russisch) definieren. Ganz abgesehen davon, wie akkurat und sinnvoll eine solche Einschätzung ist und was man im Allgemeinen von diesen Stilkategorien hält, gibt Arnheim selbst zu, dass aufgrund der bis dahin kurzen Filmgeschichte stilistische Einschätzungen – und nach Epochen geordnete ganz besonders – nur annäherungsweise zu machen sind.

Obwohl Stilkunde, insofern sie Muster entdecken will, nur aus der Retrospektive vorstellbar ist, nennt Arnheim neben den beiden in der Stummfilmzeit liegenden Epochen auch einen mit dem Tonfilm entstandenen »Stil musikalischer Pantomime«, der im Mainstream durch die Tonfilmoperette vertreten sei sowie als künstlerische Spitzenleistung bei René Clair und Ernst Lubitsch. Letztendlich muss man sich ein bisschen über Arnheims Terminologie wundern, da Groteske, Naturalismus und musikalische Pantomime in seiner Beschreibung (und vor dem Hintergrund, dass sich die ersten beiden, so Arnheim, auch in der Tonfilmzeit in anderem Gewand fortsetzen) eher Gattungen als Epochen sind. Bedenkt man Arnheims weitere Karriere, seine Nähe zur Gestalttheorie, die sich für universale Konfigurationen, nicht für historische Abläufe interessiert, ist das wenig erstaunlich. Trotzdem irritiert sein Versuch, sich weiterhin des kunstgeschichtlichen Vokabulars zu bedienen, ohne wirklich an der Identifikation von Epochen interessiert zu sein – hätte er als deutscher Filmkritiker sonst nicht den sogenannten expressionistischen Film in irgendeiner Form kommentieren müssen, der der bekannteste Versuch sein dürfte, innerhalb des Weimarer Kinos stilistische Muster zu isolieren? Obwohl das Korpus an Filmen, die als expressionistisch diskutiert werden, relativ klein ist, und obwohl diese Zuschreibung an Eindeutigkeit zu wünschen übrig lässt,[36] hat sich das Label »expressionistischer Film« als Stilepoche viel mehr als andere oder vielleicht sogar als einziges auch außerhalb des Fachdiskurses durchgesetzt. Der Grund für beide Seiten dieses scheinbaren Widerspruchs ist womöglich derselbe: Expressionismus ist kein genuin dem Film eigener Stilbegriff, sondern ein Import aus jenen beiden Bereichen der Kunst, die ohnehin Vorbild für die filmstilistische Auseinan-

---

36   Vgl. z. B. Jürgen Kasten: *Der expressionistische Film. Abgefilmtes Theater oder avantgardistisches Erzählkino? Eine stil-, produktions- und rezeptionsgeschichtliche Untersuchung.* Münster: MAkS Publ. 1990; Karin Bruns: Kino-Stil! (Nationalistische) Lesarten des Expressionismus im Film der zwanziger Jahre. In: Ursula von Keitz, Kay Hoffmann (Hg.): *Die Einübung des dokumentarischen Blicks. Fiction Film und Non Fiction Film zwischen Wahrheitsanspruch und expressiver Sachlichkeit 1895–1945.* Marburg: Schüren 2001, S. 103–121.

dersetzung waren: Literatur und bildende Kunst. Somit blieb immer der Verdacht, beim Expressionismus könnte es sich um ein Modell handeln, das über den Film gestülpt wurde, ohne wirklich zu passen; gleichzeitig sind die Verweise zu und Verschränkungen mit expressionistischen Texten und Bildern so groß, dass für Anschaulichkeit und Nachhaltigkeit gesorgt ist. Nicht zuletzt ist der expressionistische Film als solcher schon früh und mit internationaler Strahlkraft theoretisiert und kanonisiert worden. Für die erste Behauptung steht Rudolf Kurtz, Schriftsteller und Chefredakteur der *Lichtbildbühne*, mit seiner 1926 erschienenen Studie *Expressionismus und Film*,[37] für die zweite das berühmte, 1952 erstmals auf Französisch und 1955 auf Deutsch erschienene Werk *Die dämonische Leinwand* der studierten Kunsthistorikerin Lotte H. Eisner,[38] bei der Epochen- und Nationalstil ebenfalls kaum auseinanderzuhalten sind:

> Der Film ist noch eine relativ junge Kunst. Deshalb prägen seine Stilepochen auch nur kürzere Zeiträume. Der besondere Ausdruck, der Thematisches und Formales, Gedankliches und Ästhetisches zu einem eigenen Stil bündelt, entsteht zudem häufig nur innerhalb einer nationalen Kinematographie. Für Deutschland etwa wurde früh das Expressionistische in Filmen der 1920er Jahre gewürdigt. Lotte H. Eisner z. B. hat in ihrem Buch »Die dämonische Leinwand« versucht, »bestimmten geistigen, künstlerischen und technischen Tendenzen nachzuspüren«, denen der Film zu der Zeit »unterworfen« war.[39]

Die von Norbert Grob bei Reclam herausgegebene Reihe »Stilepochen des Films«, aus deren Vorwort dieser Abschnitt entnommen ist, hält sich mit ihren Einzelbänden an das hierin beschriebene Konzept, wenn beispielsweise »Weimarer Kino«, »Kino des Nationalsozialismus« oder »Neuer Deutscher Film« als eigene Stilepochen behandelt werden. Eine ausreichende theoretische Problematisierung, die beispielsweise auf die Limitationen eines solchen Ansatzes eingeht oder den Widerspruch zwischen internationaler Filmkultur und nationalen Stilepochen adressiert, findet leider nicht statt.

37   Zu Kurtz vgl. auch Michael Wedel: Ein Sonderling des Films. In: *Rudolf Kurtz. Essayist und Kritiker* (= Film & Schrift, Band 6). Hg. von Rolf Aurich und Wolfgang Jacobsen. München: edition text + kritik 2007, S. 9–51.
38   Vgl. Lotte H. Eisner: *Die dämonische Leinwand*. Frankfurt a. M.: Fischer 1975. Zur Person vgl. Lotte H. Eisner: *Ich hatte einst ein schönes Vaterland. Memoiren*. Geschrieben von Marje Grohmann. Vorwort von Werner Herzog. München: dtv 1988.
39   Norbert Grob: Vorwort. In: Norbert Grob, Hans Helmut Prinzler, Eric Rentschler (Hg.): *Neuer Deutscher Film*. Stuttgart: Reclam 2012, S. 7–8, hier S. 7.

Epochen-, National-, Individualstil: Expressionismus und Autorenfilm

Lotte Eisner stellt in ihrem Buch auch einzelne Regisseure heraus. Dazu gehören solche wie Paul Leni, »die sich nie ganz von diesem Stil befreien können, weil sie von Anfang an im Expressionismus nur das rein Dekorative gesehen haben,«[40] und solche wie Fritz Lang oder Friedrich Wilhelm Murnau, die »niemals ausschließlich expressionistische Effekte gesucht«[41] haben bzw. deren Visionen »niemals allein auf eine dekorativ ausgeführte Stilisierung zurückzuführen«[42] seien. Sie werden auch deshalb von ihr wertgeschätzt, weil sie sich sehr virtuos und vielseitig mit den spezifischen Möglichkeiten des Films auseinandergesetzt haben.[43] Lotte Eisner hatte vor ihrer Emigration nach Frankreich seit 1927 für den *Film-Kurier* Kritiken geschrieben und gilt damit als eine der ersten Filmkritikerinnen Deutschlands. Schon 1923 war die ein Jahr ältere Britin Iris Barry in diesem Beruf aktiv gewesen und hatte 1925 die Film Society of London mitbegründet. Bevor sie 1935 zur Kuratorin der neu gegründeten Filmsammlung (»Film Library«) im New Yorker Museum of Modern Art berufen wurde, hatte sie zwei Jahre lang als Chefbibliothekarin derselben Institution gewirkt und in dieser Funktion auch das monatliche Bulletin herausgegeben, in dem sie wieder eigene Filmkritiken publizierte. Diese widmeten sich oftmals geradezu hymnisch populärkulturellen Produktionen aus Hollywood, wie Tarzan- oder Mae-West-Filmen, ein Vorgehen, das Kontroversen hervorrief, da es das ursprünglich europäisch und hochkulturell ausgerichtete Konzept des Museum scheinbar konterkarierte.[44] Auch hier ging es darum, das Verständnis von Filmkunst aus seiner Abhängigkeit vom etablierten Stilkanon anderer Künste zu befreien.

Direkt nach dem Zweiten Weltkrieg entwickelte sich in der französischen Zeitschrift *L'Écran français* eine Debatte, in der diese Konfrontation auf die Spitze getrieben wurde, indem man explizit einzelnen Regisseuren aus Hollywoods Studiosystem einen persönlichen Stil zuschrieb. Der heute bekannteste dieser Beiträge ist von Alexandre Astruc aus dem Jahr 1948 und behan-

40   Eisner 1975, S. 115.
41   Ebd., S. 91.
42   Ebd., S. 96.
43   Beiden widmete Eisner eine eigene Studie im Buchumfang, vgl. Lotte H. Eisner: *F. W. Murnau*. Paris: Terrain Vague 1964; Lotte H. Eisner: *Fritz Lang*. New York: Da Capo Press 1976. In Letzterem heißt es auf S. 8: »My training as an art historian often tempts me to write about aspects and developments of styles.«
44   Vgl. hierzu Haidee Wasson: *Museum Movies. The Museum of Modern Art and the Birth of Art Cinema*. Berkeley, Los Angeles und London: University of California Press 2005, S. 100–109.

delt die »Geburt einer neuen Avantgarde: die Kamera als Stift«.[45] Obwohl
das Wort »Stil« darin nur implizit vorkommt (versteckt im französischen
Wort *stylo* für »Stift«), ist völlig eindeutig, worum es geht: Nach dem Krieg
ziehen die französischen Kritiker ein Resümee und stellen fest, dass der Film
nun technisch und ästhetisch einen Reifegrad erreicht habe, der ihn den
traditionellen Künsten endgültig ebenbürtig macht und hier insbesondere
der Literatur, denn mit der Kamera könne nun genauso geschmeidig und
subtil gearbeitet werden wie mit einem Stift. Das war sicherlich Ende der
1920er Jahre bereits so gewesen, aber nun galt es eben auch für den Tonfilm.
Wobei André Bazin in einem schon zwei Jahre zuvor erschienenen Aufsatz
mit dem Titel »Der neue amerikanische Stil – Ist das Kino nun erwachsen?«
tatsächlich behauptet, man sei nun zum allerersten Mal seit den Anfängen
des Kinos an einem Punkt angelangt, an dem die Regisseure »bezüglich der
Technik unter für einen Künstler normalen Bedingungen« arbeiteten.[46]
Auch er vergleicht diese neuen technischen Möglichkeiten mit der Gefügig-
keit eines Stiftes, aber da das Wort »stylo« nicht prominent im Titel erscheint
und weitere Vergleiche mit der Literatur fehlen, blieb erst Astrucs Artikel im
allgemeinen Bewusstsein hängen. Von nun an war klar, dass sich der filmische Individualstil auf das Vorbild der Literatur, nicht der bildenden Kunst,
bezog und den Boden für den Begriff des *auteur* bzw. »Filmautors« bereitete.
Ein solcher entwickelt seinen Stil aus der leichtfüßigen Handhabung des
filmindustriellen Apparates, was genauso gut oder gerade in einem Studiosystem geschehen kann. Dass ein Filmautor auch das Drehbuch schreiben
muss, ist im Grunde ein völliges Missverständnis, welches sich später besonders in die deutsche Adaptation des Autorenfilmkonzepts eingeschlichen
hat,[47] obwohl zu den ersten in *L'Écran français* benannten Filmstilisten mit
Orson Welles und Alfred Hitchcock tatsächlich Alleskönner gehörten.[48]

45   Vgl. Alexandre Astruc: Naissance d'une nouvelle avant-garde: la caméra-stylo. In: *L'Écran
      français*, Nr. 144 vom 30. März 1948.
46   Vgl. André Bazin: Le nouveau style américain – Le cinéma est-il majeur? In: *L'Écran fran-
      çais*, Nr. 60 vom 21. August 1946. Zitiert nach: *Cahiers du cinéma* 637 (September 2008),
      S. 74–75. Meine Übersetzung.
47   Das deutsche Konzept des Autorenfilms ist deshalb letztendlich im selben Maße eine
      Wiederaufnahme des gleichnamigen Begriffs aus den 1910er Jahren, wie es eine Adapta-
      tion der französischen Ideen aus dem Kontext der *Cahiers du cinéma* ist, woraus sich ein
      gewisser Widerspruch ergibt, da der Autorenfilm der Kaiserzeit dem Film explizit keinen
      vollwertigen künstlerischen Status zusprach und deshalb die literarische Qualität der
      Drehbücher heben wollte, während das französische Autorenkino dem Film selbst als
      eigenständiger Kunst vertraute.
48   Ein weiterer Name aus dieser frühen Debatte ist William Wyler. Vgl. auch Antoine de
      Baecque: *La cinéphilie. Invention d'un regard, histoire d'une culture, 1944–1968*. Paris: Librairie
      Arthème Fayard / Pluriel 2013 [2003], hier S. 104. Laut de Baecque setzten sich Kritiker

Dem Individualstil des Letzteren setzten zum einen die *Cahiers du cinéma* 1954 mit einem provokanten Sonderheft (Nr. 39)[49] und zum anderen François Truffaut in seinem 1966 erstmalig erschienenen berühmten Interviewbuch ein Denkmal: »Weil er alle Elemente eines Films beherrscht und in allen Stadien der Realisierung eines Films seine persönlichen Ideen durchsetzt, hat Alfred Hitchcock wirklich einen eigenen Stil«.[50]

Neben Regisseuren wie Welles oder Hitchcock, deren Virtuosität auf ihrer effektvollen Vielseitigkeit im Rahmen einer klassischen Narration beruht, erhielten aber auch solche eine Aufwertung, die sehr sparsam und zurückhaltend mit den filmtechnischen Möglichkeiten umgingen und erzählerische Erwartungen unterliefen. Ein gutes Beispiel hierfür ist Robert Bresson, der laut Bazin »Abstraktion und Realität« (bzw. »Expressionismus und Realismus«, wie er einige Zeilen zuvor schreibt) in eine dialektische Beziehung setzte, »dank derer wir am Ende zu der Realität der Seelen gelangen, der einzigen Wirklichkeit, die bleibt.«[51] Susan Sontag sollte in den 1960er Jahren vom »spirituellen Stil« Bressons sprechen,[52] während Paul Schrader in den 1970er Jahren seinen »transzendentalen Stil« untersuchte.[53] In den 1980er Jahren zählte David Bordwell Bresson zu den Vertretern einer »parametric narration«,[54] in der bestimmte Stilmittel unabhängig von den Erfordernissen der Handlung experimentell durchdekliniert werden.[55]

Es bleibt ein Treppenwitz der Filmgeschichte, dass die Geburt des Filmautors aus dem Schoße der französischen Filmkritik einherging mit der

---

wie Bazin, Astruc oder auch Roger Leenhardt mit ihrer Glorifizierung des amerikanischen Kinos und des Individualstils gegen eine paradoxe Allianz aus hartnäckigen Verteidigern des französischen Thesenfilms und Apologeten des sozialistischen Realismus sowjetischer Prägung ab.

49 Vgl. hierzu de Baecque 2013, S. 112.

50 François Truffaut: Vorwort. In: Ders.: *Mr. Hitchcock, wie haben Sie das gemacht?* Aus dem Französischen von Frieda Grafe. München: Heyne 1973 [frz. Orig. 1966], S. 9–20, hier S. 17.

51 André Bazin: Das Tagebuch eines Landpfarrers und die Stilistik Robert Bressons [frz. Orig. erschienen in *Cahiers du cinéma* 3 (Juni 1951)]. In: Ders.: *Was ist Film?* Hg. von Robert Fischer. Berlin: Alexander 2004, S. 139–161, hier S. 156. Bazin schätzt Bresson u. a. deshalb, weil dieser die Wirkung seiner Filme nicht der Montage überlasse (vgl. S. 156), die Bazin im Gegensatz zu den russischen Formalisten nicht als Inbegriff des Filmstils, sondern als »Unvermögen des Stummfilms« (S. 155) verstand.

52 Vgl. Susan Sontag: Spiritual style in the films of Robert Bresson [1964]. In: Dies.: *Against Interpretation and other Essays.* London: Penguin 2009, S. 177–195.

53 Vgl. Paul Schrader: *Transcendental Style in Film. Ozu, Bresson, Dreyer.* Berkeley: University of California Press 1972.

54 David Bordwell: *Narration in the Fiction Film.* Madison: University of Wisconsin Press 1985, S. 275.

55 Vgl. hierzu auch Jeffrey Sconce: »Trashing« the academy: taste, excess, and an emerging politics of cinematic style. In: *Screen* 36/4 (Winter 1995), S. 371–393, hier S. 384–385.

Ermordung des literarischen Autors durch den französischen (Post-)Struktu-ralismus; die entsprechende Grabrede zum »Tod des Autors« stammt von Roland Barthes aus dem Jahre 1968.[56] Aber auch in einem kunstwissen-schaftlichen Standardwerk der Nachkriegszeit wie Gombrichs *Art & Illusion* trat der Individualstil gegenüber einem strukturellen Epochen- oder Natio-nalstil zurück: »Styles, I believe, are instances of such traditions. As long as we have no better hypothesis to offer, the existence of uniform modes of representing the world must invite the facile explanation that such a unity must be due to some supraindividual spirit, the ›spirit of the age‹ or the ›spi-rit of the race‹.«[57] Eine entsprechende theoretische Abkehr vom Konzept des Filmautors hat es nicht nur damals nicht gegeben; in den letzten Jahren ist man sogar dazu übergegangen, dieses auf andere Gewerke zu übertragen. Im besonderen Fokus stand dabei – gerade im deutschsprachigen Kontext – die Kameraarbeit,[58] aber auch das Ansehen der Schnittmeisterinnen wurde auf-gewertet, weshalb man heute nicht Cutterinnen, sondern Editorinnen sagen soll – eine Sichtweise, die besonders auf dem seit 2001 existierenden Kölner Festival für Filmschnitt und Montagekunst »Filmplus« verbreitet wird.[59] Eine Erklärung hierfür ist sicherlich nicht nur, dass, wie bereits mehrfach angemerkt, der Film auf eine deutlich kürzere Geschichte als Literatur und bildende Kunst zurückblickt und deshalb eine epochen- oder nationalstilis-tische Betrachtung weniger ergiebig scheint; mindestens genauso relevant dürfte die Tatsache sein, dass Film in der Regel das Ergebnis eines kollekti-ven Produktionsprozesses ist und Literatur oder bildende Kunst meist alleine erschaffen wird, weshalb sich die Neugier beim Film auf das Individuelle im Gruppenzusammenhang und bei den beiden anderen Künsten auf das Ver-bindende im Alleingang richtet.

---

56   Vgl. Roland Barthes: Der Tod des Autors [frz. Orig. 1968]. In: Ders.: *Das Rauschen der Sprache (Kritische Essays IV).* Frankfurt a.M.: Suhrkamp 2006 [frz. Orig. 1984], S. 57–63.

57   E.H. Gombrich: Introduction. Psychology and the Riddle of Style. In: Ders.: *Art & Illu-sion. A study in the psychology of pictorial representation.* New York: Phaidon 2002 [Orig. 1959], S. 3–25, hier S. 17.

58   Vgl. z.B. Karl Prümm: Stilbildende Aspekte der Kameraarbeit. Umrisse einer fotografi-schen Analyse. In: Karl Prümm, Silke Bierhoff, Matthias Körnich (Hg.): *Kamerastile im aktuellen Film. Berichte und Analysen.* Marburg: Schüren 1999, S. 15–50; Thomas Brandl-meier: *Kameraautoren – Technik und Ästhetik.* Marburg: Schüren 2008.

59   Inwiefern dies bislang merkbare Auswirkungen auf filmstilistische Debatten oder gar auf die Handhabung des Urheberrechts bei Filmproduktionen gehabt hat, sei dahingestellt. Die Untersuchung des Zusammenhangs von Filmstil und Urheberrecht, also der rechtli-chen Zuweisung von Schöpfungskraft bzw. der offiziellen Anerkennung einer stilbildne-rischen Tätigkeit, muss vorerst Desiderat bleiben.

Stil und Stilisiertheit: Film zwischen Kunst und Medium

In Deutschland lag im Gegensatz zu Frankreich die Filmkritik und -theorie in den 1950er Jahren am Boden. Einer, der das ändern wollte, war Walter Hagemann, der seit 1946 das Institut für Zeitungswissenschaft an der West-fälischen Wilhelms-Universität in Münster leitete und in dieser Funktion maßgeblich daran beteiligt war, die Zeitungswissenschaft zur Publizistik wei-terzuentwickeln. Hagemann war außerordentlich kinointeressiert und behan-delte Filme regelmäßig in der Lehre; einer seiner Studenten, Enno Patalas, war denn auch zu Beginn der 1950er Jahre Mitbegründer des in der Folge äußerst mitgliederstarken studentischen Filmclubs in Münster sowie 1957 der Zeitschrift *filmkritik*. Hagemanns Schriften zum Film sind heute weitestge-hend vergessen – ob das berechtigt oder unberechtigt ist, sei hier dahingestellt. Erwähnt werden soll er an dieser Stelle, weil er sich auch über »Die Filmstile« geäußert hat, wobei sein diesbezügliches Gedankengebäude eindeutig an den Diskurs der 1920er Jahre anknüpfte, ohne diesem etwas Entscheidendes hin-zuzufügen. Recht hatte er sicherlich mit der Behauptung: »Die Stilkunde des Films befindet sich noch in den Anfängen; selbst über die Anwendung der Grundbegriffe besteht eine erstaunliche Sprachenverwirrung.«[60] Um in diese Verwirrung etwas Ordnung zu bringen, sortiert er Stilbegriffe zunächst nach ihrem »Verhältnis zum Geschehen«[61] (dramatischer, epischer, lyrisch-episodischer und auch didaktischer Filmstil) und nach ihrem »Verhältnis zur Wirklichkeit«[62] (etwa feuilletonistischer, klassizistischer, dekorativer, ro-mantischer, symbolischer oder abstrakter Filmstil). Im weiteren Verlauf sei-nes Aufsatzes geht er auf die drei klassischen Kategorien ein, die bei ihm »Schaffensstil«,[63] »Zeitstil«[64] und »nationaler Stil«[65] heißen. Da Hagemanns Text wenigen bekannt sein dürfte, soll hier seine Einschätzung des deutschen Filmstils etwas ausführlicher zitiert werden, wobei im Unklaren bleibt, auf welche Filme und auf wessen Analysen (er spricht davon, dass »das Urteil des Auslands bemerkenswerte Anhaltspunkte« geliefert habe) er sich dabei stützt:

> Der deutsche Durchschnittsfilm ist realistisch in seinen Requisiten,
> neigt aber zur Entwirklichung in der Problemstellung, der Hand-

---

60 Walter Hagemann: Die Filmstile. In: Ders.: *Der Film. Wesen und Gestalt*. Heidelberg: Kurt Vowinckel 1952, S. 102–124, hier S. 103.
61 Ebd., S. 104.
62 Ebd., S. 107.
63 Ebd., S. 115.
64 Ebd., S. 118.
65 Ebd., S. 120.

lungsführung und der Psychologie der Darsteller. Im Bestreben, dem Klischee zu entgehen, werden esoterische Charaktere und unglaubwürdige Situationen erfunden und in solcher Breite und Beredsamkeit ausgesponnen, daß kein überzeugender Gesamteindruck entsteht. Das Tempo ist gemessen, die Kamera schildert meist mit breiter Ausführlichkeit. Die Dinge werden nicht angedeutet, sondern überdeutlich ausgesagt und wiederholt, damit sie auch der letzte Zuschauer versteht. In gefühlsbetonten Szenen, die man in England vermeidet, in Hollywood in knappen Strichen, in Frankreich in unpathetischer Menschlichkeit darstellt, entlädt sich in deutschen Filmen gern ein reiches rhetorisches und mystisches Pathos, das dem Zuschauer im Parkett Tränen entlocken will. An technischer Präzision reicht der deutsche Film selbst in seinen besten Leistungen nicht an Hollywood heran, Dramaturgie und Stoffbehandlung sind stark von literarischen Vorbildern beeinflußt und daher oft unfilmisch. Dagegen brauchte die Darstellung in ihren Glanzzeiten den Vergleich mit der französischen Darstellungskunst nicht zu scheuen.[66]

Während Hagemann verzweifelt versuchte, an die Diskurse der goldenen 1920er Jahre anzuschließen, hatte einer von deren Protagonisten, Béla Balázs, 1949 mit *Der Film. Werden und Wesen einer neuen Kunst* in Wien bereits sein erstes Nachkriegswerk vorgelegt, in dem er die Unterscheidung von »Stil« und »Stilisiertheit« hervorhob.[67] Da sein Buch schon 1952 in London auf Englisch erschien, ist es möglich, dass sich Susan Sontag direkt auf Balázs bezog, als sie in ihrem viel zitierten Aufsatz »On style« aus dem Jahr 1965 mit ähnlichen, aber besser ausgeführten Argumenten zwischen *style* und *stylization* (vielleicht besser »Stilisierung« als »Stilisiertheit«) unterschied. Stil sei nicht, wie oft angenommen, die Vorherrschaft der Form über den Inhalt, sondern ein gleichberechtigtes Ineinandergreifen, die Herausstellung des Inhalts eines Kunstwerks – man könnte von »Inhaltismus« sprechen – selbst eine bestimmte stilistische Konvention.[68] Wird von einem Künstler das Auseinanderfallen von Form und Inhalt angestrebt (was mit einer ambivalenten

---

66   Ebd., S. 123.
67   Vgl. Béla Balázs: Stilprobleme. In: Ders.: *Der Film. Werden und Wesen einer neuen Kunst.* Wien: Globus 1949, S. 303–312, hier S. 206.
68   Dem Dilemma, Form und Inhalt weder restlos differenzieren noch zusammen denken zu können, versucht Noël Carroll dadurch beizukommen, dass er die Dichotomie Form / Inhalt im Begriff der Funktion auflöst. Vgl. Noël Carroll: Film Form: An Argument for a Functional Theory of Style in the Individual Film. In: *Style* 32/3 (Herbst 1998), S. 385–401.

Haltung zwischen Liebe und Verachtung, Besessenheit und Ironie einhergehe), so spricht Sontag von Stilisierung. Stilisierte Kunst sei eine »Kunst des Exzesses«.[69] Stil dagegen sei nichts anderes als ein Synonym für die Kunst im Allgemeinen:

> All works of art are founded on a certain distance from the lived reality which is represented. This »distance« is, by definition, inhuman or impersonal to a certain degree; for in order to appear to us as art, the work must restrict sentimental intervention and emotional participation, which are functions of »closeness.« It is the degree and manipulating of this distance, the conventions of distance, which constitute the style of the work. In the final analysis »style« *is* art.[70]

Mit der Beschreibung von Kunst (und somit von Stil) als Distanzierung von der Realität schließt Sontag, ob wissentlich oder nicht, an einen von Viktor Sklovskij geprägten Begriff der russischen Formalisten an – *ostranenie*, den die amerikanischen Neoformalisten im Verlauf der 1970er und 1980er Jahre für sich als *defamiliarization* übernehmen würden:[71]

> Our nonpractical perception allows us to see everything in the artwork differently from the way we would see it in reality, because it seems strange in its new context. Victor Shklovsky's famous passage on defamiliarization probably provides the best definition of the term: […] Habitualization devours work, clothes, furniture, one's wife, and the fear of war … […] The purpose of art is to impart the sensation of things as they are perceived, and not as they are known. The technique of art is to make objects »unfamiliar,« to make forms difficult, to increase the difficulty and length of perception because the process of perception is an aesthetic end in itself and must be prolonged.[72]

Kristin Thompson, von der dieser Abschnitt stammt, scheint also nicht nur die russischen Formalisten, sondern auch Sontags Aufsatz aufmerksam gele-

---

69 Susan Sontag: On style [1965]. In: Dies.: *Against Interpretation and other Essays*. London: Penguin 2009, S. 15–36, hier S. 20. Ein anderer Begriff, den Sontag für die Ästhetik des Exzesses benutzt, ist *camp*. Vgl. auch Susan Sontag: Notes on »Camp« [1964]. In: Dies.: *Against Interpretation and other Essays*. London: Penguin 2009, S. 275–292.

70 Ebd., S. 30.

71 Vgl. hierzu auch Frank Kessler: Ostranenie. Zum Verfremdungsbegriff von Formalismus und Neoformalismus. In: *montage AV* 2 (1996), S. 51–65.

72 Kristin Thompson: Neoformalist Film Analysis: One Approach, Many Methods. In: Dies.: *Breaking the Glass Armor. Neoformalist Film Analysis*. Princeton: Princeton University Press 1988, S. 3–46, hier S. 10.

sen zu haben, was sie vielleicht auch dazu brachte, das Konzept des Exzesses als übertriebener Stilisierung in die neoformalistische Filmtheorie aufzunehmen, natürlich mit der dieser eigenen Erweiterung auf die kognitive Rezeptionsleistung von Zuschauern.[73]

Neben möglichen Einflüssen von Béla Balázs oder den russischen Formalisten muss man Sontags Aufsatz aber auch vor dem Hintergrund des 1964 erschienenen medientheoretischen Gründungswerks *Understanding Media* von Marshall McLuhan lesen.[74] Der berühmt gewordene Titel des ersten Kapitels, »The Medium is the Message,« steht für einen Paradigmenwechsel, für die Ablösung der Vorherrschaft eines Kunstdiskurses, der sich mit Begriffen wie Stil, Form und Inhalt auseinandersetzt und die Bedeutung eines Werkes aus deren Zusammenspiel synthetisiert. Von nun an sollten mediale Zustände, Prozesse und Formate im Fokus stehen. Dies erlaubte auch eine Aufwertung eindeutig populärer Kultur, versinnbildlicht durch Fernsehen und Werbung, die nach und nach als einer wissenschaftlichen Betrachtung würdig empfunden wurde.[75] Für den hoch- und populärkulturellen Zwitter Film hatte das erhebliche Konsequenzen. Im Gegensatz zu den etablierten Künsten, mit denen er jahrzehntelang um Gleichberechtigung gerungen hatte, war ihm als Kernstück einer audiovisuellen Unterhaltungsindustrie das Volkstümliche ohnehin eingeschrieben, als bis dahin technischste aller Künste aber genauso das Mediale. Die Rede vom Film als Kunst wich nun der Bezeichnung des Films als Medium, was einerseits den Paragone mit den anderen Künsten, den ständigen Rechtfertigungs- und Vergleichszwang, entschärfte und damit Raum für die stilistische Analyse des Films als Kunst schuf, für das Studium seiner Poetik,[76] wie es die Neoformalisten betreiben sollten. Andererseits wurde die Leistungsschau der Kunst durch eine Leistungsschau der Medien ersetzt und daher Film nun in Konkurrenz zum Fernsehen als untrennbar mit den Speicher- und Verbreitungsmedien Zelluloid und Kino verwachsen verstanden. Diese cinephile Festschreibung lässt

---

73 Vgl. Kristin Thompson: The Concept of Cinematic Excess. In: *Cine-Tracts* 2 (1977), S. 54–63.

74 Vgl. Marshall McLuhan: *Understand Media*. London und New York: Routledge 1964.

75 Z. B. im Rahmen der *cultural studies*. Vgl. hierzu Andreas Hepp, Carsten Winter (Hg.): *Die Cultural Studies Kontroverse*. Lüneburg: zu Klampen 2003.

76 Vgl. David Bordwell: *Poetics of Cinema*. New York und London: Routledge 2008. »Philosophers of art have long debated how to define the concept of style. Expressive theories treat style as the manifestation of artistic personality or emotional states, rhetorical theories treat style as a matter of impact on the audience, and objective theories consider that it consists of objective properties of the artwork's formal design. Then there are conceptions of *period style, national style,* and the like. All of these ideas have proven fruitful for researchers studying the poetics of the arts.« (S. 19)

den Film seit der digitalen Revolution als etwas genuin Veraltetes aussehen, obwohl er sich durch seine grundsätzliche Flüchtigkeit eigentlich sehr gut als omnipräsentes Bewegtbild in die digitale Welt einfügt.

Der Wandel von der Bezeichnung des Films als Kunst zu der als Medium steht in direktem Zusammenhang mit der Problematik des Distanzverhältnisses von Kunst zur Realität, wie es bei Sontag (im Anschluss an die russischen Formalisten und im Vorgriff auf die Neoformalisten) zur Sprache kommt. Dieser Zusammenhang wird erstmals deutlich in der Nachkriegspublikation eines anderen ehemaligen Protagonisten des Filmdiskurses der 1920er Jahre, die gleichsam die für die Welt der Kunst und Massenmedien so entscheidenden 1960er Jahre einleitete. Die Rede ist von Siegfried Kracauers *Theorie des Films*, erstmals 1960 als *Theory of Film* erschienen. Hierin findet sich eine logische Ableitung der Wandlung des Films von einer Kunst zum Medium aus dem Gedanken, dass beim Film der Bezug zur physischen Realität eine völlig andere Qualität erreiche als in den traditionell etablierten Künsten. Die Orientierung des Films an diesen habe zum Missverständnis des künstlerischen Films geführt, also zum stilisierten Film oder Stilfilm.

> Der Begriff »Kunst« läßt sich seiner festgelegten Bedeutung halber nicht auf wirklich »filmische« Filme anwenden – das heißt Filme, die sich Aspekte der physischen Realität einverleiben, um sie uns erfahren zu lassen. Dennoch sind *sie* es und nicht die an traditionelle Kunstwerke erinnernden Filme, die ästhetisch gültig sind. Wenn der Film überhaupt eine Kunst ist, dann eine solche, die nicht mit den bestehenden Künsten verwechselt werden sollte.[77]

Besser noch, so gibt Kracauer zu verstehen, sei es, den Film überhaupt nicht als Kunst zu bezeichnen, sondern als Medium, denn der Film distanziere sich nicht einfach im Sinne einer Kunst von der Realität, er verfremde sie nicht, sondern er transformiere sie, was bedeutet, dass sie Teil seines Wesens bleibt. Der Film ist aber nicht nur, und das wird zu Kracauers berühmter Hauptthese, ein Medium, das die physische Realität transformiert, sondern auch eines, das sie »erretten« kann.

Die in den 1920er Jahren mühevoll aufgebaute Anerkennung des Films als »siebte Kunst«[78] wurde durch diese sich zu Beginn der 1960er Jahre aufrich-

---

77 Siegfried Kracauer: Das Problem der Kunst. In: *Theorie des Films. Die Errettung der äußeren Wirklichkeit*. Frankfurt am Main: Suhrkamp 1993 [engl. Orig. 1960], S. 67–69, hier S. 69.

78 Zu diesem Begriff vgl. Christian Quendler: Musing by Numbers: Counting the Arts in the Age of Film. In: Pietro Bianchi, Giulio Bursi, Simone Venturini (Hg.): *il canone cinematografico / the film canon*. Udine: Forum 2011, S. 117–123.

tenden Gedankengebäude nachhaltig erschüttert. Das könnte der Grund dafür sein, dass die Beschäftigung mit Filmstil in der sich zur selben Zeit langsam herausbildenden Disziplin der Filmwissenschaft zu keinem Zeitpunkt allgemeine Anerkennung finden würde. Wenn es auch richtig sein mag, dass die in Frankreich direkt nach dem Zweiten Weltkrieg sich als Disziplin institutionalisierende antistilkundliche, weil soziologisch und psychologisch orientierte Filmologie sich letztendlich nicht durchsetzen konnte,[79] so waren es ab den 1960er Jahren der *linguistic turn*[80] des Strukturalismus und die Semiotik, die, indem sie eine Vergleichbarkeit des Films mit dem Medium der Sprache behaupteten, die Filmstilistik in ein Korsett zwängten, das ihrer Weiterentwicklung nicht wirklich förderlich war.[81] 1966 schreibt Raymond Bellour über Christian Metz, dieser habe vier Ebenen der Beschäftigung mit dem Film unterschieden: die historische, die kritische, die theoretische und die filmologische. Diesen habe Metz selbst die fünfte, semiologische Ebene hinzugefügt. Bellour seinerseits addiert eine sechste, stilistische Ebene, die er definiert als »eine intrinsische Ästhetik des Films, der als Werk in einem Universum von Werken verstanden wird«.[82] Filmstil wird hier weder epochen- noch nationalgeschichtlich gegliedert und auch nicht von individuellen Künstlern oder Werken aus gedacht; man könnte stattdessen von einer medialen Qualität des Stils sprechen, die in den Vordergrund rückt und die dem Film insofern »intrinsisch« ist, als es sich bei diesem um ein Medium handelt. Ähnlich verhält es sich auch bei Noël Burch in seiner 1969 erstmals als *Praxis du cinéma* erschienenen Sammlung von

---

79   Vgl. Leonardo Quaresima: Falsche Freunde: Kracauer und die Filmologie. In: *montage AV* 2 (1996), S. 121. Quaresima belegt auch, dass sich Kracauer gedanklich und wörtlich in Bezug auf die Errettung der äußeren Wirklichkeit bei Vertretern der Filmologie bedient hat (S. 106). Es wirkt ein bisschen wie der späte Versuch einer Versöhnung von Filmstil und Filmologie, wenn Sylvie Lindeperg feststellt, gezeigt zu haben, »inwiefern auch der Stil des Films, wenn man ihn zur Quelle der Befragung macht, Aufschlüsse geben kann, die für die Kultur-, Sozial- und Politikgeschichte relevant sind.« Sylvie Lindeperg: Spuren, Dokumente, Monumente. Filmische Verwendungen von Geschichte, historische Verwendungen des Films [frz. Orig. 2001]. In: Eva Hohenberger, Judith Keilbach (Hg.): *Die Gegenwart der Vergangenheit. Dokumentarfilm, Fernsehen und Geschichte.* Berlin: Vorwerk 8 2003, S. 65–81, hier S. 65.

80   Vgl. Richard M. Rorty: *The Linguistic Turn. Essays in Philosophical Method*, Chicago: Chicago University Press 1967.

81   Vgl. beispielsweise Christian Metz: *Langage et Cinéma.* Paris: Larousse 1971. Bei allem semiologischen Zeitgeist wurde diesem Buch von Metz u.a. vorgeworfen, einer Ideologie des Autorenkinos der großen Meister anzuhängen und eine eher schwammige Definition von Stil zu liefern, wenn behauptet würde, Autoren seien eben »Regisseure, die einen Stil haben«. Vgl. Constance Penley: Film Language by Christian Metz. Semiology's Radical Possibilities. In: *Jump Cut* 5 (1975), S. 18–19.

82   Raymond Bellour: Pour une stylistique du film. In: *Revue d'esthétique* 2 (April–Juni 1966), S. 161–178, hier S. 162.

Aufsätzen,[83] die zuvor in den *Cahiers du cinéma* erschienen waren. »This book,« so David Bordwell, »along with occasional articles earlier in the decade, delineates a ›theory of film practice‹ that opposes an academic or ›zero-degree‹ style to artistic projects that explore and expose the formal possibilities of the medium.«[84] Die Tatsache, dass ein Organ der (wenn auch theoretisch ambitionierten) Filmkritik, in dem nicht nur Autoren stilistisch bewertet wurden, sondern aus dem heraus auch zu Autoren mutierte Stil-kritiker die *nouvelle vague*, die man als eine Praxis der Stilkritik verstehen könnte, anschoben, diese Aufsätze publiziert hatte, geht mit Burchs Buch-titel gut zusammen.

Die Neoformalisten

In diesem zunächst speziell französischen Amalgam könnte auch der Schlüs-sel zur anfänglichen Behauptung stehen, Filmstil sei insgesamt eher ein Thema der praxisnahen Kritik (der ja auch Figuren wie Balázs oder Eisner entstammten) denn der akademischen Filmwissenschaft, die keine Traditi-onslinie bis in die 1920er Jahre hat, sondern aus dem Geist der 1960er Jahre entstanden ist.[85] Insofern also die Aussetzung des ewigen Paragone, des Ver-gleichs des Films mit anderen Künsten, trotz allem bislang Angeführten eine Befreiung für alle stilinteressierten Filmwissenschaftler gewesen ist, die, nachdem die Rechtfertigungshaltung nach außen unnötig geworden war, damit beginnen konnten, den Film als stilistisches System zu adressieren, geschah dies zum einen im Rahmen der Betrachtung des Films als Teil einer multimedialen Umgebung populärer Kultur und zum anderen in Abhängig-keit der neuen medialen Techniken der Filmbetrachtung, die erstmals stilis-tische Analysen von zeitbasierten Künsten ermöglichten. Denn eigentlich eignet sich der Film »nicht zur vertieften Betrachtung; er ist kein Buch, das man durchblättern kann, kein Gemälde, das man eindringlich betrachten kann.«[86] Abhilfe schaffte die ab Ende der 1960er Jahre für Privatpersonen erschwinglich werdende Videotechnik, die gleichzeitig dafür verantwortlich

---

83   Vgl. Noël Burch: *Praxis du cinéma*. Paris: Éditions Gallimard 1969.
84   David Bordwell: *On the History of Film Style*. Cambridge und London: Harvard University Press 1997, S. 90.
85   Vgl. auch Joachim Paech: Von der Filmologie zur Mediologie? Film und Fernsehtheorie zu Beginn der 60er Jahre in Frankreich. In: Scarlett Winter, Susanne Schlünder (Hg.): *Körper – Ästhetik – Spiel. Zur filmischen écriture der Nouvelle Vague*. München: Fink 2004, S. 31–46.
86   Bellour 1966, S. 173.

Kinos auch Gattungen wie Industrie- und Lehrfilme, deren Ausklamme-
rung irritiert, da sie das Konzept eines künstlerischen Films und nicht des
Films als Kunst impliziert. Dabei sind auch Industriefilme durchaus auf ihren
Stil hin analysierbar, wie Vinzenz Hediger ausführt: »Der filmische Stil im
Industriefilm ist nicht nur maschinell, er ist Teil der Maschine.«[92] Ungeachtet
dieser leichten Unsicherheit bei der Einordnung des Films zwischen Kunst
und Medium haben Bordwell und Thompson mit ihren neoformalistischen
Arbeiten für ein neu erwachendes Interesse am Filmstil gesorgt.[93] In Übernahme des formalistischen Konzepts der »Dominante«[94] geht es ihnen dabei
vor allem um die Beschreibung der Herausbildung eines klassischen Filmstils
im Studiosystem Hollywoods und dessen weltweiter Etablierung bis 1960.[95]
Das Hollywoodkino des frühen 21. Jahrhunderts habe sich im Verhältnis
dazu, so Bordwell in einem jüngeren Text, nur oberflächlich verändert:
»What has changed, in both the most conservative registers and the most
adventurous ones, is not the stylistic *system* of classical filmmaking but rather
certain technical *devices* functioning within that system.« Der derzeit vorherrschende Stil sei nichts als eine Intensivierung bereits bekannter Techniken. Bordwell nennt das, sicher in Anspielung auf den Begriff des »Exzesses«,
einen »stylish style«. Ganz neu ist das nicht: Schon Béla Balázs hatte von
einem »stilisierten Stil« gesprochen und zu dessen Meisterwerk IWAN DER
SCHRECKLICHE (1945, Sergej Eisenstein) erkoren.[96]

Die Kritik an den Neoformalisten ist genauso massiv wie deren an Aufla-
gen oder Einladungen messbarer Erfolg. Vinzenz Hediger fasst zusammen:
»Filmtheoretiker wie Raymond Bellour und Gertrud Koch haben an solchen
Ansätzen zu Recht moniert, dass sie die ästhetische Dimension des Films
ausblenden und den Bildcharakter des Mediums in der theoretischen Model-

---

92 Vinzenz Hediger: Die Maschinerie des filmischen Stils: Innovation und Konventionali-
    sierung im Industriefilm. In: Vinzenz Hediger, Patrick Vonderau (Hg.): *Filmische Mitte!,
    industrielle Zwecke. Das Werk des Industriefilms.* Berlin: Vorwerk 8 2007, S. 83–89, hier S. 87.
93 Zur Entwicklung der neoformalistischen Stilanalyse der »Wisconsin-Schule« vgl. Colin
    Burnett: A new look at the concept of style in film: the origins and development of the
    problem-solution model. In: *New Review of Film and Television Studies* 2 (2008), S. 127–149;
    vielleicht bedeutendster deutscher Vertreter dieser Schule ist Peter Wuss: Originalität und
    Stil. Zu einigen Anregungen der Formalen Schule für die Analyse von Film-Stilen. In:
    montage AV 7/1 (1998), S. 145–167.
94 Thompson 1988, S. 21.
95 Vgl. David Bordwell, Janet Staiger, Kristin Thompson: *The Classical Hollywood Cinema.
    Film Style & Mode of Production to 1960.* New York: Columbia University Press 1985.
96 Vgl. Balázs 1949, S. 308. Bordwell interessiert sich durchaus für Eisenstein, vgl. David
    Bordwell: *The Cinema of Eisenstein.* Cambridge: Harvard University Press 1993.

lierung einem normativen Konzept von Narration opfern.«[97] Die Narration findet statt durch die konkretisierende Verwandlung einer »Fabel« in ein »Sujet« mithilfe des Stils. Der Stil liefert dabei *cues*, die den Zuschauer beim Verfolgen der Narration lenken.[98] »Problematisch für ein Modell, das nicht nur der theoretischen Erklärung, sondern auch der Analyse einzelner filmischer Werke dienen will,« schreibt Markus Kuhn, »ist allerdings, dass Bordwells Kategorie des Zuschauers schwer zu fassen ist, sobald er sie auf einzelne Filme anwendet, weil er in ihrer Verwendung schwankt – von einer Art textstrukturellem impliziten Zuschauer bis zu einem vage als real gesetzten Zuschauer.«[99] Das größte Defizit des neoformalistischen Modells ist, so könnte man vielleicht formulieren, einfach nur die Kehrseite seiner größten Stärke: Die überwältigende Rationalität, mit der filmstilistische Phänomene historisch nachgezeichnet und über alle Kulturkreise hinweg allgemeingültig erklärt werden, bleibt blind für alles, was nicht so einfach oder nur als Abweichung der Dominante, also in Bezug zum bereits Erklärten erklärt werden kann. Zufälligkeiten, unbewusste Entscheidungen und Tiefenphänomene, die sich nicht direkt auf technische Voraussetzungen und bestimmte Zielstellungen zurückführen lassen, existieren innerhalb dieses Gedankengebäudes nicht. Dabei könnte man, gerade wenn es einem um eine Poetik des Films als Kunst geht, auch ganz anderer Meinung sein, wie beispielsweise Susan Sontag:

> Seen from the outside, that is, historically, stylistic decisions can always be correlated with some historical development – like the invention of writing or of movable type, the invention or transformation of musical instruments, the availability of new materials to the sculptor or architect. But this approach, however sound and valuable, of necessity sees matters grossly; it treats of »periods« and »traditions« and »schools.«
> Seen from the inside, that is, when one examines an individual work of art and tries to account for its value and effect, every stylistic decision contains an element of arbitrariness, however much it may seem justifiable *propter hoc*. If art is the supreme game which the will plays with itself, »style« consists of the set of rules by which this

97 Vinzenz Hediger: Aufhebung. Geschichte im Zeitalter des Films. In: Lorenz Engel, Oliver Fahle, Vinzenz Hediger, Christiane Voss: *Essays zur Film-Philosophie*. Paderborn: Fink 2015, S. 169–249, hier S. 206.

98 Zu einer Beschreibung und Kritik dieses Verfahrens vgl. Christoph Hesse: *Filmform und Fetisch*. Bielefeld: Aisthesis 2006, S. 90ff.

99 Markus Kuhn: *Filmnarratologie. Ein erzähltheoretisches Analysemodell*. Berlin und New York: De Gruyter 2011, S. 34.

game is played. And the rules are always, finally, an artificial and arbitrary limit [...].[100]

Um die filmstilistischen Analysen der Neoformalisten anschlussfähig an das seit den 1990er Jahren vorherrschende Interesse an den sensuellen, emotionalen und körperlichen Qualitäten des Films zu machen, die Hediger, wie oben zitiert, als »ästhetische Dimension des Films« bezeichnet, würde es vielleicht helfen, der kognitiven Ebene des Stils als Taktgeber der Narration eine Ebene hinzuzufügen, die man entweder »Stimmung«[101] oder »Atmosphäre«[102] nennen könnte. Auf dieser Ebene, die von stilistischen Effekten befeuert wird, unterscheidet sich jeder einzelne Film voneinander. Sie ist verantwortlich für das Körpergefühl der Zuschauer, für ihre emotionale und sensuelle Reaktion (die natürlich trotz allem sehr unterschiedlich sein kann).

Im Windschatten der Neoformalisten hat sich seit den 1980er Jahren auch eine statistische Filmstilanalyse entwickelt, die in ihrer quantifizierenden Präzision ohne einen breiten individuellen Zugang zu Filmen und entsprechende technologische Hilfsmittel tatsächlich überhaupt nicht denkbar wäre. Einer der ersten Vertreter war Barry Salt, der 1983 erstmals sein legendäres Buch *Film style and technology* veröffentlichte,[103] in dem er sich als studierter Naturwissenschaftler über die Filmwissenschaftler (inklusive Bordwell) und ihre genuine filmtechnische Ahnungslosigkeit lustig machte. Neben der minutiösen Nachzeichnung von filmtechnischen Entwicklungen und ihrer stilistischen Möglichkeiten enthält das Buch statistische Beispielanalysen, die bereits ankündigen, was in der Folge das Haupteinsatzfeld dieser Methode werden würde: die Messung der *average shot length*, der durchschnittlichen Länge der Einstellungen in einem Film. In Deutschland widmete sich beispielsweise Herbert Birett diesem Vergnügen.[104] Mit *cinemetrics* machte Yuri Tsivian aus diesen Anfängen schließlich ein crowd-basiertes Internetprojekt. Auf der entsprechenden Website vermerkt er:

---

100 Sontag [1965], S. 32–33.
101 Vgl. Bruns: 2001, S. 110: »Die hier geforderte »Stimmung« ist eine der wichtigsten Vokabeln jener filmoptischen Artikel und *Making Of*-Berichte, die in den zehner und frühen zwanziger Jahren über Film- und Bildwirkung reflektieren. Die Karriere dieses Schlagworts, das sich zu einem dominierenden Funktionsbegriff für die audiovisuellen Künste entwickelt, läßt sich zurückverfolgen zu den kunstgeschichtlichen Essays und Ratgebertexten der Fotografie als einem der traditionellen Vorläufermedien der Kinematographie.«
102 Vgl. Philipp Brunner, Jörg Schweinitz, Margrit Tröhler (Hg.): *Filmische Atmosphären*. Marburg: Schüren 2012.
103 Vgl. Barry Salt: *Film style and technology: History and analysis*. London: Starword 1983.
104 Vgl. Herbert Birett: Alte Filme: Filmalter und Filmstil. Statistische Analyse von Stummfilmen. In: Elfriede Ledig (Hg.): *Der Stummfilm. Konstruktion und Rekonstruktion*. Münchner Beiträge zur Filmphilologie, Band 2. München: diskurs film 1988, S. 69–88.

Much like martial arts, or like poetry and music, cinema is the art of timing. This explains why, early on, filmmakers as Abel Gance or Dziga Vertov in the 1920s, or as Peter Kubelka or Kurt Kren in the 1960s not only counted frames when editing, but also drew elaborate diagrams and color charts in order to visualize the rhythm of their future film. This also explains why a number of scholars interested in the history of film style (as Barry Salt in England, David Bordwell and Kristin Thompson in the US or Charles O'Brien in Canada) count shots and time film lengths to calculate the average shot lengths of the films and / or use these data in their study.[105]

Obwohl das Fernsehen auf den ersten Blick keine eigene Poetik hat wie die klassischen Künste (und auch der Film), sondern ein Verbreitungsmedium mit einem Programm ist (wie das Kino), ermöglichte die Durchsetzung des aus den 1960er Jahren stammenden Paradigmas der Medienzentriertheit und der Aufwertung von Populärkultur per Syllogismus auch eine Befragung des Fernsehens nach seinem Stil, den John Thornton Caldwell erst einmal aber nicht entdecken wollte, was zu seiner »Diagnose des Zerostils [»zero-degree style«[106]] als übergreifendem Kennzeichen der amerikanischen Fernsehentwicklung bis in die 1990er Jahre [führte, die] viele deutsche Fernsehhistoriker aufhorchen [ließ]. Waren bis zur Digitalisierung des Fernsehbildes tatsächlich, wie es Caldwell konstatiert, keine stilistischen Kennzeichen in den Programmbereichen zu beobachten?«[107] Selbst wenn man stilistische Phänomene in Fernsehsendungen feststellen kann, die auch mit deren spezieller Produktionstechnik zusammenhängen, ist es deshalb sinnvoll, gleich von einem Fernsehstil zu sprechen? Wechseln dann ursprünglich für das Kino

---

105   Vgl. URL: http://www.cinemetrics.lv/index.php [letzter Zugriff am 24.1.2016].

106   Vgl. John Thornton Caldwell: *Televisuality: Style, Crisis, and Authority in American Television*. New Brunswick: Rutgers University Press 1995, S. 56. Vgl. aber z. B. Robert Phillip Kolker: The Altering Eye: Contemporary International Cinema. Oxford: Open Book Publishers [Orig. 1983, Oxford University Press], S. 288, EN 8: »Noël Burch has done the important preliminary studies in the ›zero-degree‹ style. See his *Theory of Film Practice* […]. The original concept (applied to literature) is Roland Barthes's.« Dies ist eine Anspielung auf Barthes' *Le Degré zéro de l'écriture* von 1953, ins Deutsche mit »Am Nullpunkt der Literatur« übersetzt. So etwas Ähnliches wie das Konzept eines Nullstils findet sich allerdings schon bei Horkheimer und Adorno und passt vielleicht besser auf die Situation des Fernsehens als die Ideenwelt von Barthes: »Darum ist der Stil der Kulturindustrie, der an keinem widerstrebenden Material mehr sich zu erproben hat, zugleich die *Negation von Stil*.« Max Horkheimer, Theodor W. Adorno: *Dialektik der Aufklärung. Philosophische Fragmente*. Frankfurt a. M.: Fischer 1988 [Orig. 1947], S. 137. Meine Hervorhebung.

107   Joan Kristin Bleicher: Medien-Stil = Medienästhetik? Die Bedeutung des Stils für die Medienforschung. In: Joan K. Bleicher, Barbara Link, Vladislav Tinchev (Hg.): *Fernsehstil. Geschichte und Konzepte*. Münster: LIT 2010, S. 13–48, hier S. 13.

gedrehte Filme ihren Stil, sobald sie im Fernsehen laufen? Natürlich passiert etwas mit ihnen, aber ist das am besten stilistisch zu beschreiben? Laut Jeremy G. Butler ist es jedenfalls der »Fernsehstil«, mit dem uns Werbesendungen davon überzeugen, die von ihnen angepriesenen Produkte und Leistungen zu erwerben.[108]

Fazit

Der stilistische Analyseansatz bildet nach wie vor einen der produktivsten Zugänge zu Filmen. Wenn man Stil nicht als Naturgesetz versteht und zu gegebener Zeit auch bereit ist, seinen Fokus von ihm zu lösen, belohnt er einen mit äußerst anregenden Einsichten. Was den Filmstil besonders auszeichnet, seine Analyse massiv beeinträchtigt, sind, wie sich aus diesem kurzen Überblick ergibt, mindestens zehn Punkte:

1. Die Vielzahl und Flüchtigkeit einzelner Einstellungen (außer im *one shot film*, der als Ausnahme von der Regel ein höchst interessantes Stilphänomen darstellt).
2. Die Bewegtheit des Bildes selbst.
3. Die Kombination von Bewegtbild und Ton.
4. Das Zusammenspiel verschiedenster Gewerke bei der Herstellung.
5. Die Möglichkeit der nahtlosen Integration anderer Künste.
6. Die Vielzahl mehr oder weniger künstlerisch beteiligter Einzelpersonen.
7. Die herausragende Relevanz der jeweils modernsten Technik.
8. Das unklare Verhältnis zu den Konzepten »Kunst« und »Medium«.
9. Das besondere Verhältnis zur Realität bzw. zur profilmischen Welt (das mit »indexikalisch« oder »ikonisch« nur annäherungsweise beschrieben ist und prinzipiell für die analogen wie für die digitalen Medien gilt).[109]
10. Das vergleichsweise noch immer relativ junge Alter des Films.

Aus einigen dieser Punkte kann man schlussfolgern, dass die klassische und zählebige Trias von Epochen-, National- oder Individualstil beim Film –

---

108 Vgl. Jeremy G. Butler: *Television Style.* New York und London: Routledge 2010, S. 109.
109 Vgl. hierzu Tom Gunning: What's the Point of an Index? or, Faking Photographs. In: *Nordicom Review* 5/1-2 (September 2004), S. 39–49.

trotz ihrer bis heute anhaltenden Anwendung – nicht unbedingt zielführend ist. Stattdessen macht es vielleicht mehr Sinn, sich um so etwas wie einen Werkstil oder um filmische Stilmittel zu kümmern. Filmstil in Einzelwerken zu untersuchen, ohne dass dieser von einer übergeordneten Epoche, Nation oder Person abhängig wäre, ist weniger selbstverständlich, als man auf den ersten Blick meinen sollte.[110] In jüngerer Zeit gibt es aber doch eine Reihe von Publikationsformaten verschiedener Verlage, die kleine Abhandlungen zu einzelnen Filmen oder Serien des Qualitätsfernsehens versammeln. Die isolierte Betrachtung von Stilmitteln wurde im deutschsprachigen Raum beispielsweise von Christine Noll Brinckmann ausgiebig betrieben, die als Herausgeberin der Zürcher Filmstudien auch Dissertationen dieser Art fördern konnte.[111] Wie nicht zuletzt der vorliegende Band zeigt, scheint der Fokus auf Stilmittel momentan die produktivste Perspektive auf den Filmstil zu sein.

---

110 Noël Carroll (1998, S. 387) hat ein solches Vorgehen vorgeschlagen: »My purpose in this essay is to suggest a framework for thinking about style in the individual film.«

111 Vgl. z.B. Tereza Smid: *Poetik der Schärfenverlagerung.* Marburg: Schüren 2012; Till Brockmann: *Die Zeitlupe – Anatomie eines filmischen Stilmittels.* Marburg: Schüren 2013.

Stil-Fragen

Guido Kirsten

Thesen zur Theorie des Filmstils

Intensionalität, Kontingenz und Wes Andersons
HOTEL CHEVALIER[1]

Wenige Regisseure sind im Umgang mit ihren Manierismen so ostentativ wie Wes Anderson. Sein Stil verschwindet nie hinter dem Erzählten, stets bildet er eine semitransparente Folie, die alles in ein bestimmtes Licht rückt, im wörtlichen wie im übertragenen Sinn. Seine »Signatur« besteht aus ganzen Clustern von ineinander verschraubten Stilelementen und seine Kunstfertigkeit darin, dass diese Aufdringlichkeit gleichzeitig unaufdringlich wirkt, verspielt, witzig, leichtfüßig.

Aufgrund dieser unmittelbaren Evidenz wäre eine deskriptive Analyse von Andersons stilistischem System müßiger Selbstzweck. Sie könnte das Offensichtliche allenfalls in technischem Vokabular explizieren, wobei der Erkenntnisgewinn überschaubar bliebe.[2] Reizvoller ist es, von Andersons Filmen ausgehend grundsätzlichere Fragen zum Begriff des Filmstils aufzuwerfen. Hier erweist sich die Offensichtlichkeit als Vorteil, weil sich schnell vom zu Explizierenden zu grundsätzlichen Überlegungen übergehen lässt.

Im Folgenden werde ich zunächst auf Andersons Stil anhand von HOTEL CHEVALIER (2007), dem zwölfminütigen Vorfilm zu DARJEELING LIMITED (2007), eingehen, der praktisch alle Parameter versammelt, die sich auch in seinen längeren Werken finden. Im Anschluss möchte ich einige grundlegende Thesen zur Diskussion stellen, mit denen ich begrifflich zu fassen versuche, auf welchen Kreis von Phänomenen wir uns mit der Rede vom filmischen Stil beziehen – unabhängig davon, ob der in Frage stehende Stil einer einzelnen Person, einer Epoche, einem Studiosystem oder einem anders gearteten Kollektiv zugerechnet wird.

---

1   Ich danke Julian Hanich, Christine N. Brinckmann sowie den Herausgebern des vorliegenden Bandes für wertvolle Kommentare zu früheren Fassungen dieses Aufsatzes.

2   Zumal auch schon diverse Arbeiten zu Anderson existieren. Instruktiv sind einige Videoessays, die seinen spezifischen Stil beleuchten, etwa die Serie WES ANDERSON: THE SUBSTANCE OF STYLE (Chap. 1–5) von Matt Zoller Seitz, in der besonders die Bezüge zu anderen Filmen und Regisseuren dargestellt werden, sowie THE WES ANDERSON COLLECTION (Chap. 1–7) vom gleichen Autor, die sich nacheinander allen bisherigen Filmen Andersons widmet. URL: http://www.rogerebert.com/mzs/the-wes-anderson-collection-chapters-1-7-and-the-substance-of-style-chapters-1-5 [letzter Zugriff am 5.5.2016].

Diachron betrachtet, erscheint der Anderson'sche Stil als ein System, in das von Film zu Film zusätzliche Parameter integriert wurden. Untersucht man die Filme seit BOTTLE ROCKET (1996) in der Reihenfolge ihrer Entstehung, lässt sich erkennen, wie sich gewisse Vorlieben über die Zeit entwickelt haben: Bildsymmetrien, Farbdesign, detaillierte Mise en Scène, Sequenzen in Superzeitlupe, 90-Grad-Schwenks, Lateralfahrten, 1960er-Pop, idiosynkratische Anverwandlung filmhistorischer Motive. Spätestens in THE LIFE AQUATIC WITH STEVE ZISSOU (2004) kommt keine Einstellung mehr ohne das Signum des stilistischen Gesamtsystems aus.[3] Jede Aufnahme ist nun über mehrere Parameter in das System integriert und wirkt so stilistisch überdeterminiert: In jedem Moment kann man erkennen, dass es sich um ein Werk von Wes Anderson handelt.

Im nächsten Film, DARJEELING LIMITED, konnte Anderson sein stilistisches System dann bereits als bekannt voraussetzen, das ab nun nur noch moduliert werden musste. Auffällig ist die Farbinversion, die mit der ersten Einstellung des Vorfilms HOTEL CHEVALIER vollzogen wird:[4] von den vielen Blautönen (des Meeres, der Taucher- und Jogginganzüge, des Schiffs) in LIFE AQUATIC zur gelblichen Färbung des Hotelinterieurs. Gleich die zweite Einstellung greift diesen Kontrast auf und setzt ihn ins Bild: Das bläuliche Fernsehbild hebt sich von der in gelbes Licht getauchten Inneneinrichtung ab, insbesondere den gelben Vorhängen, dem Bettbezug und dem Pyjama. Es lenkt den Blick auf sich und damit auf den visuellen Gag, der den Bildaufbau motiviert. Die Grundsymmetrie wird gebrochen, gleichzeitig ironisch aber in der Doppelung der ausgestreckt liegenden Beine auch wiederhergestellt: der beiden zugedeckten Leichen im Fernsehbild auf der einen, der bequem auf dem Hotelbett platzierten Figuren auf der anderen Seite. Die Doppelmotivierung des Stils wird damit deutlich: Das Bildarrangement und die Farbgebung verweisen auf den auteuristischen Artefaktcharakter, haben simultan aber auch eine konkretere Funktion, indem sie den Bildwitz unterstreichen, dessen unernster Zynismus wiederum durch den Dialog auf der Tonspur akzentuiert wird: »Bonsoir, s'il vous plaît, je voudrais un verre

---

3   Es gibt Kritiker, die Andersons Stil seit diesem Film als »aufgebläht« empfinden und monieren, die ausgewogene Mischung von »Stil« und »Substanz«, die seine ersten Filme und in besonderem Maße RUSHMORE (1998) ausgezeichnet habe, sei mit LIFE AQUATIC abhandengekommen. Vgl. URL: http://badassdigest.com/2013/09/16/rushmore-and-the-style-and-substance-of-wes-anderson/ [letzter Zugriff am 4.11.2014].

4   Bei den meisten Kinovorführungen wurde er auch vor DARJEELING LIMITED gezeigt. HOTEL CHEVALIER hat aber einen eigenen Abspann und gilt als eigenständiges Werk.

Wes Anderson: Hotel Chevalier

de lait au chocolat et une soupe d'onion et un sandwich avec – how do you say grilled cheese?«[5]

Während Jack Whitman (Jason Schwartzman) diesen Satz in breitem amerikanischem Akzent spricht, folgt ein Umschnitt um 90 Grad, wie er aus anderen Filmen Andersons bereits vertraut ist. Denn er hat eine Vorliebe für die Veränderung des Ausschnitts im rechten Winkel, und er realisiert sie nicht nur wie hier in der Aufeinanderfolge zweier Einstellungen, sondern auch durch mehr oder weniger schnelle Schwenks.[6] Im Bildaufbau wiederholt sich die perfekte (und perfekt gebrochene) Symmetrie – also eine Mise en Image, die kaum künstlicher sein könnte. Deutlich wird diese Künstlichkeit im Vergleich zur vorherigen Einstellung zudem an der Lage des Körpers. Im Vokabular des klassischen Continuity Editing handelt es sich um einen *cheat cut*, da die Füße auf dem Bett erkennbar weiter hinten liegen als im vorherigen Bild. Fraglich ist aber, ob der Begriff des *cheat cut* für Anderson überhaupt Sinn macht, da die diegetische Kontinuität den Erfordernissen der Komposition oder der *sight gags* ohnehin untergeordnet ist (es sich also um »Betrug« oder »Schummeln« eigentlich nicht handelt).[7]

---

5   Zum Stil der Anderson'schen Dialoge vgl. Jeff Jaeckle: The shared verbal stylistics of Preston Sturges and Wes Anderson. In: *New Review of Film and Television Studies* 11/2 (2013), S. 154–170.

6   Auch diese Manier ist inzwischen so gut etabliert, dass Anderson mit ihr spielen kann. In seinem letzten Film, The Grand Budapest Hotel (2014), wird ein angedeuteter 90-Grad-Reißschwenk nach halber Bewegung abrupt unterbrochen: ein visueller Gag für Connaisseure.

7   Ähnlich ist dies bei Yasujiro Ozu, bei dem regelmäßig Vasen, Tassen, Gläser, Flaschen kleiner und größer werden und mittels Montage zum Tanzen gebracht werden; vgl. Donald Richie: Raum, Zeit und Tofu in den Filmen von Yasujiro Ozu. In: Andreas Rost (Hg.): *Zeit, Schnitt, Raum*. Frankfurt a.M.: Verlag der Autoren 1997, S. 145–175, hier S. 151–152. Zum Begriff des *sight gags* vgl. Noël Carroll: Notes on the Sight Gag. In:

Wes Anderson: HOTEL CHEVALIER

Eine Besonderheit Andersons besteht darin, dass die ausgesuchte und detailreiche Mise en Scène oft in die Diegese eingefaltet wird, indem die Urheberschaft nicht (nur) dem Filmemacher, sondern (auch) den Figuren zugeschrieben wird. In HOTEL CHEVALIER geschieht dies in besonders deutlicher Weise, da hier nicht nur das *Ergebnis*, sondern auch der *Prozess* der Mise en Scène in Szene gesetzt wird: Nachdem Jason Schwartzman als Jack Whitman telefonisch sein Menü geordnet hat, klingelt das Telefon und seine Exfreundin kündigt sich für einen Spontanbesuch an. Daraufhin beginnt er, das Zimmer aufzuräumen und umzugestalten. Gezeigt wird dies in weiteren 90- und 180-Grad-Schnitten und -Schwenks und in der bei Anderson ebenso gern eingesetzten Lateralfahrt von einer Kadrierung zur nächsten. Schnell wird klar, dass die Kamera fast ausschließlich rechtwinklig zum Dekor platziert und bewegt wird. Dies unterstreicht erneut die Künstlichkeit der Découpage, die nicht narrativ motiviert wirkt, sondern offenbar anderen Determinanten folgt.[8] Vor allem aber sehen wir, wie Jack Whitman zum Metteur en Scène wird, indem er Ordnung schafft, eine ganze Reihe von kleinen Props (Statuetten, Postkarten, einen Ausstellungsrahmen mit toten Faltern, Miniaturdrehorgeln, eine Farbpalette, Pinsel und ein frisch gemaltes Bild)[9] arrangiert und die Lichtverhältnisse verändert, um die richtige Stimmung zu erzeugen. Innerhalb der Diegese wurden diese Dinge nicht für uns,

Andrew Horton (Hg.): *Comedy / Cinema / Theory*. Berkeley: University of California Press 1991, S. 25–42.

8   David Bordwell und Kristin Thompson würden wahrscheinlich von »künstlerischer Motivierung« sprechen. Vgl. David Bordwell: *Narration in the Fiction Film*. Madison: University of Wisconsin Press, S. 36; Kristin Thompson: Neoformalistische Filmanalyse [1988]. In: *Montage AV* 4/1 (1995), S. 23–62, hier S. 38–39.

9   Nicht zu sehen, aber Interviews zu entnehmen ist, dass einige dieser Dinge aus Andersons Wohnung stammen. Er hatte sie für den Dreh in das Pariser Hotel Raphaël mitgebracht,

sondern für die von Natalie Portman gespielte Exfreundin arrangiert, die sie nach ihrer Ankunft staunend begutachtet.

Die Inszenierung des Wiedersehens deutet auf eine weitere Vorliebe Andersons hin, die allerdings nicht auf den ersten Blick, sondern nur im Vergleich zu einer Szene aus AMERICAN GIGOLO (1980, Paul Schrader) erkennbar ist, von der sich Anderson offenbar hat inspirieren lassen. Portmans Mantel erinnert entfernt an den Trenchcoat, den Lauren Hutton als Michelle in AMERICAN GIGOLO trägt, als sie Julian (Richard Gere) in seinem Apartment besucht. Auch Teile des Dialogs (»How did you find me?« / »It wasn't [actually that] hard«) und überhaupt die Weise, wie beide Figuren miteinander sprechen, wurden übernommen. Diese freie Aneignung szenischer Motive, die in das eigene stilistische System transponiert werden (ohne dass diese Aneignung unbedingt einen tieferen Sinn haben müsste), ist typisch für Andersons spielerischen Umgang mit Versatzstücken der Filmgeschichte.

Bemerkenswert ist auch die hier zum Einsatz kommende Musik. Als Whitman aufräumt und die Props drapiert, wählt er ein Stück auf seinem iPod aus, das er kurz anspielt, dann stoppt und erst wieder laufen lässt, als sein Besuch vor der Tür steht. Es handelt sich um Peter Sarstedts »Where do you go to (my lovely)?«, um einen Song mithin, der erstens einen Kommentar zum melancholischen Lebensstil des dandyhaften Protagonisten darstellt und zweitens als bekannter britischer Popsong der 1960er Jahre aus jenem Arsenal stammt, aus dem sich Anderson für fast alle seine Filme bedient[10] – was drittens eine Interpretation als Mise en abyme nahelegt, weil es ja wiederum die diegetische Figur des Jack Whitman ist, die den Song auswählt, um ihn dann als Real-Soundtrack zum Wiedersehen mit der ehemaligen Geliebten laufen zu lassen.[11]

---

was die Korrespondenzen zwischen Regisseur und Figur noch verstärkt. Wobei die Frage, ob dies wirklich stimmt, weniger interessant ist als die Frage, warum es kolportiert wurde.

10 Zur Funktion der Musik in Andersons Filmen vgl. Elena Boschi, Tim McNelis: »Same Old Song«: On Audio-Visual Style in the Films of Wes Anderson. In: *New Review of Film and Television Studies* 10/1 (2012), S. 28–45.

11 Zu einer weiteren Mise en Abyme kommt es, wenn in DARJEELING LIMITED Jack Whitman seinen Brüdern eine Kurzgeschichte vorliest, in der Dialoge aus dem Prolog HOTEL CHEVALIER vorkommen. Das lässt sich auf zwei Weisen interpretieren: Entweder klaut Jack als Autor aus seinem eigenen Leben und verkauft das Erlebte als Fiktion. Oder: Was wir im Kurzfilm gezeigt bekommen, erweist sich retrospektiv in der fiktionalen Welt von DARJEELING LIMITED als weitere Fiktionsebene, als »Metadiegese« im Genette'schen Sinn: als Verfilmung von Jacks Geschichte. Vgl. Gérard Genette: *Die Erzählung*. München: Fink 1998 [frz. 1972/1983], S. 165 ff. Im Grunde ist nicht zu entscheiden, welche der beiden Varianten angemessener ist, wenn wir auch aufgrund eines Priming Effects spontan zur ersten Version neigen mögen. Gegen die zweite könnte auch sprechen, dass der Stil von HOTEL CHEVALIER und DARJEELING LIMITED identisch ist, es also keinerlei Markierung

Während der Song also zunächst diegetisch zu verstehen ist, weil wir jeweils die Aktivierung der Soundquelle gezeigt bekommen, erscheint er beim dritten Mal in nondiegetischer Funktion. Er setzt nach zehneinhalb Minuten, also am Ende des Kurzfilms ein, während die beiden Protagonisten im Bett liegen, und begleitet die folgende Zeitlupeneinstellung und eine (nun wieder ganz in Blau getauchte) Außenaufnahme, mit welcher der Film endet. Allerdings lässt sich nicht einwandfrei entscheiden, ob es sich tatsächlich um einen rein nondiegetischen Einsatz des Stücks handelt oder ob die Exgeliebte es auf dem iPod angewählt hat, der wohl nicht zufällig neben ihr liegt (auch wenn die ersten Töne dafür zu früh erklingen und es bei einer Zeitlupe vielleicht kontraintuitiv erscheint, von diegetischer Musik zu sprechen, weil das Gesehene langsamer abläuft als das Gehörte).[12]

Ohnehin ist fraglich, wie im Anderson'schen Universum das »Diegetische« überhaupt noch bestimmt werden kann. Denn ähnlich prinzipiell unbeantwortbar wie die Frage, ob die Musik nun in der Storywelt erklingt oder nicht, wäre die Frage, ob diese Welt tatsächlich in dem Maße gelb und blau ist, wie sie uns vorgeführt wird. (Die im Making-of von DARJEELING LIMITED zu beobachtende Tatsache, dass die profilmische Welt nicht solchermaßen eingefärbt war – also mit Filtern oder einer Nachbearbeitung in der digitalen Postproduktion gearbeitet wurde –, hilft hier wenig weiter. Denn infrage steht ja nicht die wirkliche, sondern die fiktionale Welt.) Dass die Beantwortung dieser Frage nicht selbstverständlich ist, zeigt sich unter anderem daran, dass die im klassischen Schwarz-Weiß-Spielfilm gezeigten Welten üblicherweise nicht als schwarz-weiße zu verstehen sind, woran wir zum Beispiel erinnert werden, wenn Rita Hayworth in THE PHILADELPHIA STORY (1940, George Cukor) wiederholt als »redhead« adressiert oder wenn in RASHOMON (1951, Akira Kurosawa) erwähnt wird, dass der von Toshiro Mifune gespielte Räuber immer blau gekleidet ist. Wenn einmal, wie in A MATTER OF LIFE AND DEATH (1946, Michael Powell und Emeric Pressburger), die

gibt, die auf eine metadiegetische Konstruktion hindeutet. Von einer »Mise en Abyme« wird allgemein gesprochen, wenn innerhalb eines Werks auf sich selbst Bezug genommen wird. Das paradigmatische Beispiel ist André Gides Kurzroman *Paludes* [frz. 1895], in dem der Protagonist den Kurzroman *Paludes* schreibt. Von Gide stammt auch der Begriff der »Mise en Abyme«, der 1966 von Christian Metz, mit Bezug auf OTTO E MEZZO (1963, Federico Fellini), in die Filmtheorie eingeführt wurde. Vgl. Christian Metz: La construction »en abyme« dans HUIT ET DEMI, de Fellini. In: Ders.: *Essais sur la signification au cinéma*, Paris: Klincksieck 2003, S. 223–228.

12 Die Dissonanz von Visuellem und Akustischem (Letzteres würde bei Verlangsamung völlig verfremdet klingen), führt in der Praxis dazu, dass Zeitlupensequenzen meistens mit nondiegetischer Musik unterlegt werden. Vgl. Till Brockmann: *Die Zeitlupe. Anatomie eines filmischen Stilmittels*. Marburg: Schüren 2014, S. 206 ff.

schwarz-weiße Ausdrucksmaterie auch eine schwarz-weiße Filmwelt denotiert, so ist dies eine Ausnahme, die eigens thematisiert werden muss.[13]

Weil es sich bei ihr um eine Abweichung von der (im Gegenwartskino dominanten) Norm naturalistischer Farbgebung handelt, erscheint uns die auffällige Färbung bei Anderson als stilistische Setzung. Auf theoretischer Ebene wirft dies die Frage nach dem Verhältnis von Inhalt und Form auf; eine Frage, die, obgleich sie theoretisch als veraltet gilt, unausgesprochen und allenthalben weiter rumort. Wahrscheinlich hat sich nicht allzu viel seit Susan Sontags Befund geändert, mit dem sie ihren Essay »Über den Stil« (»On Style«, 1965) eröffnete:

> Es würde schwerfallen, heute noch irgendeinen Kritiker von Rang und Namen ausfindig zu machen, der Wert darauf legte, als Verteidiger der alten Antithese von Stil und Inhalt zu gelten. In diesem Punkt herrscht allgemeines Einverständnis. Jeder ist schnell bei der Hand, wenn es darum geht zu erklären, dass Stil und Inhalt unlösbar miteinander verknüpft sind, dass der ausgeprägte Individualstil eines jeden bedeutenden Schriftstellers ein organischer Bestandteil seines Werkes ist und niemals bloß »Dekor«.
>
> In der Praxis der Literaturkritik hingegen lebt der alte Gegensatz weiter. Dieselben Kritiker, die aus der Ferne die Vorstellung zurückweisen, dass der Stil nichts als ein Beiwerk des Inhalts ist, halten, sobald sie mit einem spezifischen literarischen Werk konfrontiert sind, in den meisten Fällen selber an der Dualität von Inhalt und Form fest. […] Ja, es ist außerordentlich schwierig, überhaupt von dem Stil eines bestimmten Romans oder Gedichts als »Stil« zu sprechen, ohne nolens volens zu implizieren, dass Stil bloßes Dekor, schmückendes Beiwerk ist. Schon mit der Verwendung des Begriffs wird, wenn auch stillschweigend, beinahe zwangsläufig eine Antithese zwischen Stil und etwas anderem heraufbeschworen.[14]

Sontags Lösung des Problems, die sie im Laufe ihres Essays formuliert, läuft kurz gesagt darauf hinaus, die Dichotomie von Form und Inhalt durch den Zuschlag der Inhaltskategorie zur Form aufzulösen. Alles an einem Kunstwerk, sofern es als Kunstwerk aufgefasst werde, sei formal zu verstehen. Das

13 In A MATTER OF LIFE AND DEATH ist der Himmel schwarz-weiß, während die Erde in Technicolor gestaltet ist, was von einem französischen Engel mit den Worten kommentiert wird, es sei schade, dass es im Himmel noch kein Technicolor gebe (auch dies eine Mise en Abyme).
14 Susan Sontag: Über den Stil [engl. 1965]. In: Dies.: *Kunst und Antikunst. 24 literarische Analysen*. Frankfurt a. M.: Fischer 1982, S. 23–47, hier S. 23.

erinnert an David Bordwells Diktum, er sehe sich als »formalist to the core«,[15] weil auch das, was sonst als thematisch oder inhaltlich bezeichnet wird, von ihm als Bestandteil der Form gedacht werde.

Die Intensionalitätsthese

Eine Alternative zu Sontags und Bordwells (je anders gelagertem und begründetem) Form-Monismus besteht darin, die Dichotomie, statt sie auf *eine* Größe zu reduzieren, auf eine Triade zu erweitern. Dies wird möglich durch die sprachphilosophische Unterscheidung von »Sinn« und »Bedeutung«, die Gottlob Frege in einem wichtigen Aufsatz 1892 eingeführt hat und die Rudolf Carnap 1947 mit dem Begriffspaar »Intension« und »Extension« reformulierte. Als »Sinn« bezeichnet Frege das, was ein Wort impliziert, als »Bedeutung« den Gegenstand, auf den es sich bezieht. Er macht diese Unterscheidung unter anderem am Beispiel der Worte »Abendstern« und »Morgenstern« klar: Obwohl beide die gleiche *Bedeutung* haben, weil sie denselben Planeten (nämlich die Venus) bezeichnen, ist ihr *Sinn* doch verschieden, weil das erste Wort einen Stern meint, der am Abend zu sehen ist, das zweite jedoch einen, der morgens am Himmel steht.[16] Nur weil der Sinn beider Wörter verschieden ist, kann es sich bei der Feststellung, dass sie denselben Himmelskörper bezeichnen, überhaupt um eine Aussage mit Erkenntniswert handeln.

Im Fall von Bildern, fotografischen Aufnahmen und filmischen Einstellungen lässt sich analog argumentieren: Verschiedene Aufnahmen desselben Gebäudes unterscheiden sich je nach Blickwinkel oder Beleuchtung und die Feststellung, dass sie dasselbe Gebäude zeigen, kann dann durchaus überraschend sein. Dies entspricht der Frege'schen Problemlage: Auch ikonische Zeichen mit verschiedener Intension können dieselbe Extension haben, und die Erkenntnis, dass sie tatsächlich auf den gleichen Gegenstand verweisen, kann von praktischer wie theoretischer Relevanz sein. So auch im Film, wo wir eine stabile Referenz oft automatisch unterstellen, wenn von einer halb-

---

15   So seine Aussage beim Treffen des DFG-Netzwerks *Filmstil* in Potsdam am 3. November 2012.

16   Vgl. Gottlob Frege: Über Sinn und Bedeutung [1892]. In: Ders.: *Funktion, Begriff, Bedeutung. Fünf logische Studien.* Hg. von Günther Patzig. Göttingen: Vandenhoeck & Ruprecht 2008, S. 23–46, hier S. 24. Frege legt Wert darauf, dass es sich beim »Sinn« nicht nur um subjektive Vorstellungen oder Assoziationen oder Ideen handelt, sondern um einen objektiven (zumindest intersubjektiven) Gehalt des Wortes.

nahen Einstellung auf einen Close-up geschnitten wird. Phänomenal ändert sich im Bild fast alles, aber wir erkennen (meist ohne Probleme) die gleiche Person wieder.

In dieser Begrifflichkeit geht es bei der Intension von Bildern und filmischen Einstellungen um das, was sie von sich selbst zu sehen geben (noch ohne Berücksichtigung des ontischen Status der gezeigten Gegenstände): zum Beispiel einen auf dem Bett liegenden Mann in gelblichem Licht. Ob es sich um einen real oder nur fiktiv existierenden, um ein Traumbild oder die abstrakte Idee »auf dem Bett liegender Mann« handelt, ist auf der Ebene der Intension nicht entschieden. Erst mit der Extension wird dieser Bezug festgelegt – »bedeuten« kann die Einstellung dann zum Beispiel entweder den Schauspieler Jason Schwartzman oder die von ihm verkörperte Figur Jack Whitman.[17]

Im Übrigen ist es für Frege durchaus möglich, dass ein Ausdruck zwar einen Sinn, aber keine Bedeutung hat, weil es keinen Gegenstand gibt, der ihm entspricht. So verhält es sich nicht nur bei Oxymora, die *per definitionem* nicht existierende Dinge bezeichnen, sondern auch bei Namen fiktionaler Entitäten wie »Odysseus«, bei dem es laut Frege unsicher sei, ob er eine Bedeutung habe.[18] Die post-Frege'sche Fiktionstheorie hat daraus abgeleitet, dass sich in fiktionalen Diskursen Ausdrücke mit Sinn, aber ohne Bedeutung finden.[19]

Ein solches Verständnis ist jedoch fragwürdig, weil der entscheidende Unterschied zwischen Sinn und Bedeutung auch für fiktionale Entitäten noch intakt bleibt: Auch die Ausdrücke »Odysseus«, »der Held aus dem Epos von Homer« oder »der Herrscher von Ithaka« beziehen sich ja (innerhalb eines gegebenen Kontexts) – trotz unterschiedlicher Intension – auf den gleichen Gegenstand, haben also die gleiche Extension, auch wenn diese nun fiktionaler Natur und nur in Bezug auf die Welt der *Odyssee* gültig ist. Aus diesem Grund halte ich es für sinnvoll, die Begriffe der Bedeutung, Extension oder Referenz auch auf fiktive Entitäten anzuwenden, wie es unter anderem der Literaturwissenschaftler Lubomír Doležel in seiner »Semantik

---

17 An anderer Stelle habe ich argumentiert, dass eines der wichtigsten Merkmale der »fiktionalisierenden Lektüre« darin besteht, in den Filmbildern nicht profilmische (Drehorte, Schauspieler, künstliches Licht), sondern diegetische Entitäten (zum Beispiel Figuren in fiktiven Situationen) zu erkennen. Die Festlegung der Bedeutung ist also nicht unabhängig von der Lektüre. Vgl. Guido Kirsten: *Filmischer Realismus.* Marburg: Schüren 2013, S. 141–153; Ders.: Gefäß. In: Marius Böttcher u. a. (Hg.): *Wörterbuch kinematographischer Objekte.* Berlin: August 2014, S. 57–58.

18 Vgl. Frege 2008, S. 29.

19 Ähnlich disponiert die klassische Semiologie über die Begriffe, wenn sie den Ausdruck »Referent« für den Bezug auf real existierende Dinge reserviert und so die Möglichkeit fiktionaler Referenz kategorisch ausschließt.

fiktionaler Welten« für Romane und Erzählungen vorschlägt.[20] Übertragen auf den Spielfilm können wir sagen, dass üblicherweise fiktionale Figuren und Ereignisse denotiert werden, dass also (bei fiktionalisierender Lektüre) die diegetische Handlung die *Extension* des filmischen Diskurses ist.

Die begriffliche Triade *Ausdruck – Sinn / Intension – Bedeutung / Extension* entspricht im Wesentlichen dem vergleichbaren semiotischen Begriffszusammenhang *Zeichenkörper (sign) – unmittelbares Objekt – dynamisches Objekt* bei Charles S. Peirce.[21] Auch das *unmittelbare Objekt* ist direkt an das Zeichen gebunden, während das Konzept des *dynamischen Objekts* Dinge bezeichnet, die *außerhalb* der Zeichenrelation existieren (wenn auch vielleicht nur in imaginärer, onirischer oder fiktionaler Form).[22] Wir haben es in beiden Fällen mit einer dreistelligen Beziehung zu tun, nämlich zwischen (1.) einem Zeichenkörper (oder einer geformten Ausdrucksmaterie: dem sprachlichen Ausdruck oder den konkreten Bildern und Tönen), (2.) dessen Intension (oder Sinn oder unmittelbarem Objekt) sowie (3.) dessen Extension (oder Bedeutung oder Referenz oder dynamischem Objekt). Ich werde die drei kategorialen Ebenen dabei im Folgenden so verstehen, dass sie Dimensionen bezeichnen, die den filmischen Diskurs als ganzen betreffen, unabhängig davon, welchen Umfang er hat (es geht mir also nicht um die Isolierung einzelner Zeichen).

---

20 Vgl. Lubomír Doležel: *Heterocosmica. Fiction and Possible Worlds.* Baltimore und London: Johns Hopkins University Press 1998.

21 »Das vermittelte Objekt ist das Objekt außerhalb des Zeichens; ich nenne es das dynamische Objekt. Das Zeichen muss auf es durch eine Andeutung verweisen; und diese Andeutung oder ihr Gehalt ist das unmittelbare Objekt«. Charles S. Peirce, zitiert nach Helmut Pape: Einleitung. Phänomen des Zeichens (Syllabus) und Peirces Zeichentheorie. In: Charles S. Peirce: *Phänomen und Logik der Zeichen* [engl. 1903]. Frankfurt a. M.: Suhrkamp 1983, S. 7–36, hier S. 34. Auch bei Frege (2008, S. 25) fungiert der Sinn als Mittelglied zwischen Wort und Bedeutung: »Die regelmäßige Verknüpfung zwischen dem Zeichen, dessen Sinn und dessen Bedeutung ist derart, daß dem Zeichen ein bestimmter Sinn und diesem wieder eine bestimmte Bedeutung entspricht, während zu einer Bedeutung (einem Gegenstande) nicht nur ein Zeichen zugehört«.

22 Im Übrigen scheint es mir möglich, die Intension von Bildern mit dem phänomenologischen Begriff des »Bildobjekts« zu fassen – auch wenn Lambert Wiesing diesen der Semiotik explizit entgegenstellt –, denn für Bilder bezeichnen die Begriffe »unmittelbares Objekt« (Peirce) und »Bildobjekt« (Husserl) das gleiche Phänomen. Vgl. Lambert Wiesing: *Artifizielle Präsenz. Studien zur Philosophie des Bildes.* Frankfurt a. M.: Suhrkamp 2005, S. 30. Sogenannte »abstrakte« Bilder oder Filme definieren sich dadurch, dass dem Bildobjekt kein Gegenstand entspricht – es also nur eine Intension, aber keine Extension des Gezeigten gibt (nicht einmal in einer fiktiven Welt). Zu denken wäre etwa an die SYMPHONIE DIAGONALE (1924, Viking Eggeling) oder OPUS I–IV (1921–25, Walter Ruttmann), aber auch an ARNULF RAINER (1960, Peter Kubelka) oder die »hand painted films« von Stan Brakhage. Wobei ARNULF RAINER, der aus einer Anordnung von weißen und schwarzen Kadern besteht, wodurch in der Projektion ein Lichtrhythmus entsteht, wohl die Frage aufruft, ob sich überhaupt sinnvoll von einer Intension im Sinne von »Bildobjekten« sprechen lässt.

Es entspricht dieser Logik, wenn Doležel von der Intension als der »Textur« eines Texts spricht und diese allein für ästhetisch relevant hält: »extensional meaning is aesthetically neutral; only on the level of intension is aesthetically effective meaning achieved«.[23] Die Diegese als solche ist (diesem Verständnis nach) kein ästhetisch relevanter Sachverhalt, sondern nur ihre Präsentationsweise, die Form oder Textur, in der sie uns erscheint – also das Verhältnis von Zeichen und Intension. Genau auf dieser Ebene scheint mir auch das Konzept des Filmstils angesiedelt, ein Gedanke, der etwa bei Ira Konigsberg folgendermaßen zum Ausdruck kommt: »Style is more concerned with appearance than with content, the way something is presented than what is presented, although the two can be properly understood only in relation to one another«.[24]

Dass es sich bei stilistischen Parametern um Relationen von Ausdrucksmaterie und Intension handelt, lässt sich an einer weiteren Einstellung aus HOTEL CHEVALIER verdeutlichen. Etwa in der Mitte des Films, nach sechs Minuten, sehen wir eine Einstellung, die aus dem etablierten System der rechtwinkligen Découpage herausfällt: ein Point-of-View-Detail-Shot aus der Sicht von Jack Whitman, der ein Stück Schokolade auspackt, um es sich in der nächsten Einstellung (die nun wieder der zuvor etablierten Auflösungsgeometrie entspricht) in den Mund zu stecken. Die stilistische Auffälligkeit ergibt sich aus dem *Verhältnis* der Kamera zu dem, was sie zeigt: Jeder Aufnahmewinkel (wie auch jede Kamerabewegung und jede Einstellungsgröße) wird ja nur im Bezug zum Gefilmten als solcher erkannt. Jede Beschreibung, die von filmischen Parametern spricht, meint daher immer schon beides: die geformte Ausdrucksmaterie *und* deren Intension. Die Einstellung des Schokotäfelchens weicht von den übrigen Einstellungen darin ab, dass sie als einzige des Films aus dem Blickwinkel einer Figur gefilmt ist und einen Gegenstand aus nächster Nähe zeigt. In stilistischer Hinsicht sind nicht die diegetischen Tatsachen von Belang, sondern die Weise, *wie* etwas zu sehen gegeben wird und in welchen Bezug (der Wiederholung, der Variation, der Abweichung, des Kontrasts oder der Spiegelung) diese Darstellungsweise zu jener anderer Einstellungen tritt.

Zu bedenken ist dabei allerdings, dass es sich beim Versuch, das Phänomen des Stils zu isolieren, um eine Abstraktion (von der Ebene der Extension) handelt, während sich in der üblichen »Lektüre« die Ebenen der Intension

---

23   Doležel 1998, S. 138.
24   Ira Konigsberg: *The Complete Film Dictionary.* New York und Scarborough: New American Library 1987, S. 360.

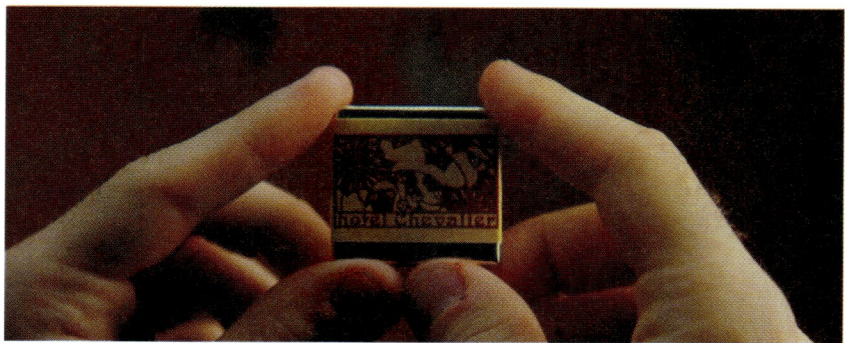

Wes Anderson: HOTEL CHEVALIER

und der Extension immer verschränken. Auch dies muss eine Theorie des Filmstils berücksichtigen. Denn das Verständnis rekurriert nie auf die Intension allein. Anhand des genannten Beispiels kann man sich dies verdeutlichen: Um zu verstehen, dass es sich um einen POV-Shot handelt, muss beachtet werden, welche Figur in welcher diegetischen Situation das Stück Schokolade aus der Verpackung löst. Die Extension ist also für das Verständnis der Intension relevant. Das Verhältnis der beiden Ebenen lässt sich mit Doležel folgendermaßen als wechselseitiges beschreiben: »Although extensions and intensions can and must be differentiated in semantic theory, they are by definition complementary in the production of literary meaning. Extensions are available only through intensions and, conversely, intensions are fixed by extensions«.[25] Nur über den unmittelbaren Bild- und Toninhalt

25   Doležel 1998, S. 142.

erhalten wir Informationen zu diegetischen Sachverhalten, und diese wiederum limitieren kontextuell die Möglichkeiten der Intension.[26]

Wir können damit theoretisch nachvollziehen, weshalb die Trennung von Form und Inhalt als solche nicht aufrechtzuerhalten ist: Bei der Form (und damit beim Stil) handelt es sich bereits um ein *Verhältnis*, nämlich das Verhältnis zwischen Zeichenkörper (audiovisuellem Bewegtbild) und Intension (unmittelbarem Gehalt der Bilder und Töne). Und die Intension ihrerseits ist gleichzeitig immer schon als Teil der Inhaltsseite zu denken, weil das, was herkömmlich als »Inhalt« bezeichnet wird, eigentlich ein zweites Verhältnis ist, nämlich jenes zwischen Intension und Extension.[27] Praktisch handelt es sich stets um eine Verschränkung, die aber zum Zweck der Analyse begrifflich aufgelöst werden kann.

Die Kontingenzthese

Die vorgeschlagene terminologische Erweiterung scheint mir auch Licht in ein anderes Dunkel der Stiltheorie bringen zu können. Einigkeit herrscht über die Fächergrenzen hinweg darin, dass das Moment der Wahl oder Auswahl für die Bestimmung eines Stils notwendig ist. Dem liegt die Überlegung zugrunde, dass sich Stile und Stilelemente stets im möglichen Abgleich von nicht realisierten Alternativen begreifen lassen. Um überhaupt mit der Kategorie des Stils fassbar zu sein, muss es sich um Phänomene handeln, die auch anders hätten gestaltet sein können und deren bestimmtes Sosein deshalb von Relevanz ist. Rainer Rosenberg schreibt in seiner Einleitung zum Eintrag »Stil« im Lexikon *Ästhetische Grundbegriffe*:

> Die Unterstellung einer Handlung unter einen Stilbegriff impliziert die Annahme, dass das gleiche Ziel prinzipiell auch hätte erreicht werden können, wenn die Form der Ausführung dieser Handlung eine andere gewesen wäre. Das heißt, mit der Rede vom Stil wird prinzipiell eine Wahlmöglichkeit vorausgesetzt, wie eng diese im

---

26 Auf die Extension bezogene Erwartungen, hinsichtlich möglicher Begebenheiten in der Diegese beispielsweise, reduzieren die Möglichkeiten der Intension einer Einstellung, das heißt, sie wirken disambiguierend. Anders herum schafft aber die Intension allererst Zugang zur Ebene der Extension.

27 Relationen existieren nicht einfach, sondern werden (in Lektüreakten) hergestellt (wenn auch meist unbewusst oder vorbewusst). Hier wäre Anschluss an Roger Odins Semiopragmatik zu suchen. Der Herstellung der Relation zwischen Intension und Extension entspricht Odins »figurativisation«; Roger Odin: *De la fiction*. Brüssel: DeBoeck 2000, S. 18–19.

> konkreten Fall auch durch die natürlichen Anlagen des Ausführen-
> den, die ihm verfügbaren Techniken und Mittel, die Macht der
> Konventionen usw. begrenzt sein mag.[28]

Ein Bild ist zum Beispiel auf eine bestimmte Weise komponiert, nicht auf
eine andere; ein Autor nutzt mit Vorliebe statt der konventionellen Subjekt-
Prädikat-Objekt-Satzstellung eine invertierte;[29] ein Film ist durch den
Wechsel von Plan- und Montagesequenzen gekennzeichnet, durch Verzicht
auf analytische Montage. Mit einem kulturwissenschaftlichen Modewort
der letzten zwanzig Jahre kann man sagen, dass Stilistika also notwendig als
kontingent gedacht werden. Es scheint dies nachgerade eine *conditio sine qua
non* zu sein: Wo keine Kontingenz denkbar wird, kann von Stil nicht gesprochen werden. Wenn die Ausführung einer Aussage oder einer Handlung nur
auf eine einzige Weise zu realisieren, das *Wie* also vollständig vom *Was* oder
vom *Wozu* determiniert ist, kann von Stil keine Rede sein.

Um diese These richtig einzuordnen, ist es notwendig, den Kontingenz-
begriff genauer zu bestimmen. Oft wird das Wort so verwendet, als hinge
Kontingenz mit Zufall oder Indeterminiertheit zusammen. Die Aristoteli-
sche Triade »notwendig«/»notwendig nicht«/»kontingent, d.h. weder notwendig noch notwendig nicht« wird dann so interpretiert, als sei Kontingenz
eine metaphysische Gegebenheit. Sinnvoller und zielführender erscheint es
mir dagegen, Kontingenz als Ergebnis einer spezifischen Beobachtungsope-
ration zu verstehen, die darin besteht, *ex post* Alternativen zu konstruieren,
und zwar unabhängig davon, ob sie wirklich hätten realisiert werden können. Man betrachtet einen Ausdruck oder eine Gestaltung einfach auf ihre
theoretisch mögliche Andersartigkeit hin.

Was das heißt, lässt sich anhand von André Bazins Ausführungen zur
berühmten Plansequenz von Susans Selbstmordversuch in Orson Welles'
Citizen Kane (1941) erläutern:

> Um die Originalität dieser Regie, die so normal erscheint, weil sie
> ihr Ziel so mühelos erreicht, wirklich zu erfassen, sollte man sich
> vorstellen, wie es – bis auf Details – jeder andere als Welles gemacht
> hätte.

---

28 Rainer Rosenberg: Stil (Einleitung). In: Karlheinz Barck u.a. (Hg.): *Ästhetische Grundbegriffe*. Stuttgart: Metzler 2010 [2003], S. 641–650, hier S. 642. Ähnlich Martin Siefkes:
Stil und Gesellschaft. Plädoyer für eine allgemeine Stilistik (2013), S. 4–5. URL: http://
siefkes.de/dokumente/Siefkes_Stil_und_Gesellschaft.pdf [letzter Zugriff am 4.11.2014].

29 Stephen Ullmann: *Language and Style. Collected Papers*. Oxford: Basil Blackwell 1964,
S. 102.

Die Szene wäre in mindestens fünf oder sechs Einstellungen aufgelöst worden. Zum Beispiel: Groß das Glas und das Fläschchen, dann
eine Einstellung auf die schwitzende und stöhnende Susan im Bett
(in diesem Moment im Off das Klopfen an die Tür), Einstellung auf
Kane, wie er an die Tür schlägt, Aufbau von Spannung durch eine
kurze Parallelmontage, d.h. eine Reihe von Einstellungen abwechselnd im Zimmer und davor, bis zu der Einstellung, in der die Tür
unter Kanes Druck aufspringt, jetzt zurück auf Kane von hinten,
wie er auf das Bett zustürzt, und zum Schluss vielleicht noch eine
Großaufnahme, wie Kane sich über Susan beugt.[30]

Bezeichnet man nun Welles' Wahl einer Plansequenz als kontingent, weil die
gleiche Handlung auch in der von Bazin beschriebenen Weise hätte aufgelöst
werden können, so heißt das weder, die Wahl sei im Grunde irrelevant, noch
sie sei zufällig getroffen worden, noch der reale Filmemacher hätte im realen
historischen Verlauf (bei allen Determinanten, denen er ausgesetzt war) tatsächlich eine andere Wahl treffen können. Gesagt ist damit vielmehr, dass
man sich eine gegebene Gestaltung durch den impliziten Verweis auf mögliche Alternativen als stilistisches Indiz bewusst macht.

Dass es für die Kontingenzthese irrelevant ist, ob die Filmemacher tatsächlich andere Entscheidungen hätten treffen können, hat den Vorteil, dass wir
uns bezüglich der prinzipiellen Determiniertheit (oder Indeterminiertheit)
von Ereignissen agnostisch verhalten können. Mit anderen Worten: Die
These, dass Kontingenz ein notwendiger Bestandteil des Verständnisses von
Stil ist, verpflichtet uns zu keiner Festlegung bezüglich (der Annahme) der
kausalen Geschlossenheit der Welt.

Noch einleuchtender wird die Unabhängigkeit der Kontingenz von faktischer Indeterminiertheit, wenn man es mit Fällen zu tun hat, bei denen von
persönlicher Wahl keine Rede sein kann. Dies gilt etwa für den sogenannten
»Tableaustil« im europäischen Film der frühen 1910er Jahre.[31] Dieser durch
frontale Totalen und Halbtotalen dominierte Stil war so selbstverständlich,
dass er von europäischen Filmemachern dieser Zeit kaum infrage gestellt
wurde. Er charakterisiert eine Gegebenheit, die den Filmemachern nicht
optional oder kontingent erschien, sondern praktisch alternativlos. Wenn
wir dennoch von Stil sprechen, dann im impliziten Abgleich zu anderen
Arten szenischer Auflösung (zum Beispiel mit bewegter Kamera, Schärfen-

---

30   André Bazin: *Orson Welles*. Wetzlar: Büchse der Pandora (1980) [frz. Orig. 1950/1958],
      S. 130.
31   Vgl. Bordwell 1997.

verlagerungen, klassischer Découpage), die damals jedoch nicht als konkrete Wahlmöglichkeit vorlagen. Der szenische Stil der Tableaus wird also nicht aus einer historisch gegebenen Alternative, sondern im Abgleich mit theoretisch (wenn auch vielleicht historisch erst später) möglichen anderen Inszenierungsformen erfasst. Ähnlich wie bei der späteren »analytischen« Auflösung im Continuity-System des klassischen Hollywoodkinos handelt es sich daher nicht um einen persönlichen Stil. Er charakterisiert vielmehr eine Epoche und ein bestimmtes Produktionssystem.[32]

Um die Kontingenzthese weiter zuzuspitzen, ist es sinnvoll zu fragen, auf was sich die Kontingenz eigentlich bezieht – oder umgekehrt: was stabil bleibt, wenn an implizite Alternativen gedacht wird. Denn offenkundig ist es kaum sinnvoll anzunehmen, *alles* hätte anders sein können. Dann würde man nicht mehr vom Stil eines Films sprechen, sondern von der Möglichkeit, einen ganz anderen Film zu machen.

Eine mögliche Antwort lautet: Was als stabil imaginiert wird, ist die *Extension*, also die dargestellten Ereignisse, das Gefüge der (diegetischen oder realen) Dinge, Personen und Handlungen. Das Beispiel von Bazins Konstruktion möglicher Alternativen zu Welles' Auflösung der Selbstmordszene zeigt dies: Bazin geht davon aus, dass *dieselbe* diegetische Begebenheit auf andere Weise dargestellt würde. Er imaginiert nicht etwa eine ganz andere Handlung (etwa eine andere Methode des Suizids oder ein anderes Verhalten Kanes), sondern er beschreibt eine andere intensionale Textur bei identischer Extension.

Die theoretische Trennung von Intension und Extension erlaubt es also, gerade in der Frage der Kontingenz und ihrem engen Bezug zur Stilistik eines Films klarer zu sehen. Allerdings ist noch einmal zu betonen, dass die Extension *de facto* nie ohne Intension existiert und dass deren Trennung nicht immer eindeutig vorzunehmen ist. Man denke nur an die Indeterminiertheit des Verhältnisses von Intension und Extension in Bezug auf die Farblichkeit der Welt in HOTEL CHEVALIER. Genau genommen gilt dieses Problem immer: Womit wir phänomenal konfrontiert sind, ist zunächst die geformte Ausdrucksmaterie und deren Intension. Ein scheinbares Äquivalenzverhältnis (dies selbst eigentlich ein Kategorienfehler) von Intension und Extension,

---

32   »Generally, a filmmaker possesses a period style tacitly. She does not decide to work in that style explicitly. It is a prevailing style of norms and practices. Vincent Sherman did not decide to adopt a thirties studio style when he came to make his first feature film, THE RETURN OF DOCTOR X [USA 1939]. He found it, so to speak, ready-to-hand.« Noël Carroll: Film Form. An Argument for a Functional Theory of Style in the Individual Film. In: *Style* 32/3 (1998), S. 385–401, hier S. 386.

wie es hinsichtlich der Farblichkeit meist angenommen wird, verdankt sich letztlich einer unausgesprochenen Konvention. Die Unabhängigkeit der Extension ist im Fall der Fiktion selbst eine Fiktion, aber eine ausgesprochen wirkungsvolle und im Sinne des Stilproblems nachgerade notwendige.

Ein weiteres Problem lässt sich ebenfalls mit dem bisher erarbeiteten Begriffsinstrumentarium angehen. Dieses Problem wird deutlich, wenn man als Kontrast zum Zitat von Rosenberg eine weitere Stelle aus Sontags Essay betrachtet:

> Mit anderen Worten: was in einem Kunstwerk unausweichlich ist, ist der Stil. Was wir in einem Werk als richtig, gerechtfertigt, nicht anders vorstellbar (ohne dass es Schaden nähme) empfinden, das ist die Eigentümlichkeit seines Stils. Die wirklich faszinierenden Kunstwerke sind jene, die uns die Illusion geben, dass der Künstler keine andere Wahl hatte, weil er ausschließlich in seinem Stil lebte.[33]

Auf den ersten Blick scheint dies der Kontingenzthese des Stils zu widersprechen und ist doch in gewissem Sinn nicht weniger plausibel.[34] Ein Film von Wes Anderson ohne den Anderson-Stil würde von uns kaum noch als solcher empfunden. Sein *signature style* mit den geometrischen Kadrierungen, den rechten Winkeln, den genau geplanten Kamerabewegungen, den gezielt, aber nicht unbedingt narrativ motivierten Slow-Motion-Shots, der artifiziellen Farbgebung, der unendlich detaillierten Mise en Scène, den leicht absurden Dialogen und dem Sixties-plus-X-Score wird für die Identität seiner Werke wahrscheinlich als entscheidender und in diesem Sinn »notwendiger« empfunden als die jeweils erzählte Geschichte oder die konkrete diegetische Welt.

Aber in dieser Reformulierung ist auch schon die Differenz zur Kontingenzthese angelegt. Um auf die vorhin eingeführte Begrifflichkeit zurückzukommen: Es lässt sich annehmen, dass sich diese These auf das Verhältnis von Intension und Extension bezieht, während Sontags Notwendigkeitsthese die stilistische Gesamtkonfiguration des Werkes meint. Oder, mit

---

33 Sontag 1982, S. 43.

34 Eine vergleichbare Stelle findet sich in Virginia Woolfs *A Room of One's Own*, wenn sie einen Gedanken des Essayisten Charles Lamb folgendermaßen wiedergibt: »Certainly he wrote an essay – the name escapes me – about the manuscript of one of Milton's poems which he saw here. It was *Lycidas* perhaps, and Lamb wrote how it shocked him to think it possible that any word in *Lycidas* could have been different from what it is. To think of Milton changing the words in that poem seemed to him a sort of sacrilege«. Virginia Woolf: *A Room of One's Own* [1928]. In: *The Selected Works of Virginia Woolf.* Hertfordshire: Wordsworth 2007, S. 561–634, hier S. 567.

anderen Worten: Andersons *Stil* wird uns deutlich in seiner markierten Differenz zu anderen denkbaren Stilen, in denen *theoretisch* die gleiche Geschichte hätte erzählt werden können. Aber *Andersons* Stil besteht in der nicht kontingenten Konfiguration bestimmter Mittel, der Idiosynkrasie eines Ensembles aufeinander bezogener filmischer Verfahren.

Schluss und Ausblick

Zusammengefasst besagen meine Überlegungen zur Begrifflichkeit des Filmstils, dass wir, wenn wir von Stil sprechen, das infrage stehende Phänomen als »auch in anderer Form möglich« imaginieren, indem wir das Referenzobjekt (die Extension, also das dargestellte Ereignis, den Ausschnitt der dargestellten Welt) als stabil, seinen Ausdruck (die geformte filmische Ausdrucksmaterie und deren Intension) jedoch als kontingent annehmen.

Abgesehen davon, dass die terminologischen Unterscheidungen noch einige Fragen aufwerfen und sie mit benachbarten Konzepten weiter abgeglichen werden müssten,[35] lässt sich auch fragen, wozu die begriffliche Abstraktion dient, die offenbar keinen direkten Anwendungszweck in der Stilanalyse findet (im Unterschied zu Begriffen wie »planimetrischer Stil«, »transparente Reflexion« oder »Rückenfigur«, die bestimmte Bildphänomene erfassen und bezeichnen helfen). Es handelt sich um theoretische Grundlagenarbeit, deren Allgemeinheitsanspruch heute – da Trauergesänge auf die Theorie angestimmt werden,[36] sie also irgendwann verstorben sein muss – möglicherweise anachronistisch anmuten mag. Lässt man sich aber auf die Abstraktion und ihre Implikationen ein, hilft sie klarer zu sehen. (Mir jedenfalls geht es so.) Die Ersetzung der Form-Inhalt-Dyade *und* des Form-Monismus durch die Begriffstriade »Ausdruck – Intension – Extension« lässt uns erkennen, was an der Dyade und dem Monismus problematisch war: Das Mittelglied der »Intension« schafft eine Verbindung zwischen Form und Inhalt; einen Bereich, in dem beides ineinander übergeht; es hebt so die starre und theoretisch unplausible Trennung auf. Damit wird auch die Intuition ernst genommen, dass es etwas anderes gibt als Form allein.

35 Ich denke vor allem an den Begriffsapparat der Semiotik Saussure'scher Prägung, die in der Filmtheorie besonders dominant war. Er scheint (vor allem in der Weise, wie Christian Metz über die Termini verfügt) quer zur hier vorgestellten Anlage zu stehen. Auch könnte sich ein Abgleich zu Roland Barthes' Erörterungen zum Verhältnis von Denotation und Konnotation als aufschlussreich erweisen.

36 David N. Rodowick: *Elegy for Theory.* Cambridge: Harvard University Press 2014.

Ein so verstandener Stilbegriff scheint mir in der Lage zu sein, die konzeptuellen Unzulänglichkeiten des neoformalistischen Ansatzes zu überwinden, ohne dessen Errungenschaften aufzugeben. Bordwells Differenzierungen stilistischer Phänomene, die die Filmwissenschaft enorm bereichert haben, werden in einen anderen Rahmen überführt. Gleichzeitig können wir besser verstehen, auf welche Phänomene sich Begriffe wie »planimetrischer Bildaufbau« beziehen: auf spezifische Relationierungen von Zeichenmaterie und Intension nämlich – unter Absehung von der Ebene der Extension.[37] Das zeigt wiederum auch, dass mein Vorschlag eigentlich nicht »abstrakter« ist, sondern lediglich eine bei Bordwell implizite Abstraktion sichtbar macht, indem er sie bezeichnet. Der Neoformalismus erweist sich gegenüber den eigenen Operationen als theoretisch unterkomplex. Er muss deswegen nicht verworfen, sondern kann in einer komplexeren Theorieanlage »aufgehoben« werden.

Mithilfe grundlegender Begriffsarbeit kann auch besser erfasst werden, wie sich bei unterschiedlichen Verwendungsweisen des Stilbegriffs sein Gegenstand verschiebt. Solche Verschiebungen ergeben sich etwa daraus, dass »Stil« oft auch persönliche Vorlieben meint, die nicht »Textur« oder Gestaltung, sondern Themen und Erzählmotive betreffen. So wenn wir annehmen, dass ein Aspekt von Alfred Hitchcocks »Personalstil« in seiner Präferenz für das Doppelgängermotiv besteht.[38] Ein solches Motiv ist nicht mehr allein auf der Ebene der Intension angesiedelt, sondern schließt die der Extension mit ein, weil die Frage, ob jemand eine Doppelgängerin ist, eine Bestimmung auf der Ebene der Diegese impliziert: In der Welt von Hitchcocks VERTIGO (1958) (also der Extension des Filmtexts) gibt es Madeleine Elster *und* Judy Barton. Ist man sich solcher Verschiebungen bewusst, und kann sie benennen, ist die oft beklagte Diffusität des Stilbegriffs schon halb gebannt. Denn so lassen sich zwei Bedeutungen des gleichen Begriffs präzise unterscheiden.

Für eine konzeptuelle Erneuerung der Theorie des Filmstils ist damit aber erst der Anfang gemacht. Der hier unterbreitete Vorschlag wird seine Produktivität an anderen Problemen erweisen müssen. Etwa an dem der ethischen Implikation stilistischer Entscheidungen: Inwiefern ist die Kamerafahrt eine Frage der Moral, wie Luc Moullet und Jean-Luc Godard

---

37 Ob und in welcher Weise sich ein bestimmter Bildaufbau auf Erfahrungen außerfilmischer Wahrnehmung bezieht (etwa im Sinn einer Differenzmarkierung, weil er sich von der Alltagserfahrung abhebt), wäre eine andere wichtige Frage, der hier jedoch nicht weiter nachgegangen werden kann.
38 Vgl. Bordwell 1997, S. 4.

behaupteten?[39] Was wird also unter den neuen theoretischen Vorzeichen aus der »Politik der Form«? Oder an dem der Funktion(en) des Stils: In welchem Verhältnis steht der Stil eines Films zu den institutionell beeinflussten Modi seiner Lektüre und zu den Produktionspraktiken, die verschiedene Lektüren privilegieren? Inwieweit differiert die Bedeutung von Stilphänomenen in unterschiedlichen Bereichen (Spiel-, Dokumentar-, Experimental-, politischem Bewegungs-, Lehr- oder Werbefilm)? Von derartigen Fragen hoffe ich, dass sie sich mithilfe meiner Thesen genauer fassen und beantworten lassen. Sie betreffen Kernprobleme der Filmwissenschaft und verweisen damit nicht zuletzt auf die Wichtigkeit der allzu lange vernachlässigten Theorie des Filmstils.

---

39   Vgl. Jacques Rivette: De l'abjection. In: *Cahiers du cinéma* 120 (1961), S. 54–55.

Kristina Köhler

»Nicht der *Stilfilm* also, sondern der *Filmstil* ist wichtig!«

Zu einer Debatte im Weimarer Kino[1]

Etwa zur gleichen Zeit, als sich der Film als Medium und kulturelle Praxis etabliert, bildet Stil eine zentrale Kategorie in den Kunst-, Literatur- und Musikwissenschaften; ebenfalls in Mode und Unterhaltungskultur ist um 1900 vielfach, wenn auch in popularisierter Form, von Stil die Rede. Vor diesem Hintergrund überrascht es kaum, dass der Begriff nahezu übergangslos in die Diskurse zum Kino einfließt. Das lässt sich an einer Reihe früher Filmtheorien ablesen, die auf Stilkonzepte zurückgreifen – zunächst ohne deren Übernahme aus den Kunstwissenschaften explizit zu reflektieren. So sinnieren Hermann Häfker und Herbert Tannenbaum über die Notwendigkeit eines spezifischen »Kinostils« für den Schauspieler;[2] der US-amerikanische Filmtheoretiker Victor Oscar Freeburg befindet, dass »moving pictures« wie Theaterstücke oder Romane den »stamp of the author's personality« tragen.[3] Dass im Kino der »Geschmack der Völker« und damit eine Art Nationalstil ablesbar werde, behauptet wiederum Willi Warstat in den patriotisch gefärbten Debatten der frühen 1910er Jahre.[4] Noch einmal umfassender – im Sinne einer Medienspezifik – verwendet Tannenbaum den Stilbegriff, wenn er argumentiert, »daß der Kino ein Ausdrucksmittel ist, das nach jeder Richtung hin seinen *ihm allein eigenen Stil* besitzt«.[5] Schließlich

---

1   Mein herzlicher Dank geht an Nicholas Baer und Julian Blunk für ihre wertvollen Hinweise und Kommentare zu früheren Fassungen dieses Textes.
2   Vgl. Hermann Häfker: Können kinographische Vorführungen »höheren Kunstwert« haben? In: Helmut H. Diederichs (Hg.): *Geschichte der Filmtheorie. Kunsttheoretische Texte von Méliès bis Arnheim*. Frankfurt a. M.: Suhrkamp 2004 [1908], S. 52–61; Herbert Tannenbaum: *Kino und Theater*. München: Max Steinebach 1912.
3   Victor Oscar Freeburg: *The Art of Photoplay Making*. New York: Macmillan 1918, S. 226.
4   Willi Warstat: Vom »Geschmack« der Völker. Studien vor der Lichtbildbühne. In: *Die Grenzboten* 6 (1913) vom 7.2.1912, S. 281–287. Zitiert nach Helmut H. Diederichs: *Frühgeschichte der deutschen Filmtheorie. Ihre Entstehung und Entwicklung bis zum Ersten Weltkrieg*. Habilitationsschrift an der J. W. Goethe-Universität. Frankfurt a. M.: 2001 [1996], online unter der URL: http://www.gestaltung.hs-mannheim.de/designwiki/files/4672/diederichs_fruehgeschichte_filmtheorie.pdf [letzter Zugriff am 5.9.2014], S. 181.
5   Herbert Tannenbaum: Probleme des Kinodramas. In: Helmut H. Diederichs (Hg.): *Geschichte der Filmtheorie. Kunsttheoretische Texte von Méliès bis Arnheim*. Frankfurt a. M.: Suhrkamp 2004 [1912], S. 190–196, hier S. 195 (Hervorhebungen im Original).

wird das Stilargument auch *gegen* das Medium gewendet. »Stillos«, so befindet der Kunsthistoriker und bekennende »Kinogegner« Konrad Lange, sei das Kino gleich in doppelter Hinsicht: zum einen, weil fotografische Bilder grundsätzlich nicht in der Lage seien, Stil (im Sinne einer künstlerischen »Veränderung der Natur«) herzustellen; zum anderen, so die Spitze gegen die Filmproduktion, hätten Filmautoren und -regisseure die eigentliche Stilfähigkeit des Mediums, seinen »symbolischen Charakter« weder hinlänglich erkannt noch adäquat umgesetzt.[6]

Die Kategorie des Stils ist also von Anfang an präsent im Nachdenken über das Kino und umfasst ein vielstimmiges Diskursfeld, auf dem verschiedene, zum Teil sogar widersprüchliche Auffassungen von Stil artikuliert werden. Vor diesem Hintergrund könnte man die Konjunkturen des Stildenkens in der Filmgeschichte auch als wiederkehrende Versuche beschreiben, Stilkonzepte für den Film (zumindest zeitweise) auf *einen* Nenner zu bringen. Ganz in diesem Sinne lassen sich zum Beispiel André Bazins Überlegungen aus den 1950er Jahren als jener Moment beschreiben, ab dem Stil dezidiert auf den *auteur* und die Idee einer sein Œuvre zusammenhaltenden Handschrift bezogen wird.[7]

Mit den folgenden Überlegungen möchte ich vorschlagen, die Frage nach dem Filmstil in eine historische Perspektive zu setzen und dabei insbesondere die Kollisionen und Mehrdeutigkeiten in den Blick zu nehmen. Durch die Historisierung gilt es, eine kritische Perspektive auf Filmstil zu entwerfen, die danach fragt, wie über das Konzept Kohärenz und Einheit hergestellt wird – gerade dort, wo es gilt, Viel- und Unstimmigkeiten, Reibungen und Interessenskonflikte zu bündeln und handhabbar zu machen. Diesen Überlegungen seien zwei Prämissen zum Verhältnis von Stil und Filmtheorie vorangestellt: Erstens gehe ich davon aus, dass Stil für den Film

---

6   Konrad Lange: *Das Wesen der Kunst. Grundzüge einer illusionistischen Kunstlehre.* Berlin: G. Grote'sche Verlagsbuchhandlung 1907, S. 251; Konrad Lange: *Das Kino in Gegenwart und Zukunft.* Stuttgart: F. Enke 1920, S. 113.

7   Indem Bazin den Stilbegriff auf den Autor (und nicht mehr die Idee einer Medienspezifik) bezieht, so hat Vinzenz Hediger jüngst argumentiert, markiert seine Position einen wichtigen Perspektivenwechsel in der Geschichte der Filmtheorie. Diese sollte weitreichende, wenn auch nicht unbedingt von Bazin intendierte Folgen haben: »Der Nachweis der Existenz kanonischer Autoren und Werke und die Koppelung der ursprünglichen Frage der Filmtheorie nach der Medienspezifik des Films an die Analyse eines solchen Kanons macht die theoretische und kritische Auseinandersetzung mit dem Film kompatibel mit den leitenden Annahmen der Nationalphilologien und ermöglicht damit die Eingliederung der Filmwissenschaft in den Fächerkanon der Universität.« Vinzenz Hediger: Wie Renoir Bazin zum Denken brachte. Eine Marginalie zur Archäologie der Filmwissenschaft. In: Lisa Gotto (Hg.): *Jean Renoir* (= *Film Konzepte* 35). München: edition text + kritik 2014, S. 28–40, hier S. 31.

keine einheitliche oder konstante Kategorie, sondern ein heterogenes Diskursfeld bildet, das sich im Verlauf der Filmgeschichte verschiebt und mit unterschiedlichen, mitunter auch konkurrierenden Interessen verbindet. Diese Verschiebungen stehen in engem Zusammenhang mit den theoretischen Denk- und Referenzsystemen (Autor, Epoche, Werk, Medienspezifik usw.), anhand derer über Film nachgedacht wird. Was zu einer bestimmten Zeit als Filmstil gilt, so die zweite Prämisse, zeichnet sich sowohl in den Filmen als auch in den sie begleitenden Diskursen ab. Beide Ebenen sind eng aufeinander bezogen.

Nicht nach dem Anfangs- oder Nullpunkt der filmtheoretischen Befragung von Stil gilt es zu fahnden; weitaus interessanter für unser Projekt, »Filmstil zwischen Kunstgeschichte und Medienkonvergenz« zu verorten, scheint mir, die Übertragungsbewegungen in den Blick zu nehmen, über die das Konzept des Stils in das Nachdenken über das Kino hineingerät, mit denen es sich verändert und unter neue Vorzeichen gestellt wird. Dies möchte ich exemplarisch an einem Kontext verdeutlichen, an dem das Konzept des Stils für den Film vielleicht erstmals problematisch, und damit auch umfassender *problematisiert*, wird.

Das Umschlagsmoment, um das es mir hier gehen soll, verdichtet sich zu Beginn der 1920er Jahre im deutschen Kino und in den deutschsprachigen Filmtheorien. Zu diesem Zeitpunkt entfaltet sich eine erhitzte Debatte um den Filmstil – ausgelöst durch einen Begriff, den die Filmindustrie einführt und der von den Feuilletons der Zeit aufgegriffen wird: den »Stilfilm«. »Nicht der *Stilfilm* [...], sondern der *Filmstil* ist wichtig!«, entgegnet der Filmtheoretiker Béla Balázs 1925.[8] Entlang dieser Debatte gilt es nachzuzeichnen, wie der Stilbegriff im Weimarer Kino in das Spannungsfeld verschiedener Akteure gerät und für divergierende Interessen, Narrative und Strategien vereinnahmt wird. Dabei treten unterschiedliche, teilweise einander widersprechende Vorstellungen von Stil zutage; und es wird auch mitverhandelt, wer die Deutungshoheit über das Konzept des filmischen Stils für sich beanspruchen kann: Filmproduktion, Filme und Filmtheorien der Zeit unterbreiten jeweils unterschiedliche Angebote. Meine Ausführungen folgen der von Balázs gesetzten Wendung vom Stilfilm zum Filmstil. Damit sei zum einen der his-

---

8   Béla Balázs: Stilfilm, Filmstil und Stil überhaupt. In: *Die Filmtechnik* 8 (1925) vom 15.9.1925, S. 144–145. Wiederabgedruckt in Béla Balázs: *Essay, Kritik 1922–1932*. Hg. von Gertraude Kühn, Manfred Lichtenstein, Eckart Jahnke. Berlin: Staatliches Filmarchiv der DDR 1973, S. 75–82, und Béla Balázs: *Schriften zum Film. Band I (Der sichtbare Mensch. Kritiken und Aufsätze 1922–1926*). Berlin: Henschelverlag Kunst und Gesellschaft 1982, S. 341–345. Ich zitiere im Folgenden aus der letztgenannten Publikation.

torische Verlauf der Debatten skizziert, der im Produktionskontext seinen Anfang nimmt und in den Feuilletons und Filmtheorien seine Fortsetzung findet. Diese Verlagerung markiert aber auch, so mein Argument, eine grundlegende Verschiebung in der Konzeption von Stil, die ich im Folgenden als *medienreflexive* Wende beschreibe – an die Stelle einer bloßen Behauptung von Stil und an die Stelle von Stilübernahmen aus den anderen Künsten tritt hier zunehmend die Frage: Wann »ist« Stil? Unter welchen diskursiven und medialen Bedingungen wird »Stil« im Film erfahrbar?

»Stilfilm« als Produktionsstrategie und Sehanleitung

In seinem Buch *Das Lichtspiel als Kunstform* (1924) befindet Georg Otto Stindt: »Stilisierung! Eines der beliebten Schlagworte unserer Kunst, das in seiner schillernden, schlüpfrigen Art immer neue Seiten zeigt, wenn man's erjagen will. [...] Es gibt sogar schon Stil-Filme, wenn man den Reklamen der Filmleute glauben soll, aber ob sie wissen, was *Stil* ist?«[9] Mit seinem Kommentar bringt Stindt die Brisanz der diskursiven Gemengelage auf den Punkt, die zu Beginn der 1920er Jahre entfacht: Über Schlagworte wie »Stilfilm« und »Stilisierung« ist zwar eine umfassende Debatte in Gang gesetzt, die Konzepte bleiben jedoch undifferenziert, mehrdeutig, schwer fassbar bis geschmäcklerisch. Am wenigsten, so Stindts pointierter Seitenhieb, verstünden diejenigen davon, die den Begriff am meisten bemühten: Filmindustrie und Reklame. Tatsächlich bildet der von Stindt bespöttelte Ausdruck »Stilfilm« im Produktionsjargon der frühen 1920er Jahre neben dem »Groß-« und »Kulturfilm« eine feste Größe. Als »Stil-« oder »Kunstfilme« werden »künstlerisch ambitionierte« Filme wie Robert Wienes GENUINE (1920) oder Paul Lenis DAS WACHSFIGURENKABINETT (1924) gehandelt, die durch einen demonstrativen »Stilwillen« oder Rückgriffe auf kunsthistorische Darstellungsmuster auffällig werden.[10] Es lohnt sich, hier zumindest kurz auf die historische Konstellation einzugehen, aus der heraus Stil für die Produktion

---

9   Georg Otto Stindt: *Das Lichtspiel als Kunstform. Die Philosophie des Films, Regie, Dramaturgie und Schauspieltechnik.* Bremerhaven: Atlantis 1924, S. 52–53 (Hervorhebung im Original).

10   Die Rede vom »Stilwillen« knüpft an Vorstellungen eines »Kunstwollens« an, wie sie Alois Riegl (*Die spätrömische Kunstindustrie*, 1901 und 1923) und Wilhelm Worringer (*Abstraktion und Einfühlung*, 1908) um die Jahrhundertwende entwerfen. Der Terminus findet auch Eingang in die Filmdiskurse der Zeit. So berichtet Fritz Lang unter dem Titel »Stilwille im Film« 1924 in der Zeitschrift *Der Kinematograph* vom künstlerischen Konzept seines Films DIE NIBELUNGEN (1924). Vgl. Anton Kaes: *Shell Shock Cinema. Weimar Culture and the Wounds of War.* Princeton und Oxford: Princeton University Press 2009, S. 144–145.

und Vermarktung von Filmen funktionalisiert wird, denn diese schreibt sich spürbar in die Debatten der Zeit ein.

Der Begriff des »Stilfilms« geht auf den Produzenten Erich Pommer zurück, der zunächst für die Decla-Film-Gesellschaft und die Decla-Bioskop AG, dann unter dem Dach der UFA ein umfassendes Produktionskonzept erarbeitete. Der Stilfilm war Pommers Antwort auf die Produktions- und Vertriebsbedingungen im Deutschland der Nachkriegszeit. Hatte die deutsche Filmproduktion während des Kriegs vom Wegfall der Auslandskonkurrenz profitiert, regulierten ab 1918 Handelsbeschränkungen den Im- und Export der Filme – tatsächlich war die wachsende deutsche Filmwirtschaft jedoch auf die Amortisierung der Filme auf dem internationalen Markt angewiesen.[11] Pommer plädierte nicht nur für eine Aufhebung der Handelsbeschränkungen, sondern führt in seinen Schriften, Aufsätzen und Stellungnahmen aus, wie die Herstellung und der Export von »Qualitätsfilmen« zur »Konsolidierung und Expansion der deutschen Filmproduktion« beitragen könne.[12] Seine Absicht war es, »mit höchsten künstlerischen Mitteln und Zielen mindestens ebensoviel Geschäft zu machen, wie mit plumpen Knalleffekten für die breite Masse.«[13] Stil statt Massenware, »Qualitätsfilm« statt »Durchschnittsproduktion«: Pommer beschwor die Kategorie vom Stil nicht nur als Qualitäts- und Distinktionsmerkmal, sondern auch als handfeste ökonomische Strategie.

Stil als verkaufsförderndes Label einzusetzen, hieß für Pommer auch, die schillernd-assoziative Vieldeutigkeit des Stilbegriffs produktiv zu machen. Schon die Bezeichnung »Stilfilm« sollte sie erstens von den vermeintlichen »Durchschnittsproduktionen« des In- wie Auslands absetzen und sie als Hochkultur ausweisen. Damit knüpfte er zweitens an Bestrebungen innerhalb der Filmproduktion der Vorkriegsjahre an, die über die »›Veredelung‹ des Kientopps« (so hatte der Dramatiker Julius Bab 1912 gespöttelt) ein zahlungskräftiges bürgerliches Publikum für das Kino zu gewinnen suchten.[14] Auch Pommer engagierte für seine Filme renommierte Theaterschriftsteller

11 Vgl. Wolfgang Jacobsen: *Erich Pommer. Ein Produzent macht Filmgeschichte.* Berlin: Argon 1989, S. 43–44; Ursula Hardt: *From Caligari to California. Erich Pommer's Life in the International Film Wars.* Providence und Oxford: Berghahn 1996, S. 48–49.

12 Erich Pommer im *Film-Kurier* 1 (1922) vom 1.1.1922, zitiert nach Jacobsen 1989, S. 43.

13 Erich Pommer: Geschäftsfilm und künstlerischer Film. In: *Der Film* 50 (1922) vom 10.12.1922, zitiert nach Jacobsen 1989, S. 45.

14 Vgl. Julius Bab: Die »Veredelung« des Kientopps. In: *Die Gegenwart* 47 vom 23.11.1912, S. 740–742. Aus diesen frühen Versuchen ging im deutschsprachigen Raum der sogenannte »Autorenfilm« hervor, der die Einbindung renommierter Theaterschriftsteller und Literaten in die Filmproduktion vorsah. Vgl. Leonardo Quaresima: »Dichter, heraus! The Autorenfilm and German Cinema of the 1910s«. In: *Griffithiana* 38/39 (1990), S. 101–120.

und Literaten und setzte die Tradition der »Autoren- und Kunstfilms« fort; ästhetische Anleihen in Lichtführung, Schauspiel und Dekor sollten die Stilfilme als Reverenz an die etablierten Künste – und damit als »stilvoll« und »künstlerisch« ausstellen. Ganz in diesem Sinne ließ Pommer kaum eine Gelegenheit aus, die Ästhetik der Stilfilme als Fortsetzung der traditionellen Kunst- und Kulturgeschichte zu beschwören:

> Nicht das Was – das Wie ist hier wie überall das Ausschlaggebende. […] Wenn es gelingt, einer Vorstadtkaschemme mit Diebesgelichtern [sic] und Dirnen durch einen reizvollen Lichtstrahl, einen Treppenwinkel, eine Handvoll prägnanter Typen den Hauch von gesteigertem Stil zu geben, wie ihn z.B. die alten Holländer-Bilder zeigen, so kann von dieser Kaschemme ebensoviel Kunst ausgehen wie von der höchsten Stilisierung einer gotischen Kathedrale.[15]

Mit der Rede von den »stilisierten Filmen« bindet Pommer sein Vorhaben schließlich – und drittens – auch an das Vokabular einer *filmtheoretischen* Debatte, die ebenfalls schon in den frühen 1910er Jahren einsetzte. Gegen den Einwand, der Film diene als fotografisches Bild lediglich der Aufzeichnung und Reproduktion, stellen Filmtheoretiker wie Tannenbaum, Häfker und Lukács dessen Kunstfähigkeit. Sie führen das besondere Potenzial des Films an, die Wirklichkeit zwar in ihrer fotografischen Anmutung, doch zugleich als gestaltete zur Darstellung zu bringen.[16] Indem Pommer seine Filme mit dem Schlagwort der »Stilisierung« versieht, präsentiert er sie auch im Licht dieser Theoriedebatten als »künstlerisch«.

Auch wenn Pommer diese unterschiedlichen Stilbegriffe äußerst geschickt für sein Anliegen einsetzt, ist auffällig, dass er das Konzept des Stilfilms, und nicht etwa die im damaligen Kontext sehr geläufige Rede vom expressionistischen Film, bemüht.[17] Zwar sind die Überschneidungen zwischen den beiden Bezeichnungen markant; nahezu deckungsgleich ist das Korpus von Filmen, auf das beide Begriffe bezogen werden.[18] Beide Begriffe, »Stil-

15 Pommer: *Geschäftsfilm und künstlerischer Film* (1922), zitiert nach Jacobsen 1989, S. 45.
16 Zum Begriff der Stilisierung in Filmtheorien der 1910er Jahre vgl. Jörg Schweinitz: Suche nach dem Kinostil. Einführung. In: Ders. (Hg.): *Prolog vor dem Film. Nachdenken über ein neues Medium 1909–1914.* Leipzig: Reclam 1992, S. 293–299.
17 Damit sei auch George A. Huacos Behauptung, dass Pommer über den Begriff »Stilfilm« lediglich umfassendere Genredefinitionen zu umgehen suchte, ein alternatives Erklärungsangebot gegenübergestellt. Vgl. George A. Huaco: *The Sociology of Film Art.* New York: Basic Books 1965, S. 5.
18 Als prominente Exponenten für die Stilfilme werden Filme wie DAS WACHSFIGURENKABINETT oder GENUINE genannt – Filme, die in vielen klassischen Darstellungen auch zum

film« und »expressionistischer Film«, wurden als »Labels« in der Vermarktung der Filme eingesetzt, um die Rezeption, das Erleben sowie die Einordnung und Bewertung der Filme als »künstlerisch« zu programmieren.[19] Doch gerade mit Blick auf diese »Sehanleitungen« zeichnen sich Unterschiede ab, die ich stark machen möchte – nicht so sehr, um eine Eigenständigkeit der Stilfilme gegenüber dem expressionistischen Film zu behaupten, sondern um einen Unterschied herauszuarbeiten, der für die Frage nach Stildenken der Zeit entscheidend ist. Der Terminus des »expressionistischen Films« bezieht sich auf eine konkrete, in Malerei, Theater und Literatur der Zeit etablierte Formsprache und regt dazu an, einzelne »Stilpartikel« und »Signalformen« dieser Ästhetik in den Filmen der Zeit wiederzufinden.[20] Die Sehanleitung »Stil« hingegen zielt weniger auf das Wiedererkennen einer bekannten (beispielsweise »expressionistischen«) Formensprache, sondern auf die Aktivierung eines weiter gefassten kunsthistorischen Verständnisses, das die Bestimmung verschiedener historischer Stile ebenso umfasst wie das geschmackssichere Erkennen von Stil (als Markierung von Qualität) und Stilisierung (als Verfahren einer besonderen Akzentuierung des Dargestellten). Mit der Kategorie der Stilfilme, so könnte man pointieren, weist sich das »hochwertige Unterhaltungskino« als Ort aus, an dem ein allgemeines Stilwissen adressiert wird, an dem Stil als kulturelle Praxis abgerufen und eingeübt wird. An welche Stilpraktiken und -verfahren aber knüpfen die Stilfilme an? Um diese Frage zu erörtern, lohnt es, den Blick über die Stildebatten der Filmkultur hinaus auf die Modelle und kulturellen Praktiken von Stil zu erweitern, die Kunstgeschichte und visuelle Kultur im frühen 20. Jahrhundert bereitstellen.

---

engeren Kanon des expressionistischen Films gezählt werden. In einem weiteren Sinne (des »stilisierten Films« oder »Kunstfilms«) fallen auch Filmtitel wie Lubitschs DIE BERG-KATZE (1921), die sich recht deutlich von einer expressionistischen Ästhetik unterscheiden. Vgl. Rudolf Kurtz: *Expressionismus und Film*. Zürich: Chronos Verlag 2007 [1926], S. 82–83, und Jürgen Kasten: *Der expressionistische Film. Abgefilmtes Theater oder avantgardistisches Erzählkino? Eine stil-, produktions- und rezeptionsgeschichtliche Untersuchung.* Münster: MAkS 1990.

19 Vgl. Jürgen Kasten: Filmstil als Markenartikel. Der expressionistische Film und das Stilexperiment VON MORGENS BIS MITTERNACHTS. In: Harro Segeberg (Hg): *Die Perfektionierung des Scheins. Das Kino der Weimarer Republik im Kontext der Künste.* München: Fink 2000, S. 37–66, hier S. 41.

20 Vgl. ebd.

Stilwissen um 1900

Interessanterweise erlebt die Stilforschung zwischen 1890 und 1930, also parallel zum Aufkommen und zur Institutionalisierung, eine ausgesprochene Hochphase.[21] Drei Aspekte sind für diese Konjunktur stilgeschichtlicher Ansätze maßgeblich: Für Hans Belting leistet die Stilgeschichte als »Neuerwerbung aus der Jahrhundertwende« eine historiografische Mission; sie sollte den »Anspruch der einen Kunstgeschichte, jenseits des Unterschieds von alt und neu, aufrechterhalten«[22] und, so könnte man hinzufügen, auch gegen die neuen Bildformen behaupten, die Kino und Fotografie in die bestehenden Repräsentationsordnungen einbrachten. Das Aufleben von Stilforschung und -kunde steht zweitens in engem Zusammenhang mit den ab Ende des 19. Jahrhunderts aufkommenden Bemühungen, die Kunstgeschichte in das umfassendere Projekt einer allgemeinen Volksbildung einzubetten.[23] »Erziehung zur Kunst ist ein Schlagwort geworden,« befindet Oskar Bie 1910 in seinen Überlegungen zur ästhetischen Kultur der Zeit. Zur Einübung in die »neue Geschmackskultur« empfiehlt er das Erlernen der Stilgeschichte und verweist darauf, »wie subtil auch unser Empfindungsvermögen wird, wenn wir es stilkritisch üben und die Farben der Zeitalter scharf ins Auge fassen.«[24] Wenn Bie Stilkunde als vergleichende Zusammenschau auf die »Farben der Zeitalter« beschreibt, hat er wohl noch nicht im Blick, wie sehr dieser komparatistische Zugriff auf die Kunstgeschichte bereits von den Bedingungen der technischen Reproduzierbarkeit bestimmt wird – diese dürften einen dritten Faktor für die Konjunktur der Stilanalysen um 1900 gebildet haben. Zwar ist die Stilforschung keine prinzipiell neue Errungenschaft der Jahrhundertwende, doch wird sie durch Verfahren der Fotografie, Lithografie und des Farbdrucks erheblich vereinfacht, wenn

---

21   Vgl. Hans Ulrich Gumbrecht: Stil. In: Klaus Weimar (Hg.): *Reallexikon der deutschen Literaturwissenschaft*. Band 3. Berlin: De Gruyter 2003, S. 509–513, hier S. 512, und Bruno Boerner: Stilgeschichte um 1900 und im 20. Jahrhundert. In: Bruno Klein, Bruno Boerner (Hg.): *Stilfragen zur Kunst des Mittelalters. Eine Einführung*. Berlin: Dietrich Reimer 2006, S. 61–78.

22   Hans Belting: *Das Ende der Kunstgeschichte. Eine Revision nach zehn Jahren*, München: C. H. Beck 2002 [1995], S. 37 und 39.

23   Die Möglichkeiten der technischen Reproduktion (Postkarten, Kunstdrucke, Bildermappen usw.) vereinfachen den Zugang zur Kunst und führen zu einer Verbreitung kunsthistorischen Wissens, das durch neu gegründete Zeitschriften wie *Kunst für alle* (ab 1885) und das rapide steigende Angebot an preiswerten kunsthistorischen Bildbänden in Umlauf gebracht wird. Vgl. Joseph Imorde, Andreas Zeising (Hg.): *Teilhabe am Schönen. Kunstgeschichte und Volksbildung zwischen Kaiserreich und Diktatur*. Weimar: VDG 2013.

24   Oskar Bie: *Reise um die Kunst*. Berlin: Erich Reiß Verlag 1910, S. 5 ff. bzw. S. 33.

nicht strukturell erneuert. Die Möglichkeit, Kunstwerke unabhängig von ihrem Ausstellungsort in Form von Fotografien, Postkarten und Drucken nebeneinander anzuordnen, erlaubt es, Struktur- und Kompositionsmerkmale der Werke eingehend zu studieren und sorgfältig miteinander zu vergleichen. Dieser neue Zugriff auf das Bild, so argumentiert Joseph Imorde, spiegelt sich auch in den kunsthistorischen Verfahren, die sich um 1900 entwickeln: Sowohl Aby Warburgs Ansatz (ab 1892), Kunstgeschichte auf großen Bildtafeln über transhistorische »Pathosformeln« neu anzuordnen, wie auch Heinrich Wölfflins Überlegungen zur *Stilentwicklung in der neueren Kunst* (1915) zeugen in ihrer minutiösen Arbeit am Bild und der »Montage« ungewohnter Zusammenhänge von einem kunsthistorischen Blick, der sich insbesondere bei der Arbeit mit der »Reproduktion auf dem Schreibtisch« herausbilden konnte.[25]

Vor diesem Hintergrund lässt sich die Stilforschung also einerseits selbst als Effekt der technischen Reproduktion und der neuen Zugriffsmöglichkeiten auf das Bildarsenal der Kunstgeschichte verstehen; andererseits wird sie zum zentralen Konzept, über das Kunstgeschichte um 1900 vermittelt und popularisiert wird. Das lässt sich an den zahlreichen stilkundlichen Hand- und Lehrbüchern ablesen, die ab Ende des 19. Jahrhunderts erscheinen – allen voran Karl Otto Hartmanns *Stilkunde*, die zwischen 1898 und 1918 in nicht weniger als sechs Neuauflagen publiziert wird.[26] Auf die Schulung des Auges, auf die Ausbildung von »Stilgefühl und Formensinn« und das »Erkennen eines Stils und dessen Einzelperioden« zielen diese für das Selbststudium konzipierten Bücher ab.[27] An ihrem Aufbau und ihrer Argumentation lässt sich ablesen, über welche Prämissen und Strategien sie das Stilempfinden des Betrachters stimulieren und trainieren sollten. Stil wird in diesen Büchern mit auffächerndem Gestus als Abfolge verschiedener historischer Stile präsentiert, die wiederum – so heißt es bei Hartmann 1898 –

25 Joseph Imorde: Bildung durch Reproduktion – Wissenschaft als Re-Informierung. Zur Popularisierung kunsthistorischen Wissens nach 1900. In: Claudia Hattendorf, Ludwig Tavernier, Barbara Welzel (Hg.): *Kunstgeschichte und Bildung*. Norderstedt: Books on Demand 2013, S. 25–36, hier S. 26–27.

26 Karl Otto Hartmann: *Stilkunde*. Leipzig: Göschen 1900 [1898]. Des Weiteren erscheinen um 1900 u. a. folgende stilkundliche Bände: Berthold Haendcke: *Entwicklungsgeschichte der Stilarten. Ein Handbuch*. Leipzig: Velhagen & Klasing 1913; Anton Genewein: *Vom Romanischen bis zum Empire. Eine Wanderung durch die Kunstformen dieser Stile*. Leipzig: Rothbarth 1905 (Band I) und Leipzig: Ferdinand Hirt & Sohn 1911 (Band II).

27 Karl Altenbern, Friedrich Wilhelm, Erwin Schoen: *Stillehre. Vom Altertum bis zur Gegenwart. Für Berufs- und Handwerker- und Fachschulen sowie für höhere Schulen und zum Selbstunterricht für jedermann*. Magdeburg: Creutzsche Verlagsbuchhandlung 1933, S. 1; Genewein 1905, o. S. (Vorrede).

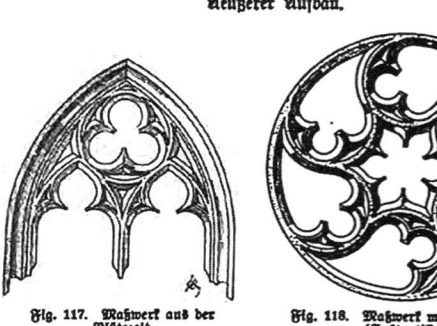

Aeußerer Aufbau. 125

Fig. 117. Maßwerk aus der Blütezeit.　Fig. 118. Maßwerk mit Fischblasen (Spätgotik).

Gesimsen diejenigen Bauglieder, die eine horizontale Einteilung der Wände andeuten. Der meist nach oben einfach abgeschrägte Sockel giebt dem Bau eine feste Unterlage; ein unter den Fenstern hinlaufendes schmales, aber scharf profiliertes Gesimsband, das sog. Kaffgesims, leitet das von den Wänden abfließende Regenwasser nach außen ab (siehe Profil Fig. 119), und das ähnlich gebildete, oft mit einem Blumenfries verzierte Kranzgesims giebt der äußeren Mauerfläche nach oben Abschluß. In allen Gesimsen bilden der Wasserschlag, d.i. die schräg abfallende Oberfläche, und eine tiefe Hohlkehle die charakteristischen Profilglieder (Fig. 119).

Fig. 119. Got. Gesimse.

Woran erkennt man gotische Architektur? Stillehrbücher und ihre visuellen Verfahren: Karl Otto Hartmanns *Stilkunde* (1900) und Anton Geneweins *Wanderung durch die Kunstformen dieser Stile* (1905)

»je eine in sich abgeschlossene und feststehende künstlerische Form bilden.«[28] Um die gemeinsamen Prinzipien eines Epochenstils im Medium des Buchs anschaulich zu machen, setzen die Handbücher eine Reihe visueller Verfahren ein, die der Kunstprofessor Anton Genewein 1911 in seiner »Wanderung« durch die Stilgeschichte explizit hervorhebt: Auf eine »vergleichende Vorführung der einzelnen Stilmerkmale« komme es an, wobei der »Hauptnachdruck auf Veranschaulichung durch eine reiche Anzahl charakteristischer Beispiele« liege.[29] In zahlreichen Zeichnungen und fotografischen

28　Hartmann 1900, S. 7.
29　Genewein 1911, o.S. (Vorrede).

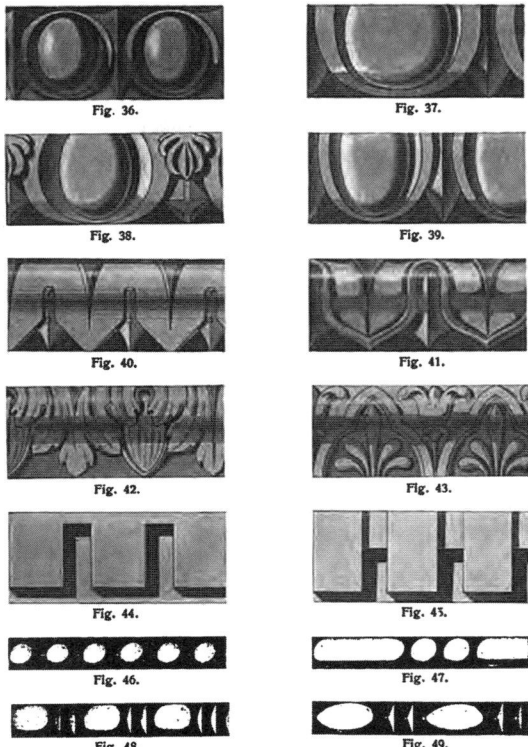

Fig. 36. 40. 46. Vom Pal. Ducale, Venedig. Fig. 37. Aus S. Lorenzo, Florenz. Fig. 38. 45. Aus S. Spirito, Florenz. Fig. 39. 41. 42. 43. Nach Vignola. Fig. 44. Nach Hittenkofer. Fig. 47. Aus Villa Farnesina, Rom. Fig. 48. Vom Pal. Strozzi, Florenz. Fig. 49. Vom Pal. Massimi, Rom.

26

Reproduktionen werden exemplarische Details der Kunstwerke zu »Symptomen« eines übergreifenden Stilsystems verdichtet. Zwei editorische Verfahren unterstützen diese »vergleichende Vorführung« der Stilepochen: Nicht selten sind die Abbildungen auf *einer* Buchseite so nebeneinander montiert, dass sie eine Zusammenschau unterschiedlicher Variationen eines Stilsystems eröffnen. Auf *einen* Blick werden typische Stilmerkmale und Charakteristika einer Epoche anschaulich gemacht. Der Aufbau der Bücher und das Blättern durch die Buchseiten ermöglicht wiederum, das Neben- bzw. Nacheinander der einzelnen Stile zu betrachten und sie in ihren Unterschieden zu studieren.

Stilkunde im Medium des Films? Paul Lenis WACHSFIGURENKABINETT (1924)

Einige Filme der Zeit, so meine ich, kalkulieren dieses Stilwissen und die damit verbundenen visuellen Verfahren durchaus mit ein – und bieten sich nachgerade als »Stilkunde« im und mit dem Medium des Films an. Besonders deutlich wird dies an dem Film DAS WACHSFIGURENKABINETT, der zwar nicht von Erich Pommer produziert wird, jedoch unter dem Einfluss seiner Produktionen entsteht. Zahlreiche Filmkritiker der Zeit verweisen auf die Anleihen, mit denen sich DAS WACHSFIGURENKABINETT auf expressionistische Filme bezieht, und sehen den Film als direkten Nachfolger von DAS CABINET DES DR. CALIGARI (1920, Robert Wiene), GENUINE und DER MÜDE TOD (1921, Fritz Lang). Herbert Ihering bezeichnet den Film als einen »Stilfilm« und »Nachzügler« – womit er nicht zuletzt auf die langwierige Produktion von 1920 bis 1923 und die um ein Jahr verzögerte Erstaufführung des Films anspielt.[30] In Anschluss an Kracauers und Eisners Analysen zum Weimarer Kino wurde DAS WACHSFIGURENKABINETT vielfach als »Tyrannenfilm« und »expressionistischer Film« beschrieben.[31] Jenseits dieser bekannten Narrative lässt sich der Film aber auch als Reflexion auf die Debatten zu Stilfilm und Filmstil verstehen, unterbreitet DAS WACHSFIGURENKABINETT doch ganz konkrete Angebote, wie Stil im Medium des Films ansichtig wird.

Schon mit der Ausgangskonstellation des Plots schreibt sich der Film in ein ökonomisches Kalkül ein, das Pommers Konzept des Stilfilms verwandt ist: Ein junger Schriftsteller wird vom Besitzer eines Wachsfigurenkabinetts und dessen Tochter angeheuert, Geschichten zu den Figuren zu erfinden und diese fantasievoll zum Leben zu erwecken. Die Kunst – in diesem Fall die Kunst des Literaten, Geschichten zu erzählen – wird auch hier in den Dienst genommen, um für die Schau- und Jahrmarktattraktion zu *werben* und ihre

---

30   Herbert Ihering: Das Wachsfigurenkabinett. In: *Berliner Börsen-Courier* 538 (1924) vom 14.11.1924, zitiert nach *Das Wachsfigurenkabinett. Drehbuch von Henrik Galeen zu Paul Lenis Film von 1923*. Mit einem einführenden Essay von Thomas Koebner und Materialien von Hans-Michael Bock. München: edition text + kritik 1994, S. 140–141. Zur Produktionsgeschichte des Films vgl. auch Jürgen Kasten: Episodic Patchwork. The Bric-à-Brac Principle in Paul Leni's WAXWORKS. In: Dietrich Scheunemann (Hg.): *Expressionist Film – New Perspectives*. Rochester u. a.: Camden 2003, S. 173–186.

31   Vgl. Siegfried Kracauer: *Von Caligari zu Hitler. Eine psychologische Geschichte des deutschen Films*. Frankfurt a. M.: Suhrkamp 1984, S. 91–95; Lotte Eisner, *Die Dämonische Leinwand. Die Blütezeit des deutschen Films* [franz. 1948]. Wiesbaden-Biebrich: Verlagsgesellschaft Feldt & Co. 1955; Kurtz 2007, S. 79–80.

Faszinationskraft (möglichst ertragreich) zu steigern.[32] Entscheidend daran ist, dass der Film seinen Mehrwert gerade im Vergleich mit den anderen, »musealisierten« Künsten ausstellt: Anders als sie kann er die Geschichte (re-) animieren, indem er die unbeweglichen Exponate in Bewegung setzt. Inspiriert durch die schöne Tochter des Budenbesitzers macht sich der Literat ans Werk, zu drei der Wachsfiguren Geschichten zu verfassen. Ab jenem Moment, in dem er den Stift auf das Papier setzt, taucht er – und mit ihm der Film – in eine (zweite) fiktive Welt ein, wechselt dabei zwischen unterschiedlichen Epochen, Ländern und Kulturkreisen, zwischen verschiedenen Realitäts- und Imaginationsebenen. Mit der prunkvoll kostümierten Figur des Harun-al-Raschid (Emil Jannings) wird die Handlung zunächst in ein fiktives Bagdad verlagert, wo sich zwischen Kuppeldächern und ornamentalem Dekor eine burleske Verwechslungskomödie um den fettleibigen Kalifen entspinnt, der sich für eine Nacht unter das Volk mischt, um der schönen Bäckersfrau näher zu kommen. Ungleich düsterer führt die zweite Episode in das zaristische Russland, wo der gefürchtete Herrscher Iwan der Schreckliche (Conrad Veidt) in die Folterkammern hinabsteigt, um sich am Leid der Gepeinigten zu ergötzen. Erschöpft von seiner Fantasiearbeit fällt der Schriftsteller anschließend in einen nervösen Schlaf und wird im Traum von der Figur Jack the Ripper heimgesucht, die ihn wie ein Schreckgespenst durch fieberhafte Visionen des Jahrmarkts verfolgt.[33]

Es ist vielfach angemerkt worden, dass die drei Erzählungen nicht nur narrativ in sich geschlossene Einheiten bilden, sondern auch in ihrer formalen Gestaltung, ihren Motiven und ihrem atmosphärischen Gehalt deutlich voneinander abgesetzt sind.[34] In jeder Episode werden charakteristische Elemente durch stetige Wiederholung und Variation zu einer zusammenhängenden Formensprache verdichtet. Das betrifft die Kostüme, ebenso wie die Raum-

---

32   In den Zwischentiteln der englischsprachigen Fassung (DVD »Waxworks«, Kino International 2002) heißt es: »WANTED. An imaginative writer *for publicity work* in a waxworks exhibition.« (meine Hervorhebung). In dem von Henrik Galeen verfassten Drehbuch ist der Verweis auf die werbende Funktion der Geschichten zwar etwas weniger explizit, jedoch auch spürbar: »*Dichter* gegen Stundenlohn gesucht ›am Rummel‹ Zelt 7.« (*Das Wachsfigurenkabinett*, S. 17)

33   Eine ursprünglich geplante vierte Episode um die Figur des »Rinaldo Rinaldini« hätte dieses Episodenprinzip weiter durchdekliniert, wurde jedoch nicht realisiert. Vgl. zur Produktionsgeschichte des Films und insbesondere zur Rinaldini-Episode: Hans-Michael Bock: Barock und Orient. In: *Das Wachsfigurenkabinett. Drehbuch von Henrik Galeen zu Paul Lenis Film von 1923*. München: edition text + kritik 1994, S. 115–138.

34   Vgl. dazu Kurtz 2007, S. 79, und Kasten 2003. Die Geschlossenheit der einzelnen Episoden wird durch die Kolorierung des Films zusätzlich unterstrichen: Während im orientalischen Bagdad satte Gelbtöne dominieren, ist die russische Episode in Rot- und Violetttönen gehalten; der Traum vom Jahrmarkt ist nahezu durchgehend blau eingefärbt.

Runde Formen und
Ornamente bestimmen
die Harun-al-Raschid-
Episode in DAS WACHS-
FIGURENKABINETT

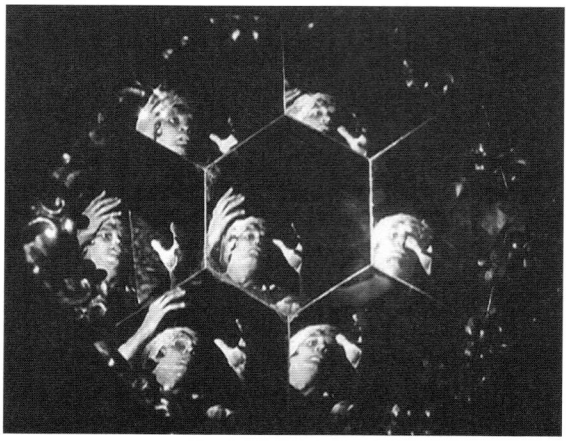

gestaltung, die Kamera- und Lichtarbeit und das Schauspiel. Während die orientalische Episode von runden Formen und Bögen (Kuppeldächern, Rundbögen, ornamentalen Mustern, höhlenartigen Interieurs, Turbans, Perlen und der rundlich-süffigen Figur Emil Jannings) geprägt ist, bestimmen vertikale Strukturen (hohe Säulen und Flügeltüren, das Motiv der Sanduhr, das aufrechte Spiel Conrad Veidts) und eine markante Inszenierung in die Tiefe des Raums die Erzählung zu Iwan dem Schrecklichen. Die dritte Episode, die Traumsequenz zu Jack the Ripper, ist über fragmentarisch-dynamisierte Gestaltungsprinzipien organisiert: auseinanderstrebende Raumkonstruktionen und das gespenstische Auftauchen von Figuren, die sich (durch Überblendungen und Doppelbelichtungen) im Moment ihres Sichtbarwerdens bereits wieder auflösen, prägen diesen letzten Teil. Auch auf der Ebene

Vertikale Kompositionen, die an Ikonen erinnern: Die Iwan-Episode in DAS WACHSFIGURENKABINETT

des Schauspiels, so hat Francesco Pitassio argumentiert, wird die Formensprache auf typische Merkmale hin verdichtet: Emil Jannings, Conrad Veidt und Werner Krauß entwickeln für die Darstellung der Bösewichte eine je eigene Gesten- und Körpersprache; so präsentiert der Film einen »wahren Katalog von Prototypen der Schauspielkunst, wie sie sich seit Mitte der 1920er Jahre in Deutschland finden ließen«.[35]

Wenn DAS WACHSFIGURENKABINETT für jede der Episoden eine eigene Formsprache aufruft, diese zuspitzt und sie von den Gestaltungsprinzipien der

35   Francesco Pitassio: Wachsfiguren? Zur Beziehung von Figur, Akteur und bildlicher Darstellung in DAS WACHSFIGURENKABINETT von Paul Leni (D 1924). In: *Montage AV* 15/2 (2006), S. 63–83, hier S. 68.

anderen Episoden absetzt, greift der Film strukturell auf Verfahren zur Hervorhebung von Stil zurück, wie sie dem damaligen Publikum vertraut waren. Wie ein Handbuch der Stilkunde werden hier verschiedene Varianten von Stil aufgefächert; die stilistische Kohärenz wird durch Wiederholungen und durch die Verdichtung auf charakteristische Merkmale hervorgehoben. Seinen fast schon etwas verschwenderischen Zugriff auf unterschiedliche Stilsysteme etabliert (und legitimiert?) DAS WACHSFIGURENKABINETT über seine Episodenstruktur – ein Strukturprinzip, das zu Beginn der 1920er Jahre äußerst populär war und unter anderem in Richard Oswalds UNHEIMLICHEN GESCHICHTEN (1919) oder in Fritz Langs DER MÜDE TOD zum Einsatz kam.

Ironischerweise unterstreicht dieses Prinzip des episodischen Auffächerns aber auch, dass sich im Medium des Films nicht nur *ein* übergreifendes Stilregime, sondern verschiedene Stilformen realisieren und nebeneinander stellen lassen. Damit wird DAS WACHSFIGURENKABINETT als spielerische Reflexion auf die grundlegende »Doppelbödigkeit« lesbar, die Thomas Elsaesser dem Weimarer Kino attestiert und die auch den Stilbegriff betrifft. Wie ein »Trickeffekt« gebe Stil überall dort vor, Einheit zu stiften, wo eigentlich Spannungen herrschen – in den Filmen, ihrer narrativen, bildästhetischen, schauspielerischen Gestaltung wie auch in den begleitenden Diskursen und Debatten der Zeit.[36] Mit dem Aufsplittern in einzelne stilistische Varianten reproduziert DAS WACHSFIGURENKABINETT diese Vorstellung von Stil als formgebender Einheit, lässt sie aber zugleich auch *problematisch* werden. Mehr als formale Geschlossenheit demonstriert der Film eine Virtuosität im Umgang mit verschiedenen Gestaltungsprinzipien. Damit lässt sich DAS WACHSFIGURENKABINETT als durchaus ambivalenter Metakommentar zu den Stildebatten der Zeit verstehen: Während der Film einerseits in stilistischen Experimenten schwelgt und wie ein Lehrbuch der Stilkunde verschiedene Varianten stilistischer Gestaltung katalogartig nebeneinander stellt, gibt der Film auch einen reflexiven Blick auf das Verhältnis von Film und Stil frei: Stil, so stellt der Film aus, wird erst über die vergleichende Zusammenschau verschiedener Stilsysteme ansichtig.

Gerade indem er nicht auf einer übergeordneten Ebene Einheit stiftet, unterbreitet DAS WACHSFIGURENKABINETT seinen Zuschauern ein Angebot zur Stilreflexion. Ganz in diesem Sinne heißt es in einer Filmkritik zum WACHSFIGURENKABINETT, die 1924 im *Film-Kurier* erscheint:

36 Thomas Elsaesser: *Das Weimarer Kino: aufgeklärt und doppelbödig.* Berlin: Vorwerk 8 1999, S. 43.

»Bric à brac« nennt man das raffiniert-saloppe Durcheinander in den Vitrinen genießerischer Amateurs: Da steht ein Meissner Biskuitschäfer von Kandler neben einer bemalten antiken Tanagrafigur, eine Alt-Wiener Miniaturdame von Daffinger konversiert mit einer knallbunten russischen Holzbäuerin, ein Kopenhagener blassbrauner Porzellanwindhund mit einem blaugoldenen grellen chinesischen Porzellandrachen aus der Kuang-Sü-Dynastie – die Dynastie kann übrigens auch anders heissen, ich will nur sagen: Paul Lenis preziös-abseitiger Film ist aus einer Art bric-à-brac-Gefühl entstanden; aus einer sehr raffinierten dekorativen Freude am abgestimmten Stilgewirr, an dem sich die unbeirrbare Geschmackskultur einer hochgezüchteten Genießerseele barock und lustvoll manifestiert. Ein Zusammenklang absonderlicher Stilreize, delikat gemischt, stark gewürzt.

Wenn der Filmkritiker DAS WACHSFIGURENKABINETT mit einer Bric-à-brac-Vitrine vergleicht, ist das keinesfalls so abwertend gemeint, wie es auf den ersten Blick scheint.[37] Das »raffiniert-saloppe Durcheinander«, mit dem der Film verschiedene Episoden lose nebeneinander stellt, werde als »eine Art produktiver Stilrausch« erfahrbar. Daraus, so schlussfolgert der Filmkritiker, entsteht ein »ganz reiner Kunstgenuß. Und ein bedeutender Schritt vorwärts in der Geschmacksverfeinerung des deutschen Films.«[38] Der durchaus überraschende Weg vom »Bric-à-brac« zur »Geschmacksverfeinerung« führt über den Zuschauer: Gerade weil der Film verschiedene Stilvarianten präsentiert, fordere er ein genaues Hinschauen heraus, stimuliere und trainiere auf lustvoll-genießerische Weise ein Stilgefühl im Betrachter. Dieser wäre dazu aufgefordert, die Heterogenität verschiedener Stilformen in den Blick zu nehmen, in ihrer Differenz wahrzunehmen oder zueinander in Bezug zu setzen. DAS WACHSFIGURENKABINETT wird so zum Angebot einer »Geschmacksverfeinerung«, die die Zuschauer als stilkundige Genießer adressiert – oder zu solchen macht.

37 Mit einen ähnlichen Bild, wenn auch mit deutlich kritischeren Untertönen befindet Lotte Eisner, die Komposition von Lenis Film erinnere an eine »Schaufensterdekoration«. Vgl. Eisner 1955, S. 60.
38 W. L.: Das Wachsfigurenkabinett. In: *Der Film-Kurier* 270 (1925) vom 14.11.1924, zitiert nach *Paul Leni. Grafik, Theater, Film*. Hg. von Hans-Michael Bock. Frankfurt a. M.: Deutsches Filmmuseum 1986, S. 286.

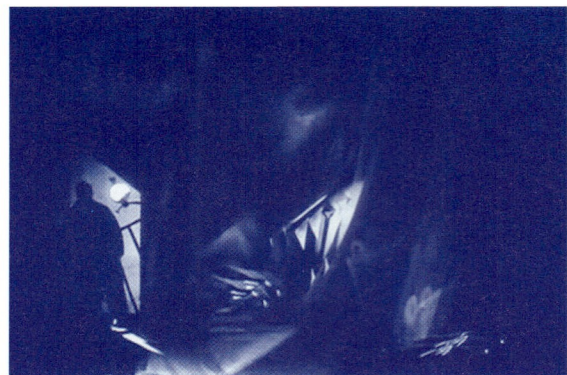

Verzerrte Raum-
konstruktionen, Figuren
als Doppelgänger in der
Jack-the-Ripper-Episode
in DAS WACHSFIGUREN-
KABINETT

Vom Stilfilm zum Filmstil. Ansätze einer Theorie des Stilerlebens bei Béla Balázs

Als Filmkritiker für die Wiener Zeitung *Der Tag* kommentierte Béla Balázs in den 1920er Jahren das tagesaktuelle Kinogeschehen. Wie viele Filmkritiker und –theoretiker der Zeit fühlte sich Balázs vom Phänomen des Stilfilms schlichtweg provoziert. Seine Überlegungen zum Verhältnis von Stil und Film eröffnen mit einem entsprechend bissigen Kommentar:

> Der Schrei nach dem Stil ist bereits zu allgemeinem Geschrei geworden; und es gibt heute wohl keine Filmgesellschaft mehr, die sich bei der Herstellung eines historischen Films nicht einen Professor der Kultur- und Kunstgeschichte als künstlerischen Beirat leisten würde. Stiltreue und Stilkonsequenz sind zu unerläßlichen artistischen Forderungen geworden; und man ist ungemein stolz

darauf, wenn etwa in einem Rokokofilm [sic] oder Alt-Indischen Film jeder Sessel und jeder Kelch den Originalen abgeguckt ist. Das sind die »Stilfilme«.[39]

Die Stilfilme, so moniert Balázs, verwechseln Stilzitat (»die getreue Darstellung eines Stils«) mit »Stilhaben«, »kunsthistorische Treue« mit dem »künstlerischen Film«.[40] Die vermeintliche »Stil-Echtheit« von Requisiten und Dekorationen und die demonstrative Zurschaustellung der opulenten Ausstattung geben sich zwar lautstark als »Stil« aus, maskierten jedoch die eigentliche Stillosigkeit dieser Filme – so Balázs' scharfes Urteil. Ganz ähnlich kritisiert Rudolf Arnheim den Als-ob-Charakter, mit dem die »stilbetonten Filme« lediglich Simulationen von Stil zeigten. Vieles von dem, was unter dem Stiletikett geführt werde, so Arnheim, zeuge eher von Manier als Stil, eher von »entlehnter« als »notwendiger Form«.[41] Stindt spitzt diese Kritik noch zu, wenn er den Stilfilmen vor allem »Stilwirrwarr«, »Stilunreinheit« und »Kitsch« attestiert.[42] Wenn sich Filmtheoretiker wie Balázs, Arnheim und Stindt mit solchen Einwänden vehement gegen den Stilfilm aussprechen, wehren sie sich nicht nur gegen die kommerzielle Vereinnahmung des Stilbegriffs; vielmehr scheint das Stilverständnis, das die Prestigeproduktionen der Zeit ausstellen, kaum vereinbar mit dem, was die (zumeist kunsthistorisch oder literarisch geschulten) Theoretiker ihrerseits unter Filmstil verstanden wissen möchten. Ging es ihnen einerseits darum, das Label der »Stilfilme« als Oberflächen- und Marketingeffekt zu entlarven, sollte Stil zugleich als Begriff der Theorie und Analyse behauptet werden.[43]

---

39   Balázs 1982, S. 341.
40   Ebd., S. 342–343.
41   »Manier ist die äußerliche Verwendung von Handwerkskniffen. Stil aber ist die Schaffung einer ganz neuen, eigenen Welt mit eigenen Gesetzen, aus denen die Anwendung neuartiger Gestaltungsmittel sich mit Notwendigkeit ergibt.« Rudolf Arnheim: Stil – aber nicht mit Absicht. In: Ders.: *Die Seele in der Silberschicht. Medientheoretische Texte. Photographie – Film – Rundfunk.* Frankfurt a. M.: Suhrkamp 2004 [1933], S. 136–137. Den Unterschied von entlehnter und notwendiger Form führt Arnheim an anderer Stelle aus, vgl. Rudolf Arnheim: Stil und Stumpfsinn im Film. In: Ders.: *Die Seele in der Silberschicht. Medientheoretische Texte. Photographie – Film – Rundfunk.* Frankfurt a. M.: Suhrkamp 2004 [1931], S. 97–99.
42   Vgl. Stindt 1924, S. 55.
43   Diese pejorative Wendung des Stilbegriffs stand womöglich auch unter dem Einfluss kunst- und architekturtheoretischer Ansätze der Zeit. 1902 hatte Hermann Muthesius, einer der prominenten Wegbereiter des neuen Bauens, mit dem Begriff der »Stilarchitektur« eine ähnliche Abwertung verbunden. Ähnlich wie Balázs' Rede vom »Stilfilm« war Muthesius' Begriff als Kritik an einer Architektur angelegt, die im Gegensatz zur (funktionalistischen) »Baukunst« verlogen, geklaut, anachronistisch, beliebig sei und den Bauaufgaben, Materialien, Naturgesetzen spotte (vgl. Hermann Muthesius: *Stilarchitektur und Baukunst. Wandlungen der Architektur im XIX. Jahrhundert und ihr heutiger Standpunkt.* Mülheim-Ruhr: Schimmelpfeng 1902).

An Balázs' Position lässt sich exemplarisch nachzeichnen, wie sich Film-theoretiker in die Debatten um den Stilfilm einmischen und das Verhältnis von Stil und Film in die Inversion treiben. Was Balázs den Produktionsdis-kursen entgegensetzt, ist kein in sich geschlossenes Konzept von Filmstil, sondern vielmehr die minutiöse und anhaltende Arbeit des Filmtheoretikers an und mit den Begriffen: Seine Auseinandersetzung gleicht einem Abtasten verschiedener Stilkonzepte; er dreht und wendet sie, kehrt und stülpt sie probeweise um, setzt Stil und Film über wechselnde Hypothesen zueinander in Bezug.[44] In dem Artikel »Stilfilm, Filmstil und Stil überhaupt«, der 1925 in der Zeitschrift *Die Filmtechnik* erscheint, geht Balázs erstmals auf theore-tische »Tuchfühlung« mit dem Stilbegriff. Genau genommen erprobt er dabei gleich zwei Entwürfe von Stil, die er in seiner Argumentation parallel führt. Balázs' erster Anlauf, Filmstil zu definieren, ist als direkter Gegenent-wurf zu den Stilzitaten und -imitationen der damaligen Kunstfilme, und somit auch als engagierte Einmischung in die Stildebatten der Zeit, angelegt. Balázs setzt auf eine medienspezifische Ausdeutung von Filmstil, die, so unterstreicht er, eine Angelegenheit der schöpferischen, und nicht der repro-duktiven Mittel des Films sei: »künstlerisch wird ein Film nicht durch kunst-historische Treue. Noch lange nicht. Nicht dadurch, daß er wie ein kunst-historisches Illustrationswerk uns einen Stil darstellt – sondern ausschließlich dadurch, daß er selber einen hat. Nicht der *Stilfilm* also, sondern der *Filmstil* ist wichtig!«[45]

Insbesondere die Kamera steht für das bildgestaltende Potenzial des Mediums ein; sie und mit ihr der Kameramann bilden für Balázs die zent-ralen stilschaffenden Instanzen: »Es liegt in der Hand des Operateurs, ob der Film eine ausgeprägte *Ton-Art* bekommt (man könnte vielleicht sagen: ›Bild-Art‹), und ob diese durchweg und in allen Einzelheiten durchgehalten wird. Das wäre ›Filmstil‹.«[46] Ausgehend von dieser bild- und kameratheoretischen Umdeutung des Stilbegriffs nimmt sich Balázs den Begriff »Stilfilm« noch

---

44 Anhaltend ist Balázs' Stilreflexion auch im zeitlichen Sinne: In wiederkehrenden Annä-herungen und durch verschiedene Texte hinweg greift er seine Überlegungen auf, modi-fiziert, erweitert und verfeinert sie – der ursprüngliche Impuls, die Absetzung von den »Stil-« und expressionistischen Filmen bleibt dabei jedoch stets spürbar. Vgl. u. a. die Abschnitte »Der Filmstil« und »Jeder Stil ist modern« in Béla Balázs: *Der Geist des Films*. Frankfurt a. M.: Suhrkamp 2001 [1930], S. 40–41, und das Kapitel »Stilprobleme« in Béla Balázs: *Der Film. Werden und Wesen einer neuen Kunst*. Wien: Globus 1949, S. 306–312. Zur Akzentuierung seiner Thesen fokussiere ich meine Ausführungen auf den Aufsatz von 1925, der im unmittelbar Kontext der Stildebatten (ent)steht.
45 Balázs 1982, S. 343 (Hervorhebungen im Original).
46 Ebd., S. 343 (Hervorhebungen im Original).

einmal vor und vermerkt: »Falls man wirklich artistisch echte Stilfilme machen will, was ja nicht unbedingt notwendig ist«, müsse man »*den Operateur* in die Museen mitnehmen, damit er den Charakter der zeitgenössischen Bilder studiert, den Stil studiert, den letzten Endes *er* dem Film zu geben hat.«[47]

Im zweiten Teil des Texts nimmt Balázs ein weiteres Mal Anlauf, um das Verhältnis von Film und Stil – nun etwas grundlegender – zu bestimmen. In einer Art Metakommentar unterstreicht er, dass diese zweite Modellierung von Filmstil »viel bedeutungsvoller als die oben beschriebene« sei, insofern Erstere ja auch auf alle anderen Künste anwendbar sei.[48] Interessanterweise treibt Balázs seine medienspezifische Bestimmung von Filmstil noch etwas weiter – oder vielmehr: kehrt die Reflexionsrichtung, über die er Stil und Film zueinander in Bezug setzt, um. Anstatt das Kino durch die Brille eines (vorausgesetzten) Stilbegriffs zu betrachten, entwickelt er einen Begriff von Stil, der erst durch das Kino sichtbar wird, den »keine Kunst in dem Maße feststellen und bewußt machen kann wie die Kinematographie.«[49] Diesen »anderen« Stil bezeichnet Balázs als »*objektiven Stil des heutigen Lebens*«[50] oder auch als das »Objektiv-Gemeinsame«,[51] das sich latent über das kollektive Unbewusste einer Zeit herausbilde:

> Stil aber ist etwas, was in keinem Kunstgewerbe-Atelier zu konstruieren ist. Stil ist ein soziales Gewächs, tief verwurzelt im Unbewußten des Gesamtlebens einer Zeit. Man hat ihn nie »gemacht«. Man hat ihn immer nur nachträglich, aus historischer Perspektive feststellen können, daß er da war und eigentlich immer dagewesen ist, aber aus der Nähe niemals als »Stil« zu erkennen war.[52]

Bereits an dieser Stelle wird deutlich, dass Balázs' Stilbegriff die Prämissen dessen verschiebt und auflöst, was Produzenten wie Erich Pommer unter Stil verstanden hatten. Während der »subjektive, individuelle Stil des Regisseurs und des Operateurs«[53] für Balázs über Kategorien von Autor, Ausdruck und Intention bestimmt ist, bezieht er den objektiven Stil auf das Kollektiv, die vermeintliche »Objektivität« historischer und sozialer Gegebenheiten und

47   Ebd., S. 342 (Hervorhebungen im Original).
48   Vgl. ebd., S. 344.
49   Ebd.
50   Ebd.
51   Ebd.
52   Ebd.
53   Ebd.

auf ein Latent-Unbewusstes. Wenn er dem Konzept des Personalstils einen »objektiven Stil« gegenüberstellt, rüttelt dies nicht nur an der Instanz des Künstlers, sondern – wesentlich umfassender – an der Vorstellung einer unmittelbaren Produzier- und Verfügbarkeit von Stil. Balázs' objektiver Stil bildet sich kollektiv und als historischer Effekt einer Epoche heraus; er wird nicht einfach sichtbar, kann nicht direkt fabriziert oder kontrolliert werden, sondern tritt erst *mittelbar* – und das heißt hier auch im wörtlichen Sinne *medial* – in Erscheinung.[54]

Mit seinem zweiten Stilbegriff (als das Unbewusste des Gesamtlebens einer Zeit) knüpft Balázs an das Konzept vom »Zeitgeist« an – ein Konzept, das in gewisser Spannung zu der Idee einer medienspezifischen Form von »Filmstil« steht: Hatte Balázs Filmstil zunächst als Modus einer künstlerischen Gestaltung modelliert, die sich nur mit den Mitteln des Films realisieren lasse, hebt er diese Medienspezifik durch die Idee eines »objektiven« Stils, der in *allen* kulturellen Äußerungen, Medien, Materialien einer Epoche in Erscheinung tritt, gleichsam wieder auf. Die Spannung zwischen diesen beiden Stilbegriffen durchzieht Balázs' Text und wird von ihm weder aufgelöst noch kommentiert. Womöglich darf man diesen Widerspruch nicht so sehr als logischen Sprung, sondern vielmehr als Angebot zu einem Perspektivwechsel verstehen, über den Balázs in seinem Text zwei verschiedene Stilkonzepte ineinander montiert. Während er zunächst nach jenem Stil fragt, den der Film als Kunst (unter den Bedingungen der ihm eigenen medialen Spezifik) herzustellen vermag, interessiert sich Balázs nun für den Film als Wahrnehmungs- und Vermittlungsmodus, fragt nach den medialen und perzeptiven Bedingungen, unter denen Stil im Kino überhaupt erst sicht- und erfahrbar wird. Gerade das Kino, so argumentiert er, sei aufgrund seiner medialen Beschaffenheit geeignet, das Stilbewusstsein zu »beschleunigen«. Denn der Film stelle eine Betrachterposition her, die ähnlich wie die historische Rückschau oder die stilkundlichen Lehrbücher einen distanzierten Blick auf die Dinge eröffnet. Erst aus diesem Rückblick verdichte sich das Einzelne, Zufällige und Akzidentielle zum Typischen, Wiederkehrenden und Gemeinsamen – wird also, wie es bei Balázs heißt, »als ›Stil‹« erkennbar. Dank dieses Effekts mache der Film nicht nur den objektiven Stil vergangener Epochen, sondern auch den der Gegenwart sichtbar: »Unzweifelhaft

---

54 Auch die Gegenüberstellung von Oberfläche und Tiefe unterstreicht diese Akzentuierung der Mittelbarkeit von Stil: Während die Stilfilme Stil als Oberflächenreiz zur Schau stellen und verfügbar machen, wirkt der objektive Stil für Balázs in einer Tiefendimension, die sich dem direkten Zugriff entzieht und erst durch die Arbeit des Historikers – oder die Kinematografie! – sichtbar gemacht werden kann.

haben wir heute auch einen Stil, der nicht minder einheitlich und prägnant ist, als es die Gotik und das Rokoko waren. Nur hat unser Stil noch keinen Namen, weil er noch undefiniert ist; und er ist undefiniert, weil wir mittendrin stehen und seine Konturen nicht sehen.«[55]

Stil ist für Balázs weniger in der Beschaffenheit, Gestaltung und Textur der Kunstwerke selbst zu finden, sondern tritt als Effekt einer spezifischen Wahrnehmungskonstellation in Erscheinung. Entscheidend ist dabei, dass er das Vermögen des Films, Stil sichtbar zu machen, nicht als ästhetische Strategie *einzelner* Filme beschreibt, sondern als Grundeigenschaft des Mediums behauptet. Das Erkennen eines Stilzusammenhangs bedarf »der besonderen Betonung gewisser Merkmale, […] einem Herausstreichen des nicht immer offenbaren gleichen Charakters, also […] einer Art Übertreibung«. Eben diese stilschaffenden Prinzipien, so Balázs' Pointe, sind dem Film als Grundprinzipien eigen: Die Kamera kann »durch die bloße Auswahl das Typische des Lebens heraus- und dadurch hervorheben und somit einen latenten Stil zum Bewußtsein bringen.«[56] Die stilbildenden Prinzipien der Betonung und Übertreibung seien bereits im fotografischen Bild angelegt. So argumentiert er,

> daß durch die *bloße Photographie die Dinge eine Betontheit bekommen,* die sie in der Wirklichkeit des Lebens, in der sie mit hundert anderen Dingen verwoben, vermischt und verwischt sind, nicht besitzen. […] Und durch diese bloße Isolierung des Motivs von der Umgebung, durch die Umrahmung und durch die Einheitlichkeit des Kolorits werden die Dinge der Natur zum Bilde […]. So auch im Film. Jede Photographie, in der ein Gegenstand von der allgemeinen Wirklichkeit überhaupt isoliert uns gegenübergestellt wird, gibt eine besondere Betonung. Sie ist, wenn wir so wollen, eine Übertreibung im Sinne des Stils.

Insofern das fotografische Bild das Gezeigte rahmt, isoliert und aus dem Zusammenhang heraushebt, zeigt es die Dinge anders als »in der Wirklichkeit des Lebens« mit einer besonderen Akzentuierung. Der Film setzt die Welt in einen zeitlichen und räumlichen Abstand, präsentiert sie »als Vergangene« oder in ihrer »Bildhaftigkeit« – und schafft somit die Wahrnehmungsbedingungen, die es für das Sehen und Erleben von Stil braucht.[57]

---

55   Balázs 1982, S. 344.

56   Hier und im Folgenden Balázs 1982, S. 345.

57   Ähnliche Argumente entwickelt Siegfried Kracauer in seinen Überlegungen zum Verhältnis von Film und Geschichtsschreibung, wenn er die »vielen Parallelen« beschwört,

Balázs parallelisiert also die Verfahren des Stils – Betonung und Übertreibung – mit dem, was er als Grundeigenschaften des Films ausweist: das Vermögen, die Dinge zeitlich wie räumlich auf Distanz zu setzen und damit Zusammenhänge sichtbar zu machen, die mit bloßem Auge oder in der Alltagswahrnehmung nicht erkennbar sind.[58] Mit dieser Umkehrung radikalisiert Balázs die Analogie von Film und Stilerleben, ja, er wälzt deren Bezugsebenen um: Der Stil, um den es ihm in diesem zweiten Teil geht, ist dem Film nicht mehr äußerlich und vorgängig, sondern wird erst durch diesen sicht- und erfahrbar gemacht.

Sicherlich könnte man einwenden, dass Balázs mit dieser letzten argumentativen Drehung zwar eine *strukturelle* Analogie zwischen Stil und Film aufzeigt, aber wenig über Filmstil als ästhetische Kategorie aussagt. Doch gerade diese medienreflexive »Überdrehung« des Stilbegriffs, so meine ich, markiert eine wichtige Verschiebung in Balázs' Position. Mit seiner Skizze eines filmischen Stilerlebens löst er die Frage nach dem Filmstil aus der Rhetorik von Distinktion, Qualität und Kunstwertigkeit heraus. Mit Nachdruck weist er darauf hin, dass vielmehr nach den medialen, diskursiven und perzeptiven Bedingungen zu fragen ist, über die Stil im jeweiligen Medium hergestellt und wahrnehmbar wird. »Stilvoll«, so könnte man pointieren, ist der Film für Balázs nicht ausschließlich als Kunst, sondern insbesondere auch, insofern er neue Formen der Wahrnehmung und des Erlebens ermöglicht.

Trotz dieses kritischen und revisionistischen Gestus ist kaum zu übersehen, wie sehr Balázs mit dem Stilbegriff ringt und ihm die reflexive Wendung abtrotzt. Einerseits lehnt er ihn eng an bestehende Konzepte aus der Kunst- und Literaturgeschichte (Individual- und Epochenstil) an. Andererseits sind seine Überlegungen von dem Bemühen gekennzeichnet, ein *spezifisches* und neues Stildenken für den Film zu entwerfen, diesen als

»die zwischen der Geschichte und den photographischen Medien, historischer Realität und Kamera-Realität bestehen.« Dabei betont Kracauer ähnlich wie Balázs in Bezug auf den Stil, dass beide ein »Mittel der Entfremdung« bilden und erlauben, »auf den Schauplatz gegenwärtigen Geschehens mit Distanz zu blicken«. Siegfried Kracauer: *Geschichte – vor den letzten Dingen*. Hg. von Ingrid Belke. Frankfurt a. M.: Suhrkamp 2009 [1969], S. 11 ff.

58 Dieser Gedanke steht in enger Verbindung zu Balázs' Überlegungen zur Großaufnahme, die ja einen zentralen Platz in seiner Filmtheorie einnehmen. Während die Großaufnahme eine besondere *Nah*sicht ermöglicht, entwirft Balázs den Film hier als Medium, das einen – räumlich wie zeitlich – *distanzierenden* Effekt zeitigt. Nähe wie Ferne sind für Balázs verbunden über die Annahme, dass der Film die Dinge »anders« zeigt, als sie sich dem menschlichen Auge in der Alltagswahrnehmung präsentieren. Zum »revelationistischen« Vermögen des Films vgl. auch Malcolm Turvey: *Doubting Vision. Film and the Revelationist Tradition*. Oxford: Oxford University Press 2008.

Medium herauszustellen, das Fragen zum Verhältnis von Ästhetik und / als Wahrnehmung neu formuliert. Zwischen diesen beiden Polen entsteht eine Reibung, die Balázs' gesamte Filmtheorie durchzieht und die Heinz-B. Heller auf den Punkt bringt, wenn er schreibt: Balázs »gründet seine Poetik des Films auf Vorstellungskomplexen und Argumenten, die in hohem Maße ihre Abhängigkeit gerade von jener Ästhetik bewiesen, die durch den Film überwunden werden sollte«.[59] Zwar ist Balázs' Argument noch von der Idee einer Medienspezifik grundiert, wie sie die Ästhetik des 19. Jahrhunderts in Tradition von Lessings *Laokoon*-Schrift weitestgehend prägt. Doch er bestimmt diese Spezifik nicht mehr allein über allgemeine künstlerische Prinzipien, sondern hebt vor allem jene Wahrnehmungseffekte (als *aisthetisch*) hervor, mit denen der Film in das Erleben der Welt eingreift. Mit dieser Verschiebung, das muss man Balazs' zugutehalten, sucht er die Frage nach dem Filmstil aus der Rahmung vom *Film als Kunst* herauszulösen und in die Befragung des Films als neues *Wahrnehmungssystem* zu überführen.

Sein Versuch, Filmstil als Effekt einer filmischen Wahrnehmung zu modellieren, fand in der klassischen Filmtheorie keine direkte Fortsetzung. Zwar stellten auch Siegfried Kracauer und Walter Benjamin das Verhältnis von Film, Wahrnehmung und Erfahrung in das Zentrum ihrer filmtheoretischen Überlegungen.[60] Es ist jedoch bezeichnend, dass die Kategorie des Stils in ihren Schriften keine wesentliche Rolle spielt. Womöglich erkannten Benjamin und Kracauer, dass sie sich mit dem Stil einen tradierten Begriff von Kunst (und die damit verbundenen Kategorien von Werk, Autor, Wertigkeit) einhandeln würden, der ihnen den Blick auf die besonderen Möglichkeiten des Films, seine spezifischen Wahrnehmungseffekte verstellt hätte. Die besondere Pointe (und Ironie?) von Balázs' Position hingegen liegt darin, dass er die Spannung (zwischen dem Film als Kunst- und Wahrnehmungsform) zwar aufgreift, aber nicht zu einer einheitlichen Position von Filmstil auflöst. Stil, das macht Balázs' Aufsatz deutlich, bildet kein gesichertes Terrain für das Nachdenken über Film, sondern einen offenen und mitunter mühsamen Aushandlungsprozess.

---

59   Heinz-B. Heller: *Literarische Intelligenz und Film. Zu Veränderungen der ästhetischen Theorie und Praxis unter Eindruck des Films 1910–1930 in Deutschland.* Tübingen: Max Niemeyer Verlag 1985, S. 234.

60   Vgl. Siegfried Kracauer: *Theorie des Films. Die Errettung der äußeren Wirklichkeit.* Frankfurt a. M.: Suhrkamp 2003; Walter Benjamin: *Das Kunstwerk im Zeitalter seiner technischen Reproduzierbarkeit.* Frankfurt a. M.: Suhrkamp 1963, S. 7–44.

Ausblick: Die reflexive Wende im Stildenken – und die Frage nach dem Zuschauer

»Wir mußten durch den Stilfilm hindurchgehen,« schreibt der Filmkritiker Willy Haas 1924 über Richard Oswalds Film Carlos und Elisabeth (1924), »um zu dieser extremen stilistischen Blicksicherheit zu gelangen.«[61] Nicht ohne Stichelei, doch abgeklärter als viele seiner Kollegen erklärt Haas die Debatten um den Stilfilm als notwendigen und vielleicht sogar lehrreichen Prozess, über den das Kino seinen Umgang mit dem Stil verfeinert. Zumindest lassen sich die Stildebatten der frühen 1920er Jahre als wichtigen Durchgangsort befragen, an dem sich auch das verschiebt, was »als Stil« modelliert wird. Während Stil im Produktionsumfeld als Versprechen eines künstlerischen Mehrwerts funktionalisiert wird, beziehen sich Filme wie Das Wachsfigurenkabinett durchaus ambivalent und reflexiv auf Stilpraktiken und -konzepte der Zeit. Béla Balázs spitzt diese Perspektive noch weiter zu – und sucht nach jenem Stil, der erst durch die Mittel des Films sicht- und erfahrbar wird. Mit der Verlagerung vom Stilfilm zum Filmstil ist also vor allem eine *reflexive* Wendung im Verhältnis von Film und Stil beschrieben: Stil wird hier nicht nur konstatiert oder behauptet, sondern es wird vielmehr danach gefragt, unter welchen diskursiven und medialen Bedingungen Stil wahrnehmbar und als solcher identifizierbar wird. Damit ist eine Perspektive auf Filmstil entworfen, die nicht in erster Linie auf das »Stilwollen« eines Künstlers, auf Beziehungen der Einflussnahme oder Zeitgenossenschaft zwischen Werken verweist, sondern Wahrnehmungs- und Erfahrungsprozesse fokussiert, die sich zwischen Medium und Zuschauer ereignen. Was hier mitgedacht wird, ist die historische Betrachterposition, von der aus Stil zu einem gegebenen Zeitpunkt (vor dem Hintergrund der jeweiligen Stilpraktiken, Wissensformen und Erwartungen) überhaupt erst als solcher erkannt und dekodiert werden kann.

Gerade weil die Frage nach dem Stil damit aus der engen Rahmung vom *Film als Kunst* herausgelöst ist, mag es auch für heutige Überlegungen zum Filmstil aufschlussreich sein, die Stildebatten der frühen 1920er Jahre in den Blick zu nehmen – und dies nicht nur aus theoriegeschichtlicher Perspektive. Wenn in diesem Umfeld verschiedene Ansätze von Filmstil gegeneinander antreten, Stil für den Film gewissermaßen frag- und diskussionswürdig wird,

---

61   Willy Haas: Carlos und Elisabeth. In: *Film-Kurier* 50 (1924) vom 27.2.1924, zitiert nach Wolfgang Jacobsen, Karl Prümm, Benno Wenz (Hg.): *Willy Haas – der Kritiker als Mitproduzent. Texte zum Film 1920–1933.* Berlin: Hentrich 1991, S. 76–78, hier S. 77.

appelliert das auch daran, Stil nicht für eine gesicherte Kategorie der Filmtheorie zu halten. Es lohnt sich, so meine ich, auch für jüngere und aktuelle
Diskurse zum Verhältnis von Film und Stil einige Fragen kritisch zu bedenken: Welche (mitunter impliziten) Denktraditionen handeln wir uns ein,
wenn wir uns auf Stil berufen? Welche vielfältigen bis widersprüchlichen
Interessen werden über die Idee des Filmstils verhandelt und stark gemacht?
Über welche Prämissen wird so etwas wie ein spezifisch *filmisches* Konzept
von Stil konstruiert? Und was wäre damit jeweils gewonnen?

Hauke Lehmann

Der Teufel im Detail

Paranoider Stil in ZERO DARK THIRTY

Der Modus, in dem das Kino über Kontrolle und Überwachung nachdenkt, ist der Modus der Paranoia. Dieser Modus realisiert sich als eine bestimmte Art und Weise der Wahrnehmung der Welt, als ein geradezu analytischer Blick, der auf das Detail fokussiert ist.[1] Aus der Perspektive des Paranoikers birgt die kleinste Anomalie das Potenzial für eine Katastrophe. Jede noch so kleine Verschiebung reicht aus, um das, was als Realität gilt, wie ein Kartenhaus zusammenstürzen zu lassen. Die vielleicht offensichtlichsten Beispiele dafür, wie sich dieses Prinzip in eine filmische Poetik übersetzen lässt, finden sich im Kino des New Hollywood – etwa in THE CONVERSATION (1974, Francis Ford Coppola), wo die veränderte Betonung eines einzelnen Wortes die zentrale Rolle bei der (Nicht-)Aufdeckung einer Verschwörung spielt.

Was ich im Folgenden zeigen möchte, ist, dass dieses Prinzip keineswegs darauf zu reduzieren ist, dass jeder Interpretation in letzter Konsequenz die Struktur paranoiden Denkens innewohnt.[2] In einer solchen Perspektive entwickelte sich Paranoia allzu leicht zu einem ahistorischen Phänomen. Vielmehr lässt sich, meiner These zufolge, Paranoia als ein *Modus von Affektivität* begreifen – oder, um mit Richard Hofstadter zu sprechen, als ein Stil.[3]

---

1   Vgl. Sigmund Freud: Über einige neurotische Mechanismen bei Eifersucht, Paranoia und Homosexualität. In: Ders.: *Studienausgabe*, Bd. VII. Frankfurt a. M.: Fischer 2000, S. 217–228, hier S. 221: »Sein Material bezog der Anfall aus der Beobachtung der kleinsten Anzeichen«.

2   Vgl. etwa Timothy Melley: *Empire of Conspiracy. The Culture of Paranoia in Postwar America*. Ithaca: Cornell University Press 2000, S. 16 ff. Diese Einschätzung lässt sich auf mindestens zwei Quellen zurückführen: zum einen direkt auf Jacques Lacan, der in seinem *Seminar* das Problem der Paranoia auf die »Ebene des Deutens« zurückführt; zum anderen und in spezifisch filmtheoretischer Lesart von Lacans Thesen auf Fredric Jameson, der in *The Geopolitical Aesthetic* die narrative Struktur der Verschwörung als »hermeneutische Maschine« bezeichnet. Jacques Lacan: *Das Seminar. Buch III (1955–1956). Die Psychosen*. Hg. von Jacques-Alain Miller. Weinheim und Berlin: Quadriga 1997, S. 29; Fredric Jameson: *The Geopolitical Aesthetic. Cinema and Space in the World System*. Bloomington: Indiana University Press 1992, S. 10.

3   Richard Hofstadter: The Paranoid Style in American Politics. In: Ders.: *The Paranoid Style in American Politics and other Essays*. New York: Knopf 1965, S. 3–40. Vgl. hierzu den frühen Lacan, der gegenüber seinen späteren Schriften betont, »daß die diesen [paranoischen] Subjekten eigene Welt viel stärker in ihrer Wahrnehmung denn in ihrer Deutung verwandelt ist […].« Das Problem der Interpretation leitet sich erst aus dieser Verwandlung her:

So gesehen wäre Paranoia als eine spezifische Art und Weise aufzufassen, in der das audiovisuelle filmische Bild zur Erscheinung kommt und sich als Wahrnehmungserfahrung von Zuschauern im Kino verwirklicht. Erst auf dieser Grundlage ließe sie sich auf einen konkreten film- und medienhistorischen Kontext beziehen. Im Hintergrund dieses Versuchs steht das größere Projekt, Filmgeschichte als eine *Geschichte des Fühlens* zu verstehen – als eine Geschichte, die sich an den Transformationen und Revolutionen affektpoetischer Entwürfe orientiert, die also jene Ebene in den Blick nimmt, auf der die Filme selbst als Akteure auftreten und miteinander kommunizieren.[4]

In diesem Sinne zielt der vorliegende Aufsatz darauf ab, die Ausprägung des paranoiden Stils in einem jüngeren Film – ZERO DARK THIRTY (2012, Kathryn Bigelow) – nachzuzeichnen und auf ihr medienhistorisches Paradigma zu beziehen: das Attentat auf John F. Kennedy und den damit assoziierten Zapruder-Film. Dabei geht es mir in erster Linie darum, zu zeigen, dass dieses Paradigma erst in sekundärer Hinsicht auf der Ebene greifbar wird, auf der üblicherweise von Paranoia die Rede ist – nämlich auf der Ebene von Plot, Handlung und Figurenpsychologie.[5] Mit dem Begriff des Stils ist demgegenüber eine vorgelagerte Ebene avisiert, auf der Film und Zuschauer überhaupt erst miteinander in Beziehung treten. Entsprechend reichen die Implikationen einer solchen Konzeption über den Korpus an Filmen hinaus, der etwa mit dem Begriff des Paranoia-Thrillers zu fassen wäre. So verstanden, ist mit dem paranoiden Stil ein Modus von Affektivität bezeichnet, der für die audiovisuelle Unterhaltungskultur US-amerikanischer Prägung insgesamt zentrale Relevanz beansprucht.

»Zum einen nämlich ist das Wahrnehmungsfeld bei diesen Subjekten von einem immanenten und imminenten Charakter ›persönlicher Bedeutung‹ geprägt (das Symptom namens ›Deutung‹ und dieses Merkmal schließt jene affektive Neutralität des Objektes aus, die die rationale Erkenntnis zumindest virtuell verlangt). Zum anderen modifiziert die bei ihnen feststellbare Veränderung der räumlich-zeitlichen Anschauungen die Tragweite der Wirklichkeitsüberzeugung [...].« Lacan: Das Problem des Stils und die psychiatrische Auffassung von den paranoischen Formen der Erfahrung [1933]. In: Ders.: Über die paranoische Psychose in ihren Beziehungen zur Persönlichkeit und frühe Schriften über die Paranoia. Hg. von Peter Engelmann. Wien: Passagen-Verlag 2002, S. 379–383, hier S. 382.

4   Vgl. Hauke Lehmann: *Affektpoetiken des New Hollywood. Suspense, Paranoia und Melancholie*. Dissertation, Freie Universität Berlin, im Erscheinen.

5   Vgl. Ray Pratt: *Projecting Paranoia. Conspiratorial Visions in American Film*. Lawrence: University Press of Kansas 2001; Gérard Naziri: *Paranoia im amerikanischen Kino. Die 70er Jahre und die Folgen*. Sankt Augustin: Gardez!-Verlag 2003; Marcus Krause, Arno Meteling, Markus Stauff (Hg.): *The Parallax View. Zur Mediologie der Verschwörung*. München: Wilhelm Fink 2011; Eva Schwarz: *Visual Paranoia in Rear Window, Blow-Up and The Truman Show*. Stuttgart: Ibidem-Verlag 2011.

Stil und Filmtheorie

Hofstadter fasst den Stilbegriff als eine Verschränkung von Wahrnehmung und Ausdruck: »When I speak of the paranoid style, I use the term much as a historian of art might speak of the baroque or the mannerist style. It is, above all, a way of seeing the world and of expressing oneself.«[6] Entgegen den Implikationen von Hofstadters Vergleich mit der Kunstgeschichte soll es im Folgenden nicht um den Stilbegriff im Sinne einer Kategorisierung von Epochen gehen. Vielmehr dient die genannte Verschränkung von Wahrnehmung und Ausdruck als filmtheoretischer Anknüpfungspunkt. Diese Anknüpfung findet sich prägnant formuliert in Vivian Sobchacks an Maurice Merleau-Ponty angelehnte Definition des filmischen Mediums: »More than any other medium of human communication, the moving picture makes itself sensuously and sensibly manifest as the expression of experience by experience. A film is an act of seeing that makes itself seen, an act of hearing that makes itself heard, an act of physical and reflective movement that makes itself reflexively felt and understood.«[7]

Das filmische Bild wird dem Zuschauer, wie Hermann Kappelhoff und Jan-Hendrik Bakels kommentieren, »als fremde Wahrnehmungsweise am eigenen Körper zu einem konkreten physisch-sinnlichen Erleben«.[8] Der Stil dieser Wahrnehmungsweise erschließt sich dem Zuschauer nicht als kognitive Einsicht, sondern über den sich in der Dauer seines Zusehens entfaltenden Prozess seiner Affizierung durch das filmische Bewegungsbild – über die »Stilisierung«[9] seines eigenen Sehens und Hörens.

Stil ist demnach auch nicht zu verstehen als Markenzeichen eines bestimmten Regisseurs bzw. als Sichtbarmachung einer auktorialen Instanz in der filmischen Diegese. Vielmehr begründet sich Stil im hier relevanten Sinn aus der Verschränkung von Raum und Zeit in der filmischen Bewegung. Diesen Gedanken legt Erwin Panofsky nahe; ihm zufolge ist Film, im Gegensatz zur alltäglich erfahrbaren Realität, gebunden an das »Gesetz des zeitbelasteten

---

6   Hofstadter 1965, S. 4.

7   Vivian Sobchack: *The Address of the Eye. A Phenomenology of Film Experience*, Princeton: Princeton University Press 1992, S. 3–4.

8   Hermann Kappelhoff, Jan-Hendrik Bakels: Das Zuschauergefühl. Möglichkeiten qualitativer Medienanalyse. In: *Zeitschrift für Medienwissenschaft* 5 (2011), S. 78–95, hier S. 86.

9   Hermann Kappelhoff: *Matrix der Gefühle. Das Kino, das Melodram und das Theater der Empfindsamkeit.* Berlin: Vorwerk 8 2004, S. 169.

Raumes und der raumgebundenen Zeit«,[10] und auf dieser Grundlage definiert er die Aufgabe des Films: »Mit der unstilisierten Realität so verfahren,
sie so aufnehmen, daß das Ergebnis Stil hat.«[11] Merleau-Ponty schreibt: »Das
Bewegliche, als Gegenstand einer unbestimmt-endlosen Reihe expliziter
und übereinstimmender Wahrnehmungen, hat Eigenschaften; das Bewegte
hat allein einen Stil.«[12]

Stil ist in dieser Lesart nicht (nur) das Typische oder Idiosynkratische,
sondern vor allem ein generatives Prinzip, welches Merleau-Ponty mit dem
Begriff der Prägnanz (im Sinne von Produktivität, Fruchtbarkeit) umschreibt.
Insofern Stil damit die Art und Weise des In-Erscheinung-Tretens betrifft,
ermöglicht seine Analyse einen Zugang zu jener Ebene, auf der Form und
Inhalt auch heuristisch nicht voneinander trennbar sind und auf der die Posi-
tionen von Subjekt und Objekt nicht schon von vornherein verteilt sind.[13]
Es ist diese Ebene, auf die ich Bezug nehme, wenn ich von Paranoia als einem
»Modus von Affektivität« spreche.[14]

Auf dieser Ebene operiert die filmische Bewegung als generative Kraft,
die Neues einführt und damit jede selbstverständliche Rückführung filmischer Weltentwürfe auf die Alltagsrealität unterbindet. Wie die gesamte
sinnliche Struktur filmischer Welten sind auch die Körper fiktionaler Figuren von dieser Trans- und Deformationskraft filmischer Verfahren direkt
betroffen. Gertrud Koch fasst diesen Sachverhalt pointiert zusammen:

---

10   Erwin Panofsky: Stil und Medium im Film. In: Ders.: *Die ideologischen Vorläufer des Rolls-
      Royce-Kühlers & Stil und Medium im Film.* Hg. von Helga und Ulrich Raulff. Frankfurt
      a. M.: Campus Verlag 1993, S. 17–51, hier S. 44.
11   Ebd., S. 48.
12   Maurice Merleau-Ponty: *Phänomenologie der Wahrnehmung.* Berlin: de Gruyter 1966, S. 319.
13   So verstanden, richtet sich der Stilbegriff gegen eine kognitivistische Konzeption der
      Filmwahrnehmung, die mit Bezug auf das Erleben des Zuschauers »Artefakt-Emotionen«
      von solchen trennt, die sich auf die filmische Fiktion beziehen. Vgl. Ed Tan: *Emotion and
      the Structure of Narrative Film. Film as an Emotion Machine.* Mahwah: Lawrence Erlbaum
      1996, S. 65.
14   Zur Abgrenzung des Modus-Begriffs von dem des Genres vgl. Hermann Kappelhoffs
      Ausführungen am Beispiel des Melodramas, die sich *mutatis mutandis* auf den paranoiden
      Stil übertragen lassen: »Der Begriff *melodramatische Darstellung* ist dabei nicht durch die
      Gattungen bestimmt, die sich mit dem ›Melodrama‹ verbinden (das Melodrama des Musik-
      und des Sprechtheaters, die Rührstücke, das Filmgenre Melodrama), sondern bezieht sich
      auf ein bestimmtes Muster ästhetisch vermittelter Wahrnehmungsprozesse. Diese Muster
      lassen sich an der Struktur der Darstellung […] herausarbeiten, sofern man diese Struktu-
      ren als Basis einer zeitlichen Modellierung der Zuschauerwahrnehmung begreift. Die
      melodramatische Darstellung strukturiert den Prozeß des Zuschauens als Entfaltung einer
      artifiziellen Innerlichkeit. In diesem Sinne meint der dunkle Raum des Kinos also letzt-
      lich eine Bewußtseinswelt des Publikums, die im Prozeß des Films entsteht.« Kappelhoff
      2004, S. 29.

»Bewegung ist der Schnitt der Zeit durchs Organische«.[15] Das filmische Bild lässt sich in dieser Perspektive nicht zurückführen auf eine etwaige profilmische Konstellation von Kamera und Setting; vielmehr existiert es als ein relationales Gefüge, in dem jede Bewegung immer schon auf eine Wahrnehmung bezogen ist. In diesem Sinne (und nicht im Sinne einer Übertragung menschlicher Maßstäbe auf das Bild!) gilt für den Film das, was Merleau-Ponty in Bezug auf den Leib schreibt:[16] »Meine Bewegung ist kein geistiger Entschluß, kein absolutes Tun, das aus einem subjektiven Refugium heraus irgendeine Ortsveränderung vollzöge. Sie ist die natürliche Folge und das Heranreifen eines Sehens.«[17] Die Art und Weise dieses Heranreifens ist der Stil.

Wenn nun, wie Gilles Deleuze feststellt, das Kino das Sichtbare »verwirrt« und die Welt »in der Schwebe« hält,[18] dann ist damit eine Offenheit und eine Dynamik beschrieben, die es in der Reflexion des Stilbegriffs zu berücksichtigen gilt. Jeder Film lässt eine Welt und den »Zeitstil«[19] dieser Welt neu entstehen. Um diesen Stil analytisch zu erfassen, ist nach der Faltenbildung im »Fleisch« des Bildes zu fragen, die sich in der Dauer der Wahrnehmung vollzieht.[20] Diese Faltenbildung realisiert sich in Form von Kraftwirkungen auf das Bild, als Zeitdruck – insofern Zeitlichkeit immer jene Art und Weise

15 Gertrud Koch: Schritt für Schritt – Schnitt für Schnitt. Filmische Welten. In: Gabriele Brandstetter, Hortensia Völckers (Hg.): *ReMembering the Body. Körper-Bilder in Bewegung.* Ostfildern-Ruit: Hatje Cantz Verlag 2000, S. 272–284, hier S. 280.

16 Es geht hier also darum, die Idee des leiblichen Erlebens sowohl von jeder Statik zu trennen als auch von jeder allzu selbstverständlichen anatomischen Rückbindung: »Der Leib ist, mit einem Worte Leibniz' zu reden, das ›wirksame Gesetz‹ seiner Veränderungen.« Merleau-Ponty 1966, S. 180.

17 Merleau-Ponty: Das Auge und der Geist [1961]. In: Ders.: *Das Auge und der Geist. Philosophische Essays.* Hg. von Christian Bermes. Hamburg: Felix Meiner Verlag 2003, S. 275–317, hier S. 279.

18 Gilles Deleuze: *Das Zeit-Bild. Kino 2* [1985]. Frankfurt a.M.: Suhrkamp 1997 (a), S. 259.

19 Merleau-Ponty 1966, S. 478.

20 Merleau-Ponty gibt ein Beispiel, wie das Fleisch mit Bildwerdung zusammenhängt: »Wenn ich auf dem Boden des Schwimmbeckens durch das Wasser hindurch die Fliesen sehe, sehe ich sie nicht trotz des Wassers und der Reflexe, ich sehe sie eben durch diese hindurch, vermittels ihrer. Wenn es nicht jene Verzerrungen, jene durch die Sonne verursachten Streifen gäbe, wenn ich die Geometrie der Fliesen ohne dieses Fleisch (*chair*) sähe, dann würde ich aufhören, sie zu sehen, wie sie sind und wo sie sind, – nämlich: weiter weg als jeder sich selbst gleiche Ort. Vom Wasser selbst, von der Macht des Wäßrigen, vom flüssigen und spiegelnden Element kann ich nicht sagen, daß es im Raum sei: Es ist nicht anderswo, aber es ist nicht im Schwimmbecken. Es bewohnt es, verwirklicht sich in ihm, es ist nicht in ihm enthalten; und wenn ich den Blick zur Zypressenwand lenke, wo das Gewirr der Reflexe auch spielt, so kann ich nicht leugnen, daß das Wasser sie ebenfalls aufsucht oder ihnen zumindest sein aktives und lebendiges Wesen zusendet. Diese innere Belebtheit ist es, diese Strahlung des Sichtbaren, die der Maler unter den Namen ›Tiefe‹, ›Raum‹, ›Farbe‹ sucht.« Merleau-Ponty 2003 [1961], S. 305–306.

des Vorübergehens betrifft, die ich als Stil bezeichnet habe. Wenn ich daher im Folgenden beschreibe, wie sich das Bild als ein relationales Gefüge, als ein Kraftfeld konstituiert, dann beschreibe ich, wie sich ein Stil der Sichtbarkeit herausbildet (der insbesondere im Fall der Paranoia immer auch einen Stil der Unsichtbarkeit einschließt).

Paranoider Stil: Analyse

Wie strukturieren nun Filme im Modus der Paranoia den Prozess des Zuschauens? Wie stilisieren sie das Hören und Sehen des Zuschauers? Auf welche Weise determiniert der paranoide Stil das Erscheinen des filmischen Bewegungsbildes? Und welche Rolle spielt dabei das abweichende Detail? Die Antworten auf diese Fragen sollen im Folgenden an der Analyse von Zero Dark Thirty entwickelt werden. Dazu werde ich eine Szene beispielhaft herausgreifen.

Es handelt sich dabei um eine ca. zweiminütige Sequenz zu Beginn (DVD-Timecode 28:35–30:56). Der zweieinhalbstündige Film setzt nach den Anschlägen des 11. September ein; er inszeniert die Jagd der US-Geheimdienste auf Osama bin Laden und dessen schlussendliche Tötung durch ein Attentatskommando. In der bewussten Szene sichtet die Protagonistin, die CIA-Agentin Maya, eine Reihe von Verhörvideos, bei denen es darum geht, den Namen eines bisher unbekannten Al-Qaida-Mitglieds, Abu Ahmed, zu verifizieren, der als vermeintlicher persönlicher Kurier Osama Bin Ladens Hinweise auf dessen Aufenthaltsort liefern könnte.

Die Sequenz beginnt mit Schwarzfilm, auf dem nach wenigen Sekunden der Name »ABU AHMED« weiß eingeblendet wird. Parallel dazu ist einer der CIA-Agenten zu hören, der einen Gefangenen anspricht: »You and I are gonna talk about some of the guys in the training camps. Yeah?« Ein erster Schnitt fügt das Bild des Videos hinzu (der Dialog wird fortgesetzt), ein zweiter wechselt zu einer Over-the-Shoulder-Einstellung Mayas vor dem Computerbildschirm. Auf diese Weise wechselt die Montage der Sequenz im Folgenden beständig zwischen Einstellungen, die Maya beim Betrachten der Videos zeigen, und direkten oder gerahmten Ansichten dieser Videos.

Neben dem Dialog und dem oszillierenden atmosphärischen Rauschen der verschiedenen Verhörräume lässt sich ein subtiler, zurückgenommener elektronischer Score vernehmen, dessen leichtes melodisches Auf und Ab, untermalt von anhaltenden Grundtönen, die in der Montage nebeneinan-

Videos und Videoanalyse in ZERO DARK THIRTY

der gestellten Räume miteinander verwebt – wobei das grobkörnige, in der Kadrierung stets streng fixierte Videobild der Verhör-DVDs in seinen verschiedenen Texturen und das hochauflösende digitale Bild des primären Handlungsraums, welches durch das leichte Schwanken der Handkamera stets beweglich und auf die Bewegungen Mayas ausgerichtet bleibt, in verschiedener Weise aufeinander bezogen werden.

Insbesondere und grundsätzlich wird die primäre Montage – die des »eigentlichen Films« – dadurch *verdoppelt*, dass Maya auf dem Bildschirm ihres Computers immer wieder zwischen verschiedenen Ansichten der Verhöre wechselt; mal sind vier Perspektiven gleichzeitig zu sehen, mal lediglich eine, die dann den ganzen Bildschirm ausfüllt. Die beiden Rhythmen der Montage laufen nicht nur – vergleichbar einem musikalischen Kontrapunkt – nebeneinander, sondern verschmelzen zuweilen bis zur Ununterscheidbarkeit, sodass sich bestimmte Schnitte nicht eindeutig einer der beiden Ebenen zuordnen lassen. Die heuristische Unterscheidung zwischen einer primären und einer sekundären Montage lässt sich aus diesem Grund faktisch nicht aufrechterhalten. Darüber hinaus wird durch Unschärfen und Fokusverlagerungen das Verhältnis zwischen den beiden Bildebenen variiert. Schließlich verschiebt sich dieses Verhältnis zusätzlich nach Maßgabe der changierenden Aufmerksamkeit Mayas, die sich zwischen den diversen Bildschirmen, DVD-Türmen und Aktenordnern aufteilt.

Mit diesem Zusammenspiel der zwei Montagerhythmen ist ein erster Aspekt dessen benannt, was ich oben als »Faltenbildung« bezeichnet habe: Hier manifestiert sich ein Verhältnis des Bildes zu sich selbst. Das, was wir hören und sehen, ist wahrnehmbar einer Krafteinwirkung ausgesetzt (zum Charakter dieser Einwirkung im Folgenden mehr). Die Szene entfaltet sich in dieser Faltung des Bildes nach einem stolpernden Stop-and-Go-Rhythmus und endet schließlich im Stillstand. Dabei lässt sie sich in drei Abschnitte unterteilen. Der erste Abschnitt führt das beschriebene Konstruktionsprinzip der Szene ein: den Wechsel zwischen den Videos und der Videoanalyse. Dieser Wechsel entspinnt sich zunächst als gleichmäßiges Hin und Her (die durchschnittliche Einstellungslänge beträgt ca. 3,5 Sekunden bei insgesamt 40 Einstellungen), bevor sich gegen Ende des ersten Abschnitts für einen Moment die Bewegungen etwas beschleunigen: Die Schnittfrequenz erhöht sich, Maya friert das Videobild ein (nur noch die diegetische Musik ist jetzt zu hören) und wendet den Kopf zu einem der anderen Bildschirme; dann legt sie eine weitere DVD ein. Das Hin und Her zwischen Maya und den Videos beginnt nach dieser kleinen Zäsur von Neuem, und der zweite Abschnitt wird zu einer verkürzten Kopie des ersten. Mit dem Ende des

Were there other people who carried messages from bin Laden?

Verdoppelung der Montage

zweiten Abschnitts wird der gleichmäßige Rhythmus wiederum moduliert. Stand das erste Innehalten jedoch im Zeichen der Affirmation (das Einfrieren des Bildes schreibt den Moment fest, in dem der Gefolterte den Kurier Abu Ahmed auf einem Foto identifiziert), so steht der zweite Durchlauf im Zeichen der Unklarheit und der Erschöpfung: Es nähern sich nicht nur die Gesten Mayas und der Gefolterten einander an, für einen Moment scheint der Film gar direkt, ohne die Vermittlung des Videobildes, in die Gegenwart eines der Verhöre einzutreten.

Das Ende des zweiten Abschnitts markiert denn auch die erste klare, längere Unterbrechung des bisherigen Ablaufs: Der Film kehrt für einige Sekunden zum Schwarzbild des Szenenanfangs zurück, während die Musik

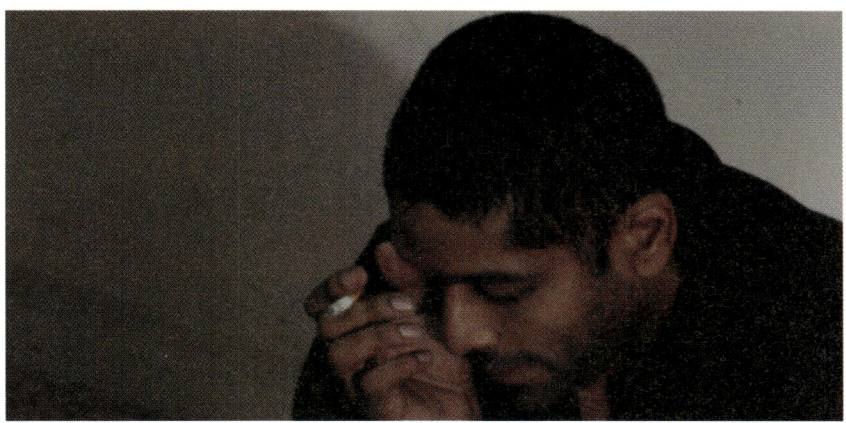

He was carrying a letter from bin Laden?

Die sich angleichenden Gesten der Erschöpfung

in Form abwärtsgerichteter, seufzerähnlicher Streicherfiguren zur dominanten Ebene des Ausdrucks wird. Die Musik verwebt hier nicht mehr lediglich die verschiedenen Bildräume miteinander. Vielmehr bestimmt sie nun selbst den Rhythmus, die zeitliche Form der Szene, während am Hin und Her zwischen Maya und den Videos der Aspekt der *Austauschbarkeit* in den Vordergrund rückt: Der Inhalt der einzelnen Verhöre tritt gegenüber dem Umstand zurück, dass es (unendlich) viele Verhöre gibt, die jeweils wieder eine begrenzte, mit Missverständnissen und Widersprüchen behaftete Perspektive liefern werden. Der Akt der Analyse löst sich vor diesem Hintergrund immer stärker von einem Jetzt, einem kritischen Moment der Veränderung, und ordnet sich stattdessen der Zeitlichkeit der Musik unter.

Das Gesicht zwischen Affekt und Datenmaterial

Die zeitliche Form der Szene: Das ist die Form der Erschöpfung und des Leerlaufs, und sie manifestiert sich auf der Tonebene privilegiert im Zusammenspiel der Streicher mit dem lauter werdenden, gequälten Atmen eines der Gefolterten. Während die Musik die statisch intonierten, abwärtsgerichteten melodischen Bögen unbeirrt verfolgt, verwirklicht sich im hektischen, fast panischen Atmen der Druck der Zeit auf den Körper, die ganze Gewalt des Prozesses der Suche nach der Nadel im Heuhaufen, wie es im Film heißt.[21]

Mit dem Umschnitt in den dritten Teil der Szene intensiviert sich die Verschränkung von Film und Video auf eine Weise, die nicht nur den Raum des Büros weitgehend ausblendet und die Distanz zwischen der Beobachterposition und dem Gegenstand der Beobachtung verringert. Noch darüber hinaus erscheinen der Blick der Analystin und die Körper und Gesichter der Gefolterten nun fast symbiotisch aufeinander bezogen, miteinander verwoben unter dem Zeichen des obsessiven Ermittelns und Nachforschens. Die dominante Bildform in diesem Abschnitt, und das gilt sowohl für Maya als auch für die verhörten Häftlinge, ist die Großaufnahme des Gesichts. Und in der Konfrontation der Gesichter läuft die Szene schließlich aus.

Der Druck der Zeit: Affektbild und Paranoia

Wie Deleuze schreibt, ist die Großaufnahme »*per se* Gesicht, und beide sind der Affekt bzw. das Affektbild«.[22] Doch im affektiven Modus der Paranoia erhält das Gesicht zusätzlich dazu eine spezielle Funktion, welche die erste überlagert: Es wird zu einer Fläche, von der Informationen oder Daten abzulesen sind. Damit schreibt es sich zunächst in das paranoische Projekt der Sichtbarmachung ein, die auf das Detail fokussiert ist: »Das Gesicht ist die organtragende Nervenschicht, die den Hauptanteil ihrer allgemeinen Beweglichkeit aufgegeben hat und die nach Belieben alle Arten lokaler Bewegungen, die der Körper sonst verborgen hält, aufnimmt oder ausdrückt.«[23]

Im Unterschied zum Affektbild klassischer Ausprägung organisiert jedoch die Großaufnahme im Modus der Paranoia nicht mehr den Übergang von der Wahrnehmung zur Aktion. Sie führt lediglich zu anderen Bildern – eine Bewegung, die vom Detail, vom einzelnen Punkt ihren Ausgang nimmt. Dies wird besonders deutlich in den Momenten, wenn die Struktur des elektronischen Videobildes beginnt, die Konturen der aufgezeichneten Körper und Gesichter zu dominieren. Die elektronischen Bilder

> sind Gegenstand einer fortlaufenden Reorganisation, bei der ein neues Bild *aus einem beliebigen Punkt* des vorhergehenden Bildes entstehen kann. Die Raumorganisation verliert damit ihre privilegier-

Organisation der musikalischen Struktur gegenüber der horizontalen die Oberhand gewinnt. Die Melodie drängt nicht vorwärts, eher moduliert sie einen Leerlauf.

22 Gilles Deleuze: *Das Bewegungs-Bild. Kino 1* [1983]. Frankfurt a. M.: Suhrkamp 1997 (b), S. 124.
23 Ebd.

ten Richtungen […]. Und selbst die Leinwand […] scheint nicht
mehr auf die Position des Betrachters zu verweisen, wie dies bei
einem Fenster oder auch bei einem Bild der Fall ist, sondern stellt
eher eine Informationstafel dar, eine undurchsichtige Fläche, auf
der die »Daten« verzeichnet sind. Information tritt an die Stelle der
Natur, und die Überwachungszentrale, das dritte Auge, ersetzt das
Auge der Natur.[24]

Die Rolle des Details wandelt sich hier: Vom Träger des Ausdrucks wird es
zum Ausgangspunkt neuer Verkettungen. In ZERO DARK THIRTY infizieren
die elektronischen Bilder förmlich den Handlungsraum und machen ihn zu
einem Kabinett opaker Oberflächen. Das Gesicht Mayas wird auf diese
Assemblage bezogen, aber weder strebt die Szene über diese Bezugnahme
einem Höhepunkt zu, noch fungiert das Gesicht als Einheit der Reflexion
des Gesehenen – keine der beiden Optionen, die Deleuze für das klassische
Affektbild anführt, greift hier.[25] Stattdessen endet die Szene ohne Auflösung
in der starren Konfrontation zwischen Gesicht und Bildschirm, das Zusammenspiel von Musik und Horrorfilmgeräuschkulisse ist bleierner Stille
gewichen.

Das Bild konstituiert hier nicht eigentlich einen Handlungsraum – jedenfalls nicht, wenn man Handlung im Sinne des Deleuze'schen Aktionsbildes
versteht: als Antwort auf die Herausforderungen durch eine Situation und
als gleichzeitige Schaffung einer neuen Situation.[26] Was vielmehr entsteht,
ist ein Raum der Analyse. Das Bild betont seinen Status als etwas Wahrzu-
nehmendes, etwas, das sich dem handelnden Zugriff von Figuren versperrt.
Zunächst einmal trifft damit auf den Modus der Paranoia zu, was Deleuze
über den Neorealismus sagt: Es handle sich um ein »Kino des Sehenden und
nicht mehr [ein] Kino der Aktion«.[27] Der Unterschied zum Neorealismus ist,
dass die Unschuld der einzelnen Einstellung radikal in Zweifel gezogen
wird: Sie steht permanent in dem Verdacht, im Verborgenen Verbindungen
auszubilden, die sich der Nachforschung entziehen. Der paranoische Blick
sucht daher die opake Oberfläche des aufgeblasenen Bildes (die hier wirklich als Fläche verstanden wird) zu durchstoßen; er sucht nach den mögli-

---

24   Deleuze 1997 (a), S. 339–340, meine Hervorhebung.
25   Vgl. Deleuze 1997 (b), S. 123.
26   Vgl. ebd., S. 193 ff.
27   Deleuze 1997 (a), S. 13. Tatsächlich lässt sich der Modus der Paranoia als reflexiver Zugriff
    auf die Bildformen des Neorealismus begreifen, wie weiter unten noch etwas deutlicher
    werden wird.

Das Videobild und die Blockade des Handlungsraums

chen Verbindungen in Rauchwolken, Verunreinigungen und schließlich im Filmkorn selbst.[28]

In Zero Dark Thirty werden die Folterbilder als Informationsquellen behandelt und gleichen sich so den anderen Tabellen, Dokumenten und Bildschirmen an, die das Büro Mayas füllen. Alles, was ihr zu tun bleibt, ist, aus dieser Vielzahl von Perspektiven Bedeutung zu konstruieren. Es geht dem Film nicht um eine Anklage dieser Tatsache. Vielmehr – und daraus speist sich der Vorwurf einer fehlenden oder fehlgeleiteten Haltung des Films zur Frage der Folter[29] – ist der Film an den *Zwängen* und Überforderungen interessiert, denen *all* diese Körper ausgesetzt sind, sei es in Form direkter oder gedanklicher Gewalt. Die offensichtliche und mit äußerster Brutalität umgesetzte Asymmetrie zwischen Folterer und Gefoltertem ist dabei nicht mehr als eine strukturelle Voraussetzung, die der Konstellation von Analyse und Videomaterial gleichgesetzt wird. Die erschöpfende Aktivität der Bildbetrachtung nähert sich der erschöpfenden Aktivität der Folter an, wobei das Einfrieren der Bilder als Versuch erscheint, dem Bild so viel Information wie möglich abzupressen, während dieses sich gleichzeitig auf seine Materialität hin entzieht, auf Punkte und Striche reduziert. Die Sequenz ist an zwei Stellen von solchen Momenten des Einfrierens punktiert, in denen die charakteristische Oberfläche des elektronischen Videobilds den filmischen Bildraum dominiert.

Diese Zwänge lassen sich, wie schon angemerkt, als eine Form von Zeitlichkeit begreifen, als Macht der Spaltung der Zeit über das selbstbestimmte Handeln und Fühlen von Individuen. Steven Shaviro hat diese Zeitlichkeit auf ein aktuelles filmisches bzw. televisuelles Genre bezogen, das sogenannte *Procedural*:[30]

---

28   Vgl. Manfred Schneider: *Das Attentat. Kritik der paranoischen Vernunft*. Berlin: Matthes & Seitz 2010, S. 478 ff.

29   Vgl. für einen Eindruck von der ausufernden Diskussion etwa Jane Mayer: Zero Conscience in Zero Dark Thirty. In: *The New Yorker* (14.12.2012). URL: http://www.newyorker.com/news/news-desk/zero-conscience-in-zero-dark-thirty [letzter Zugriff am 21.1.2016]; Slavoj Žižek: Zero Dark Thirty: Hollywood's Gift to American Power. In: *The Guardian* (25.1.2013). URL: http://www.theguardian.com/commentisfree/2013/jan/25/zero-dark-thirty-normalises-torture-unjustifiable [letzter Zugriff am 21.1.2016]; Andrew O'Hehir: Pick of the Week: Kathryn Bigelow's mesmerizing post-9/11 Nightmare. In: *Salon* (14.12.2012). URL: http://www.salon.com/2012/12/14/pick_of_the_week_kathryn_bigelows_mesmerizing_post_911_nightmare/ [letzter Zugriff am 21.1.2016].

30   Beispiele für *Procedurals* lassen sich vor allem in Fernsehserien wie den diversen *CSI*-Ablegern finden, welche die Arbeit der polizeilichen Spurensicherung in den Vordergrund stellen. In einem etwas weiteren Sinne geht es um die detaillierte Beschreibung kriminalistischer, krimineller oder sonstiger *Verfahren* (daher der Name), vermittels derer

Zero Dark Thirty is the *ne plus ultra* of proceduralism, its ultimate
expansion and *reductio ad absurdum*. It's all about the well-nigh inter-
minable *process* of searching for, and then eliminating, Osama Bin
Laden. [...] The torture which the film has become controversial for
depicting is of course part of this. But so is the process of painstak-
ingly correlating irrelevant information, the accidental discovery of
leads in years-old records, the repetitive tracking of the vehicle of
the suspected courier, the endless bureaucratic meetings at which
officials seek to decide if the information is valid and what should
be done about it, and above all the military operation in the last
thirty minutes of the film [...].[31]

Es ist die Zeit *als* Zwang, um die es hier geht, das Ablaufen der Prozedur,
dem sich alles unterordnet. Im Gegensatz etwa zum Suspense, der die Zeit
nach Maßgabe einer subjektiven Instanz der Imagination beliebig dehnt und
komprimiert, ist es im Modus der Paranoia die Zeit selbst, welche auf die
Imagination einwirkt. Die Zeit des Ereignisses konstituiert nicht die Gegenwart einer subjektiven Perspektive, sondern die Individualität eines Datums,
einer Tages- oder Jahreszeit (etwa die Ermordung Kennedys auf der Dealey
Plaza oder den Überfall auf Bin Ladens Quartier in einer mondlosen Nacht):
Die Figuren »sind nicht länger Subjekte, sondern werden Ereignisse, und
zwar in Gefügen, die von einer Stunde, einer Jahreszeit, einer Atmosphäre,
einer Luft oder einem Leben nicht getrennt werden können. [...] Die raum-
zeitlichen Relationen und Determinationen sind keine Prädikate des Dinges,
sondern Dimensionen von Mannigfaltigkeiten.«[32]

Das *Procedural* (in seiner extremsten Konzentration auf den Prozess) ist –
analog dem Paranoia-Thriller der 1970er und 1990er Jahre – nur die äußere
Form, in der sich diese Zeitlichkeit aktualisiert. Entscheidend ist die Über-
ordnung des Zeitdrucks wiederholt ablaufender Prozesse über die Zeit individueller Körper. Eben diese Hierarchie ist es, die den paranoiden Stil ausmacht. Körper erscheinen der Wahrnehmung des Zuschauers im Modus der
Paranoia nicht als primäre Träger von Handlung. Sie sind in Zwänge eingepasst, und was an Handlung entsteht, bricht sich in ihnen Bahn, entsteht aus

eine Aufgabe gelöst wird, etwa die Aufklärung eines Verbrechens, aber auch die quasipro-
fessionelle Durchführung eines Bankraubs oder eines Juwelendiebstahls. Prominente Beispiele für Letzteres sind Filme wie Du Rififi chez les Hommes (1955, Jules Dassin) oder
Thief (1981, Michael Mann).

31   Steven Shaviro: A Brief Remark on Zero Dark Thirty. URL: http://www.shaviro.
      com/Blog/?p= 1114 [letzter Zugriff am 21.1.2016].
32   Gilles Deleuze, Félix Guattari: *Tausend Plateaus* [1980]. Berlin: Merve Verlag 1992, S. 357.

einer Dynamik der (unmöglichen) Kompensation dieser Zwänge heraus.[33] Deshalb ist Handlung in ZERO DARK THIRTY exzessiv, aber nicht produktiv in dem Sinne, dass sie, in die Zukunft gerichtet, eine neue Situation herbeiführte: Bestehe sie nun im Zufügen brutaler Gewalt, im obsessiven Studium kleinster Details oder in der Durchführung eines Attentats – das Endergebnis kann nur sein, dass wir dort ankommen, wo wir zuvor gewesen sind. In diesem Sinne wird es im Folgenden darum gehen, die Schlussfolgerungen aus der Analyse zu ziehen und die damit beschriebene Ausprägung des paranoiden Stils in einer affektpoetischen Genealogie zu verorten.

Paradigmen der Paranoia

Der Beginn der Szene im Finstern, wie auch ihr Zurückfallen in die Dunkelheit beim Übergang in den dritten Abschnitt weisen auf den Beginn des Films insgesamt zurück. Dieser ruft die Anschläge des 11. September vermittels einer Soundcollage auf, die sich gleichfalls im Dunkeln abspielt. Die Szenen von Folter und Verhör schließen direkt an diesen Prolog an. Im Gegensatz zu den von Deleuze beschriebenen elektronischen Bildern kennt der Film, und ganz besonders der Film im Modus der Paranoia, demnach durchaus ein *hors-champ* bzw. ein Off.[34] Dies spielt sogar eine zentrale Rolle, und zwar eben mit Blick auf die Funktion des Details. Tatsächlich ließe sich sagen, dass das Verhältnis von Sichtbarkeit und Unsichtbarkeit für den paranoischen Modus von konstitutiver Bedeutung ist. So schreibt Leo Bersani: »Paranoid thinking […] hesitates between the suspicion that the truth is wholly obscured by the visible, and the equally disturbing sense that the truth may be a sinister, invisible design *in* the visible.«[35]

Filmtheoretisch formuliert, lautet diese Frage: Wie konstituiert sich filmischer Sinn? Ist er hinter den Bildern zu suchen, »jenseits der Einstellung«?[36]

---

33 Selbstverständlich ist damit keine Absolution der Folterer ausgesprochen. Die Frage nach Schuld oder Unschuld stellt sich auf dieser Ebene überhaupt nicht, weil es nicht um psychologisch verfasste Subjekte geht. Gerade der Status der Figuren als Subjekte wird ja infrage gestellt.

34 Vgl. Deleuze 1997 (a), S. 339.

35 Leo Bersani: Pynchon, Paranoia, and Literature. In: *Representations* 25 (1989), S. 99–118, hier S. 102.

36 Vgl. Sergej Eisenstein: Jenseits der Einstellung [1929]. In: Ders.: *Jenseits der Einstellung. Schriften zur Filmtheorie.* Hg. von Felix Lenz und Helmut H. Diederichs. Frankfurt a. M.: Suhrkamp 2006, S. 58–74.

Oder vielmehr auf der Oberfläche des Bildes?[37] Die Antwort der Paranoia lautet: Oberfläche und »Jenseits« sind aufeinander zu beziehen, d. h. es ist danach zu fragen, wie sich die Verkettung der Bilder aus dem bildlichen Material speist. Es ist eben das Wechselspiel zwischen Sichtbarem und Unsichtbarem, dieser verdeckte Austauschprozess zwischen dem Bild und dem Off, an dem sich jenes Gefühl entzündet, das Timothy Melley mit dem Begriff der *agency panic* belegt hat: die Instabilität der Zuschauerposition gegenüber einer Aktivität, die sich nicht verorten lässt (dazu mehr am Ende des Aufsatzes).[38]

Die Suche nach Abu Ahmed ist nichts anderes als die Suche nach einem Anker im Bild, von dem aus sich die Verkettung rekonstruieren ließe, von dem aus der DVD-Stapel sich zu einer sinnvollen Anordnung fügt. Jedes Detail kann nun die Rolle dieses Ankers spielen, indem es den entscheidenden Hinweis auf eine Verschwörung liefert, auf eine neue »Totalität«, wie sie dem Aktionsbild abhandengekommen ist.[39] Bezugnehmend auf die von Bersani aufgeworfene Frage kann man die analysierte Szene entsprechend begreifen als Beitrag zum paranoischen Projekt der Sichtbarmachung, des Durchstoßens der opaken Oberfläche des Bildes hin auf eine tieferliegende Wahrheit.[40]

Am Anfang dieser Suche steht als basales Charakteristikum des paranoiden Stils das filmische Bild als Fragment. Das Fragment hat von sich aus keine Beziehung zu dem, was es umgibt; diese Beziehung muss immer erst herge-

---

37 Serge Daney hat mittels dieser beiden Fragen eine Periodisierung der Filmgeschichte versucht, derzufolge sich die erste Phase, vertreten durch das (u. a. sowjetische) Montage-kino, durch die erste Frage charakterisieren lasse, während die zweite, beginnend mit dem Neorealismus, die zweite Frage in den Vordergrund stelle. In dieser Perspektive lässt sich der Modus der Paranoia als Modus filmgeschichtlicher Reflexion lesen, der das Prinzip der ersten Phase (was ist hinter dem Bild, was ihm Sinn verleiht?) auf das der zweiten Phase (was ist an der Oberfläche des Bildes zu sehen?) bezieht. Vgl. Gilles Deleuze: Brief an Serge Daney. Optimismus, Pessimismus und Reisen [1986]. In: Ders.: *Unterhandlungen 1972–1990*. Frankfurt a. M.: Suhrkamp 1993, S. 101–118.

38 Timothy Melley: *Empire of Conspiracy. The Culture of Paranoia in Postwar America*. Ithaca und London: Cornell University Press 2000, S. 11–12.

39 Vgl. Deleuze 1997 (b), S. 279.

40 »Die Wahrnehmungsorgane der paranoischen Vernunft erleben die Welten, Räume und Dinge, die sie beunruhigen, vornehmlich als Flächen. Gegen diese Beunruhigung bietet sie eigene Flächenbilder auf. Von daher rührt die zweideutige Faszination, die für sie von Bildern, Fotos, Karten und Schriftstücken ausgeht und die zu artifiziellen Interpretationen einladen. Auch die stärkste Vernunft vermag keine *Räume* zu interpretieren, sondern nur *Oberflächen* und die auf diesen Oberflächen auftauchenden Zeichen. Dabei lässt es die paranoische Deutung aber nicht bewenden: Sie stößt durch diese Oberflächen hindurch. Sie ist davon überzeugt, dass die Oberflächen Diaphragmen sind, hinter denen der Blick die wahren Träger der Macht und der Wahrheit ausblinzeln könnte.« Schneider 2010, S. 591.

stellt werden. Und eben dies führt die Szene aus ZERO DARK THIRTY vor, indem sie im Schwarzfilm beginnt: Das Verhältnis von Ton und Bild ist nicht von vornherein gegeben, es ist jeweils zu konstruieren. Das Gleiche gilt für das Verhältnis des Bildes zu anderen Bildern, wie Mayas Tätigkeit des Auswählens und Verbindens disparater Perspektiven demonstriert: Der Prozess der Paranoia besteht darin, die Fragmente so anzuordnen, dass sie Sinn ergeben. Zur Natur dieses Sinns (verstanden in der Logik des paranoischen Denkens) gehört es, dass die Bilder eine sichtbare Welt bauen, die ihre Existenz nicht aus sich selbst begründet, sondern aus dem, was unsichtbar ist: aus der Verschwörung – sofern sich Verschwörung als filmische Form der Bildverkettung verstehen lässt.[41] Sie ist es, die für den Zusammenhalt der Bilder sorgt. Das gilt nicht erst auf der Ebene der Handlung, sondern in primärer Hinsicht auf der Ebene der Form. Der paranoide Stil ist orientiert am Kausalitätsprinzip:[42] Das Ereignis (das Erscheinen der Welt) ist immer schon eingetreten – jetzt gilt es, Gründe zu finden.

Das Paradigma für diese Ausformung des paranoiden Stils bildet der in einer einzigen Einstellung ablaufende Zapruder-Film, der den Tod John F. Kennedys zeigt. Dieser Film entzieht sich dem Zuschauer in einer doppelten Weise: zum einen in räumlicher, zum anderen in zeitlicher Hinsicht. Räumlich gesehen entzieht sich der Film, weil wir des Vorgangs nur aus einer betont eingeschränkten und wie zufällig gewählten Perspektive ansichtig werden, die uns keinen Überblick über das Geschehen erlaubt; vor allem den Schützen – und damit das Kernstück der kausalen Anordnung des Attentats – spart diese Kadrierung aus. Um mit Pier Paolo Pasolini zu sprechen, für den der Zapruder-Film den Paradefall des *long take* darstellt, fehlt jedoch dieser Perspektive nicht einfach nur eine weitere, sie ergänzende.[43] Damit kommen wir zum Aspekt der Zeitlichkeit. Hätten wir, so spekuliert Pasolini, ein Dutzend Äquivalente des Zapruder-Films aus beliebigen anderen Perspektiven, so hätten wir noch immer nichts anderes als eine »Multiplikation der

41   Die frühen Theoretiker der *suture* bescheinigen dem *Continuity System* Hollywoods auf genau dieser Grundlage eine paranoide Struktur, vgl. Jacqueline Rose: Paranoia and the Film System. In: *Screen* 17/4 (1976), S. 85–104.
42   Für das Verhältnis von Ton und Bild hat Michel Chion dieses Problem der Kausalität sehr einleuchtend mit dem Konzept des Akusmatischen gefasst. Das akusmatische Wesen, welches spricht, aber nicht im Bild zu sehen ist, sorgt für Unruhe im Bild. Aufgrund seiner Nicht-Verortung werden ihm schier unbegrenzte Fähigkeiten zugeschrieben, auf das Bild einzuwirken. Vgl. Michel Chion: Das akusmatische Wesen. Magie und Kraft der Stimme im Kino [1982]. In: *Meteor* 6 (1996), S. 48–58.
43   Pier Paolo Pasolini: Observations on the Long Take [1967]. In: *October* 13 (Sommer 1980), S. 3–6.

Gegenwarten«,[44] die sich gegenseitig in ihrer Relativität, Beliebigkeit und Unzuverlässigkeit ausstellen. Vielmehr mangelt es also an einer Koordination der subjektiven Perspektiven, einer erzählenden Instanz, die Gegenwart in Vergangenheit umzuwandeln vermöchte. So aber sehen wir uns einer entleerten Gegenwart gegenüber, die zu nichts weiter imstande ist, als sich permanent zu wiederholen.

Das Bild erscheint demnach *immer schon* im Modus der Wiederholung – wie das Faksimile eines Ereignisses, dessen Ausgang bereits in seinem Ablauf aufgehoben ist. Die finale Tötung Bin Ladens in ZERO DARK THIRTY ist entsprechend als präzises Reenactment des »tatsächlichen« Vorgangs inszeniert; sie wiederholt geradezu obsessiv die Bilder, die jeder Zuschauer bereits gesehen hat und führt zu dem Ende, das jedem im Voraus bekannt ist.[45] Das Präsens des Bildes ist dabei nicht der kritische Augenblick einer Entscheidung, sondern der leere Moment eines Wieder-Erlebens, von dem immer schon klar ist, worauf er hinausläuft. Die weitverbreitete (und offenbar selbst Kathryn Bigelow einschließende) Verwirrung darüber, inwiefern ZERO DARK THIRTY einen Status als »journalistische«[46] Dokumentation der Suche nach Bin Laden beansprucht, speist sich aus eben diesem Wiederholungszwang.[47] Dieses Prinzip des Reenactment lässt sich in affektpoetischer Hinsicht als eine sehr spezifische Form von dramatischer Ironie verstehen, die zwar auf eine Distanzierung des Zuschauers, allerdings nicht auf eine kathartisch sich auflösende Form affektiver Ambivalenz abzielt (wie etwa in der antiken Tragödie oder im klassischen Gangsterfilm):[48] Das Wissen des Zuschauers um das, was kommen wird, schreibt sich nicht als Differenz in den Ablauf der filmischen Dramaturgie ein (etwa als Differenz zum Wissen der Figuren), sondern als eine Form der Gewissheit, die exakt mit jener planmäßigen Routine korrespondiert, mit der das Attentat auf Bin Laden ausge-

---

44   Ebd., S. 4.

45   Es ergibt sich hier eine Parallele zum Reenactment jeweils erst jüngst vergangener zeitgeschichtlicher Ereignisse in Alan J. Pakulas Paranoia-Filmen THE PARALLAX VIEW (1974) und ALL THE PRESIDENT'S MEN (1976). THE PARALLAX VIEW stellt u. a. Fotos der Ermordung Robert Kennedys nach, während ALL THE PRESIDENT'S MEN den Watergate-Skandal und seine Aufdeckung wiederaufführt.

46   Kathryn Bigelow: »What we were attempting is almost a journalistic approach to film.« Zitiert nach Dexter Filkins: Bin Laden, the Movie. In: *The New Yorker* (17.12.2012). URL: http://www.newyorker.com/magazine/2012/12/17/bin-laden-the-movie [letzter Zugriff am 21.1.2016].

47   Ein Gutteil der Kontroverse um den Film resultiert aus diesem (vermeintlichen?) Wahrhaftigkeitsanspruch.

48   Zur tragischen Ironie im Gangsterfilm vgl. Daniel Illger: *Heim-Suchungen. Stadt und Geschichtlichkeit im italienischen Nachkriegskino.* Berlin: Vorwerk 8 2009, S. 137 ff.

führt wird.[49] So auch der Zapruder-Film: Inszeniert ist hier gerade nicht die Diskrepanz zwischen dem Wissen des Zuschauers und z. B. der geschockten Überraschung der Figuren als ein Konflikt zweier oder mehrerer Zeitlichkeiten. Dadurch, dass der Film auf die eine, eingeschränkte und wie zufällig gewählte Perspektive Zapruders reduziert bleibt, eignet ihm vielmehr, wie Joan Copjec in einem Kommentar zu Pasolinis Aufsatz vermerkt, überhaupt kein »vollwertiger« Point of View.[50]

Auf dieser Basis wird das Bild, während es jeden Handlungszugriff im Sinne des Aktionsbildes verwehrt, zu einer Oberfläche, die nach Informationen abgesucht wird. Das Ziel dieser Suche ist es, den Zusammenhang mit anderen Bildern (wieder)herzustellen. In der Konsequenz wird der Zapruder-Film zum Gegenstand einer gigantischen Interpretationsmaschinerie, zahlloser Versuche, dem Gesehenen Bedeutung zuzuschreiben und auf diese Weise der in diesem Film entfalteten Welt Kohärenz zu verleihen. Diese Kohärenz nimmt zwangsläufig die Form der Verschwörung an,[51] wobei die Verschwörung auf der Ebene des Plots nur das Ergebnis der Notwendigkeit ist, einen Zusammenhang der Bilder zu konstruieren. Hier kommt nun das abweichende Detail ins Spiel: Aus jeder Bewegung des Kopfes von Kennedy, aus jedem Schatten auf dem Rasen, aus jeder Irritation bezüglich der Position der Personen im Auto wird versucht, eine Verbindung zwischen diesem Bild und anderen Bildern zu konstruieren. Was benötigt wird, ist eine Brücke ins Off. Dieses Off gleicht dem berühmten archimedischen Punkt: Von ihm aus lässt sich die Wirklichkeit rekonstruieren, die Welt aus den Angeln heben.

Die digitalen Bilder stellen für diese Denkweise nun insofern ein besonderes Problem dar, als sie, mit Deleuze gesprochen, eben nicht auf ein Off verweisen, sondern immer nur auf andere Bilder. Das Off ist zwar nicht gänzlich verschwunden; jedoch erschließt es sich nicht mehr über die Konstellation der Bilder zueinander, wie im klassischen *Continuity System*. Die Attacken des 11. September transformieren die Welt von ZERO DARK THIRTY

---

49   Die Asymmetrie zwischen der Perspektive der Figuren und derjenigen der Zuschauer besteht gewissermaßen nur *de iure*, ohne sich *de facto* als Asymmetrie zu realisieren – weil die Perspektive der Figuren vollständig vom Prozess subsumiert wird, in den sie eingepasst sind.

50   Joan Copjec: *Imagine there's no Woman. Ethics and Sublimation*. Cambridge: MIT Press 2004, S. 200.

51   Einen vergleichsweise naiven Versuch, Kohärenz wiederherzustellen, stellt der Film EXECUTIVE ACTION (1973, David Miller) dar, der das JFK-Attentat aus der Sicht einer fiktiven Gruppe von Verschwörern nacherzählt. Weitaus ambitionierter (und bekannter) ist natürlich Oliver Stones JFK (1991).

in eine Akkumulation von Hinweisen, in einen Heuhaufen, in dem sich irgendwo die Nadel versteckt. Das Problem besteht darin, sicheren Grund für die Suche nach dieser Nadel zu finden, weil angesichts der Menge der auszuwertenden Daten und der Natur ihrer potenziellen Verknüpfungen das, was man nicht weiß, ebenso wichtig ist, wie das, was man weiß[52] – das Dilemma, auf das Bersani hinweist, erscheint hier potenziert. Im steten, beliebigen Austausch der Perspektiven existiert keine Möglichkeit, Information von Fehlinformation zu trennen. Es kommt demnach, wie in der Analyse gesehen, zu einer Blockade, einem Stillstand.

Die Filme des New Hollywood, die auf dem Paradigma des Zapruder-Films aufbauen, begegnen der Verweigerung von Handlung auf zwei verschiedene Weisen: Die eine ist die exzessive Kombinatorik der Perspektiven, das permanente Austauschen einer defizienten Ansicht für eine andere (z. B. THE PARALLAX VIEW). Die andere ist Überkompensation der Verweigerung durch Formen exzessiver Action und Gewalt. Eyal Peretz nennt diese zweite Variante ein »paranoid cinema of action« und begreift Brian De Palmas THE FURY (1978) als typischen Vertreter dieser Spielart.[53] ZERO DARK THIRTY kombiniert diese beiden Vorgehensweisen miteinander. Das Pendant der Folterszenen ist in dieser Hinsicht das Kommandounternehmen, das die letzte halbe Stunde des Films ausfüllt.[54] Erst nachdem die Suche mit der Tötung Bin Ladens an ihr Ende gekommen ist, gibt es für einen Augenblick Zugang zu so etwas wie einem Präsens und damit zur Möglichkeit der Trauer – im pointierten Gegensatz zum Rest des Films und zur oben analysierten Szene, die in ihrer affektiven Verflachung bemerkenswert erscheint. Diese Verflachung bezeichnet denn auch eine wesentliche Entwicklung des paranoiden Stils seit den 1970er Jahren: Die

---

52   Bekanntlich hat der damalige US-Verteidigungsminister Donald Rumsfeld dieses Problem in einer Rede mit der Formulierung einer Trias möglicher Kombinationen von Wissen und Nichtwissen angesprochen: known knowns, known unknowns und unknown unknowns. Vgl. URL: http://en.wikipedia.org/wiki/There_are_known_knowns [letzter Zugriff am 21.1.2016]. Dass Rumsfelds Erörterungen eher Ausflüchten gleichen und er eine wesentliche Kombination unter den Tisch fallen lässt – unknown knowns – haben aus unterschiedlicher Perspektive sowohl Errol Morris in seinem Film THE UNKNOWN KNOWN (2013) als auch Slavoj Žižek angemerkt. Vgl. Slavoj Žižek: What Rumsfeld Doesn't Know That He Knows About Abu Ghraib. In: *In These Times* (21.05.2004). URL: http://inthesetimes.com/article/747 [letzter Zugriff am 21.1.2016].

53   Eyal Peretz: *Becoming Visionary. Brian De Palma's Cinematic Education of the Senses.* Bloomington: Stanford University Press 2008, S. 54 ff.

54   Zur Frage der Gewalt, besonders in der Parallele zwischen Anfang und Ende des Films, vgl. Robert Burgoyne: The Violated Body. Affective Experience and Somatic Intensity in ZERO DARK THIRTY. In: David LaRocca (Hg.): *The Philosophy of War Films*. Lexington: University Press of Kentucky 2014, S. 247–260.

letzten Spuren eines melodramatischen Gestus sind nun verbannt, bis auf die letzten Sekunden des Films.

Intellektuelle Gefühle: Paranoider Stil im 21. Jahrhundert

Mit dieser Perspektive auf die Genealogie affektpoetischer Entwürfe wären wir nun beim Fazit angelangt. Sowohl in dieser diachronen als auch in synchroner Perspektive – im Vergleich zu anderen Modi, etwa zum Komischen oder Melodramatischen – stellt sich die Frage nach den Gefühlen aufseiten der Zuschauer, durch die sich der Modus der Paranoia auszeichnet. Ein mögliches Modell wäre die bereits erwähnte *agency panic*: »By agency panic, I mean intense anxiety about an apparent loss of autonomy or self-control – the conviction that one's actions are being controlled by someone else, that one has been ›constructed‹ by powerful external agents.«[55]

Der Begriff der *agency panic* adressiert zwei wichtige Anliegen dieser Untersuchung: nämlich erstens das einer konkreten Beschreibung affektiver Qualitäten, und zwar, zweitens, in Gestalt ihrer historischen Konkretisierung – verwendet Melley den Begriff doch, um das veränderte Wesen der Paranoia nach dem Zweiten Weltkrieg zu beschreiben.[56] Geht man nun vom Stilbegriff als Voraussetzung einer affektpoetischen Genealogie aus, so lassen sich mit dem Attentat auf John F. Kennedy sowie dem 11. September zwei weitere Bezugspunkte ausmachen, an denen sich das paranoische Denken ausrichtet. Mit diesen beiden Daten sind zwar in erster Linie nicht die historischen Ereignisse »selbst« gemeint; doch stellt sich eben unter dem Gesichtspunkt des paranoiden Stils die Frage, inwiefern sich das Ereignis überhaupt von dem trennen lässt, was man gemeinhin seine mediale Vermittlung nennt.

Der Begriff der »intellektuellen Gefühle«, den Lacan im Anschluss an Pierre Janet prägt, verspricht hier eine weitere systematische Präzisierung. Es handelt sich dabei um »Gefühle von Aufzwingung, Einflußnahme, Eindringen und Ersetzung; von Gedankendiebstahl, -erraten und -echo und von einer Fremdheit der äußeren Welt.«[57] Diese intellektuellen Gefühle sind »für den Kranken wie für den Beobachter als nahezu unaussprechliche Affektzustände zu begreifen, und der Wahn stellt nur die Art und Weise dar, wie sie

---

55   Melley 2000, S. 12.
56   Ebd, S. 26.
57   Lacan 2002 [1933], S. 136.

sekundär […] zum Ausdruck gebracht werden.«[58] Hiermit wären – durchaus im Einklang mit den Ergebnissen der Analyse – sowohl das Problem der Kontrolle (nicht zuletzt des eigenen Körpers) als auch das Problem der Überwachung wiederaufgegriffen, von denen meine Überlegungen ihren Ausgang genommen haben. In Bezug auf das Thema »Kontrolle« erweist sich all das als relevant, was über den auf den Körper einwirkenden Druck der Zeit gesagt wurde, der sich in Gewalt und Obsession entlädt. In Bezug auf die Frage der Überwachung rückt die Instabilität der Zuschauerposition gegenüber dem hypertrophen Wechsel der Beobachtungsperspektiven in den Mittelpunkt. Die Verbindung von kognitiver und affektiver Dimension in der Formel der »intellektuellen Gefühle« schließlich trägt dem Umstand Rechnung, dass der Modus der Paranoia sich in seinem Kern von der Frage her begründet, wie sich Sinn in filmischen Bildern konstituiert.[59] Dass dies keine unschuldige oder akademische Frage, sondern ein sehr reales Problem mit weitreichenden Konsequenzen ist, wird nicht zuletzt in einem Film wie ZERO DARK THIRTY überdeutlich.

---

58   Ebd.
59   Mit dieser Frage hat sich in mehr oder weniger expliziter Nachfolge des Zapruder-Films und im Bezug aufeinander eine informelle Trilogie befasst, bestehend aus BLOW-UP (1966, Michelangelo Antonioni), THE CONVERSATION und BLOW OUT (1981, Brian De Palma).

Julian Blunk

Filmstil als Filmdekor

Gedanken über den Paragone, Stoffhierarchien und Stillagen am Beispiel der Künstlerbiografie im Spielfilm

Die antike Rhetorik hierarchisierte neben den Anlässen einer Rede auch die jeweils zugehörigen formalen Gestaltungsmuster des Vortrags, die sogenannten Stilebenen (Stillagen, Stilhöhen).[1] Differenziert wurden in der Regel drei Kategorien: Cicero unterschied in seinem *Orator* den *genus humile* oder *subtile* als einen Alltagsstil für alltägliche Gegenstände, den etwa wissenschaftlichen Vorträgen angemessenen *genus medium* oder *mixtum* sowie den der Dichtung nahestehenden *genus grande* oder *sublime*, der nur bei entsprechend erhabenen Anlässen zur Anwendung zu kommen habe.[2] In der Frühen Neuzeit wurden Systeme wie dieses verstärkt auch auf die bildende Kunst und die Architektur übertragen.[3] In Begriffen wie *Decorum*,[4] Stillage, Stilhöhe oder Stilebene hierarchisierte das Denken in Angemessenheiten Gegenstände, Anlässe oder Auftraggeber von Kunstwerken auf der einen und ihre Stile, Materialien und Orte auf der anderen Seite, um schließlich beide in normative Korrespondenz zu bringen.[5] Ferner lieferte die Idee einer Adäquatheit von Form und Inhalt mal mit, meist aber ohne theoretisches Fundament und verbindliche Nomenklatur Kleider-, Zeremonial- und Säulenordnungen, Gattungshierarchien und den Debatten um die Materialgerechtigkeit die Stichworte. Als Ordnungs- und Wertungskategorie reglementiert und kanalisiert die Denkfigur der Stillage, auch wenn sie in der Moderne kaum noch als theoretische Größe in Erscheinung tritt, faktisch

---

1   Einführend: Gert Ueding: *Klassische Rhetorik*. München: C.H. Beck 1996.

2   Marcus Tullius Cicero: *Orator. Lateinisch-deutsch*. 3. durchgesehene Auflage, dt. von Bernhard Kytzler. Darmstadt: Wissenschaftliche Buchgesellschaft 1988.

3   Vgl. u.a. Robert Suckale: Stilbegriffe, Stilgeschichte, Stilkritik (2010). In: *Robert Suckales Kunstgeschichten*. URL: http://kunstgeschichten.blogspot.de/2010/11/robert-suckale-stilbegriffe.html [letzter Zugriff am 22.02.2016].

4   Zum Begriff des *Decorums* vgl. den Eintrag: Decorum. In: Jane Turner (Hg.): *The Dictionary of Art*, Bd. 8. Oxford: Oxford University Press 1999, S. 612–613.

5   »Wahre das Dekorum, das heißt, alles soll zusammenpassen: [...] und hab acht auf die Würde oder die Niedrigkeit des Gegenstandes, den du darstellen willst [...]« mahnt etwa Leonardo da Vinci seine Kollegen zur Befolgung der Gebote der Angemessenheit. Leonardo da Vinci: *Sämtliche Gemälde und die Schriften zur Malerei*. Herausgegeben, kommentiert und eingeleitet von André Chastel. München: Schirmer/Mosel 1990, S. 306.

noch heute Stiläußerungen aller Couleurs und mit ihnen die Codes kulturellen Zusammenlebens.

Der vorliegende Beitrag möchte deshalb fragen, ob es Anlass gibt, über Art und Wirksamkeit des Nachhalls solcher, das Wechselverhältnis von Gattungen, Gegenständen und Stilen hierarchisierender Modelle auch in Bezug auf den Film nachzudenken. Damit soll im Folgenden freilich weder die Gültigkeit eines homogenen Stillagencodex in der Filmgeschichte behauptet noch nachgewiesen werden, dass einzelne Filmschaffende ihr Bemühen um den Stil etwa bewusst gemäß der Maximen antiker Rhetoriker oder frühneuzeitlicher Kunsttheorie organisiert haben könnten. Vielmehr ist es dem Beitrag an der ergebnisoffenen Anregung einer Perspektivierung des Verhältnisses von Filmstoff und Filmstil im Hinblick auf die Gebote stilistischer Angemessenheit gelegen: Angesichts welcher Gegenstände steigert sich das Stilwollen des Films, in welcher Verbindlichkeit werden Stoffe und Stile einander zugeordnet und aus welchen Grundannahmen, Wertesystemen oder Argumentationen speisen sich entsprechende Zuordnungen? Wann ist ein Film *under-*, wann *overdressed* und was *ziemt sich* in Sachen Filmstil?

Im Dienste größtmöglicher Anschaulichkeit sollen diese Fragen nach dem »Sujetstil« am Beispiel der Künstlerbiografie, also an einem Subgenre des biografischen Spielfilms entwickelt werden, für welches das Interesse am Stil sowohl auf inhaltlicher als auch auf formaler Ebene von konstitutiver Bedeutung ist. Der Gegenstand erscheint deshalb als besonders geeignet, weil die filmische Künstlerbiografie erstens infolge ihrer ostentativen Stilisierungen nach Maßgabe ihrer Referenz, der in Anerkennung stehenden, durch Markt und Historiografie bereits hierarchisierten »Hochkunst«, zu mannigfaltigen inner- wie intermedialen Vergleichen und Wertungen aufruft. Zweitens hat das Genre, wenngleich bereits in der Frühzeit des Kinos etabliert, ein noch immer überschaubares Korpus einschlägiger Filme hervorgebracht, das dennoch groß genug ist, um ein paar generalisierende Charakterisierungen seines »Stilwollens« statthaft erscheinen zu lassen. Wenn die Künstlerbiografie der gestellten Frage somit auch in hohem Maße entgegenkommt, soll sie nichtsdestoweniger als ein austauschbarer Untersuchungsgegenstand verstanden werden.

Filmische Künstlerbiografien haben nicht nur häufig vorfilmische Geschichte(n) zum Thema, sondern speisen sich als moderne Ausprägung populärer Biografik insbesondere aus stereotypen historiografischen Versatzstücken und Vorstellungen von Künstlerleben und Künstlerseele, die bereits ebenfalls lange vor dem Film zu Geltung gelangten.[6] Dass der meist psychologisierende, biografische Zugriff auf das Thema mit gängigen (romantischen) Klischees vom Künstler operiert, ist hinreichend untersucht worden.[7] Motive des finanziellen Scheiterns, der sozialen Inkongruenz aufgrund und zugunsten professioneller Besessenheit, das Leiden an den Normen und Zwängen sowie am Unverstand der Gesellschaft, das Susan Sontag als »exemplarisch« verstanden wissen wollte,[8] werden variiert und immer neu kombiniert. Der Künstler tritt als begnadeter Schöpfer, moralischer Mahner, einsamer Visionär und verkanntes Genie in Erscheinung und entlarvt selbst in seinem zum Wahnsinn gesteigerten Schaffens- und Ausdruckszwang in der Regel lediglich den Wahnsinn der ihn umgebenden Gesellschaft. Die stetige Konsolidierung und Fortschreibung dieser Künstlermythen geschieht nicht zuletzt über die Auswahl der Filmhelden. Denn stellt man in Rechnung, dass Arbeitswahn und Sexualtrieb,[9] Sucht und Armut, Außenseitertum und Exzentrik sich womöglich in ähnlichem Maße auch in anderen Berufsgruppen äußern können, so darf als signifikant gelten, dass das Genre überproportional die Viten solcher Künstler hebt, die die geläufigen Bilder tragisch-dramatischer Künstlerexistenzen bedienen.[10] Im hier gewählten Zusammenhang aber ist vor allem von Interesse, dass es sich bei den Filmhelden zwar mal um verfemte, mal um gefeierte, fast ausnahmslos jedoch um von der Kunstgeschichtsschreibung kanonisierte Stilinnovatoren handelt.

Stilphänomene, Stilfindungsprozesse und Stilgeschichte bilden schon auf inhaltlicher Ebene das zentrale Thema der meisten Filme des Genres. Die

---

6   Vgl. hierzu grundlegend Ernst Kris, Otto Kurz: *Die Legende vom Künstler. Ein geschichtlicher Versuch.* Frankfurt a. M.: Suhrkamp 1980 [1934]. Zur filmischen Perpetuierung entsprechender Legenden vgl. auch Matthias Bauer: Diesseits und Jenseits der Künstlerlegende. Überlegungen zur Dramaturgie, Ikonografie und Szenografie von Filmen, die sich mit dem Lebenswerk von Malern und Malerinnen beschäftigen. In: Fabienne Liptay, Susanne Marschall, Henry Keazor (Hg.): *FilmKunst – Studien an den Grenzen der Künste und Medien.* Marburg: Schüren 2011, S. 88–121, hier S. 95–98.

7   Vgl. hierzu insbesondere Jürgen Felix: Künstlerleben im Film, zur Einführung. In: Ders. (Hg.): *Genie und Leidenschaft. Künstlerleben im Film.* St. Augustin: Gardez!-Verlag 2000, S. 9–18.

8   Susan Sontag: Der Künstler als exemplarischer Leidender. In: Dies.: *Kunst und Antikunst. 24 literarische Analysen,* deutsch v. Mark W. Rien, München: Hanser Verlag 1980, S. 75–83.

9   Zu diesen jüngeren Beigaben zum Künstlermythos vgl. Bettina Gockel: *Die Pathologisierung des Künstlers. Künstlerlegenden der Moderne.* Berlin: Akademie Verlag 2010.

10 Dieselbe Logik der Zweitverwertung wird offenkundig, wenn das junge Unternehmen *Exhibition on Screen* die filmischen Dokumentationen von »blockbuster-Ausstellungen« (!) in die Kinos zu bringen verspricht und dabei mit den Impressionisten, van Gogh, Rembrandt, Vermeer und seinem Perlenohrring zuerst exakt diejenigen Maler den Markt sondieren lässt, um deren Popularisierung sich zuvor das hier besprochene Spielfilmgenre verdient gemacht hatte. Siehe URL: http://www.exhibitiononscreen.com [letzter Zugriff am 22.02.2016]. Für 2016 im Programm: Goya und Renoir.

Dramaturgie entwickelt sich um die Suche nach und um das endliche Finden einer den Problemen der Zeit oder dem suchenden Künstlerindividuum adäquaten Ausdrucksform. Schon auf narrativer Ebene formiert sich also oft genug das Problem stilistischer Angemessenheit: Der eigene Stil gilt stets erst dann als gefunden, wenn er den Charakter, das gesellschaftliche Anliegen und die soziale Verantwortung des jeweiligen Künstlers als Ergebnis einer entbehrungsreichen ethischen und weltanschaulichen Suche, wenn nicht eines individuellen Passionsweges, adäquat ins Bild setzt.

Damit stellt der Filminhalt konkrete Herausforderungen an den Filmstil: Suche, Stil und Werk des Helden verlangen nach Sichtbarkeit. Der Regisseur sieht sich mit dem selbstgewählten, aber fordernden historischen Referenzangebot konfrontiert, das den eigenen Stil annähernd bindend vorformuliert und dem seine *Remediationen* im Sinne David Bolters und Richard Grusins[11] nun ihrerseits gerecht werden müssen. Trotz aller Verwandtschaften von Malerei und Film können mediale Stil- wie Werktransfers nicht ohne essenzielle Transformationen der jeweiligen Vorlagen gelingen. Gemälde im Film werden zu Einstellungen, in diesen dem Querformat eingepasst, einer definierten Dauer unterworfen, über ein konkretes Vorher und Nachher in eine mehr oder weniger chronologisch oder kausal organisierte Narration oder Argumentation eingebettet und dabei nicht zuletzt in dieser oder jener Weise vertont.[12] Die den entsprechenden Übersetzungsprozessen inhärenten Ausdeutungen haben, umso mehr im Verbund mit den meist stark psychologisierenden Tendenzen des Genres, immer wieder stark sinnverfälschenden Charakter. Nur am Rande sei erwähnt, dass die Beschaffenheit entsprechender, zunächst einmal technischer Hürden gerade dort besonders anschaulich zutage tritt, wo versucht wird, die biografischen Wende- und Höhepunkte einer künstlerischen Stilsuche als vermeintlich fruchtbarste Momente der Narration ins Bewegtbild zu überführen. Geistiger Entwurf und kreativer Akt entbehren im Normalfall jeder physischen Dynamik und verweigern sich so einem konstitutiven Vermögen des Films, beide können zudem quälend lange dauern. Ganz in diesem Sinne räumte etwa Julie Taymor ein, zunächst gezögert zu haben, als ihr das Drehbuch von FRIDA

11 Vgl. Jay David Bolter, Richard Grusin: *Remediation. Understanding New Media.* Cambridge, Massachusetts: The MIT Press 1999.

12 Hilmar Hoffmann sprach im selben Zusammenhang bereits 1967 von den Gefahren einer »interpretationschronologischen« Inszenierung von Gemälden im Film. Vgl. Hilmar Hoffmann: Kunst und Künstler im Film – Grenzen, Möglichkeiten und Diskussionen. In: Deutsche UNESCO-Kommission (Hg.): *Film im Museum. Seminarbericht.* Köln: Eigenverlag 1967, S. 16–41, hier S. 17.

[Kahlo][13] (2002) angeboten wurde: »I really didn't want to do a film about artists. I paint, I sculpt, but it's very hard to know why a painter paints that way. [...] And how interesting it is to put a camera on all of that?«[14]

Es scheint, als versuche der umso dogmatischere formale Gehorsam, mit dem sich das Genre mehrheitlich dem Individual- oder Epochenstil seiner Helden verschrieben hat, das Dilemma zu kompensieren. Unabhängig von der Wahl der authentizitätsfördernden Stilmittel prägen strenge Stiladaptionen die Ästhetik langer Sequenzen oder ganzer Spielfilme. Derek Jarman bedient sich der begrenzten Farbpalette CARAVAGGIOS[15] (1986) und meidet wie dieser jeden Ausblick auf den freien Himmel. Rembrandt-Filme[16] stechen durch eine barocke Licht-, van-Gogh-Filme[17] durch eine expressive Farbregie hervor. John Mayburys LOVE IS THE DEVIL – STUDY FOR A PORTRAIT OF FRANCIS BACON (1998) operiert mit den für Bacon typischen Verzerrungen und Unschärfen,[18] in Raoúl Ruiz' KLIMT (2006) mimt ein vielfarbiger »Konfettiregen« die aus den Gemälden des Helden bekannten, kleinteilig ornamentierten Flächengestaltungen. Nicht selten werden im Film aus den Individualstilen der Helden die »Bilder ihrer Epoche« abgeleitet – so wenn Vermeers Delft weich- oder Rembrandts Amsterdam in konsequenten *Chiaroscuro*-Effekten gezeichnet wird.

Wie weit die Verbindlichkeit des ungeschriebenen Gesetzes zur Stiltreue gegenüber dem Werk der Filmhelden reicht, mögen wenige Äußerungen verantwortlicher Regisseure belegen: So nannte John Maybury Francis Bacon seinen eigentlichen »Art-Director«,[19] so ließ Julie Taymor verlauten, die Biografie Frida Kahlos »in her style«[20] gedreht zu haben, und so gab

13 FRIDA. DVD (Miramax Home Entertainment 2003). Extras: Interview mit Julie Taymor. Zu Taymors Blick auf FRIDA vgl. auch Julie Taymor: Director's Notes. In: Julie Taymor, Linda Sunshine (Hg.): *Frida. Bringing Frida Kahlo's Life and Art to Film.* New York: Newmarket Press 2002, S. 9–15.

14 FRIDA. DVD (Miramax Home Entertainment 2003). Extras: Interview mit Julie Taymor. Frida Kahlo bilde insofern eine Ausnahme, als ihre eigenen Gemälde bereits biografisch seien.

15 Zu CARAVAGGIO vgl. Klaus Krüger: Bilder der Kunst, des Films, des Lebens. Derek Jarmans Caravaggio. In: Thomas Hensel, Klaus Krüger, Tanja Michalsky (Hg.): *Das bewegte Bild. Film und Kunst.* München: Wilhelm Fink Verlag 2006, S. 257–279.

16 EWIGER REMBRANDT (Hans Steinhoff, 1942), REMBRANDT (Charles Matton, 1999) u.a.

17 LUST FOR LIFE (Vincente Minnelli, 1956), VINCENT & THEO (Robert Altman, 1990) u.a.

18 Zu LOVE IS THE DEVIL vgl. Marcus Stiglegger: Exzeß und Bestrafung. Bacon und Schiele – eine Fusion von Leben und Werk. In: Jürgen Felix (Hg.): *Genie und Leidenschaft. Künstlerleben im Film.* St. Augustin: Gardez!-Verlag 2000, S. 95–102.

19 Nadine Lange: There is no beauty without the wound. Ein Gespräch mit John Maybury. In: *Artechock* (1998). URL: http://www.artechock.de/film/text/interview/m/magbury_1998.htm [letzter Zugriff am 04.03.2015].

20 FRIDA. DVD (Miramax Home Entertainment 2003). Extras: Interview mit Julie Taymor.

Raoúl Ruiz angesichts seines Klimt-Films zu Protokoll: »I like to imitate styles«.[21] Über solche generellen Stilisierungen hinaus hat das Genre auf mannigfaltigen anderen Wegen die eigentlichen Werke seiner Helden ins Bild gesetzt. Man inszenierte die originalen Gemälde oder ihre Kopien als Requisiten, man tastete diese in analytischen Montagen und Fahrten ab, als gehöre ihr Raum dem diegetischen Raum des Filmes an, man suchte gemalte Originalschauplätze auf oder bildete diese nach. Vor allem aber wurden immer wieder *Tableaux vivants* in Szene gesetzt, meist, um diese ihren faktischen historischen Vorbildern (extradiegetisch: das Filmbild empfindet ein bereits bestehendes Gemälde nach – das *Tableau vivant / animé* folgt auf das Gemälde) gemäß narrativer Chronologie vorausgehen zu lassen (diegetisch: der Filmheld gestaltet auf Basis eines vorangegangenen visuellen Eindrucks sein Kunstwerk – das Gemälde folgt auf das bewegte Bild). Die *Tableaux vivants* betreffen dabei als traditionsreiche Aufrufe zum heiter-bildungsbürgerlichen Bilderraten zunächst weniger den Transfer des Stils als den von Komposition und Ikonografie einzelner Werke, machen aber sicher einen Hauptreiz des Genres aus.

Neben ihrem Dienst an der Narration bereitet die über die filmische Belebung konkreter Gemälde ausgestellte Werktreue, wie die generelle Stiltreue, strukturell der Identifikation des Filmemachers mit seinem malenden Helden den Boden. Denn wenn aus manuell erzeugten Stilen fotomechanisch erzeugte Stile, aus *erfundenen* Bildern Schnappschüsse *vorgefundener* Bilder werden, die der Held in allen Abstufungen der Plausibilität lediglich auf der Straße aufzulesen hat, dann wird nicht nur das stilprägende Potenzial des Inspirationsmomentes Zufall maßlos überbewertet, sondern auch die innere Stilsuche in hohem Maße veräußerlicht. Der Maler nähert sich dem Fotografen, der sein filmisches Leben nach Logik einer Safari mit Kameraaugen durchstreift. Indem also *Tableaux vivants* und ihre nächsten Verwandten mediale Transferleistungen ausstellen, nivellieren sie gleichzeitig die medialen Differenzen: Mit der gleichen Selbstverständlichkeit, mit der ein Filmemacher das Gemälde eines Malers in Bewegung setzen kann, entnimmt derselbe Maler dieser Bewegung seine »Filmstills«. Um nur wenige Beispiele zu nennen: Hans Steinhoffs Ewiger Rembrandt (1942) begegnet den Mitgliedern der Schützengilde in der von ihm für die *Nachtwache* (1642) ersonnenen Disposition auf der Straße, Maybury erklärt Francis Bacons Bildräume verunklärende Perspektivlinien zum Ertrag eines nächtlichen Schaufenster-

---

21   Klimt. DVD (Ascot Elite Home Entertainment 2007). Extras: Making of Klimt.

bummels und Ed Harris führt selbst noch die Hinwendung POLLOCKs (2000) zum abstrakten (!) Expressionismus auf dessen vermeintlich initialen Blick auf den formalästhetisch assoziierbaren Tanz einiger Wasseralgen zurück.

Solch ostentative Annäherungen von fotografiertem und gemaltem Bild bereiten medialen wie personalen Selbstreflexionen den Boden, die als wesentlicher Subtext des Genres von der Forschung kaum mehr in Zweifel gezogen werden. So fordernd wie exemplarisch stellt die Inszenierung des Leidens und Scheiterns bildender Künstler im Film stets auch die traditions-reiche Anerkennungsfrage nach dem »Film als Kunst«,[22] nach dem Kunst-wert einzelner »Kunstfilme« und nach der Aufwertung des Filmemachers zum Filmkünstler.[23] Und schickt ein Regisseur einen Künstler auf Stilsuche, dann hat er die Frage nach der eigenen künstlerischen Identität in der Wahl dieses Künstlers oft genug bereits beantwortet.

Ob Andrej Tarkowskijs Interesse an ANDREJ RUBLJOW (1966) oder Vin-cente Minnellis Interesse an Vincent van Gogh auch durch die Eignung entsprechender Maler als »Namenspatrone« für ihre jeweiligen Filmbiogra-fen begünstigt worden ist, sei dahingestellt. Für Ed Harris aber bestand nach eigener Auskunft das erste Movens, sich mit Jackson Pollock zu beschäfti-gen, tatsächlich in der eigenen, unleugbaren physiognomischen Ähnlichkeit mit seinem späteren Filmhelden.[24] Neben den bereits Genannten äußerte sich ferner Carlos Saura (GOYA EN BURDEOS, 1999) explizit im Sinne einer eigenen Identifikation mit Goya.[25] In diesem Zusammenhang sei auch Julie Taymor erneut zitiert: »Frida painted her own reality, her life. I'm a director and I paint any other people, other people's realities«.[26] Ähnlich ihr Kame-ramann Rodrigo Prieto: »In a way I'm also a visual artist [wie Frida Kahlo und Diego Rivera], I use frame, light, composition«.[27] Wenn Taymor darü-ber hinaus antrat, eine eigene Identifikation mit Frida Kahlo abzuleugnen, stellte am Ende auch sie in verräterischer Inkonsequenz die biografischen Analogien heraus: Ihre ebenso kinderlose wie produktive Künstlerlebens-

---

22   Vgl. insbesondere Rudolf Arnheim: *Film als Kunst*. Berlin: Ernst Rowohlt 1932.
23   Kaum zufällig wird das Genre von Regisseuren geprägt, denen in Selbst- und Fremd-wahrnehmung ohnehin das Etikett des *Filmkünstlers* anhaftet oder die ein solches für sich in Anspruch nehmen. Julie Taymor (FRIDA) ist ferner selbst auch als bildende Künstlerin tätig, mit Julian Schnabel (BASQUIAT, 1996) unternahm gar ein hauptberuflicher Maler sein Regiedebüt.
24   Vgl. Doris Berger: *Projizierte Kunstgeschichte. Mythen und Images in den Filmbiografien über Jackson Pollock und Jean-Michel Basquiat*. Bielefeld: transcript Verlag 2009, S. 282.
25   GOYA IN BORDEAUX. DVD (Art-Haus 1999). Extras: Interview mit Carlos Saura.
26   FRIDA. DVD (Miramax Home Entertainment 2003). Extras: Interview mit Julie Taymor.
27   FRIDA. DVD (Miramax Home Entertainment 2003). Extras: Die Visionen des Kamera-manns und des Filmausstatters.

partnerschaft mit dem Filmkomponisten Elliot Goldenthal[28] ähnele derjenigen Diego Riveras und Frida Kahlos, deren künstlerische Passion ohne Gedanken an Kritik, Kommerz oder das Publikum zudem ganz der eigenen entspreche.

Dass den ästhetischen und handwerklichen Schulterschlüssen, die den Filmemacher zum Kollegen, Seelenverwandten, Leidensgenossen oder Erbverwalter insbesondere des Malers machen, ferner auch sexuelle,[29] politische,[30] religiöse oder soziale Bekenntnisse inhärent sein können, liegt ebenso auf der Hand wie der Umstand, dass das Genre immer dort, wo das Selbstbild eines Regisseurs die Auswahl seines Wahlverwandten determiniert, in leidenschaftlicher Parteinahme nicht nur Malerei und Film, sondern auch deren jeweils individuellen Herstellungs- und Rezeptionsbedingungen in Korrespondenz zu bringen trachtet. Die Gebote der Werk- und Stiltreue der Filmbilder gegenüber ihren historischen Vorbildern formulieren mithin nicht nur einerseits die zentrale filmtechnische Herausforderung des Genres, sondern ebnen auch einem zentralen ästhetischen Vehikel der produktiven Konkurrenz und Identifikation des Regisseurs mit seinem Helden, der Leinwand des Malers mit der des Kinos, den Weg.

Hatte Jacques Aumont 1992 im Vergleich von *Projektor und Pinsel* noch konstatiert, dass das Filmmedium als solches die vermeintlich nächstverwandte Malerei in seiner »Suche nach künstlerischer Filiation«[31] als möglichen Ursprung kaum je zur Kenntnis genommen, wenn nicht geradewegs abgeleugnet habe,[32] hat die filmische Künstlerbiografie offenbar seit jeher den gegenteiligen Weg beschritten. Wie sehr das Filmmedium in diesem Genre die Selbstreflexionen über den Paragone mit seinem gewählten Sujet,

---

28   Goldenthal schrieb auch die Musik zu FRIDA.

29   Derek Jarmans Interesse an Caravaggio lag nicht zuletzt in beider Homosexualität begründet.

30   Andrej Tarkowskij in ANDREJ RUBLJOW (1966) wie auch Konrad Wolf in GOYA – ODER DER ARGE WEG DER ERKENNTNIS (1971) inszenierten mehr oder minder offenkundige Parallelen zwischen den Arbeitsbedingungen ihrer Helden im Feudalismus / Absolutismus und den eigenen Arbeitsbedingungen im Kommunismus. Und Bernhard Stephan beschrieb sein Bauernkriegsdrama JÖRG RATGEB – MALER (1977), seinerseits so etwas wie eine Stilkopie von Tarkowskijs ANDREJ RUBLJOW, in ähnlicher Stoßrichtung sogar als seine beste »Gegenwartsgeschichte«. Vgl. Raymund Stolze: Bernhard Stephan. Nur eine Probe des Talents? In: Rolf Richter (Hg.): *DEFA-Spielfilm-Regisseure und ihre Kritiker.* Berlin: Henschelverlag 1981, S. 161–173, hier S. 164.

31   Jacques Aumont: Projektor und Pinsel. Zum Verhältnis von Malerei und Film. In: *montage AV* 1/1 (1992), S. 77–89, hier S. 77.

32   Ebd., S. 78: »Wenn der Film eine Beziehung zur Malerei hat«, resümiert Aumont seine dahingehenden Überlegungen, dann gerade »nicht als simple Übersetzungs-Relation, welche die Kamera mit dem Pinsel gleichsetzt, den Film mit dem Gemälde«. Ebd., S. 88.

Julian Blunk

der Malerei, betreibt, wurde jüngst noch einmal von Norbert M. Schmitz herausgestellt.[33] Insbesondere die jüngeren Künstlerbiografien scheinen ihm nicht nur Recht zu geben, sondern gar eine qualitative Zunahme paragonaler Anliegen zu belegen, insofern sie verstärkt Motive unter die etablierten Narrative mischen, die geeignet sind, die historischen und vorfilmischen Wurzeln des Films auszuloten. An die Stelle des sozialen und finanziellen Niedergangs Rembrandts, der zerstörerischen Autoaggression van Goghs und der tödlichen Sauflust Pollocks treten Jan Vermeers *Camera obscura*, William Turners »lumièresche« Züge, Auguste Renoirs filmemachender Sohn, von denen jeweils noch gesondert die Rede sein wird. Und hatte der US-amerikanische Maler Edward Hopper Filmgrößen wie James Dean in seinen Gemälden in doppeltem Sinne stillgestellt, indem er ihnen sowohl die Stimme als auch die Beweglichkeit nahm, (re-)animierte jüngst das filmische Experiment SHIRLEY – VISIONS OF REALITY (Gustav Deutsch, 2013) Hoppers quälend statische Gemälde in einer waschechten intermedialen Retourkutsche. Nicht zuletzt fällt auf: Der Film nimmt bei aller produktiven Reibung im medienhistoriografischen Fokus heute eher Kontinuitäten denn Differenzen oder Zäsuren in den Blick und die technischen Herausforderungen seiner historischen Stilreferenzen wohl auch deshalb besonders ernst.

Die jüngste Konjunktur des medialen Rangstreits mit den Waffen des Stils lässt sich etwa anhand von Gilles Bourdos' RENOIR (2012) belegen, der den Paragone auf narrativer Ebene zum Generationenkonflikt stilisiert. Treu der medienhistorischen Chronologie, gemäß welcher sich das Kino als Spross der Malerei begreifen ließe,[34] behandelt der Film mit Auguste Renoir, dem impressionistischen Maler von Weltruhm, und Jean Renoir, dessen filmemachendem Sohn von Weltruhm, eine in dieser Prominenz wohl einzigartige Personenkonstellation. Bourdos spitzt diese noch einmal sprechend zu, indem er den malenden Vater und den filmenden Sohn um ihre gemeinsame

33 Norbert M. Schmitz: Bilder in Zelluloid. Die Thematisierung der Malerei im fiktionalen Spielfilm als Selbstreflexion des Films am Beispiel der Künstlerbiografie. In: Kay Kirchmann, Jens Ruchatz (Hg.): *Medienreflexionen im Film. Ein Handbuch*. Bielefeld: transcript Verlag 2014, S. 105–121. Nicht zuletzt, so Schmitz, erlange der Film in seiner Eigenschaft als wirkmächtiger Teil moderner Künstlerbiografik Deutungshoheit über das ältere Medium. Vgl. ebd., insbesondere S. 107–111.
34 Diese »genealogisch« argumentierende Denkfigur wurde folgenreich bereits durch Giorgio Vasaris Versuch eines versöhnlichen Einwurfs in die Paragone-Debatte seiner Zeit popularisiert: Er erklärte Malerei, Architektur und Skulptur zu *Schwestern*, indem er die Zeichenkunst als deren allen gemeinsamen *Vater* ausrief. Vgl. Giorgio Vasari: Vorrede des Gesamtwerks (1568). In: Ders.: *Kunstgeschichte und Kunsttheorie. Eine Einführung in die Lebensbeschreibungen berühmter Künstler*, hg. von Matteo Burioni und Sabine Feser. Berlin: Verlag Klaus Wagenbach 2010, S. 43–58, insbesondere S. 55–56.

Filmplakat
von Gilles
Bourdos' RENOIR
mit authenti-
fizierender
»Signatur«
des Malers

Muse Andrée Heuschling konkurrieren lässt. Dabei wird die von Auguste Renoir vertretene Malerei zwar als wohlwollend und altersklug charakterisiert und der älteren Kunst ferner ein ungebrochener Arbeitstrieb sowie eine mobilisierbare Libido zugebilligt. Gleichwohl aber scheint der Film über die explizite Ausstellung der fortschreitenden Hinfälligkeit des väterlichen Körpers[35] die Analogie zur Defunktionalisierung der Malerei infolge der technischen Entwicklung jüngerer Bildmedien zu suchen, um Douglas Crimps viel zitiertem »Ende der Malerei«[36] das Wort zu reden. Inwieweit sich dieses Ende mit dem perspektivischen Tod der malenden Generation Auguste Renoirs realisieren wird und inwieweit es durch dessen mitunter klammerndes Verhalten noch verzögert werden kann, lässt der Film offen. Signifikant aber ist, dass Andrée Heuschling im Film, wenngleich als Modell des Malers entlohnt, des Sohnes Traum vom Film teilt und sich als Schauspielerin ver-

---

35   Um 1892 erkrankte Auguste Renoir an rheumatoider Arthritis.
36   Douglas Crimp: The End of Painting. In: *October* 16 (1981), S. 69–86.

standen wissen will. Sie erliegt der zurückhaltenden Anziehungskraft des kriegsversehrten jungen Mannes ebenso wie der des sich seiner selbst noch nicht sicheren jungen Mediums. Werden indes Letztere gegen Ende des Films von der Muse geküsst, und wird ferner der künstlerische Emanzipationsprozess des Sohnes vom malenden Übervater auf der Ebene des Dialogs eigens verbalisiert, tut Jean im Film doch weiterhin gut daran, sich dem Rat (und dem Geld) Auguste Renoirs nicht zu verschließen.

Diese versöhnliche Grundstimmung des Films, seine Botschaft einer relativen Gleichberechtigung, die jeder Kunst die ihr eigene Zeit zumisst und doch vor allem beider Familienähnlichkeit betont, findet eine formale Entsprechung in einem sinnfälligen Kameraschwenk, der die Lichtkünste des Films und der Pleinairmalerei zwar in eine zeitliche Chronologie bringt, vor allem aber in eine wohlbedachte Einladung zum vergleichenden Sehen überführt. Unter freiem Himmel fängt die Kamera zunächst mit höchster Auflösung die kalkulierte Unschärfe des farbigen, skizzenhaft-pastosen Farbauftrags eines väterlichen Gemäldes ein.[37] In einem langsamen Schwenk nach links verlässt die Kamera die auf einer Staffelei fixierte Leinwand, um den Blick auf die sich in der Raumtiefe verlierende Szenerie sukzessive, jedoch nicht vollständig, freizugeben. Der sich zwangsläufig in fernsichtiger Unschärfe verlierende Blick auf die bereits von der Leinwand bekannte, sich im Grünen erfrischende Ausflugsgesellschaft mimt einerseits – und gemäß gängiger Konventionen des Genres – den Blick des (alternden) Malers. Andererseits aber verschmelzen bemalte Leinwand und fotografierte »Realität« auf dem vorübergehenden, zum komparatistischen Sehen einladenden »Split-Screen« über den Umweg ihrer ostentativen Trennung und Zurschaustellung der Verschiedenheit der jeweiligen Herstellungsprozesse formal so weit, dass wohl in der Tat als bewiesen gelten muss, dass auch RENOIR in Bezug auf seine mimetischen Absichten reüssiert. Er fotografiert das Unscharfe scharf, das Scharfe unscharf und kann mithin *beides*: Film und Malerei, wobei Letztere im weiteren Verlauf des Schwenks ihre sukzessive Verdrängung erdulden wird. Von rechts füllt sich der Kader zunehmend auf Kosten der weichenden Leinwand Auguste Renoirs. So löst der Sohn den Vater,[38] der Film die Malerei als natürlicher Erbe im positiven Sinne ab –

---

37 Auguste Renoir beteuert im Film wiederholt, dass die *Farbe* die eigentliche Substanz der Malerei bilde.

38 Störrisch unterrichtet Auguste Renoir noch zu Beginn ebenjener Szene seinen Sohn Jean (im Rahmen eines Gesprächs über Kunst und Krieg): »Das Elend, die Hoffnungslosigkeit, der Tod, das geht mich nichts an. [...] kannst du dir etwa vorstellen, dass ich mich erschieße? In meinem Alter? Das wäre doch reine Koketterie!«

nicht zuletzt mit deren auf natürlichem Wege ererbten Mitteln. Durch mehr oder weniger motivierte stilistische und ikonografische Zitate von Gemälden von Otto Dix oder Edgar Degas rundet Bourdos seinen Film Renoir zum »Epochenbild« ab.

Gilles Bourdos: Renoir

Joseph Mallord William Turner: *Rain, Steam and Speed – the Great Western Railway*, 1844 (London National Gallery)

153

Julian Blunk

Auguste und Louis
Lumière: L'ARRIVÉE D'UN
TRAIN À LA CIOTAT (1895)

Ein weiteres Beispiel für das neu entfachte Interesse des Films an der fremdreferenziellen Selbstbetrachtung lieferte 2014 Mike Leigh mit MR. TURNER. Turner selbst hatte sich nicht zuletzt der Aufgabe gestellt, den mit der Industrialisierung einhergehenden Beschleunigungserfahrungen über seinen Malstil gerecht zu werden und setzte die moderne Seherfahrung an einem verantwortlichen Gegenstand – dem fahrenden Zug – ins Bild. Insofern sich Turner mithin noch vor dem Film dem ureigenen Material des Films (Zeit, Licht, Bewegung) zuwandte, um damit ähnliche formale Schocks zu provozieren wie später der einfahrende Zug der Brüder Lumière, war es also nur eine Frage der Zeit, wann sich das Kino auch an Turner als einem seiner vermeintlichen historischen Wegbereiter erinnern sollte. Dass sich ein Landsmann Turners dieser Aufgabe annahm, um sich dabei einmal mehr dem Nachempfinden der künstlerischen Handschrift seines Helden als eigentlicher filmischer Herausforderung zu verschreiben, entspricht den gängigen Gepflogenheiten.

Als besonders anschauliches Beispiel für die neuerliche Konjunktur paragonalen Kräftemessens als einem weiterhin, wenn nicht zunehmend wirkmächtigen Verkaufsargument erweist sich insbesondere die Vermarktungsstrategie des Films. Neben dem deutschen Untertitel MEISTER DES LICHTS, dem die lichtbasierte Filmkunst begrifflich so inhärent ist wie einst schon dem Nachnamen ihrer vermeintlichen Erfinder Lumière, verdient ein Detail im hier gewählten Zusammenhang gesonderte Aufmerksamkeit. Vier Filmstills, allesamt denjenigen Einstellungen entnommen, die im Film ausgewählte Gemälde Turners imitieren, sind dem Artwork der zum privaten Kauf bestimmten DVD wie zum augenzwinkernden Kommentar des eigenen Kalküls im Postkartenformat beigegeben. Gedruckt wurden »Leighs Turners« dem optischen Eindruck gemäß zunächst auf Leinwand, bevor sie

Mike Leigh: MR TURNER

den geneigten Betrachter als verkleinerte fotografische Reproduktionen der als Malerei getarnten fotografischen Reproduktionen filmischer Imitationen der Originalgemälde dazu auffordern, nach ihrem eigentlichen Bildstatus und ihrer zugehörigen Bestimmung zu fragen.

Fordern die Kunstdrucke von ihren Besitzern die Rahmung und anschließende Anbringung über der Wohnzimmercouch oder dienen sie lediglich der technischen Vereinfachung ihrer Gegenüberstellung mit den zugehörigen Reproduktionen im häuslichen Turner-Bildband? Erschöpft sich ihr Sinn bereits in der Kennzeichnung ebenjener »Gemälde«, die der Betrachter aus dem filmischen Fluss der Bilder wiedererkennend extrahieren soll oder verlangen ihre Rückseiten gar nach Briefmarken und ein paar handschriftlich niedergelegten Eindrücken, mittels welcher der Absender die Liebsten an seiner vorabendlichen Bildschirmreise in das England des 19. Jahrhunderts teilhaben lässt?

Fest steht, dass nicht nur einzelne Filmemacher, sondern längst auch die nationalen Filmindustrien das Potenzial medienhistorischer Rückversicherungen und kultureller Ahnenforschung für sich entdeckt haben. Dafür sprechen nicht nur der Zuschnitt ihrer Belohnungspolitik, sondern mitunter auch die Filmpreise selbst, deren Namenspatrone Traditionslinien und Schwesterkünste definieren und die seit den frühen Tagen der Filmtheorie unternommenen Versuche komparatistischer Nobilitierung des jüngeren Mediums mit Blick auf die älteren Bildkünste fortschreiben. Der spanische

155

Julian Blunk

Joseph Mallord William Turner: *The Fighting Temeraire tugged to her last Berth to be broken up*, 1839 (London National Gallery)

Mike Leigh: Mʀ Tuʀɴᴇʀ – Filmstill als vermeintliches Ölgemälde im Postkartenformat als Beigabe der DVD

Filmpreis *Goya*, der seit 1987 vergeben wird, ehrt den spanischen Maler Francisco de Goya, und dem italienischen Filmpreis *David di Donatello* leiht die Skulptur des Renaissancebildhauers nicht nur den Namen, sondern auch das Aussehen seiner Trophäe. Das jüngste Glied dieser Kette bildet der in Belgien seit 2011 verliehene [René] *Magritte du Cinéma*. Dass mithin gleich mehrere nationale Filmpreise nicht nach den Größen des eigenen Fachs, sondern nach den Heroen der bildenden Kunst benannt sind, belegt zweierlei: Erstens sieht sich der enge Verwandtschaftsgrad von Malerei (und sogar von Skulptur!) und Film aus Sicht des Letzteren bestätigt. Zweitens nimmt das selbstverordnete Bekenntnis der jeweiligen nationalen Filmindustrien zu ihren malenden oder meißelnden Schutzpatronen ältere Autonomieerklärungen des eigenen Mediums graduell zurück. Im Gegenteil ist diesem eine generelle Subordinationsgeste gegenüber den älteren Künsten inhärent. Der Film will sich weniger als eigenständiges, geschweige denn populäres Medium, denn als jüngstes Kapitel einer jeweils traditionsreichen nationalen Kunstgeschichte verstanden wissen.

Wenn schließlich die entsprechenden Auszeichnungen gerade denjenigen Filmen verliehen werden, die die Namensgeber Ersterer auch zu ihren Helden machten, schließt sich der Kreis transmedialer und nationaler Verehrungslogik.[39] War Carlos Sauras GOYA EN BURDEOS (1999) im Jahr 2000 gleich in zehn Kategorien für den *Goya* nominiert, von denen er fünf gewinnen konnte, kam GOYA'S GHOSTS (2006) des (tschechisch-US-amerikanischen) Regisseurs Milos Forman im Jahr 2007 immerhin noch auf drei Nominierungen. In beiden Fällen liegt der Verdacht nahe, dass die Verleihung des Filmpreises an gleichnamige Filme nicht nur diese, sich selbst oder gemeinsame Referenzgrößen zu honorieren suchte, sondern dass man die Filme stets auch zum Anlass nahm, Vermögen und Rang der »siebten Kunst« als solche zu feiern.

Bemisst man die öffentliche Anerkennung des in die Aura der Hochkunst getauchten Subgenres anhand von Kritiken, Preisen und Auszeichnungen, fällt weiter ins Auge, dass erwartungsgemäß der Stil die zentrale Kategorie seiner Beurteilung bildet, dass vor allem die stilprägenden Gewerke wie Kamera, Szenenbild oder Ausstattung unter Beobachtung genommen, weniger inhaltliche als vielmehr technische und formale Innovationen entlohnt werden. Proportional zum Grad der erreichten »Authentizität« wird die formale, insbesondere die *visuelle* »Einfühlung« der Regisseure in den von ihnen

---

39   Mit EL GRECO (Yannis Smaragdis, 2007) erhielt 2009 ein weiterer Film, der einen für den spanischen Hof tätigen Maler zum Helden hat, einen *Goya* (für das beste Kostümdesign).

157

gewählten Gegenstand goutiert. Insofern deshalb die eigentliche Stilverant-
wortung beim Filmhelden verbleibt, ist für den Regisseur zwar nur der
Rang der Kongenialität zu erwerben, dieser aber umso leichter, wenn er nur
in Bezug auf den formalen Stiltransfer reüssiert. Der Preis der Stilisierung
von Filmen nach historischen Vorbildern mag somit zwar in einer vorder-
gründigen Hingabe des eigenen Individualstils und eines partiellen Verzichts
auf monetären Erfolg bestehen,[40] nach der öffentlichen Anerkennung zu
urteilen lohnt formaler Historismus aber allemal, denn aus einem Film kann
dank seiner schnell ein »Meisterwerk« – übrigens ein in der Vermarktung des
Genres inflationär verliehener Rang – werden.[41]

Unter dem Titel »Gewaltige Bilder in zarten Farben« leitet etwa *Die Zeit*
ihr durchweg positives Urteil über RENOIR ganz aus dessen stilistisch-imita-
torischen Qualitäten ab. Der Film finde »ein filmkünstlerisches Äquivalent
zur Inspiration, die den Maler Renoir in seinen letzten Meisterwerken angeregt hat. Kein dramaturgisch durchkalkulierter Plot, sondern Farbe, Licht,
Sinnlichkeit und die hervorragende Kameraarbeit von Mark Ping Bing Lee
treiben diesen Film an, auf dessen fließendes Wesen man sich einlassen muss,
um die ruhige Kraft dahinter zu erkennen.«[42] Kaum zufällig ruft solche
Rede von einem vermeintlich richtungslos durch die Zeit mäandernden
Lichtspiel flüchtiger Formen und luftiger Farben alle zentralen Schlagworte
des Impressionismus auf. Ähnlich die *Rheinische Post*: »Herrliche Bilder und
prachtvolles Licht lassen das Künstlerporträt über Auguste Renoir zu einem
Gemälde mit der Kamera werden. […] RENOIR ist vor allem eine Augen-
weide. Er erzeugt atmosphärische Dichte und schafft Impressionen – so wie
Renoir in seiner Malerei«.[43] Krischan Koch titelt auf *NDR Info*: »Ein Film,
wie ein Bild von Renoir«,[44] die *Osnabrücker Zeitung* schreibt: »Regisseur
Gilles Bourdos malt die Bilder seines Films über den Klassiker des Impressionismus mit der Kamera wie mit farbsattem Pinsel«.[45] Eine so geartete Rhe-

---

40   Die Entscheidung eines Regisseurs für einen Ausflug in dieses Genre kann sich angesichts
des Zugewinns an Renommee am Ende freilich auch in finanzieller Hinsicht auszahlen.

41   Es steht außer Frage, dass einige Filme der Gattung zu Recht gewürdigt und andere,
wenngleich auffällig wenige, auch in der Breite kritisiert wurden.

42   Martin Schwickert: Gewaltige Bilder in zarten Farben. In: *Die Zeit* (13.02.2013). URL:
http://www.zeit.de/kultur/film/2013-02/film-renoir [letzter Zugriff am 22.02.2016].

43   o. A.: Stimmungsvolles Filmportrait des Malers Auguste Renoir. In: *RP Online* (13.02.2013).
URL: http://nachrichten.rp-online.de/kultur/film/stimmungsvolles-filmportraet-des-
malers-auguste-renoir-1.3174600 [letzter Zugriff am 13.02.2013].

44   Krischan Koch: Ein Film, wie ein Bild von Renoir. In: *NDR Info* (13.02.2013). URL:
http://www.ndr.de/kultur/kino_und_film/renoir129.html [letzter Zugriff am 13.02.2013].

45   Stefan Lüddemann: Die Fülle des südlichen Lichts. In: *Osnabrücker Zeitung* (08.02.2013).
URL: http://www.noz.de/deutschland-und-welt/kultur/69451461/mit-seinem-film-

torik, die die Enge der Verwandtschaft von Maler- und Regisseurszunft unterfüttert, prägt nicht nur die (hier nach Zufallsprinzip zusammengetragene) Filmkritik, sondern wird immer wieder bereits durch die Pressetexte der Verleihfirmen sowie von den Filmschaffenden selbst lanciert.

Im konkreten Fall indes bleibt zu sagen: So griffig der oben besprochene Kameraschwenk die medienhistorische Gemengelage auch eingefangen haben mag, so sehr bleibt RENOIR auf narrativer Ebene in herkömmlichen Künstlerklischees und Geschlechterbildern befangen, so blass bleibt die psychologische Zeichnung seiner Charaktere. Zum »Meisterwerk« wird der Liebesfilm vor allem kraft seiner visuellen Ambitionen, seiner 2014 mit dem *César* ausgezeichneten Kostüme und wohl auch seines der »Hochkunst« beider verhandelten Medien entliehenen Gegenstandes.

Mehr noch trifft all dies auf GIRL WITH A PEARL EARRING (DAS MÄDCHEN MIT DEM PERLENOHRRING, 2003) zu. Dessen Regisseur Peter Webber hatte sich infolge eines Kunstgeschichtsstudiums »adequately prepared«[46] gesehen, nicht nur den Stil Jan Vermeers, sondern auch denjenigen anderer holländischer Maler des Goldenen Zeitalters[47] filmisch nachzuempfinden: »the period«, betonte Webber, »wasn't a mystery«.[48] Und doch habe er in seinem auf Tracy Chevaliers gleichnamigem Roman von 1999 basierenden Film gezielt auch moderne Stilmittel eingesetzt, um kein reines »museum piece«[49] zu erstellen. Gemessen an der öffentlichen Anerkennung des Films scheint all dies vollauf gelungen zu sein: GIRL WITH A PEARL EARRING erhielt vier Nominierungen für den *BAFTA-Award* 2003, *Oskar*-Nominierungen 2004 in den Kategorien »bestes Szenenbild«, »beste Kamera« und »bestes Kostümdesign«, *Golden-Globe*-Nominierungen 2004 für Alexandre Desplats Filmmusik und für Scarlett Johansson als »beste Schauspielerin in einem Drama«. Im selben Jahr wurde der Film in der Kategorie »bester Film« auch beim *Cinema International Film Festival* sowie in der Kategorie »bester britischer Film« beim *British Academy Film Award* nominiert. Hinzu kommt eine Nominierung in der Kategorie »bester europäischer Film« *für den David di Donatello*, eine Nominierung Webbers beim *British Independent Film Award* für den *Douglas-Hickox-Preis* als »bester britischer Debütregisseur« sowie eine Nomi-

---

renoir-feiert-gilles-bourdos-ein-malergenie-und-seine-letzte-muse-verpasst-aber-das-drama-der-kreativität [letzter Zugriff am 13.02.2013].

46   Das Interview datiert aus dem Jahr 2004. Vgl. URL: http://www.futuremovies.co.uk/filmmaking.asp?ID= 63 [letzter Zugriff am 19.02.2015].

47   Die ostentative Verwendung des *Chiaroscuro* verdanke sich insbesondere der Malerei Rembrandts. Vgl. ebd.

48   Ebd.

49   Ebd.

nierung in der Kategorie »bester Regisseur für einen britischen Film« durch die *Directors Guild of Great Britain*. 2005 folgten Nominierungen als »bester europäischer Film« sowohl für den *Goya* als auch für den *Literaturfilmpreis*. Schon 2003 war der Film auf dem *Dinard British Film Festival* als »bester Film« ausgezeichnet worden und hatte zudem den Publikumspreis gewonnen. 2004 wurde Eduardo Serra der *Europäische Filmpreis* für die »beste Kamera« verliehen. 2005 folgte der *Polnische Filmpreis* als »bester europäischer Film«, 2007 der *Marburger Kamerapreis*.

Die Frage, ob Webbers Film möglicherweise überproportional mit Auszeichnungen bedacht worden ist, drängt sich beim Blick auf seine inhaltliche Ebene auf. Bei dieser handelt es sich um eine freie, aber klischeebeladene Variation des Märchens vom Aschenbrödel, insbesondere um eine aufdringlich sexualisierte und nicht enden wollende Kette von Initiationsetappen, in welchen Colin Firth als Jan Vermeer seinem sensiblen Zimmermädchen Griet (Scarlett Johansson) unter den argwöhnischen Blicken seiner Ehefrau den Zauber der Malerei eröffnet. Über die Gemälde Vermeers gibt es dabei wenig mehr zu erfahren, als dass sie eben irgendwie mysteriös, in jedem Falle aber anziehend, sinnlich, wenn nicht gar erotisch sind. So öffnet Scarlett Johansson ihren Mund auch nicht nur in der Einstellung in naivem Staunen und willenlosem Schmachten, in der Vermeers namensgebendes Gemälde nachempfunden wird, sondern schließt ihn, wie in permanenter Erwartung der Gelegenheit, ihren Musenkuss an den Mann bringen zu können, im gesamten Film nicht mehr. Ungefiltert werden neben solch althergebrachten Männer- und Mentorenträumen die gängigen Klischees vom musischen »siebten Sinn«, von einer die Standesgrenzen überwindenden Macht der Seelenverwandtschaft, vom Eingeweiht-Sein und Eingeweiht-Werden in die Welt der Fantasie fortgeschrieben, ohne weiter plausibilisiert und ohne den komplexen Allegorien Vermeers auch auf *inhaltlicher* Ebene annähernd gerecht werden zu wollen. Würde man diesen Film also seiner sorgfältig und kunstvoll arrangierten Stilhülle entkleiden, so wäre er Kritikern und Preisrichtern wohl gar nicht erst ins Auge gefallen. Kein Beweis, aber doch Indiz: Meines Wissens hat bis heute kein anderer Film Webbers auch nur eine Nominierung für einen Filmpreis erhalten.[50]

50 Zwei Erklärungen dafür bieten sich an: Entweder hat Webber tatsächlich sein ganzes Können einzig bei GIRL WITH A PEARL EARRING abgerufen, oder der Film hat auch solche Preise gewonnen, die die zuständigen Preisrichter nicht zuletzt Jan Vermeer verleihen zu müssen glaubten.

Peter Webber:
GIRL WITH A PEARL
EARRING

Vermeer
van Delft:
*Das Mädchen mit
dem Perlenohr-
ring,* ca. 1665–
1667 (Koninklijk
Kabinet van
Schilderijen
Mauritshuis)

So illustriert die Rezeption von Webbers GIRL WITH A PEARL EARRING pars pro toto (weitere Beispiele ließen sich leicht zusammentragen), dass gemäß entsprechender Setzung eines verbindlichen Eigenwertes der gelungenen Überführung eines Malereistils in einen Filmstil bereits ein Titelheld sein filmisches Denkmal adeln kann. Die Stilreferenz des Films hebt dessen Inhalt und mit diesem den Film als Ganzen. In der Logik des Stillagen-Denkens wird also von einer diagnostizierten Stilhöhe (und welcher Stil stünde nach aktuell gültigem Kanon »höher« als derjenige Vermeers?)[51] auf den Redeinhalt rückgeschlossen, dessen Rangstufe die Stilhöhe regelrecht unter Beweis zu stellen scheint. Schon das Interesse an der Kunst bringt Kunst hervor, das Interesse an Künstlern Künstler, und das Anerkannte hüllt die gelungene Stiladaption in eine Aura der »Hochkunst«, sobald nur der Stil im Transfer keinen Schaden genommen hat.

Man möge die Schärfe der vorangegangenen Ausführungen über die vergleichsweise locker sitzenden Filmpreise verzeihen, insofern die weder konsensfähige noch beweistaugliche Wertung eines Einzelfalls nicht zuletzt der Einstimmung auf anschließende Beobachtungen dient. Denn wenngleich das positive Urteil entsprechender »Stilfilme« überwiegt, ist auch daran, dass »hohe Kunst« noch nicht das Wesen eines Films ausmacht, nur weil sie sein Thema oder seinen Stil bestimmt, seit jeher leidenschaftlich und etwa bereits von Belá Balázs erinnert worden: »künstlerisch wird ein Film nicht durch

---

51 Generell scheint die von prominenter Seite betriebene Verwertungsgeschichte von Vermeers Œuvre zu belegen, dass der Grad paragonaler Herausforderung sich nicht zuletzt am vermeintlich gültigen Rang der Referenzwerke bemisst. Wurde aus dem Gemälde des Mädchens mit dem Perlenohrring zunächst Literatur und aus dieser ein Film, durchlief ein anderes Gemälde Vermeers die Gattungen der Skulptur und Fotografie. 1999, also vier Jahre vor GIRL WITH A PEARL EARRING, hatte der renommierte Fotokünstler Hiroshi Sugimoto Vermeers »Music Lesson« (1662–64) herausgefordert, indem er seinerseits dessen dreidimensionale Remediation im Londoner Wachsfigurenkabinett in Szene setzte. Offener als Webber suchte Sugimoto dabei die (buchstäbliche) mediale Selbstreflexion, indem er das Stativ seiner Kamera in einem Spiegel sichtbar werden und als medienhistorischen Anachronismus in das Interieur einbrechen ließ. Vgl. hierzu Pia Müller-Tamm: Hiroshi Sugimoto, The Music Lesson 1999. In: Ariane Mensger (Hg.): *Déjà-vu? Die Kunst der Wiederholung von Dürer bis YouTube* (Ausstellungskatalog). Bielefeld / Berlin: Kerber Verlag 2012, S. 276–277. Zu den im Vergleich zu Webbers Stilanleihen gerade auf semantischer Ebene ungleich vielschichtigeren formalen und motivischen Anspielungen auf Vermeers Œuvre in Peter Greenaways A ZED AND TWO NAUGHTS (1985) vgl. Julia Quandt: Die Inszenierung von Gemälden bei Pasolini, Jarman und Greenaway. In: Ruth Reiche, Iris Romanos, Berenika Szymanski, Saskia Jogler (Hg.): *Transformationen in den Künsten. Grenzen und Entgrenzung in bildender Kunst, Film, Theater und Musik.* Bielefeld: transcript 2011, S. 229–242, hier S. 238–241.

kunsthistorische Treue [...] – sondern ausschließlich dadurch, daß er selber einen [Stil] hat«.[52]

Der Automatismus abfärbenden Ruhms infolge gelungener Stil- oder Werkkopien wurde von der Filmpraxis freilich zu jeder Zeit intuitiv erfasst, verständlicherweise aber kaum je als Kalkül eingeräumt. Meines Wissens hat sich unter den im Genre aktiven Regisseuren einzig Andrej Tarkowskij von allen »Rekonstruktion[en] der malerischen Tradition«[53] distanziert – und bei ANDREJ RUBLJOW, dessen Montage indes nicht zu Unrecht als »ikonisch« beschrieben wurde,[54] auf jede »altertümliche, museale Exotik«[55] verzichtet:

> Ich habe zum Beispiel niemals begreifen können, wie man eine Mise-en-scène auf der Grundlage eines Gemäldes strukturieren kann. Denn das hieße doch, belebte Malerei zu schaffen, um sich dann ein oberflächliches Lob von der Art: »Ach, wie spürbar hier die Epoche wird! Ach, was für intelligente Menschen das doch sind!« einzuhandeln! Doch das bedeutet, zielbewusst dem Film den Garaus zu machen.[56]

Tarkowskij warnt mithin in einem konsequent paragonalen Gedanken vor der Verwendung der Waffen des Gegners, die im Kräftemessen nicht weniger als den Identitätsverlust des Films zur Folge hätte. Sein Vorwurf an die Adresse der Kollegen, auf eine so rangorientierte wie subordinierende Zweitverwertung zu setzen, statt ein eigenständiges mediales Selbstbewusstsein zu entwickeln, sich, mit blutleeren Manierismen nach Komplimenten fischend, ein Trojanisches Pferd ins Haus zu holen, wurde in ähnlicher Form bislang eher außerhalb der Filmpraxis erhoben. Wiederholt schlug auch in Filmtheorie, -historiografie und -kritik mit der Entlarvung des vermeintlich instrumentalisierten Fremdruhms der Impuls zur überproportionalen Aufwertung schnell in einen nicht minder heftigen Impuls der Abwertung um. Der Rezipient sieht sich betrogen, den historischen Filmhelden und sein Œuvre parasitär missbraucht – und die stellvertretende Selbstüberhöhung der Filmschaffenden fällt als Hypothek auf diese selbst zurück.

52 Vgl. Béla Balázs: *Schriften zum Film. Band I (Der sichtbare Mensch. Kritiken und Aufsätze 1922–1926).* Berlin: Henschelverlag Kunst und Gesellschaft 1982, S. 343. Vgl. hierzu auch den Beitrag Kristina Köhlers im vorliegenden Band.

53 Andrej Tarkowskij: *Die versiegelte Zeit. Gedanken zur Kunst, zur Ästhetik und Poetik des Films,* aus dem Russischen von Hans-Joachim Schlegel. Berlin: Ullstein 1988, S. 90.

54 Vgl. Thomas Hensel: Der Regisseur als Autor als Maler. Zu Andrej Tarkowskijs Poetik einer Interikonizität. In: Ders., Klaus Krüger, Tanja Michalsky (Hg.): *Das bewegte Bild. Film und Kunst.* München: Wilhelm Fink Verlag 2006, S. 217–255.

55 Tarkowskij 1988, S. 90.

56 Ebd.

Motiviert durch das asymmetrische Verhältnis von Qualitätsbehauptung und »faktischer« Qualität vieler Hervorbringungen des Genres vermerkte etwa Heinz Peter Schwerfel, dass das Gros der kaum je von eigenständiger Ästhetik geprägten Künstlerbiografien die »Kunst [lediglich] als Vorwand«[57] nutze, um von ihrem Ruhm zu profitieren. Hilmar Hoffmann, der dem Filmmedium im Rekurs auf Walter Benjamin[58] – und wie ähnlich bereits auch André Bazin[59] – seinen Gesellschaftsdienst einer »totale[n] Mobilmachung«[60] der bildenden Kunst zugutehielt, wurde in Bezug auf die Zweitverwertung der Kunst im *Spielfilm* noch deutlicher: »Der Rang des Kunstfilms bemisst sich an seinem Autor und nicht in der Annonce des ausgestrahlten Meisters. Das wird oft genug verwechselt.« Und weiter: »Mit dem Heroen-Namen als heimlichem Verführer optiert der Autor auf den eigenen Erfolg«, insofern sein Werk »mit Gütezeichen ausgezeichnetes Material ausbeuten«[61] könne. In einer werkmonografischen Untersuchung erklärte Beatrice Schuchardt FRIDA zu einem Grenzgänger »zwischen Kunst und Kommerz«[62] und problematisierte die Vermarktung der bekennenden Kommunistin Kahlo auch über den Film hinaus. Mit den Worten »wunderschöne Schmetterlinge, darunter schlichter Gips«[63] war Taymors Film zuvor von Henryk Goldberg als Leerverpackung abgeurteilt worden.

---

57 Heinz Peter Schwerfel: *Kunst und Kino. Eine Liebesgeschichte.* Köln: DuMont 2003, S. 225.
58 Walter Benjamin: Das Kunstwerk im Zeitalter seiner technischen Reproduzierbarkeit. In: Günter Helmes, Werner Köster (Hg.): Texte zur Medientheorie. Stuttgart: Reclam 2002 [1936], S. 163–190.
59 André Bazin: Film und Kunst. In: Ders.: *Was ist Film?*, hg. von Robert Fischer. Berlin: Alexander Verlag 2004, S. 224–230, hier: S. 226.
60 Hoffmann, S. 18. Jedem Lob des Films in seiner Eigenschaft als Multiplikator von Malerei, Skulptur oder Architektur ist freilich die Bestätigung einer vermeintlichen Höherrangigkeit Letzterer implizit.
61 Hoffmann, S. 19. Hoffmann, dessen Kritik nicht eigentlich auf die filmische (Re-)Inszenierung von Kunst als solcher zielte, sondern auf die mangelnde Ausdifferenzierung ihrer jeweils angemessenen Form, rief die Denkfigur der Stilhöhe entsprechend auch begrifflich auf: »In froher Erwartung einer kommerziell möglichst breiten Auswertung mögen sich die Produzenten für eine Differenzierung des Anspruchs entscheiden, auf dessen *Höhe* [Hervorhebung J.B.] Kunstfilme an den Mann gebracht werden sollen.« Ebd., S. 40. Hoffmanns Plädoyer für die formale Ausdifferenzierung des »Kunstfilms«, die sich an dessen Inhalt, Anlass, Aufführungssituation und adressiertem Publikumssegment (vom »Kunstgebildeten« über den »Kunstempfänglichen« bis zum »Kunstbanausen«) zu bemessen habe, operiert mit höchst fragwürdigen Prämissen, verspricht sich aber ein qualitatives Korrektiv für die filmische Praxis, das nicht zuletzt auch einer populären Kunstvermarktung zugutekommen würde.
62 Beatrice Schuchardt: »Surrealism goes Hollywood«: Julie Taymors FRIDA. In: Michael Lommel, Isabel Maurer-Queipo, Volker Roloff (Hg.): *Surrealismus und Film. Von Fellini bis Lynch.* Bielefeld: transcript Verlag 2008, S. 251–269, hier S. 252.
63 Henryk Goldberg: Goldstaub. Eine Fiesta für »Frida«: wunderschön und schmerzfrei (2002). URL: http://www.getidan.de/kritik/film/henryk_goldberg/225/frida [letzter Zugriff am 20.01.2015].

Es fällt ins Auge, dass der in der Künstlerbiografie kultivierte Paragone urteilende Parteinahmen für oder gegen den einzelnen Spielfilm, das Genre oder das gesamte Medium in hohem Maße selbst herausfordert. Mag eine Diskrepanz zwischen öffentlicher Anerkennung und tatsächlichen künstlerischen Verdiensten auch in anderen Genres zur Diskussion stehen: Im hier Besprochenen *will* der Film auch qualitativ mit den von ihm gewählten Schwesterkünsten verglichen werden – und begünstigt so auf beiden Seiten mehr oder weniger ausgeprägte Radikalisierungen seiner Rezeption. Dass nicht nur die inbrünstigen Überhöhungen, sondern auch die (eigenen) ungebärdigen Abwertungen einzelner Filme als gegenseitige Regulative nur vorübergehend zu legitimieren sind und am Ende ihrerseits der Revision bedürfen, steht außer Frage. So rief der einmal erkannte Reflex zu polarisierender Rede und Gegenrede bereits erste und folgerichtige Vermittlungsversuche auf den Plan: Matthias Bauer mahnte an, dass die kaum zu leugnenden schablonenartigen Psychologisierungen und Vereinfachungen im Genre »nicht zu einer generellen Abwertung des Kinos gegenüber der Kunst führen«[64] dürften. Und Henry Keazor, Fabienne Liptay und Susanne Marschall äußerten den expliziten »Wunsch, das im Wettstreit Getrennte [Malerei und Film] (wieder) in ein dialogisches Verhältnis zu setzen«.[65]

Ob die Kritik das Genre angesichts seiner unleugbaren technischen und formalen Innovationsfreude zur Königsdisziplin erhebt, oder ob die Filmwissenschaft es mit Fokus auf die semantischen Stolpersteine medialer Transfers und narrativer Klischees eher als populäre Form der Biografik abtut – vieles deutet darauf hin, dass sich die auffällig ambivalente Rezeption filmischer Künstlerbiografien zu einem guten Teil aus der Wirksamkeit zählebiger Decorum-Vorstellungen speist. Mit den Prämissen hierarchisierter Gegenstände und formaler Angemessenheitsgebote wird die Stilkopie mal als Plagiat, mal als Hommage, mal als eigenständige Kunstform begriffen. Und wenn einzelne Regisseure das Genre angesichts seines selbstreferenziellen Potenzials für geeignet halten, in ihm ihr Opus magnum abzudrehen, dann ließe sich immerhin mit Novalis schließen: »Man kann am Styl bemerken, ob und wie weit der Gegenst[and] den Verfasser reizt oder Nichtreizt [sic]«.[66]

64   Bauer 2011, S. 120.
65   Vgl. Henry Keazor, Fabienne Liptay, Susanne Marschall: Laokoon Reloaded. Vorwort. In: Dies. (Hg.): *FilmKunst. Studien an den Grenzen der Künste und Medien.* Marburg: Schüren 2011, S. 7–12, hier S. 10.
66   Hans-Joachim Mähl (Hg.): *Novalis. Dichter über ihre Dichtungen,* Bd. 15. München: Heimeran 1976, S. 194.

Folgt man der hier vorgetragenen Einschätzung, dass sich sowohl in der Filmpraxis als auch in deren Rezeption darstellungsethische Konventionen Gehör verschaffen, die sich als veritabler Nachhall frühneuzeitlicher Stillagentheorien interpretieren ließen, dann stellt sich freilich auch über das hier diskutierte Genre hinaus die Frage, anhand welcher *Gegenstände* der Film seine »höheren« Stile und mithin sich selbst als »siebte Kunst« erfand. Außer Frage steht wohl, dass etwa auch die formalen Ansprüche an die Verfilmungen literarischer Werke durch deren jeweils in Geltung stehenden künstlerischen Rang, durch ihre historische Wirksamkeit, ihre Rezeptionsgeschichte oder mitunter bereits durch ihren Bestsellerstatus vorformuliert werden. Können Groschenroman und Vorabendserie als alltägliche, »niedere Rede« ohne formalen Ehrgeiz abgedreht werden, müssten Dostojewski- oder Shakespeare-Verfilmungen entsprechende Nachlässigkeiten nach allgemeinem Dafürhalten wohl eigens und gut begründen. Angemessenheit von Stil und Inhalt ist eine Leitkategorie auch der Literaturverfilmung, auch hier werden Decorum-Verstöße geahndet, Adäquatheit goutiert. Zwar kann ein formaler Mehraufwand in jedem Einzelfall höchst unterschiedlich interpretiert werden, als eine von »hohen« filmischen Stoffen und Anlässen gesetzte Forderung oder Bedingung aber steht er zunächst einmal im Raum. Es ist wohl kein Zufall, dass etwa in der Frühphase des Kinos ausgerechnet die Verfilmungen politischer und nationaler Gründungslegenden[67] wesentliche Marksteine filmhistorischer *Stil*entwicklung setzten. David Wark Griffith führte in THE BIRTH OF A NATION (1915) neuartige Einstellungstypen und Kamerafahrten ein, entwickelte ungesehene Konzepte analytischer und paralleler Montage, Sergej Eisenstein ließ seine Attraktionsmontage in PANZERKREUZER POTEMKIN (1925) zu vollster Entfaltung kommen und Fritz Lang setzte mit DIE NIBELUNGEN (1924) neue Maßstäbe in der Tricktechnik.

Obwohl vergleichsweise untertheoretisiert und unsystematisch, scheinen ungeschriebene Gesetze der Angemessenheit auch in der Filmpraxis, -theorie und -kritik allgegenwärtig Genre-, Stoff- und Werkhierarchien zu organisieren und zu konsolidieren. Es dürfte mithin in vielen Fällen lohnen, die dynamischen Kreisbewegungen von behaupteten Stoffwerten, formalen Erwartungshaltungen, konventionalisierten Erfüllungsstrategien und den Mustern ihrer Kritik konsequent aus Perspektive des Stillagenbegriffs zu

---

67 Ähnlich nimmt die Historienmalerei bereits innerhalb der klassischen Gattungshierarchie der Malerei die oberste Stelle (vor Porträt, Genre, Landschaft und Stillleben) ein. Die »Atelierdarstellungen« als mögliche motivgeschichtliche Wurzeln der hier diskutierten Künstlerbiografien wären innerhalb dieser Ordnung indes eher den Genre- denn den Historiendarstellungen zuzuschlagen.

betrachten. Insbesondere ließe sich dieser etwa überall dort fruchtbar machen, wo Manierismen ostentativ an die Oberfläche treten und wo wiederholte Verfilmungen derselben Motive oder Textvorlagen zu vergleichenden Formanalysen einladen. Noch einmal: Freilich wäre nicht zu hoffen, den *einen* hohen Stil oder gar einen verbindlichen Stilhöhencodex des Films dingfest machen zu können. Möglicherweise aber könnte mit dem Stillagendenken eine der wirkmächtigsten Ursachen filmgeschichtlicher Stilentwicklung als solche kenntlich gemacht werden.

Evelyn Echle

Architektur und (Auto-)Biografie

»Stil« als filmischer Subtext am Beispiel
von Loos ORNAMENTAL

> »Einen Stil *erklären* kann nichts anderes heißen als ihn nach seinem Ausdruck
> in die allgemeine Zeitgeschichte einreihen, nachweisen, dass seine Formen
> in ihrer Sprache nichts anderes sagen, als die übrigen Organe der Zeit.«
> (Heinrich Wölfflin)[1]

Eine Analyse der ästhetischen Erfahrung von Architektur und Film setzt bei
einem performativen Verständnis von Raum an: »Architektur hat also eine
performative Seite, insofern sie durch eine bestimmte Praxis der motorisch-
dynamischen, räumlichen und bewegten Ansichtnahme überhaupt erst zur
Geltung kommt«, schreibt Gertrud Koch und verweist auf die Ähnlichkeit
von Film und emphatischer Architektur, deren Werke sich jeweils erst im
Betrachter strukturierten.[2] Mit Blick auf die Architekturgeschichte erinnert
dies an die Versuche einer Raumchoreografie, deren Ansätze auf narratolo-
gischen Elementen und vorgegebenen Bewegungsachsen beruhen.[3] Doris
Agotai vergleicht solche Bestrebungen der Blicklenkung in der Architektur
ebenfalls mit einer filmischen Inszenierung: »Die Architektur als Erfah-
rungsraum kann nicht als eigentliche Erzählung aufgefasst werden. Dennoch
lassen kodierte und konventionalisierte Raumfolgen vermuten, dass diskur-
sive Elemente auch in der Architektur nachweisbar und an der Entstehung
filmähnlicher Raumsequenzen maßgeblich beteiligt sind.«[4] Im Grunde werden dadurch Architektur und Film als Zeitkünste beschrieben, die den

---

1   Heinrich Wölfflin: *Renaissance und Barock. Eine Untersuchung über Wesen und Entstehung des
    Barockstils in Italien.* München: Bruckmann 1888, S. 65 (Hervorhebung im Original).
2   Gertrud Koch: Einleitung. In: Dies. (Hg.): *Umwidmungen – architektonische und kinematogra-
    fische Räume.* Berlin: Vorwerk 8 2005, S. 8–21, hier S. 8. Zum Performanzbegriff vgl.
    zudem Ludger Schwarte (Hg.): *Bild-Performanz.* München: Fink 2011.
3   So lassen sich erste inszenatorische Bestrebungen für das Lenken eines kollektiven Rezi-
    pientenblicks bereits bei den Panathenäischen Prozessionen vom Kerameikos zum Erech-
    theion mitten durch die Akropolis von Athen um 500 v.Chr. beobachten, bei der die
    Wegeleitung einer klaren Gebäudedramaturgie folgte. Vgl. Herbert William Parke: *Festi-
    vals of the Athenians.* Ithaca: Cornell University Press 1977.
4   Doris Agotai: *Architekturen in Zelluloid. Der filmische Blick auf den Raum.* Bielefeld: Transcript
    2007, S. 136.

168

Benutzern oder Betrachtern eine Bewegung vorführen oder von ihnen verlangen.[5] Darauf hat sich auch eine Analyse der ästhetischen Erfahrung von Architektur *im* Film respektive von Film über Architektur zu beziehen: Durch verschiedene Blickwinkel, Lichtgebungen, Gliederungen und perspektivische Verzerrungen erschafft der Film einen dynamischen Bildraum und eröffnet neue Möglichkeiten der Raumwahrnehmung von Architektur(en). Der Regisseur und Künstler Heinz Emigholz knüpft in einer Reihe essayistischer Dokumentarfilme über die Werke ausgewählter Architekten an diese Auffassung filmfotografischer Rekompositionen des Raumes an:

> Der Blick wird quasi wie Materie auf den Raum aufgeschraubt und macht klar, dass dieser Raum nur durch unsere bestimmten und endlichen Körper in der Zeit existiert. Wir sind das Medium des Raumes und seiner Oberflächen, und jeder Blick ist in seiner Feinstofflichkeit die Interpretation einer seiner Möglichkeiten. Dieses Neue im Bestehenden zu erkennen, indem man es kompositorisch aus dem Netz der aktuell bestehenden Beziehungen löst, erfordert allerdings ein besonderes Momentum, das es mit der Gleichzeitigkeit des Wirklichen auf der zu komponierenden Fläche einer Abbildung aufzunehmen vermag. Ich glaube, daß jeder Einzelne den Raum jeweils anders als alle anderen wahrnimmt. Und aus diesen Wahrnehmungsnuancen entstehen Kunst und Gestaltung.[6]

So möchte Emigholz für Loos ornamental (2008) – einem essayistischen Dokumentarfilm über den Wiener Architekten Adolf Loos – einen umgedrehten Sehvorgang erarbeiten, der das Sehen nicht zum Eindruck, sondern zum Ausdruck macht.[7] Dabei mutet die Synopsis zunächst klassisch konzi-

---

5   Vgl. Martin Seel: Architekturen des Films. In: Jörg H. Gleiter u. a. (Hg.): *Die Realität des Imaginären: Architektur und das digitale Bild.* Weimar: Verlag der Bauhaus-Universität 2008, S. 91–97, hier S. 91.

6   Interview von Siegfried Zielinski mit Heinz Emigholz. URL: http://www.pym.de/de/texte/interviews/115-heinz-emigholz-im-gespraech-mit-siegfried-zielinski. [letzter Zugriff am 29.8.2014].

7   Loos ornamental ist der dreizehnte Teil der Reihe »Photographie und jenseits«, einer Filmserie über Schrift, Zeichnung, Skulptur und Architektur von Heinz Emigholz. Der Regisseur, Künstler und Autor wurde 1948 bei Bremen geboren, seit 1973 arbeitet er in Deutschland und in den USA als freischaffender Filmemacher, bildender Künstler, Kameramann, Autor, Publizist und Produzent. 1978 gründet er die Produktionsfirma *Pym Films* und beginnt 1984 mit der Filmserie »Photographie und jenseits«. Seit 1993 hat er den Lehrstuhl für *Experimentelle Filmgestaltung* an der Universität der Künste Berlin inne, seit 2003 erscheinen die Editionen seiner Filme auf DVD (*Filmgalerie 451*). Vgl. URL: http://www.filmgalerie451.de/filme/loos-ornamental/ [letzter Zugriff am 29.8.2014].

piert an: Der Film zeigt siebenundzwanzig noch existierende Bauwerke und Innenausstattungen des österreichischen Architekten in der Chronologie ihrer Entstehung. Die Häuser, Laden- und Wohnungseinrichtungen, Fassaden und Denkmäler entstanden zwischen 1899 und 1931 und wurden in Wien, Niederösterreich, Prag, Brünn, Pilsen, Nachod und Paris für den Film karg im Kontext ihrer Umgebungen im Jahr 2006 aufgenommen – ohne Voice-over, Einflechtung historischen Found-Footage-Materials oder eines nicht diegetischen Sounddesigns. So ist es vor allem die *Art* der Architekturdarstellung, die Emigholz selbst als »filmische Analyse«[8] deklariert und die eine Grenzverwischung des Genres provoziert. Eine Grenzverwischung, welche die konventionalisierte Erwartungshaltung an einen Film über Architektur enttäuschen muss. So schreibt Christian Caravante in einem Festivalblog nach der Berlinale-Aufführung des Films im Jahre 2008:

> Doch der Film verfehlt in doppelter Hinsicht sein Ziel: Nicht nur weil er seinem Titel nicht gerecht wird und Loos als »ornamentalen Architekten« enttarnt, sondern auch weil er sich »Architektur als Biographie« nennt, aber in keiner Weise (außer chronologisch Loos' Gebäude zu zeigen) versucht, die Person Loos mit seinen Gebäuden, sein Leben oder sein Denken mit seinen Projekten in Zusammenhang zu bringen. Aber selbst wenn man diese Defizite beiseite lässt, ist dieser Film nur in seltenen Momenten in der Lage, einen Gesamteindruck der Gebäude und damit die architektonischen Eigenheiten der Gebäude und Räume zu geben. Wofür dann einen Architekturfilm machen?[9]

Die Antwort auf diese Frage liegt in den Bildern und dem Stil ihrer Inszenierung, die durch den ungewohnten Duktus bildlicher Architekturdarstellung geradezu visuell-beredt sind. Im Folgenden soll es daher um die beschriebene Auflösung der Grenzen respektive die filmische Umsetzung einer Raumdeutung gehen, die gerade über den Stilbegriff produktiv gemacht werden kann. So stellt sich einerseits die Frage nach der stilistischen Form, die einer filmischen Dokumentation über Architektur angemessen erscheint, andererseits eröffnet die Abweichung von der genretypischen Konvention im Falle von Loos ornamental ein weites Feld an Subtextzuschreibungen auf bildtheoretischer Ebene, die in Kontrast zu dem kontemp-

---

8   Zitiert nach: Heinz Emigholz im Gespräch mit Stefanie Schulte Strathaus. URL: http://www.filmgalerie451.de/filme/loos-ornamental/ [letzter Zugriff am 5.9.2014].

9   Christian Caravante: Nur Häuser, leider. In: *Festivalblog Berlinale 2008.* URL: http://www.festivalblog.com/archives/2008/02/loos_ornamental.php5 [letzter Zugriff am 30.8.2014].

lativen Duktus des Fallbeispiels stehen. Heinz Emigholz selbst beschreibt die bildliche Spannung, die sich für ihn aus der Überführung einer dreidimensionalen Architektur in die zweidimensionale kinematografisch-zeitliche Bildlichkeit ergibt, folgendermaßen: »Die Architektur projiziert einen Raumentwurf in die dreidimensionale Welt. Der Film nimmt diesen Raum und übersetzt ihn in zweidimensionale Bilder, die uns in der Zeit vorgeführt werden. Im Kino erfahren wir so etwas Neues: einen Gedankenraum, der uns über Gebäude meditieren läßt.«[10]

Der daraus resultierende Gedankenraum wird hierbei, so die These, vor allem über den *Stil* des Films vermittelt, der in seiner Abweichung zur Konvention und der Kraft harter Schnitte sowie suggestiver Montage eine dreifache Spannung ergibt: Die chronologische Filmdokumentation einer architektonischen Werkschau im Sinne einer Stilkunde ist dabei die offensichtlichste, doch daneben führt der Film eben gerade dank seines eigenen, sehr speziellen Stils den Subtext über den kunsthistorischen Stildiskurs der Moderne und verknüpft darüber wiederum filmisch die biografischen Wegmarken des Wiener Architekten Loos.

Stiltheorien als Gattung des Denkens

Adolf Loos, einen der streitbarsten Befürworter der Moderne und publizistisch aktivsten Architekten seiner Zeit, zum Gegenstand eines kontemplativen, eigentlich hermetischen Filmessays zu machen und dabei gänzlich auf die publikumswirksamen Spitzen des Jugendstilgegners in Form von Kommentaren zu verzichten, scheint so widersprüchlich wie der Filmtitel Loos ORNAMENTAL. Andererseits finden darin in nuce zwei Fronten des Architekturdiskurses am Ende des 19. Jahrhunderts zusammen: Das Ornament als konstruierte antagonistische Kategorie der Moderne und der Name Loos als Chiffre einer Zäsur in der Formensprache. Adolf Loos' Anliegen war, »Stil« zu definieren und greifbar zu machen. Ein Anliegen, das gerade in der Wiener Schule der Kunsttheorie um 1900 mit Gottfried Semper und Alois Riegl auf vielfältige Art und Weise zur Tradition geworden war.[11] Stiltheorien waren in jenen Jahren so verbreitet, dass man sie als eigenständige Gattung

---

10   Zitiert aus den Produktionsinformationen zum Film. URL: http://www.adolf-loos-film. com/about.html [letzter Zugriff am 29.8.2014].

11   Vgl. Alois Riegl: *Stilfragen. Grundlegungen zu einer Geschichte der Ornamentik.* 2. Aufl. Berlin: Richard Carl Schmidt & Co. 1923 [1893]; Gottfried Semper: *Der Stil in den technischen und tektonischen Künsten.* 2 Bde. Frankfurt a. M. 1866.

des Denkens bezeichnen könnte,[12] und Adolf Loos, der als Architekt und Kulturkritiker unzählige Kontroversen des Stildiskurses um 1900 zu verbinden verstand, leistete gewichtige Beiträge dazu.[13] Bei Loos zeigt sich das Interesse einer modernen Formensprache durch abstrakte Kompositionen, was sowohl seine kubischen Bauten als auch seine scharfen Polemiken zum Ausdruck bringen.[14] Seine meist zitierte Schrift, *Ornament und Verbrechen* von 1908 (1910),[15] gilt als Zeugnis der Zäsur zwischen überkommenem Historismus und visionärer Moderne. Aktuelle Debatten betonen jedoch die Kontinuität in der Kunst- und Architekturgeschichte, für die kein jäher Traditionsbruch nachweisbar ist. Loos reagiert vielmehr auf das Ergebnis eines breit entstehenden Interesses an der Vielfalt historischer Stilformen, für die eine Formensprache zunächst einmal formuliert werden müsse.[16] Erst die komparativen kunsthistorischen Analysen von Heinrich Wölfflin, Gottfried Semper und Alois Riegl bis hin zu ihrer Zuspitzung bei Adolf Loos etablierten die Schule eines Formengefühls und schärften den Blick für dieses Thema.[17] In

---

12   Vgl. Anders von Munch: *Der stillose Stil. Adolf Loos*. München: Fink 2005 [1999], S. 10.

13   Loos wurde am 10. Dezember 1870 in Brno / Brünn geboren, nach einer unvollendeten Ausbildung an der Polytechnischen Lehranstalt in Dresden und einem dreijährigen Amerika-Aufenthalt als Gelegenheitsarbeiter ließ er sich 1896 in Wien nieder. Er verdingte sich als scharfzüngiger Kritiker, sein Ruf brachte ihm nach und nach einige Aufträge für Innenausstattungen in Ausstattergeschäften und Cafés ein. 1909 erhielt er seine erste und bis zum Ende prominenteste Bauaufgabe, das Haus am Michaelerplatz im Zentrum Wiens, das heute kurz Loos-Haus genannt wird. Als Treppenwitz der Geschichte besaß Loos selbst nie die Mittel für ein eigenes Haus, bis zum Lebensende blieb er auf die Almosen zufriedener Bauherren angewiesen.

14   Loos inspiriert bis heute Wissenschaftler ganz unterschiedlicher Couleur und Disziplinen, neben der Architektur, Kunstgeschichte und Medienwissenschaft wird er von der Ethnografie und in kritischer Lektüre von den Gender Studies rezipiert. Zur Dimension des Loos-Diskurses vgl. Jimena Canales, Andrew Herscher: Criminal Skins: Tattoos and Modern Architecture in the Work of Adolf Loos. In: *Architectural History* 48 (2005); S. 235–256; Christina Threuter: Ausgerechnet Bananen. Die Ornamentfrage bei Adolf Loos oder die Evolution der Kultur. In: Cordula Bischoff, Christina Threuter (Hg.): *Um-Ordnung. Angewandte Künste und Geschlecht in der Moderne*. Marburg: Schüren 1999, S. 106–117.

15   Nicht nur der Titel der Polemik wird mit *Ornament ist Verbrechen* oft falsch zitiert, auch gibt es zum Entstehungsdatum verschiedene Quellenauslegungen. Da Loos häufig als Vortragsreisender unterwegs war und seine Redemanuskripte teilweise erst Jahre später publizierte, vermuten einige Historiker die Entstehung der Schrift *Ornament und Verbrechen* im Jahre 1910 als Ergänzung zu seinem Aufsatz *Architektur*, der aus dem Streit über das Loos-Haus am Michaelerplatz (offiziell als Wohn- und Geschäftshaus Goldmann & Salatsch bezeichnet, dessen Bauzeit von 1909–1911 reichte) hervorgegangen ist. Andere Quellen datieren die Schrift auf 1908 und deuten sie als Reaktion auf die Gründung des Deutschen Werkbundes. Zur wechselvollen Geschichte der Schrift vgl. María Ocón Fernández: *Ornament und Moderne. Theoriebildung und Ornamentdebatte im deutschen Architekturdiskurs 1850–1930*. Berlin: Reimer 2004, S. 363 ff.

16   Vgl. von Munch 2005, S. 10.

17   Immer wieder werden die Thesen Adolf Loos' als Schlachtrufe der Moderne zitiert, bleiben aber in ihrer Plakativität entweder gar nicht oder sehr reduziert auf eine Thematik diskutiert. An dieser Stelle sei deshalb etwas breiter auf die kulturhistorische Perspektive

LOOS ORNAMENTAL soll eine solche Umsetzung visionärer Moderne in die Loos'sche Praxis nachvollzogen werden, weshalb Emigholz stringent bildlich entlang der historischen Zeitachse dokumentiert und argumentiert:

> Loos hatte kein Problem damit, sich in angebliche Widersprüche zu verwickeln. Sein verquaster Aufsatz *Ornament und Verbrechen* von 1910 ist leider in der Folge maßlos verdreht und verabsolutiert worden. Er war kein *terrible simplificateur*. Mich interessiert Komplexheit, ein komplexes Raumgitter, durch das sich Wirklichkeit erkennen lässt, und das bietet er mir und meiner Kamera.[18]

Ein Blick auf den »verquasten«, gleichwohl aber auch heutzutage noch kanonischen Aufsatz ist für dieses Selbstverständnis hilfreich: Die Sensibilisierung für ein bestimmtes Formengefühl geht Adolf Loos in der Theorie über das Stilmittel der Polemik an, wenn er in *Ornament und Verbrechen* eine vernichtende Kritik am Ornament als ein den Geschmack unablässig beherrschendes und verderbendes ästhetisches Stilmittel postuliert. Es kommt – wenn auch weniger aufgrund solch kulturkritischer Überlegungen als mehr durch die faktische Macht gesellschaftlicher Veränderungen zu Beginn des 20. Jahrhunderts – zu tiefgreifenden kulturellen Traditionsbrüchen, welche die Form, Funktion und Auffassung des Ornamentalen veränderten.[19] Loos plädierte keineswegs für die absolute Verdammung des Ornaments, sondern benutzte es als Vehikel, um auf ein unterentwickeltes Gefühl für die Architektur (und die Formensprache der Kunstgattungen allgemein) aufmerksam zu machen, deren Folge seiner Meinung nach ein regelrechter Missbrauch der Kunst war.[20] In seinen Augen geriet das Orna-

---

des Stildiskurses hingewiesen, vor dessen Hintergrund Loos' eindeutige Stellungnahme für das Projekt der Moderne und gegen das Ornament zu lesen ist. Die Schwerpunktsetzung geschieht bewusst und klammert darwinistische und misogyne Tendenzen in den Schriften Loos' an dieser Stelle aus.

18 Heinz Emigholz im Gespräch mit Stefanie Schulte Strathaus. Vgl. URL: http://www. filmgalerie451.de/filme/loos-ornamental/ [letzter Zugriff am 29.8.2014].

19 Vgl. Michael Lingner: Zwischen Ausdrucksbewegung und Begriffsbildung. Zur Vorgeschichte und Bedeutung von Adolf Hölzels Ornamentik als Übergangsphänomen der modernen Kunstgeschichte. In: Ursula Franke, Heinz Paetzold (Hg): *Ornament und Geschichte. Studien zum Strukturwandel des Ornaments in der Moderne*. Bonn: Bouvier 1996. S. 191–214.

20 María Ocón Fernández zeigt in ihrer Studie *Ornament und Moderne. Theoriebildung und Ornamentdebatte im deutschen Architekturdiskurs (1850–1930)*, wie das Ornament zwischen die Fronten einer »konstruierten Moderne« geriet. Einer der Gründe liege in der definitorischen Natur des Ornaments. Geprägt ist es strukturell durch zwei Komponenten: einerseits durch eine funktionale Grundform (Träger) und der in Relation dazu stehenden Schmuckform (dem darauf applizierten Muster). Hinzu kommt, dass das Ornament als gattungsübergreifendes Sujet nicht nur als Prinzip vorhanden, sondern auch in theoretischer Reflexion sowohl in der hohen freien als auch bei den niederen zweckgebundenen Künsten

ment zur bloßen Floskel, die der eigentlichen Aufgabe der Baukunst hinderlich war.[21] So konstatiert er:

> ich habe folgende erkenntnis gefunden und der welt geschenkt: *evolution der kultur ist gleichbedeutend mit dem entfernen des ornaments aus dem gebrauchsgegenstande.* ich glaubte damit freude in die welt zu bringen, sie hat es mir nicht gedankt. man war traurig und ließ die köpfe hängen. was einen drückte, war die erkenntnis, daß man kein neues ornament hervorbringen könne.[22]

Für Loos zählte eine innere Ordnung des Stils, eine nach außen gekehrte Ornamentik konterkarierte seiner Auffassung nach die sublime Ordnung von Kunst und Denken. Dass es in seiner Zeit kein neues Ornament gebe, ist ein Seitenhieb auf den Jugendstil, der mit seinen überschwänglichen Verzierungen in den Augen Loos' eine dekadente Form des Eklektizismus betrieb. Ein Gefühl für den reinen Stil dagegen lasse sich am besten an nackten, an reinen Formen ausbilden – also am Gegenteil von dem, was die überbordenden Ornamentfassaden des Jugendstils zu bieten hatten. Den Jugendstil erkannten einige Kritiker nicht als Stil an, sondern sprachen von einer Modeerscheinung. Er sei eine künstlerische Konstruktion, keine Reaktion auf die Notwendigkeit der Zeit. Loos ging mit spitzer Feder und kalkulierten architektonischen Entwürfen gegen Vertreter des Jugendstils vor.[23] Er fand die Richtung verlogen, weil die Künstler in seinen Augen keinen genuin *neuen* Stil für seine Zeit schaffen konnten. Loos war überzeugt, dass es die Zeit selber sei, die den Stil schaffe, und es nicht bei Rückgriffen auf Merkmale vergangener Epochen bleiben dürfe:

> jede zeit hat ihren stil und nur unserer zeit soll ein stil versagt bleiben? mit stil meinte man das ornament. dann sagte ich: weinet nicht.

ordnend, gliedernd und akzentuierend wirkte (vgl. S. 11). Laut Ocón Fernández war es genau diese Tendenz zur Entgrenzung, die das Ornament in der Architekturgeschichtsschreibung zur Zielscheibe werden ließ. Es entwickelte sich eine Strategie der Ausgrenzung des Ornamentalen, sah man doch durch den inflationären Gebrauch eine Trivialisierung (die durch optimierte Prozesse des Kunsthandwerks in Massenfertigungsprozessen begünstigt wurde). Loos brachte diese Haltung in seinen Schriften akzentuiert zum Ausdruck und gilt nicht zuletzt deshalb als »bester Propagandist seiner eigenen Ideen« (S. 363).

21 Vgl. von Munch 2005, S. 14.

22 Adolf Loos: *Trotzdem, 1900–1930.* Wien: Georg Prachner 1981 [1931], S. 79; Hervorhebung im Original. Loos beschloss, seine Forderung nach einem eigenen Stil der Zeit bis in die Orthografie hin auszudehnen und schrieb alles in Kleinbuchstaben.

23 So schrieb er in einer Replik auf seinen publizierten Vortragstext *Ornament und Verbrechen* 1908 zwei Jahre später: »und ich sage dir, es wird die zeit kommen, in der die einrichtung einer zelle vom hoftapezierer Schulze oder professor Van de Velde als strafverschärfung gelten wird« (Loos 1981, S. 89).

seht, das macht ja die größe unserer zeit aus, dass sie nicht imstande
ist, ein neues ornament hervorzubringen. wir haben das ornament
überwunden, wir haben uns zur ornamentlosigkeit durchgerungen.
seht, die zeit ist nahe, die erfüllung wartet unser. bald werden die
straßen der städte wie weiße mauern glänzen![24]

Es gebe eine innere Logik in der Beziehung von Stil und Zeit, die die Stil-
künstler mit ihrem überschwänglichen Gebrauch des Ornaments nicht res-
pektierten, so Loos.[25] Demzufolge erwächst der Stil aus der neuen Zeit
sowie den Bedürfnissen des modernen Lebens und zeigt seine Selbstverständlichkeit in Gebrauchsgegenständen, in Möbeln und natürlich bei der
Architektur. Diesem Grundgedanken stand die Überflutung durch den
Jugendstil jäh im Weg: »das moderne ornament hat keine eltern und keine
nachkommen, hat keine vergangenheit und keine zukunft. es wird von
unkultivierten menschen, denen die größe unserer zeit ein buch mit sieben
siegeln ist, mit freuden begrüßt und nach kurzer zeit verleugnet.«[26]

Im Umgang mit dem Ornament zeigt sich Loos' gesamter Ansatz. So
konnte das Ornament nichts anderes sein als ein äußeres Zeichen für die
innere Logik der Formgebung. Für den Stilbegriff ohne Ornamente bedeutet diese Annahme folgerichtig, dass die Kunst ohne Ornament die ganze
Form beherrscht und sich überflüssigem und aufgesetztem Zierrat entzieht.
Das Denken wendet sich also gegen eine starre Klassifikation äußerer Zeichen und hin zum Verständnis einer inneren Ordnung. »Allmählich blickte
man hinter die Ornamente als konkrete Substanz des Stils und deutete die
eher abstrakte Formkraft, die dem Werk als sublime Ordnung Form gab.«[27]
Folgt man dieser Auffassung, zeigen sich vor allem im Gebrauch des Stilbegriffs für das Ornament erhebliche Differenzen. Dienten die Ornamente
im Historismus noch für eine Begriffsbestimmung des Stils im archäologi-
schen, klassifikatorischen Sinn, wollte der Jugendstil sich aus diesem engen
Deutungskorsett befreien und erfand neue Spielarten des Ornaments. Die

---

24   Ebd., S. 79–80.
25   Vgl. von Munch 2005, S. 18.
26   Loos 1981, S. 84. Die Differenzen von Loos und Anhängern des Jugendstils basieren nicht
      zuletzt auf einem unterschiedlichen Verständnis des Stilbegriffs. Loos' Auffassung nach
      wurde eine lebendige Reformulierung der Tradition zugunsten einer toten Repetition
      historischer Spielarten geopfert. Oder anders formuliert: Das Bürgertum verglich sich in
      Loos' Augen in seinem Baustil lieber mit vergangenen Glanzperioden als einen genuin
      eigenen Glanz zu generieren. Kurz: Es wollte keinen neuen Stil riskieren.
27   von Munch 2005, S. 19.

Prämisse von Stil als formender Kraft entwickelte sich in eine andere Richtung als in der zeitgleichen Loos'schen Definition.

Visueller Wahrnehmungsdiskurs in Loos ORNAMENTAL

Was Loos konkret mit der Verdrängung des Ornaments meinte, erklärt sich anhand seines gebauten Hauptwerks, des Loos-Hauses am Wiener Michaelerplatz. Anhand einer kurzen Betrachtung des Gebäudes soll nachvollziehbar werden, wie das theoretisch formulierte Zusammenfallen von Material und Ausdruck ohne etablierte Ornamentalität umgesetzt wurde. Die Bauzeit fiel unmittelbar auf die Zeit nach der Veröffentlichung seines Pamphlets *Ornament und Verbrechen*, in die Jahre 1909 bis 1911 – wobei die ausgedehnte Entstehungsphase dem Einschreiten der Wiener Baupolizei geschuldet war, die in dem nackten Fassadenbau angesichts der prominenten Lage zwischen Hofburg und Michaelerkirche einen städtebaulichen Skandal witterte und zunächst eine Sistierung erwirkte.[28]

Aus heutiger Sicht hingegen bettet Loos' feines Gespür für Formen und vor allem Materialien das Haus harmonisch als zeitgenössische Antwort der aufkeimenden Moderne in das bestehende Ensemble aus klassizistischer Michaelerkirche und Hofburg ein.[29] Die untere Etage gestaltete Loos aus Cipollino-Marmor, die oberen Etagen mit glattem Kalkputz und das Kupferdach schließt schlicht die kompakte Form. Gerade die Verwendung des grün gemusterten Marmors visualisiert Loos' Gedanken zur Ornamentlosigkeit. Aus heutiger Sicht wirkt die unruhige Fassade durchaus verziert, geschmückt. Zu Zeiten Loos' wurde die blanke Fläche jedoch als das Gegenteil davon wahrgenommen, der Stein – ohne vom Steinmetz applizierte Ornamente – wirkte kahl und nackt. Loos argumentierte, dass die Wahl des Materials als edler Werkstoff schon Zierde genug war. Ornamente daran anzubringen galt

---

28 Erst nachdem sich der Architektenverein und Otto Wagner für den Weiterbau ausgesprochen hatten, konnte der Bau mit einem kleinen Kompromiss seitens Loos weitergeführt werden. Statt der gänzlich schmucklosen Außenfassade sollten die Fenster mit Blumenkästen versehen werden – metaphorisch betrachtet eine ironische Wendung gegen den floral-ornamentierenden Jugendstil. Das Aufsehen brachte Loos den Ruf eines modernen Architekten ein – obwohl das Haus am Michaelerplatz sein erster überhaupt realisierter Entwurf war.

29 Loos stand vor der Aufgabe, den Übergang von der Hofburg und dem anliegenden Adelspalais hin zur vornehmen Einkaufsstraße zu konturieren. Ethos und Strenge gelten als Attribute des Loos-Hauses und als Beispiel der architektonischen Moderne (vgl. von Munch 2005, S. 54).

in seinen Augen als Vergeudung von Arbeitskraft, was er schon 1908 formulierte: »das fehlen des ornaments hat eine verkürzung der arbeitszeit und eine erhöhung des lohns zur folge. […] ornament ist vergeudete arbeitskraft und dadurch vergeudete gesundheit. so war es immer. heute bedeutet es aber auch vergeudetes material und beides bedeutet vergeudetes kapital.«[30] Loos predigte die Ehrlichkeit von Material und Ausdruck, was die schlichte Fassadengestaltung seines Hauses am Kohlmarkt unterstreicht.

Die Kontroverse um den Bau erklärt sich also unter anderem durch seine topologische Besonderheit im Zentrum Wiens zwischen zwei Repräsentationsarchitekturen – ein Umstand, den LOOS ORNAMENTAL in ein filmisches Konzept der Wahrnehmung transferiert. In Bezug auf Loos findet der Film mit seinem subjektiven Kamerablick einen kommentierenden Subtext zur Ornamentfrage und seiner Darstellbarkeit. Voice-over oder Off-Kommentare sowie Musik werden ausgespart, Zwischentitel erläutern jeweils das Bauwerk in Bezug auf Baujahr, Standort und Tag der Dokumentation.

Eine knappe Analyse der Loos-Haus-Sequenz soll diese Übersetzung in ein visuelles Muster performativer Raumwahrnehmung deutlich machen. Das Gebäude wird nach dem einleitenden Insert nicht etwa in einer konventionalisierten Totalen gezeigt. Der essayistische Dokumentarfilm eröffnet die Szene mit einer untypisch fragmentierten Sicht auf einen der Brunnen an der Außenseite des Michaelertrakts der Hofburg. Eine personifizierte Austria demonstriert hier im Kampf mit mythischen Marinefiguren die »Macht zur See«.[31] Emigholz wählt so gesehen eine Assoziationsmontage für die historische Einbettung und Diskursivierung des eigentlichen Hauptwerks der Sequenz. Wenn im Anschluss die Totale des Loos-Hauses aus der standardisierten Sicht zwischen Herrengasse und Kohlmarkt folgt, erklärt sich die Exposition der Sequenz aus einer Kontrastierung der im Wiener Stadtbild parallel präsenten Baustile mit all ihrer Vielfalt und unter dem einenden Blick der gebieterischen Personifikation der Austria. Gleichzeitig umspielt die selektive Wahl der weiblichen Brunnenfigur (am gleichen Trakt findet sich auch die Allegorie der »Macht zu Lande« mit einer männlichen Personifikation) die viel zitierte Verbindung von Ornament und Weiblichkeit, die für Loos' Denken symptomatisch war.

30   Loos 1981, S. 84.
31   Geschaffen wurde das Ensemble von dem Bildhauer Rudolf Weyr.

Personifizierungen, Kontrastierungen und fragmentierte Architektur
in LOOS ORNAMENTAL

Der Dokumentarfilm greift über seine filmische Ausgestaltung deutliche
Verweise auf die Ornamentfrage auf, die den eigentlich kommentarlosen
Film einen deutlichen Subtext »sprechen« lassen. Die Detailaufnahmen der
Außenfassade sind durch den leicht schrägen Kamerawinkel wenig austariert,
was der gängigen Gebäudedarstellung eindeutig widerspricht. Der erste Eindruck der amateurhaft stürzenden Linien der Bauform entpuppt sich auf den
zweiten Blick als konzises Konzept, das eindringlich die Monumentalität
jedes der angeschnittenen Bauteile durch die kaderfüllende Präsenz der
Form steigert. Emigholz fragmentiert die Gesamtperspektive auf das Bauwerk und zeigt das Loos-Haus nur angeschnitten und in seiner Beziehung zu
den direkt angrenzenden Gebäuden. In den Blick genommen werden dabei
häufig die tradierten Ornamentapplikationen der Nachbarhäuser, während
der von Loos verwendete Cipollino-Marmor eine immanente Ornamentalität des Materialmusters zeigt. Durch die Fragmentierung des Kamerablicks
entsteht in der Komposition eine innerbildliche Kontrastmontage, die in der
Zusammenschau beide Ornamentmodi in eine einzige abstrakte Form überführt. Durch ihre Montage wird klar, dass die Details keine beliebige Sammlung markanter Eckpunkte darstellen, sondern in der Summe vielmehr eine

Sinneinheit im Spektrum der Wechselbeziehungen ihrer historischen Bezüge zur Ornamentgeschichte ergeben.

Dekadrierung als stilistischer Marker der Medienkonvergenz

Dabei lässt sich nicht nur für Loos ornamental, sondern für beinahe alle Teile der Serie *Photographie und jenseits* von Emigholz ein Katalog an Stilmitteln ausmachen, die als Marker der Medientransgression strategisch eingesetzt werden. Der Regisseur umschreibt das prosaisch: »Ich sehe mich als eine qua Vertrag mit der Menschheit ausgehaltene Kameraperson, die ihre Blickresultate zur Verfügung stellt. Nicht mehr und nicht weniger als eine Utopie ohne Dramaturgie ist das.«[32] Zu ebensolchen Blickresultaten zählen die dekadrierten Blicke auf die Architektur, die alle Gebäude stets schräg in eine subjektive Blickstruktur einbetten. Dadurch kehrt sich der filmische Charakter ostentativ in den Vordergrund und erinnert an die Kraft der Dekadrage, wie sie bereits Pascal Bonitzer als ein distinktes filmisches Stilmittel beschreibt:

> Die Dekadrierung wird dagegen seltener eingesetzt, selbst wenn die Kamera in Bewegung ist. Aber wenn sie dennoch einen filmischen Effekt *par excellence* darstellt, so liegt das insbesondere an der Bewegung, an der Diachronie der filmischen Bilder, die es erlaubt, ihre Wirkung abzuschwächen oder umgekehrt die Leere zu betonen. [...] Die Dekadrierung ist eine Perversion, die sich mit Ironie auf die Funktion des Kinos, der Malerei, sogar der Fotografie bezieht, insoweit sich alle als Formen verstehen, die das Recht auf den Blick beanspruchen. In den Begriffen von Gilles Deleuze müsste man sagen, dass die Kunst der Dekadrierung, des verschobenen Blickwinkels, der radikal exzentrischen Sichtweise ironisch-sadistisch ist.[33]

Der ironisch-sadistische Aspekt resultiert aus der Weigerung, die dekadrierten Blicke in ein eingeübtes zentralperspektivisches Blickmuster zu überführen.[34] Statt eines bemühten Blickes auf die Architektur bleibt in den Filmen

---

[32]   Interview von Siegfried Zielinski mit Heinz Emigholz. URL: http://www.pym.de/de/texte/interviews/115-heinz-emigholz-im-gespraech-mit-siegfried-zielinski [letzter Zugriff am 30.9.2014].

[33]   Pascal Bonitzer: Dekadrierungen [1978]. In: *montage AV* 2 (2011), S. 93–102.

[34]   Heinz Emigholz setzt seinen »Filmstil« bewusst als Gegenentwurf zu etablierten Architekturfilmen. So mokiert er sich über deren konventionellen Bilderkatalog: »Ein Witz am

Emigholz' eine lückenhafte Szenografie, die von Einstellung zu Einstellung eine Spannung aufrechterhält, die Bonitzer als typisch für die Dekadrage beschreibt: Es ist eine transnarrative Spannung, die den Aufnahmewinkeln, den Kadrierungen, der Wahl der Objekte und den Einstellungslängen geschuldet ist, die die »Beharrlichkeit des Blicks hervorheben [...] Die Praxis des Kinos verdoppelt sich so und befragt die eigene Funktion.«[35] Diese transnarrative Spannung erhält bei Emigholz nicht selten auch eine ironische Note. So etwa, wenn die formstrengen Kuben Rudolph Schindlers, eines Schülers von Adolf Loos, in SCHINDLERS HÄUSER (2006/07) konsequent dekadriert dargeboten werden. Oder wenn Emigholz am Ende von LOOS ORNAMENTAL das Ehrengrab auf dem Wiener Zentralfriedhof des Architekten in drei Einstellungen fragmentiert einfängt, die den schnörkellosen Steinquader einer Klimax gleich inszenieren: Die erste Einstellung zeigt im fahlen März-Licht das Grabmal in seiner unmittelbaren Nachbarschaft, die vornehmlich aus einem zerfurchten Feldweg und einer akkurat gestutzten Hecke besteht, die zweite schneidet in einer halbnahen Einstellung den Quader aus einer leichten Aufsicht schräg an und scheint den Würfel aus dem Bild kippen lassen zu wollen, während am Ende der Umschnitt auf eine Totale erfolgt.

Das Grabmal wird so innerhalb der Bildordnung zu einem sekundären Objekt, das angesichts der Dominanz der backsteinernen Friedhofsmauer keine Gewichtung erfährt. Zu dieser Einstellung addiert sich die Tonspur mit dem signifikanten Geräusch einer vorbeifahrenden Straßenbahn. Die hohe Friedhofsmauer gibt lediglich den Blick auf deren Oberleitung preis, die von links nach rechts das Bild durchkreuzt. Das ist nicht nur das dynamischste Moment dieser Sequenz, sondern als Schlusseinstellung auch ein ironisches Signal angesichts des Friedhofs als symbolischem Ort der letzten Reise.

Es zeigt sich in dieser letzten Sequenz das Programm des gesamten Films, der über seinen Stilkatalog eine spezielle Raumdeutung beschreibt, wie sie Martin Seel generell für den Film konstatiert:

Rande: In den Siebziger und Achtziger Jahren gab es – ich glaube von der UNESCO initiiert – das Projekt, das ›Weltkulturerbe der Architektur‹ zu verewigen. Diverse Produktionsfirmen haben sich daran gesundgestoßen, berühmte Bauwerke billig auf Video abzuschwenken. Dieser Mist wurde dann auf Nimmerwiedersehen in Archive versenkt. Man müßte mal ein Forschungsprojekt daraus machen, diese Produkte zu begutachten. Danach kann die Arbeit wieder von vorne losgehen.« Interview von Siegfried Zielinski mit Heinz Emigholz. URL: http://www.pym.de/de/texte/interviews/115-heinz-emigholz-im-gespraech-mit-siegfried-zielinski [letzter Zugriff am 30.9.2014].

35   Bonitzer 2011, S. 98.

> Die filmische Raumteilung gliedert, akzentuiert, vervielfältigt und
> verändert nicht einen Raum, der zuvor schon gegeben ist, sondern
> stellt eine durch Bildbewegung erzeugte Raumerfahrung sui gene-
> ris her, in der wie in der buchstäblich architektonischen jedem
> Innen ein Außen und jedem Außen ein Innen korrespondiert, eine
> Korrespondenz, die sich jedoch radikaler als in der buchstäblich
> architektonischen inmitten eines dem Vernehmen und Verstehen
> unzugänglichen Raums manifestiert.[36]

In LOOS ORNAMENTAL wird ein solches Raumerlebnis durch die Stringenz
des Stils mit seinen verschobenen Blickwinkeln besonders betont. Was bleibt,
ist die von Bonitzer beschriebene ästhetische Erfahrung einer radikal exzen-
trischen Sichtweise. Die ironisch-sadistische Weigerung, dekadrierte Blicke
zurück in die Zentralperspektive zu überführen, zeigt die Prämisse von Stil
als einer formenden Kraft.

Drei Einstellungen des Ehrengrabes von Adolf Loos auf dem Wiener Zentralfriedhof und am Ende fährt ein Zug nach Nirgendwo

Tina Kaiser

Stil und Dramaturgie audiovisuell

Stilus – im Lateinischen ein Stengel oder Griffel, der ein Schriftstück prägt und überhaupt erst erkennbar macht, mit welcher Technik es verfasst worden ist – kann, übertragen auf den Spielfilm, als formästhetisches Mittel oder Verfahren zur Veranschaulichung einer Geschichte verstanden werden. Als sogenanntes Ausführungsmerkmal ist dann der im Film ersichtliche Stil etwas, das innerhalb eines Werkes oder einer Werkgruppe gehäuft in Erscheinung tritt und dementsprechend markant wird. Ein ausführendes Moment im Dienste des *syuzhets*, als dramaturgischer Prozess verstanden, wirft im Sinne eines Stilverfahrens vielerlei Fragen auf: Wenn sich Stil (als markante Form) und Narration (als Ergebnis aus *fabula* und *syuzhet*) im Sinne David Bordwells in der Filmform verbinden und somit diese gemeinsam bilden, wo und wie bzw. ab wann geraten sie in Austausch und wer prägt wann wen?

Jenseits und inmitten von Fragen nach Inhalt und markanten Ausführungen und deren anschließender Bedeutungsfindung (mit Denotat und Konnotat und, auf einer anderen Stufe, Intension und Extension, vgl. den Beitrag von Guido Kirsten in diesem Band) versucht dieser Text, beides zusammenzudenken: Die Formästhetik quasi als narrative Übung, dramaturgische Elemente als Stilstrategien. Das Mittel also der Inhalt, der Inhalt die Mittel – insofern ist das u. a. auch ein Versuch, die formale Ästhetik Konrad Fiedlers,[1] die sich im Sinne der Konzentration auf eine reine Sichtbarkeit am ehesten mit der Betrachtung anti-repräsentativer abstrakter Kunst verschränken lässt, auf den Film zu übertragen.

Dies würde nun zuerst einmal implizieren: Der Plot ließe sich als die Wahl der ästhetischen Verfahren in ihrer zeitlichen Abfolge verstehen. Die Geschichte wäre also enthalten in der Lichtführung, in der Art und Weise des Schauspiels, im Kostüm, in der Maske, im Setting, im gewählten Filmmaterial, in der Farbkomposition, ja, in jedem noch so kleinen formästhetischen und eben auch technischen Detail. Kurz: Wenn die Geschichte z. B. der Verlauf der Lichtsetzung ist, dann ist eben die Form des Lichts die Geschichte. Denkt man an Béla Tarrs A torinói ló / Das Turiner Pferd (2011) ist genau das der Fall. In der Veränderung des Lichts sind die gesamte

---

1   Vgl. Konrad Fiedler: *Schriften zur Kunst I + II: Text nach der Ausgabe München 1913/14.* Hg. von Gottfried Boehm. München: Wilhelm Fink 1991.

Von A nach B –
die Lichtsetzung
als dramatur-
gischer Krisen-
verlauf und
Spannungsbogen
in Béla Tarrs
DAS TURINER
PFERD

Geschichte und deren Plotstruktur angelegt, in ihr agieren alle Szenen und reihen sich ein bis hin zum dramaturgischen Ende: der totalen Verdunkelung eines armseligen bäuerlichen Alltags.

Die Form und ihre Veränderung wäre gar alles, was erzählt wird und was uns einen Plot liefert. Dies z. B. im Sinne von kurzen Verlaufsbeschreibungen wie: Das Licht hat sich verändert / erst war die Figur hier, jetzt ist sie dort / das Kleid war beige, jetzt ist es schwarz / sie sieht jung aus, jetzt sieht sie alt aus / die Stadt war in einer Totalen zu sehen, jetzt sehen wir am Ende die Hauptfiguren in einer Nahen. Das sind alles letztlich Geschichten und deren Plots, gar formästhetische Loglines für Neunzigminüter. Aber könnte man denn so Spielfilme denken? Zumindest um die formästhetischen Strategien herauszuschälen, die meist vor, mit oder aus den Filmideen geboren werden.

Das dramaturgische Denken erlebt dabei eine Stilübung im Sinne einer völlig anderen Konzentration auf die filmische Arbeit mit dem Audiovisuellen, die tatsächlich zuerst einmal vom Audiovisuellen ausgeht und daran anschließend zum Plot gelangt. Von Michelangelo Antonioni weiß man, dass er zuallererst die Orte, Räume und deren Atmosphäre finden musste, um danach Handlungen und Geschichten in ihnen erzählen zu können.

185

Oder wie es auch heute noch Lisandro Alonso für seine Filme, hier in einem Interview zu LIVERPOOL (2008), ausdrücken würde: »I just knew I wanted to shoot the film in nature. I really wanted to shoot a movie in the snow and on the cargo ship; but, whatever connection those two spaces have is just a coincidence.«[2]

Dies ist mitnichten als Kokettieren eines Filmemachers zu verstehen, vielmehr erklärt sich daraus eine Konzentrations- und Handlungsabfolge in der Produktion, die sich explizit in die Filme einschreibt. Erst das Setting, dann die Handlung. Selbstverständlich ist auch das Spiel von Alonsos Laiendarstellern inszenatorisch durchdacht und geplant, aber er bringt etwas auf den Punkt, das dem vorausgeht: Das Setting gestaltet und leitet die Geschichte, es strukturiert sie und löst sie aus. Andersherum: Es gibt keine Geschichte, für die das passende Setting gesucht wurde. Das Setting (eben als formgebendes Element) dient nicht der Visualisierung einer Geschichte; die Geschichte ist dem Setting untergeordnet und hieran anschließend seinen ästhetischen Eigenheiten wie zum Beispiel der Farbwahl: »The landscape and environment tend to define the palette. In LOS MUERTOS (2004), green was dominant because it's the colour of the vegetation in that area and reflected on the skin and white shirt of the protagonist. In LIVERPOOL I worked again with Gonzalo Delgado, the art director on FANTASMA (2006), and we wanted white to dominate towards the end of the film while red was present throughout.«[3]

Doch zurück zur Frage der Narration: Konventionell ist immer noch zuerst ein Drehbuch oder eine Ideenskizze vorhanden, bevor die Auflösung, als konzeptioneller Drehplan der Einstellungen von Regie und Kamera erarbeitet, steht. Dies ist natürlich die Konvention – es gibt immer auch experimentellere Umsetzungen im Kinobereich.[4] Die klassischen Drehbuchratgeber[5] raten dabei von Kadrierungsanweisungen vonseiten des Drehbuchs komplett ab, ebenso von allen anderen Eingriffen im Sinne von Stilisie-

2   Michael Guillen: LIVERPOOL. The evening class – Interview with Lisandro Alonso (2009). URL: http://theeveningclass.blogspot.de/2009/08/liverpool-evening-class-interview-with.html [letzter Zugriff am 25.9.2015].
3   The London Film Festival, Maria Delgado: LIVERPOOL – Interview. In: *Sight & Sound* 11 (2008). URL: http://old.bfi.org.uk/sightandsound/feature/49487 [letzter Zugriff am 25.9.2015].
4   Ein Beispiel wäre die Arbeitsweise des portugiesischen Filmemachers Pedro Costa. Vgl. hierzu Tina Kaiser: Ermöglichungen. In: Malte Hagener, Tina Kaiser (Hg.): *Pedro Costa* (= *Film-Konzepte* 41). München: edition text + kritik 2016, S. 70–80.
5   Vgl. u. a. Syd Field: *Das Drehbuch. Die Grundlagen des Drehbuchschreibens.* Berlin: Autorenhaus Verlag 2007; Robert McKee: *Story. Die Prinzipien des Drehbuchschreibens.* Berlin: Alexander Verlag 2001.

Von Grün nach
Weiß – das
Setting als Frage
der Farbwahl:
Alonsos Los
Muertos und
Liverpool

rungsfragen und dergleichen mehr. Nachvollziehbar ist dies, dennoch muss es am Transferpunkt der formästhetischen Auflösung eines Drehbuchs noch andere Möglichkeiten des gegenseitigen Miteinanders oder auch der gegenseitigen Ignoranz geben. Die Struktur des Plots ermöglicht zumindest ein solches Miteinander, vielleicht noch mehr als die Geschichte. Oder ganz konventionell gedacht: Letztere liefert die Motive und erzählt eine Handlung in ihnen, Erstere sagt, wann wer wo zu sehen ist, kurz, wie diese Handlung in 90, 120 oder mehr Minuten präsentiert wird.

Wie beeinflusst nun die erwählte Form die Narration und umgekehrt? Was tut die Wahl der medienspezifischen Stilmittel mit dieser Narration? Kristin Thompson bringt dies an einer Stelle ihrer »Neoformalistischen Filmanalyse« explizit auf den Punkt:

> Alle filmischen Techniken haben in einem Film ihre Motivationen
> und Funktionen und können den Zwecken der Erzählung dienen
> oder neben dieser herlaufen und nicht-narrative Strukturen bilden,

die um ihrer selbst willen von Interesse sind. Auch auf der Ebene stilistischer Strukturen sind die Art und Weise, wie ein Werk einzelne Verfahren miteinander verknüpft, willkürlich und hängen von der gewählten Motivation und Funktion eines jeden Verfahrens ab. Stilistische Verfahren können mittels einer durchgängigen kompositionellen Motivation der erzählenden Linie untergeordnet werden. In diesen Fällen wird die Verfremdung wahrscheinlich auf der Ebene des Erzählens wirksam (ein derartiger Ansatz ist für das klassische Kino charakteristisch). Die Techniken des Mediums können jedoch als hinderndes Material verwendet werden, das die Aufmerksamkeit zum Teil oder periodisch auf sich selbst zieht und so ein Gefühl für die Erzählung erschwert (wie bei Godard und Renoir). Schließlich kann bei weitreichender künstlerischer Motivation der Stil um seiner selbst willen ein vollständiges perzeptives Spiel hervorbringen, das mit der narrativen Linie um die Aufmerksamkeit des Zuschauers konkurriert.[6]

Der Filmstil und die Filmerzählung haben zwar nicht unbedingt etwas miteinander zu tun. Spannender wird es aber, wenn sie etwas miteinander zu tun haben. Und noch mehr, wenn man nicht einzig die Stilmittel *für* einen übergeordneten Plot einsetzt, sondern das Ganze im Sinne einer narrativen Arbeit mit und für den ästhetischen Ansatz des Mediums befragt. Besonders interessant werden hier filmische Strategien, die das Erzählen selbst dekonstruieren, jedoch auch nicht dem »Kino der Attraktionen« und seinen Nachfolgern nach Tom Gunning verpflichtet sind. Der »Akt des Zeigens und Ausstellens«, der auf die explizite Nutzung des visuellen Potenzials des Films zielt, steht hier zwar im Vordergrund, wird aber nicht im Sinne der Attraktion und der reinen Sensation behandelt.[7] Im Anschluss an Sabine Nessels Aufsatz »Ferien vom Erzählen«[8] wird bei dieser Betrachtungsweise insbesondere die Frage nach stilistischen Brüchen und Störungen der filmischen Narration relevant. Über einige Filme der Berliner Schule schreibt Nessel zum Beispiel: »Das audiovisuelle Erzählen als Errungenschaft des modernen Kinos wird darin nicht lediglich praktiziert, sondern es wird in einem nicht

6   Kristin Thompson: Neoformalistische Filmanalyse. Ein Ansatz, viele Methoden. In: *montage AV* 4/1 (1995), S. 23–62, hier S. 60.
7   z. B. Tom Gunning: Das Kino der Attraktionen. Der frühe Film, seine Zuschauer und die Avantgarde. In: *Meteor. Texte zum Laufbild* 4 (1996), S. 25–34.
8   Sabine Nessel: Ferien vom Erzählen: Leerstellen, Ellipsen und das Wissen vom Erzählen im neuen Autorenfilm der Berliner Schule. In: Ursula Kaul (Hg.): Erzählen im Film. Unzuverlässigkeit – Audiovisualität – Musik. Bielefeld: transcript 2009, S. 105–120.

mehr dem Erzählen zurechenbaren Zeigen aufgegriffen, ausgestellt, verschoben, imitiert.«[9]

Die gezeigten Situationen tragen nicht dazu bei, eine Geschichte zu »bauen«. Man sieht maximal Versatzstücke und atmosphärische Fragmente, Ausschnitte des gespielten Lebens. Alltagsbeobachtungen, Kleinigkeiten, Nebensächliches, Ablenkungen stehen im Zentrum der Handlung. Nessels Beispiel wird hier ein Moment in Ferien (2007, Thomas Arslan), in dem sich die Kamera eine kleine Ewigkeit lang auf einen Mückenschwarm über einer Tischtennisplatte im Sonnenlicht konzentriert. Ein Wechselspiel zwischen Erzählen und Zeigen findet hier statt, das sich auf konzentrierte Umwege der Kadrierung jenseits eines Plotverlaufs begibt.[10] Ein derartiges Phänomen im Spielfilm lässt sich als Arbeit mit und an ausweichenden Bildern bezeichnen. Im Gegensatz zu einer modernistischen Agenda der Brüche sind diese ausweichenden Bilder des Kinos oftmals auch die narrative Entsprechung zu optischen Kippphänomenen – mit ihnen entsteht die Möglichkeit, sowohl mit als auch jenseits der Handlung zu sehen. Die verwendeten Stilmittel brechen und negieren dabei nicht, sie flüchten eher innerhalb und mit der Filmkonvention und erweitern diese. Es geht um Bilder, die erwarteten Zielen entkommen bzw. ausweichen. Die Wege hierhin können unterschiedliche sein.

So selten wie hier die klassische Dramaturgie im Sinne eines um eine Hauptfigur gestrickten Spannungsverlaufs zum Einsatz kommt, so häufig findet eine visuelle Strategie im Sinne einer überbordenden Konzentration auf das Sicht- und Unsichtbare Eingang. Dies meint jedoch nicht, dass Krisen- und Wendepunkte im Gesamtverlauf komplett ausgespart sind. Es wird schlicht gehäuft anhand der Auslassung von Höhepunkten erzählt; das Gezeigte betrifft stattdessen das Off einer klassischen Plotstruktur und erlaubt gerade dadurch eine größere Konzentration auf die audiovisuelle Arbeit des Mediums. Das konservative On eines figurenzentrierten Plots gerät nun ins Off, und umgekehrt jener in den Fokus. Ein Erzählstil als Vorstufe zur Kadrierungsarbeit, wie er mittlerweile in einer Vielzahl der Filme der Berliner Schule anzutreffen ist. Mit Bordwell könnte man sagen, die Verschränkung von *fabula*, *syuzhet* und Stil findet hier zugunsten ausgewiesener Visualisierungsmittel eindeutig aufseiten des Stils statt.

Nach Nessel befeuern diese »Skizzen« das »Begehren nach *mehr*«,[11] die Rezeptionsseite erhält ein breites Spielfeld für den eigenen Konzentrations-

---

9   Ebd., S. 110.
10   Ebd., S. 117.
11   Ebd., S. 115.

Tina Kaiser

Nach dem Mücken-
schwarm ist vor dem
Mückenschwarm:
Anti-Dramaturgie in
Thomas Arslans FERIEN

fokus und Imaginationsverlauf. Der Film bietet hier Modelle spezifischer Rezeptionsweisen an, die durch ein Stilerleben hinsichtlich der Formwahl und -konzentration geprägt sind.

Filme des zeitgenössischen Weltkinos, die international eher auf Festivals zu sehen sind, ermöglichen diese Beobachtungen seit einigen Jahren verstärkt. Spätestens seit Mitte der Nullerjahre zählen hierzu, quasi in Vorreiterfunktion, Filme von Lisandro Alonso, Lav Diaz, Carlos Reygadas, So Yong Kim, Albert Serra, Bradley Rust Grey und Apichatpong Weerasethakul, um nur einige zu nennen. Dass es sich um eine scheinbar größere Bewegung handelt, deutet sich zudem in seit einiger Zeit stattfindenden, sowohl filmkritischen als auch filmwissenschaftlichen Diskursen um neue interpretierende oder Teile dieser Phänomene greifbar machen wollende Begrifflichkeiten wie *slow cinema, Minimalismus* und *contemporary contemplative cinema* ab. Eine erste ausführliche Studie hierzu liegt seit 2012 unter dem Titel *Slow Cinema*[12] von Matthew Flanagan vor, die sich hinsichtlich der Frage nach den Stilmitteln eines solchen Kinos vor allem, und eben begriffsgenerierend, an der Dauer der Einstellungen festmacht. Die Dauer und Langsamkeit ist in jedem Fall ein wesentliches Merkmal dieser Filme, jedoch nicht das einzige.

Die Fragen nach der größeren Bewegung und danach, wie diese zu fassen sein könnte, werden sicherlich länger zu verhandeln sein, es lohnt sich aber, zumindest eine erweiterte Annäherung an eine Stilmitteluntersuchung dieses Kinos zu wagen, das nicht nur *slow cinema* ist, aber eben auch. Die näheren Vorläufer dieses aktuellen Geschehens finden sich im internationalen, expe-

---

12   Matthew Flanagan: *Slow Cinema. Temporality and Style in Contemporary Art and Experimental Film.* University of Exeter 2012. URL: https://ore.exeter.ac.uk/repository/handle/10036/4432 [letzter Zugriff am 25.9.2015].

rimentelleren Auteurspielfilm der 1950er und 1960er Jahre (Jean-Luc Godard, Michelangelo Antonioni, Alain Resnais u. a.) sowie im Independentspielfilm seit den 1980er Jahren, wobei man hier u. a. Claire Denis, Gus van Sant und Abbas Kiarostami anführen könnte.

Michelangelo Antonionis LA NOTTE (1961) nun ist ein Klassiker dieser ersten Vorläufergeneration, der hinsichtlich der stilistischen Erzählfunktion seiner diegetischen Nacht insbesondere für den eingangs erwähnten Mittel- und Inhaltvergleich interessant wird: Wie steht es mit der dramaturgisch-stilistischen Verwendung dieser einen Nacht im nach ihr benannten Film? Was ist daran gar außergewöhnlich, anders, prägend? Hinzu kommt: Ein Dramaturgiestil, meist ein klassisch-figurenorientierter,[13] und Antonioni – wie geht das überhaupt zusammen? Die gängige Theorie spricht dagegen, Antonionis Werk gilt als Wegmarke der Nachkriegsspielfilmavantgarde. Dies ist für die beginnenden 1960er Jahre und die damalige Kinolandschaft zwar nachvollziehbar, aber eben nur bis zu einem gewissen Punkt in Bezug auf Antonionis tatsächlichen dramaturgischen Stil. Wie ist die Erzählung / Beschreibung / Beobachtung dieser Nacht über die Länge des Films insgesamt strukturiert? Ist sie gar als eine Art der Figurenfunktion zu betrachten, während die Figuren eher die atmosphärische Hintergrundebene von Wetter, Stimmung u. Ä. einnehmen. Weiter oben hatten wir bereits formästhetische Loglines beschrieben – in LA NOTTE müsste sie wie folgt lauten: Erst wird es dunkel, dann dämmert es – auf tatsächlich allen Ebenen der Formästhetik, des Plots und seiner Dramaturgie. Innerhalb des Antonioni'schen Inszenierungsstils ist dies jedenfalls nicht abwegig. Die Figuren zeigen sich weniger in Aktionen als im mehr oder weniger irritierten Verharren bis hin zu Handlungsunfähigkeit inmitten stilisierter Kadrierungen und Lichtkompositionen.

Die Geschichte von LA NOTTE spielt im größten Teil des Films auch tatsächlich in der Nacht. Die Figuren werden von dieser einen Nacht und ihren Ritualen gar angetrieben und sind scheinbar sinnentleert und dennoch auch

---

13 Wenn ich im Folgenden von klassisch-konventioneller Dramaturgie spreche, meine ich jene heute immer noch üblichen Drehbuchtheorien für Praktiker, die mit 3- oder 5-Akt- und 8-Sequenz-Modellen arbeiten, diese auf Drehbücher anwenden und / oder lehren. Vertreter sind Oliver Schütte, Syd Field, Robert McKee u. v. a., die teils minutengenaue Angaben zu nötigen Höhe- und Wendepunkten machen und ebenso teils mit plotzentrierten, teils mit figurenzentrierten Strukturen arbeiten. Die Heldenreise nach Joseph Campbell und in der Aufarbeitung von Christopher Vogler gehört ebenfalls dazu, ihre Stationen werden gerne mit der 3-Akt-Struktur kombiniert. Es ist klar, dass das Auteur-Cinema darüber hinausgeht, aber eben nicht immer. Auch aktuelle Theorien zum sogenannten »neuen Erzählen« knüpfen hieran an.

Scharfe Kontur, Gesichts-
losigkeit und Halbmaske
in Michelangelo
Antonionis LA NOTTE

irgendwie motiviert von diesem Setting. Der Hauptantrieb der Handlung
»Lidia und Giovanni versuchen abends etwas gemeinsam zu unternehmen«
wird zumindest ganz offensichtlich von dieser heraufziehenden Nacht kata-
lysiert.

Die Standardcharakterisierungen[14] zu Antonionis Filmen sind bekannt –
in Schlagworten könnte man sie wie folgt aufzählen: Haltungen statt Handlungen, keine Aktion und Reaktion, offene Dramaturgie, innere Konflikte,
unbewusste Ausdrücke psychologischer Funktionen bzw. Fehlfunktionen,
Unfähigkeit zur Kommunikation, Depression, das Nichts, moderne Architektur und verlorene Paare, aber immer brillant inszeniert.

Zu all diesen gängigen Befunden könnte man nun Ergänzungen hinzufügen, denn natürlich sind nach wie vor Handlungen gegeben, aber eben nicht
mehr die zur damaligen Zeit üblichen. Die Nacht beginnt in LA NOTTE eher
pragmatisch mit einer Badewanne in Minute 43, in welcher sich die Hauptfigur Lidia (Jeanne Moreau) für den Abend frisch macht. Nachdem Lidia den
Tag über durch die Innenstadt und anschließend die Außenbezirke Mailands
geschlendert ist (sie hatte bei der verlagsinternen Buchpremierenparty von
Giovanni, ihrem Gatten im Film, gespielt von Marcello Mastroianni, die
Flucht ergriffen), wird ihr nun klar, dass sie etwas Zeit mit ihrem Mann
verbringen möchte. Er ist nun auch wieder in der gemeinsamen Wohnung
eingetroffen, reicht ihr butlerhaft-desinteressiert[15] das Badelaken – Lidia
steht in der Szene nackt vor ihm in der Wanne – und willigt ebenso beiläu-
fig wie selbstverständlich ein, noch etwas gemeinsam zu unternehmen. Nun

---

14   Vgl. u. a. Peter Brunette: *The films of Michelangelo Antonioni*. Cambridge: Cambridge Uni-
      versity Press 1998.
15   Eine Anekdote am Rande: Das Marketing der Criterion Collection bezeichnet Mastro-
      ianni anlässlich der DVD-Veröffentlichung zum Film amüsanterweise als den »King of
      Cool«.

beginnt die tatsächliche, diegetische Nacht des Films, die die entfremdete Paarbeziehung vervollkommnen wird.

Knappe zehn Minuten später werden beide dann ebenso folgerichtig das tun, was sie auf gar keinen Fall an diesem Abend noch tun wollten: Sie werden zu einer großen Mailänder Society-Party gehen, auf die ein Fabrikbesitzer, als Verehrer und Mäzen Giovannis, eingeladen hat.

Die Gherardini-Villa wird demgemäß zur zentralen nächtlichen Ritualstation. Bewusstes Ziel und unbewusstes Bedürfnis der Dramaturgie beginnen sich im zentralen Punkt auszutauschen und zugunsten von etwas Spannung auch einander entgegenzulaufen, bis das zu Beginn scheinbare dramatische Ziel, die Wiedererweckung der Liebe, in den Hintergrund tritt. Die Hauptfigur Lidia versucht nun, alles vor Ablauf der Nacht zu klären, ihr dämmert, dass in dieser Nacht eine Entscheidung fallen muss. Sie will die Entscheidung auch bei Giovanni provozieren. Valentina (Monica Vitti), die Tochter des Industriellen, wird zur unfreiwilligen Gehilfin der dramatischen Krise des Ehepaares. Im Sinne der Heldenreise und des neu heraufziehenden Bewusstseins Lidias wird Valentina dergestalt zur Mentorin. Kurz vor dem zweiten Wendepunkt steht die extreme Konfrontation Lidias mit der neuen Welt an: Giovanni versucht mit Valentina anzubandeln, Lidia beobachtet dies. In den Szenen mit Valentina sehen wir Giovanni zum ersten Mal nahezu aktiv. Lidia wird die ganze Zeit bereits von einem vermeintlichen Verehrer beobachtet, sie versucht, ihn zu ignorieren und sich teils vor ihm zu verstecken. Sie beobachtet selbst und möchte dabei ihre Ruhe. Giovanni ist von ihr ins Versuchsfeld geworfen, immer noch ohne dies zu ahnen. Gegen Ende der Nacht wird Lidia vom Tod eines alten Freundes (Tommaso, gespielt von Bernhard Wicki) erfahren. Regen wird einsetzen, Lidia mit dem Fremden im Auto von der Party flüchten und der Schlüsselmoment stattfinden:

Verschwommene Konturen und gelöste Halbmasken: Michelangelo Antonionis LA NOTTE

Lidia sitzt lachend, gelöst und redend im Auto, wir sehen dies aus einiger Distanz durch die verregneten Scheiben. Ein anderes Leben scheint plötzlich möglich. Die Halbmasken lösen ihre Konturen auf und wirken tatsächlich gelöster und entspannt – ein einziges Mal, und dies explizit auf der Bildebene anhand von unklaren Scheiben ausgestellt.

Doch – Wendepunkt zwei: Lidia bittet darum, zur Party zurückgebracht zu werden. Mit Giovanni wird sie letztendlich in die Morgendämmerung und den weitläufigen Park des Anwesens davon gehen. Giovanni, dem endlich, parallel zur Morgendämmerung, die Entfernung zwischen den beiden zu dämmern beginnt, wird sich auf sie stürzen und sie küssen wollen. Lidia wird sich unter ihm winden und ihre Liebe verneinen. Der Film ist an seinem Ende angelangt. Die dramaturgische Funktion der Nacht wird dabei so einsichtig wie simpel: Die Umnachtung Lidias und Giovannis wird in einer einzigen ziellosen Nacht durchdekliniert, Lidias Dämmerung setzt mit dem Besuch Tommasos ein, ihr metaphorischer Morgen beginnt mit der tatsächlichen diegetischen Nacht. Ein klassisches Drama des inneren Konflikts also, das sich ganz nachvollziehbar an den diametralen *psychischen Tageszeiten* seiner Figuren orientiert – und das von Anfang bis Ende aufs äußerste geradlinig verläuft. Antonioni zeigt hier eine geschlossene, motivierte Dramaturgie par excellence. Oder – wie es die *New York Times* zur US-Premiere 1962 formulierte: »Where Signor Antonioni was elusive, if not obscure, in tracing a dramatic line in ›L'Avventura,‹ his controversial film of last year, he is absolutely explicit in tracing the line in this.«[16]

Eine Entfremdung, ein Zweifel an jeglicher Wirklichkeit erster Ordnung, und doch genauso der Versuch bewusster Wahrnehmung, das Eintreten in einen Austausch mit der Umgebung, dies alles kommt zusammen, wenn eine Nacht hier audiovisuell und dramaturgisch inszeniert wird. Eben jene zuvor angesprochene Verschmelzung von Stil und Inhalt lässt die Bildkompositionen mit der Ebene der Dramaturgie und der Figureninszenierung neu zusammengehen. Beleuchtungstechnisch dient die inhaltliche Nacht der stilistischen Inszenierung, die wiederum in ihren Kadrierungen, Lichtkompositionen und Uneindeutigkeiten (z. B. wie gesehen jenen von Unschärfe und Anschnitt) den Inhalt trägt und entwickelt.

---

16   Bosley Crowther: Movie Review LA NOTTE. In: *The New York Times* (20.02.1962). URL: http://www.nytimes.com/movie/review?res= 9D0CE6DD1331EF3BBC4851DFB4668389679EDE [letzter Zugriff am 25.9.2015].

Doch zurück zu den näheren Vorläufern des bereits genannten aktuellen Weltkinos: Abbas Kiarostamis Aussage in einem Interview mit Jean-Luc Nancy bringt die Bedingtheit des eigenen Schaffens noch einmal ganz persönlich auf den Punkt. Er sagt darin: »Ich ertrage das Erzählkino nicht.«[17] Ein vielleicht eher einfältiger Grund für die Konzentration zuerst einmal auf die audiovisuelle Form, aber bei Kiarostami und seinen Nachfolger / innen dennoch einer, der fruchtet. Er treibt immer wieder die Arbeit am Audiovisuellen des Mediums voran und befördert ein Verständnis von Narration, das zuerst einmal als Entscheidung der (und zur expliziten) ästhetischen Form stichwortgebend bleibt. Oder, um an Erwin Panofsky zu erinnern: »The problem is to manipulate and shoot unstylized reality in such a way that the result has style.«[18] Die Geschichte kommt später. Und liegt dann, mit Pascal Bonitzer weitergedacht, zum Beispiel in einer einzigen Dekadrierung und der sich hieran dann womöglich anschließenden explizit »transnarrativen Spannung«, also eben exakt in jenen Verfahren, mit denen die frühen Vorläufer ihre Experimente begannen und die Form und Narration immer ununterscheidbarer werden ließen:

> Auch Jean-Marie Straub, Marguerite Duras und Michelangelo Antonioni sind Maler aufgrund ihrer ungewöhnlichen und frustrierenden Kadrierungen. Sie haben im Kino eine Art nicht-narrative Suspense erfunden. Ihre lückenhafte Szenografie soll sich nicht in «einem verallgemeinerten Bild» auflösen, in dem sich die »einzelnen Abbilder« verbinden, wie Eisenstein es wollte (…). Die Spannung dauert an, von Einstellung zu Einstellung, und wird nicht von der »Erzählung« getilgt. Es ist eine transnarrative Spannung, die den Aufnahmewinkeln, den Kadrierungen, der Wahl der Objekte und den Einstellungslängen geschuldet ist, die die Beharrlichkeit des Blicks hervorheben (…). Die Praxis des Kinos verdoppelt sich so und befragt die eigene Funktion.[19]

Genau diese eigene Funktion befragt und erweitert der Spielfilm, vor dem Hintergrund der erwähnten Beispiele, immer wieder explizit über seine Stilmittel, und seien diese noch so sperrig oder unüblich in ihrer Zeit.

---

17   Abbas Kiarostami, zitiert nach Jean-Luc Nancy: *Evidenz des Films*. Berlin: Brinkmann & Bose 2005, S. 86.

18   Erwin Panofsky: Style and Medium in the Motion Pictures. In: Gerald Mast (Hg.): *Film Theory and Criticism*. London: Oxford University Press 1974, S. 151–169, hier S. 169.

19   Pascal Bonitzer: Dekadrierungen. In: *montage AV* 2 (2011), S. 93–102, hier S. 98.

Stil-Mittel

David Bordwell

Kleinigkeiten

Wie klassisches Filmemachen zugleich einfach und präzise sein kann[1]

Ein Filmwissenschaftler hat einmal beklagt, ich würde mich zu sehr mit
»formalistischen Kleinigkeiten« beschäftigen. Nun denn, jetzt mache ich es
schon wieder. Mit einer Warnung: Wer Christopher Nolans THE PRESTIGE
(2006) noch nicht gesehen hat, sollte nicht weiterlesen.

Magier im Duell: Die Prämisse des Films könnte als *High Concept* beschrieben werden.[2] Im London der Jahrhundertwende stehen zwei junge Zauber-
künstler am Beginn ihrer Karriere. Beide verfolgen ihr Handwerk aufgrund
unterschiedlicher Motivationen: Robert Angier (Hugh Jackman) möchte
sein Publikum mit wagemutigen Auftritten beeindrucken. Alfred Borden
(Christian Bale) hat es sich zum Ziel gesetzt, einen Trick zu finden, der selbst
Experten in Erstaunen versetzt. Ihre Rivalität entbrennt, als durch eine
Unachtsamkeit von Alfred Angiers Frau bei einer gefährlichen Unterwasser-
nummer ums Leben kommt. Ihre Auseinandersetzung gipfelt in einem
Wettbewerb um den größten Trick: den unmittelbaren Transport eines
Menschen von einem Ort zu einem anderen.

Was mich im Folgenden interessiert, wird bereits in der Eröffnungsszene des
Films etabliert. Während ein Voice-over von John Cutter (Michael Caine)
die drei Akte eines Zauberkunststücks erklärt, sehen wir, wie die Konfrontation der beiden Gegner ihren Höhepunkt erreicht. In der Hoffnung, hinter
Roberts Geheimnis zu kommen, beobachtet Alfred im Publikum die Vorstellung des »wirklich transportierten Mannes«. Als Cutter »einen Mann«
erwähnt, greift die Kamera Alfred aus der Menge heraus. Es folgt ein Schnitt

---

[1]   Ursprünglich veröffentlicht als: Niceties: how classical filmmaking can be at once simple
and precise (22.5.2009). URL: http://www.davidbordwell.net/blog/2009/03/22/niceties-
how-classical-filmmaking-can-be-at-once-simple-and-precise [letzter Zugriff am
18.02.2016]. Alle Anmerkungen zu diesem Text stammen vom Übersetzer.

[2]   Vgl. Justin Wyatt: *High Concept. Movies and Marketing in Hollywood*. Austin: University of
Texas Press 1994.

199

auf Robert, der auf der Bühne steht: Dieser Übergang etabliert die beiden Männer als die zentralen Figuren des Films.

Christopher Nolan: THE PRESTIGE[3]

Interessant ist, wie der bärtige Alfred ins Bild gesetzt wird: eine Halbnahaufnahme, fast im Profil, den Blick (auf der Leinwand) nach rechts gewendet. Diese Kadrierung wird leicht verändert wiederholt werden, wenn Alfreds im Voice-over gesprochener Tagebucheintrag ihn selbst und Robert als Lehrlinge vorstellt, die als anonyme Handlanger für einen anderen Zauberer arbeiten:

> Wir waren zwei junge Männer am Beginn einer großen Karriere. Zwei junge Männer, die sich einer Illusion verschrieben hatten. Zwei junge Männer, die nie vorhatten, jemandem wehzutun. <00:11:43–00:11:51>

[3] *Anmerkung der Herausgeber/innen:* Alle Abbildungen in diesem Aufsatz stammen aus dem genannten Film

Die neue Einstellung parallelisiert die Einführung von Alfred in der ersten Szene, variiert diese aber auch. Wieder entdecken wir Alfred in der Menge, aber nun ohne Bart, dann fährt die Kamera weiter nach rechts, bis sie Robert in einer anderen Reihe zeigt.

In dieser Sequenz sind beide Protagonisten durch eine Kamerabewegung verbunden, nicht durch einen Schnitt wie zu Beginn. Die Reaktionen der beiden Männer – Robert mit einem breiten Grinsen (seine Frau ist auf der Bühne), Alfred in nachdenklicher Stimmung – tragen zu ihrer Charakterisierung bei.

Dieses einfache, durch die Kamera etablierte Motiv erfährt im Verlauf des Films weitere Variationen. Der verheerende Unterwassertrick, bei dem Roberts Frau ertrinkt, wird durch eine weitere Kamerafahrt eingeleitet, die beide Männer – in einer Variante der früheren Einstellung – im Zuschauerraum verbindet.

Die neue Kombination beginnt mit Robert und endet bei Alfred. Zu diesem Zeitpunkt sind die beiden Männer nicht nur verbunden, sie ersetzen einander. Will man das Spiel etwas weiter treiben, könnte man sagen, dass diese Szene implizit die überall im Film wirksame Dynamik des Austauschs (Doppelgänger, Zwillinge, Klone) verdeutlicht.

Eine frühere Szene präsentiert uns die beiden Männer im Publikum auf ganz andere Weise, nämlich als sie eine Vorstellung des Zauberers Chung Ling Soo besuchen. Cutters Warnung an Robert, dass »die Burschen in den Reihen drei und vier« sehen können, wie er die Füße seiner Frau küsst, leitet zur nächsten Einstellung über.

Es folgt ein Schnitt auf unsere Protagonisten, die vom Ende einer Stuhlreihe aus den chinesischen Magier beobachten.[4]

Eine Kleinigkeit: Jetzt sitzen die beiden Seite an Seite, den Blick nach links gerichtet statt nach rechts. Nur durch die Positionierung von Kamera und Figuren wissen wir, dass sie nun in einer anderen Vorstellung sitzen, eine, in der die beiden Lehrlinge keine Rollen spielen.

---

4   Chung Ling Soo war der Bühnenname von William Ellsworth Robinson (1861–1918), einem US-amerikanischen Trickkünstler, der auch außerhalb der Bühne das Geheimnis um seine wahre Identität bewahrte, die erst nach seinem Tod bekannt wurde. Er starb bei einem missglückten Kugelfangtrick.

Während sie den Trick studieren, lässt Nolan ihren Charakter durch die Einstellung deutlich werden: Robert ist verblüfft, aber Alfred grinst. Er hat Chungs Geheimnis durchschaut.

Was wäre passiert, wenn Nolan die Männer auf verschiedenen Sitzplätzen gezeigt hätte und / oder mit dem Gesicht nach rechts? Für einen Augenblick hätten wir denken können, wir wären wieder in der Vorstellung, bei der die beiden als unerkannte Helfer fungieren. Einfache, aber wiederholte Differenzen garantieren das unmittelbare Verständnis: Halbnahe / Totale, Blick nach links / Blick nach rechts, Männer in unterschiedlichen Reihen / Männer in derselben Reihe. Die im selben Stil wiederholten Einstellungen machen ebenso schnell deutlich, wann die beiden Männer in ihren eigenen »Auftritten« sitzen, wie die gegensätzliche Inszenierung eine völlig andere Situation markiert. Man kann das Redundanz nennen, oder Präzision und Ökonomie.

Durch Julias Tod werden die beiden Männer zu Feinden. Aber jeder wird im Publikum die Auftritte des anderen beobachten. Von nun an sehen wir den Bühnenmagier immer auf der rechten Seite, den Zuschauer links. Nolan und sein Team hätten die Rivalität mit Kameraeinstellungen zeigen können, die den früheren Aufbau exakt imitieren. Stattdessen kommt ein neues Muster von Parallelen ins Spiel, das auf den frühen Szenen – vor der Feindschaft – aufbaut, aber ausreichend abweicht, um die Symmetrien deutlich werden zu lassen.

Das neue Muster besteht darin, unser Wissen über die Situation einzuschränken. Das erste Mal sind wir an der Seite von Alfred, der in einer Bar einen Kugelfangtrick aufführt. Robert, der wegen Julias Tod auf Rache sinnt, taucht plötzlich auf, doch wissen wir erst, dass er da ist, als auch Alfred es weiß, und dann ist es zu spät.

Auf ähnliche Weise sind wir an Roberts Perspektive gebunden, als er versucht, auf der Bühne eine Taube verschwinden zu lassen. Erst, als Alfred den Mechanismus des zusammenklappbaren Käfigs auslöst, der die Taube tötet und die Frau aus dem Publikum verletzt, bemerkt Robert, dass sein Gegner zurückgeschlagen hat.

Noch eine Kleinigkeit: Die beiden Einstellungen der Männer in ähnlicher Verkleidung, in Dreiviertelansicht, stellen die stilistischen Parameter wieder her. Doch das Bild des bärtigen Alfred wird betont durch einen Schwenk von seinen fehlenden Fingern nach oben – das Ergebnis der parallel aufgebauten Kugelszene davor.

Das gesamte Muster verlagert sich erneut, als Robert sich in Alfreds Vorstellung des »transportierten Mannes« einschleicht. Eine Einstellung von ihm (wieder mit Bart) verbindet zwei Hinweise aus früheren Szenen: Er ist im Publikum, wie in den frühen Sequenzen, wird jedoch aus einem Winkel gezeigt, der an die vorigen Einstellungen (mit Bart) erinnert.

Vielleicht können wir die Einstellung mit Robert, der bei sich zu Hause davon berichtet, wie sehr Alfreds Trick ihn verblüfft hat, als Echo des ursprünglichen Modells auffassen: ein Magier, der konzentriert nach rechts blickt, auf einen »umwerfenden« Trick, der im Off-Screen der Erinnerung stattfindet.

Robert kehrt aus Colorado zurück mit dem »Wirklichen transportierten Mann« von Nikolai Tesla. Alfreds Besuch von dessen Aufführung schreibt die Bestandteile des Musters erneut um. Alfred sitzt, nur minimal verkleidet, am bekannten Platz im Publikum, den Blick nach rechts, aber er ist nicht im

Profil und auch die Kamera ist viel näher positioniert als zuvor. Der Gegen-schuss auf Robert auf der Bühne erinnert an die Geste, die wir zu Beginn des Films gesehen haben und nimmt vorweg, was wir sehen werden, wenn die Eröffnungsszene erneut gespielt wird und Alfred in böser Absicht auf die Bühne steigt.

Am Ende der Vorstellung gibt es eine neue Variante: Robert erscheint auf dem hinteren Teil der Galerie und das Publikum wendet sich, um ihn links im Off zu sehen.

Nach einem kurzen Blick zurück dreht Alfred sich weg und schaut nach rechts – das ist das erste Mal, dass sich einer der beiden von der Performance abwendet. Seine Verwirrung vermischt sich mit Wut (es ist ein Trick, den er nicht durchschauen kann): eine Reaktion, die weniger großzügig ist als die von Robert, als dieser sich am Kaminfeuer fassungslos an Alfreds »transportierten Mann« erinnerte.

Was unverändert bleibt (die Platzierung der Kamera und ihre Position am Schauplatz), unterstreicht die Unterschiede in den Verkleidungen und Reaktionen der beiden Figuren, während die Einstellung ein schwaches Echo davon behält, wie wir Alfred zum ersten Mal während Cutters einleitendem Voice-over gesehen haben. Dieses Bild ebenso wie der Gegenschuss auf Robert im Rampenlicht werden wiederkehren, wenn Roberts (vermeintlicher) Tod wiederholt wird.

★

David Bordwell

Nolans waghalsiger Film besteht aus noch mehr deutlich ausgestellten Parallelen als diesen, aber es ging mir hier nur um das Auf und Ab eines sehr kleinen Musters. Viele Filme bauen ähnlich variierte Wiederholungen in die Textur des Wechsels ihrer Einstellungen ein. In den 1930er Jahren hatte bereits Eisenstein dieses Mittel klar erkannt.[5] In den 1960er und 1970er Jahren lenkte Raymond Bellour unsere Aufmerksamkeit auf solche Muster in den Filmen von Hitchcock, Hawks und Minelli. Seine Sammlung von Aufsätzen, *The Analysis of Film*, enthält mehrere wegweisende Studien, die zeigen, wie feinkörnig solche Analysen werden können.[6]

Ich würde nicht so weit gehen wie Bellour und behaupten, dass die variierte Wiederholung der Antrieb des klassischen Filmemachens per se sei, aber sie spielt in jedem Fall eine wichtige Rolle. Was er als Manifestation einer rein textuellen Differenz beschreibt, fasse ich lieber psychologisch: Die Differenzen helfen dem Zuschauer, ohne dass er sich dessen bewusst werden muss, die sich entfaltende narrative Dynamik zu begreifen; mit dem zusätzlichen Nutzen, unausgesprochene narrative Parallelen zu schaffen. Jedoch, aus welcher Perspektive auch immer – objektzentriert oder zuschauerzentriert –, die Analyse solcher Mikroformen ist immer erhellend. Es ist eine Möglichkeit, einen Film als Ganzes zu verstehen, als dynamische Konstruktionen, die ihre Formen verändern, während sie sich in der Zeit entfalten. Wenn wir die Dinge aus solcher Nähe betrachten, können wir zudem versuchen, nicht nur zu verstehen, wie dieser oder jener Film funktioniert, sondern auch, wie dieser oder jener Film sich auf Prinzipien verlässt, die für eine filmische Tradition charakteristisch sind. (Ich mache schon wieder Werbung für eine historische Poetik.)[7]

Es ließe sich ergänzen, dass solche Prinzipien zwei Erfordernisse aufs Schönste miteinander verbinden: narrative Kohärenz und leichtes Verständnis auf der einen Seite, Effizienz in der Produktion auf der anderen. Es ist billiger und einfacher, sofern möglich, Kameraeinstellungen zu wiederholen. Künstlerische und finanzielle Ökonomie können durchaus Hand in Hand gehen. Es ist eine Kleinigkeit.

Aus dem Englischen von Dietmar Kammerer.

5 Vgl. David Bordwell, *The Cinema of Eisenstein*. Cambridge: Harvard University Press 1993.
6 Vgl. Raymond Bellour, *The Analysis of Film*. Bloomington: Indiana University Press 2000 [1979].
7 Vgl. David Bordwell, *Poetics of Cinema*. New York: Routledge 2007.

Barbara Flückiger

Rides und entkörperlichte Kamerabewegungen

Zum Verhältnis von Filmstil und Filmtechnologie

Oftmals zeigt sich die ästhetische Essenz einer neuen Technologie ganz früh, bei ihrem ersten Auftreten. Es scheint, als ob die Filmgestalter das Potenzial ihrer neuen Entwicklung in einem ostentativen Gestus ausstellen wollten, oder – aus einer anderen Perspektive – als ob die üblichen Konventionen nach einer kurzen Phase der euphorischen Feier wieder die Oberhand gewinnen und die Ecken und Kanten einer neuen Entwicklung abschleifen. Diese Diagnose trifft auch auf virtuelle Kamerabewegungen zu.

So ist in einer der ersten längeren Einstellungen, die vollständig computergeneriert waren, der Genesis-Sequenz aus STAR TREK II: THE WRATH OF KHAN (1982, Nicholas Meyer), bereits jener für diese Technik typische beschleunigte und entfesselte Flug durch Zeit und Raum zu sehen. Nachdem George Lucas seit den 1970er Jahren die besten Computeranimationsspezialisten wie Ed Catmull und Alvy Ray Smith für Lucas Films eingekauft hatte, gab es zunächst für ihre Computergrafikabteilung nichts zu tun, denn Lucas fuhr fort, Special Effects mit konventionellen Techniken umzusetzen. Daher war die Genesis-Sequenz ein Schaufenster für den avancierten Stand der Technik und sollte Lucas »aus den Socken hauen«.[1]

Das Verhältnis von Technologie und stilistischen Innovationen ist komplex, und dessen Untersuchung erfordert das genaue Studium einer Art von Quellen, die üblicherweise in der Filmwissenschaft wenig Beachtung finden, nämlich von technischen Abhandlungen und Produktionsberichten. Die vorliegende Studie gibt nicht vor, diese Arbeit erneut zu leisten, sondern entwickelt eine Beobachtung weiter, die im Rahmen meiner früheren Forschungsarbeit zu *Visual Effects. Filmbilder aus dem Computer* (2008) entstanden ist.[2] Im Folgenden werde ich, mit einem engen Fokus auf Kamerabewegungen, die Austauschprozesse zwischen computergenerierten Verfahren – Visual Effects (VFX) und computergenerierten Bildern (CGI) – mit Live-Action-Techniken diskutieren und anhand einiger Fallstudien analysieren,

---

1   Alvy Ray Smith: George Lucas Discovers Computer Graphics. In: *IEEE Annuals of the History of Computer Graphics* 2 (1998), S. 117.

2   Vgl. Barbara Flückiger: *Visual Effects. Filmbilder aus dem Computer.* Marburg: Schüren 2008.

wie Darstellungsmodi und formalästhetische Strategien über technische Innovationen verändert werden. Keineswegs soll die These aufgestellt werden, dass sich hier eine Revolution ereignet. Diese Rhetorik beherrscht die Vermarktung von technischem Fortschritt in den Paratexten der Filme, hält aber eingehender Untersuchung kaum stand.

Ich bediene mich des von mir entwickelten *technobolen* Ansatzes, mit dem ich die Rückkoppelungsprozesse verfolge, die sich zwischen Kultur und Technologie ergeben. Im Unterschied zum Technikdeterminismus Kittler'scher Prägung steht in dieser theoretischen Modellierung nicht die Technologie am Anfang einer Entwicklung, sondern der kulturelle Kontext und die damit verbundenen Denkmodelle. Daher befrage ich die Techniken ihrerseits hinsichtlich ihrer epistemologischen Grundlagen und ihrer kulturellen Verfasstheit. Ziel dieser Methodik ist es, am Ende wiederum deren Einfluss auf kulturelle und ästhetische Praktiken anhand der Bottom-up-Analyse eines Korpus zu untersuchen. Geht dieser Ansatz einerseits auf die historische Poetik der Wisconsin School zurück, so unterscheidet er sich andererseits durch den speziellen Fokus auf die Technologien, die nicht nur als ökonomisch und institutionell bedingt verstanden, sondern sowohl in einem weiteren kulturellen Rahmen als auch detaillierter erforscht werden.

Veränderung des Verhältnisses von Abbildung zu Materie

Computeranimation ist gänzlich gelöst von physischen Beschränkungen. Die virtuelle Kamera ebenso wie die Objekte und Szenografien sind Modelle, die allerdings auf unterschiedliche Arten und Weisen entstehen können. Mit dem hier verwendeten Begriff des Modells sind in mehrfacher Weise mentale Konstrukte gemeint, also gedachte Strukturen, die sich nur mittelbar – nämlich über die reflektierte Auseinandersetzung – auf die äußere Realität beziehen. Sie können sich aber dem Bezug zur äußeren Welt auch völlig verweigern bis hin zur kompletten Abstraktion.[3] Modelle in diesem Sinne sind, wie Vilém Flusser treffend bemerkt hat, Vorbilder »für mögliche, nicht von tatsächlichen Gegenständen«,[4] wobei er den Begriff Vorbild wörtlich benutzt als ein Bild, das schon als Idee bestehen muss, bevor es sich materialisiert. Ihre abbildungstheoretische Eigenheit liegt also in ihrer kompletten Flexibilität des Bezugs zum abgebildeten Gegenstand. In dieser Hinsicht

---

3   Vgl. ebd., S. 289 ff.
4   Vilém Flusser: *Krise der Linearität*. Bern: Benteli 1988, S. 27.

verhalten sie sich wie die Malerei oder auch wie die Zeichenanimation. Was sie aber in der Essenz definiert und beispielsweise von der klassischen Zeichenanimation unterscheidet, ist die strikte Anforderung an explizite, kognitiv bewältigte Skripts, das heißt Beschreibungen von räumlich-zeitlichen Beziehungen, welche diese Objekte, Räume und zeitlichen Abläufe definieren. Inzwischen sind diese Skripts in Softwareumgebungen als Tools ausgelagert, zum Beispiel um Bewegungspfade der virtuellen Kamera zu schaffen oder deren Brennweite zu bestimmen, um beim Beispiel der Kamerabewegung zu bleiben, die hier im Zentrum steht.

Modellbildung ist das reinste, aber nicht das einzige mögliche Verfahren von CGI und Computeranimation. In den gedachten Raum der virtuellen Welt lassen sich Fragmente, Bausteine oder Daten aus anderen Quellen einspeisen, zum Beispiel von digitalen Aufzeichnungen oder Scans von analogen Filmen, welche auf unterschiedliche Arten und Weisen in diese virtuellen Konstruktionen eingebunden werden, wie im Compositing,[5] das Bilder miteinander verknüpft, also etwa Forrest Gump in ein Bewegtbild mit John F. Kennedy integriert. In den Weiterentwicklungen des Compositing, zum Beispiel mit der Software NUKE, entstehen heute komplexe Strukturen im zweieinhalb bis dreidimensionalen Raum, wobei 2.5D[6] in den Raum projizierte, aus der Ebene gelöste geometrische Strukturen bezeichnet. Über diese einfache Fusion von heterogenem Material hinaus, das teilweise modelliert, teilweise aufgezeichnet ist, haben sich bildbasierte Verfahren entwickelt, welche die verschiedenen Traditionen der Bildgenese noch grundlegender miteinander verschmelzen.

Bildbasierte Techniken[7] umfassen den Import von Daten aus fotografischen Aufzeichnungen, unter anderem die Projektion von Objekten – zunächst besonders Gebäuden, später auch organischen Formen wie Gesichtern – in den dreidimensionalen Datenraum. Zunehmend schließen solche Verfahren auch die Übertragung anderer Informationen wie der Beleuchtung oder von Bewegungen in die computergenerierte Szene ein. Im Unterschied zu den Modellbildungsverfahren können sie die Daten der physikalischen Ausgangsstruktur in ihrer ganzen Komplexität inklusive systemischer Verknüpfung von Oberflächeneigenschaften, Bewegung und Beleuchtung erfassen.

---

5   Vgl. Flückiger 2008, S. 191 ff.

6   »Positionierung von ebenen oder gekrümmten Flächen in die Tiefe des dreidimensionalen Raums« (ebd., S. 502).

7   Vgl. ebd., S. 70 ff. (»Bildbasiertes Modellieren«) und S. 164 ff. (»Bildbasierte Beleuchtung«).

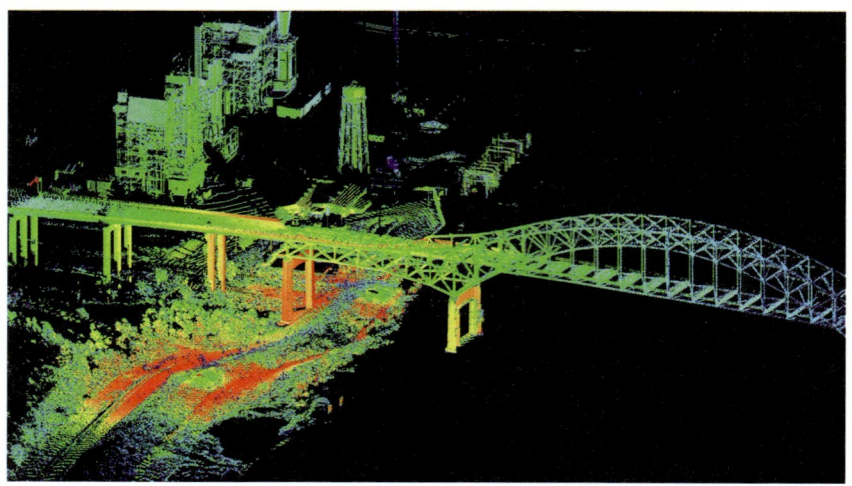

LiDAR Scan[8]

Diese hybriden Formen lassen sich als Ausgangspunkte einer Tendenz verstehen, deren Ziel die *Computational Photography* ist, also Aufzeichnungsverfahren, welche die Szene in ihrer Gesamtheit aufnehmen und als navigierbare Daten für den flexiblen Zugriff zur Verfügung stellen, wie zum Beispiel plenoptische Kameras, auch Lichtfeldkameras genannt, die nicht nur die einzelnen Lichtstrahlen erfassen, sondern auch ihren Einfallswinkel und ihre Intensität, sodass sich daraus später verschiedene Schärfeebenen berechnen lassen. Ebenfalls diesem Komplex zuzuordnen sind Laserscans[9] wie LiDAR[10] oder rotierende 3D-Scans, die ganze Objekte, Szenerien oder Landschaften abtasten und als Punktwolken in den Datenraum projizieren, teilweise über die reine Geometrie hinaus mit zusätzlichen Informationen zu Oberflächeneigenschaften.

Mit diesen hier kurz skizzierten Veränderungen des Verhältnisses zwischen Abbildung und Materie sind einige epistemologische und abbildungstheoretische Grundlagen für die weitere Analyse und Diskussion geschaffen, denn jedes dieser Verfahren und jedes damit verknüpfte Denkmodell hat unmittelbare stilistische und narrative Konsequenzen.

---

8   Vgl. URL: http://gallery.usgs.gov/images/ 09_01_2012/rVMy5DCp53_09_01_2012/large/ Terrestrial_Lidar_Scan.jpeg [letzter Zugriff am 5.5.2016].

9   Laserscans sind 3D-Scans zur Erfassung geometrischer Daten im Raum, vgl. ebd., S. 62ff.

10   »LiDAR ist die Abkürzung für *Light Detection and Ranging*. Das Verfahren stammt aus der Vermessungstechnik und beruht auf der Abtastung von Landschaften oder Gebäuden mit Laserstrahlen« (ebd., S. 64).

Veränderung des Verhältnisses von Raum und Zeit

Kamerabewegungen sind der Inbegriff der von Erwin Panofsky diagnostizierten Dynamisierung des Raums und der Verräumlichung der Zeit, die er als Essenz des Films bezeichnet hat.[11] Sie sind im wahrsten Sinne vierdimensionale Strukturen, die Raum und Zeit miteinander verknüpfen. Mit Computerverfahren erleben diese relationalen Navigationen völlig neue Freiheitsgrade. Im digitalen Datenraum sind nämlich – anders als in der Live-Action-Aufnahme – sowohl der ganze Raum als auch die ganze Zeit potenziell vorhanden und lassen sich in allen erdenklichen Richtungen mit allen erdenklichen Geschwindigkeiten durchmessen. Kamera, Raum- und Zeitdimensionen sind befreit vom Ballast physischer Trägheit und materieller Grenzen. Sie überschreiten so den Horizont menschlicher Wahrnehmung und transformieren bis dato unbekannte Dimensionen unmittelbar in sinnliche Erfahrung. Das zeigte sich schon in dem von Charles und Ray Eames animierten Film POWERS OF TEN – A FILM DEALING WITH THE RELATIVE SIZE OF THINGS IN THE UNIVERSE AND THE EFFECT OF ADDING A ZERO (1977) und als Idee bereits 1968 in der vorläufigen Skizze des Films, der das Universum in Zehnerpotenzen bis an die Grenzen des Wissens durchfliegt und danach zurück in die atomare Mikroebene außerhalb der menschlichen Wahrnehmung eindringt.

Live-Action-Aufnahmen verfügen über eine Vielzahl von Transformationsmodi: Zeitlupe, Zeitraffer, Kopräsenz von Räumen und Zeiten im Compositing, Skalierungen über Modellaufnahmen und verkürzte Perspektiven sowie natürlich die Erschaffung von räumlichen, zeitlichen und / oder diskursiven Zusammenhängen über die Montage. Während sich aber diese Operationen in einer physischen Struktur des Films materialisieren, bleibt das im Computer modellierte Raumgefüge offen für alle möglichen Bewegungsabläufe in allen möglichen Zeitformen. Filmschnitte sind in der Computeranimation dabei reine Optionen. Daher ist es nicht erstaunlich, dass in jüngster Vergangenheit *One-shot Movies* wie BIRDMAN[12] (2015, Alejandro G. Iñárritu) oder VICTORIA (2015, Emanuel Schipper) vermehrt produziert werden.

---

11   Vgl. Erwin Panofsky: Style and Medium in the Motion Pictures [1934]. In: Leo Braudy, Marshall Cohen (Hg.): *Film Theory and Criticism. Introductory Readings.* New York und London: Oxford University Press 2004, S. 283.

12   BIRDMAN besteht produktionstechnisch aus vielen Einstellungen, die aber mittels Bildprozessierung unsichtbar miteinander verbunden sind. Vgl. Jean Oppenheimer: Backstage Drama. In: *American Cinematographer* 12 (2014), S. 54–68.

Der abstrakte und flexible Modus der Modellbildung überträgt sich nicht nur auf den Gegenstand der Abbildung selbst, sondern auch auf die prozesshafte Bildwerdung der immateriellen Daten im Render-Prozess[13] und auf das zeitlich-räumliche Verhältnis dieser Bilder untereinander. Diese Bildwerdung ist hauptsächlich durch mentale Operationen gesteuert und daher auch durch deren Flexibilität gekennzeichnet. Die Signatureffekte dieses neuen Bewegungsmodus sind die irrsinnig beschleunigten Rides durch Universen wie in der erwähnten Genesis-Sequenz, als Brücken zwischen Welten unterschiedlichen Realitätsstatus wie in MATRIX (1999, Andy und Larry Wachowski) oder als Visualisierung reiner Gedanken bzw. als »geistiges Auge« wie in FIGHT CLUB (1999, David Fincher).

Entmenschlichter, entkörperlichter Blick der Maschine, technomorphe Bewegungen

In den computergesteuerten Bewegungsformen äußert sich daher ein entmenschlichter, entkörperlichter Blick. Die Bewegung ist nicht nur im physischen Sinne abgekoppelt vom menschlichen Körper oder einem Auge, die Entkoppelung wird auch im Bewegungsmuster sichtbar. Es sind vollkommen glatte, durch *Splines*[14] definierte Bewegungspfade von großer Eleganz, aber auch frei vom Atmen und von den kleinen Abweichungen, die jeder durch einen Menschen geführten Kamera anhaften. Diese organisch-zufällige Qualität der materiellen Kamera bleibt selbst dann bestehen, wenn die Bewegungen durch ein mechanisches Interface gefiltert sind, wie durch einen Dolly oder eine Kranfahrt. Zwar lässt sich dieses Atmen auch auf eine virtuelle Kamera übertragen, aber dieser Sonderfall wird eher in vollständig computeranimierten Filmen angewandt, wie in SHREK (2001, Andrew Adamson und Vicky Jenson), in dem eine Steadicambewegung über eine schaukelnde Hängebrücke zu sehen ist.

Schließlich sind es auch die Freiheitsgrade der Bewegungen von virtuellen Kameras und die Dimensionen, die sie durchschreiten können, die wir als Zuschauer instinktiv als einen anderen Bezug zur dargestellten Welt wahrnehmen. Zu diesen Freiheitsgraden gehören nicht nur die räumlichen

---

13   Vgl. Flückiger 2008, S. 172 ff.

14   *Splines* sind glatte, durch Polynome definierte Kurven, vgl. Flückiger 2008, S. 59 ff., sowie das Applet von Ken Perlin. URL: http://mrl.nyu.edu/~perlin/experiments/bspline/ [letzter Zugriff am 29.1.2016].

Andy und Larry
Wachowski:
THE MATRIX

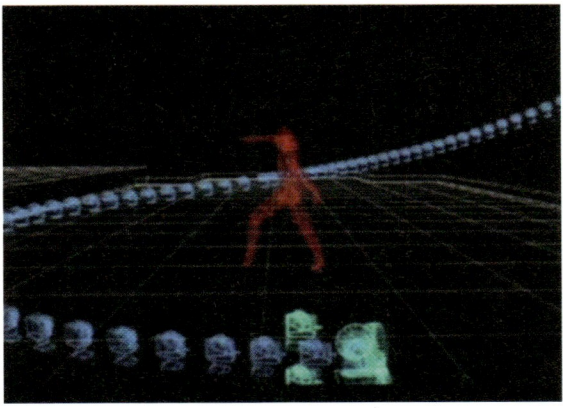

Dimensionen, sondern auch die Zeit, die außermenschlich beschleunigt oder verlangsamt ausfallen kann und die technomorphe Gestalt der Bewegungen unterstützt. An dieser Stelle setzen die eingangs erwähnten Rückkoppelungserscheinungen an, die auf die Live-Action-Fotografie übergreifen und auch dort zu zunehmend technomorphen Bewegungen führen, die sich in unterschiedlichem Maß von herkömmlichen Formen unterscheiden. Das lässt sich sehr schön an einer der prägnantesten Formen technomorpher Bewegungen zeigen, die sich nachhaltig in das Formenrepertoire und das kulturelle Gedächtnis eingebrannt haben, nämlich an der sogenannten Bullet-Time, also den eingefrorenen Momenten, die mit MATRIX bekannt wurden. Für diese Bewegungsform kam eine Serienschaltung von bis zu 120 Einzelbildkameras zum Einsatz, die in geschwungenen oder kreisförmigen Anordnungen aufgestellt waren und entweder gleichzeitig oder leicht verzögert ausgelöst werden konnten.

Damit ließ sich ein paradoxer Bildeindruck schaffen, in dem sich extrem beschleunigte Bewegungen mit zeitlichem Stillstand verbanden. Die Paradoxie von Beschleunigung und Stasis wurde maßgeblich unterstützt durch die sehr verkürzte Belichtungszeit bis zu 1/1.000s, welche die Bewegungsunschärfe (motion blur) trotz maximaler Beschleunigung gegen Null tendieren ließ. Tim Macmillan hatte eine solche Technik ab den frühen 1980er Jahren als *Time Slice Photography*[15] außerhalb des Mainstreams entwickelt, Dayton Taylor[16] etwas später eine andere Anordnung eingeführt. Im Musik-

---

15 Vgl. URL: http://www.timeslicefilms.com [letzter Zugriff am 29.1.2016].
16 Vgl. Dayton Taylor: Virtual Camera Movement. The Way of the Future?. In: *American Cinematographer* 9 (1996), S. 93–100.

clip LIKE A ROLLING STONE (1995) von Michel Gondry hatte die französische VFX-Firma BUF diese Technik als *View Morphing* einem breiteren Publikum zugänglich gemacht. Von BUF wird weiterhin mehrmals die Rede sein, denn deren Technologien an der Schnittstelle von Live-Action und CGI implementieren sehr oft bildbasierte Verfahren, um die physische Aufnahme mit den computergenerierten Teilen zu verschränken. Tatsächlich könnte die Time-Slice-Fotografie – abgesehen von der Computersteuerung der Kameras – ohne CGI auskommen. Aber erstens ist, wie der Fall MATRIX zeigt, eine minutiöse Vorbereitung erforderlich, welche eine Prävisualisierung (*Previs* oder *Previz*)[17] im Computer einschließt, und zweitens ist die technische Anordnung im Bild selbst zu sehen, sobald die Krümmung einen Winkel von 90 Grad überschreitet. Daher inszeniert man diese Aufnahmen in der Regel vor *Greenscreen* und baut die Umwelt im Computer nach oder importiert sie – wie bei MATRIX – mittels bildbasierter Verfahren. Schließlich wären die Aufnahmen zu kurz – bei 120 Kameras entstehen gerade einmal fünf Sekunden –, weshalb sie durch intelligente Interpolation ergänzt werden müssen.

Rückkoppelungseffekte zwischen Computeranimation und technischen Entwicklungen für die Live-Action-Kinematografie

Cablecams, an aufgespannten Drähten aufgehängte Kameras, die sich sehr schnell und präzise in luftiger Höhe bewegen lassen, sind seit Ende der 1980er Jahre verbürgt und wurden angeblich von Jim Rodnunsky erfunden,[18] der die Kamera zunächst in einem Korb platzierte. Es findet sich allerdings eine Präfiguration dieser Technik bereits in Friedrich Wilhelm Murnaus Film DER LETZTE MANN (1924), berühmt für seinen innovativen Einsatz der *entfesselten Kamera* durch den Kameramann Karl Freund. Diese Kabelaufhängung an einem Holzgerüst ermöglichte die Aufnahme »fliegender Ton«, vom Kameraassistenten ausgeführt, der ebenfalls in einem Korb saß.[19]

Es manifestiert sich in dieser Entwicklungsgeschichte eine zunehmende Autonomie der Kamera vom menschlichen Agens, die das Thema dieser technikgeschichtlichen Rückkoppelungseffekte ist. So greift die Cablecam

17   Vgl. Flückiger 2008, S. 234ff.
18   o.A.: Obituary for Jim Rodnunsky. In: *Variety* (16.6.2011). URL: http://variety.com/2011/scene/news/cablecam-developer-jim-rodnunsky-dies-1118038690/ [letzter Zugriff am 29.1.2016].
19   Vgl. die filmhistorische Dokumentation auf der DVD (2003, Universum Film).

Der Kran bei den Dreharbeiten von Friedrich Wilhelm Murnaus
DER LETZTE MANN

eine eigentlich vertraute Bewegungstechnik, nämlich die Seilbahn, auf und entfernt nach und nach den menschlichen Operator, indem die Kameraführung über Fernsteuerung erfolgt; die Anordnung der Drähte entwickelt sich zunehmend von der einst linearen Ausrichtung zu einer weitgehenden Flexibilität im 3D-Raum, indem die Drähte selbst gitterartig verspannt sind. Schließlich kommt eine ferngesteuerte Kameraaufhängung (*remote head*) dazu, welche die Steuerung der Kamera im Winkel von 360 Grad erlaubt. Cablecams waren in TROY (2004, Wolfgang Petersen) für den Einzug des trojanischen Pferds im Einsatz, aber auch in SPIDER-MAN (2002, Sam Raimi) für den Nachvollzug der Bewegungen des Helden in den Häuserschluchten von Manhattan sowie zur Exposition der fantastischen Settings von CAT IN THE HAT (2003, Bo Welch) und CHARLIE AND THE CHOCOLATE FACTORY (2005, Tim Burton). Schaut man sich die Credits der entsprechenden Dienstleister an, wird ersichtlich, dass Spielfilme nur eine marginale Sparte sind; vielmehr konzentriert sich diese Technik auf Sportanlässe, wo sie zum festen Repertoire geworden sind, und auf Fernsehshows im Studio.

Mit der Miniaturisierung von professionellen und semiprofessionellen digitalen Kameras, von den digitalen Spiegelreflexkameras über die SI-2K mini bis hin zur Actionkamera GoPro Hero, haben sich Drohnen und Mini-hubschrauber etabliert, zumal die heute üblichen Quadro- bis Octokopter sehr präzise Bewegungen erlauben. Noch in LA HAINE (1995) von Matthieu Kassovitz erforderte die Arbeit mit einem Minihubschrauber umfassende Bearbeitungen in der Postproduktion: Schatten mussten eliminiert, die Bilder stabilisiert werden. Dennoch ist der Minihubschrauberflug eine der nachhaltigsten Aufnahmen dieses unvergesslichen Films, wenn die Kamera durch die trostlose Banlieue gleitet, wo sich der Kulturkampf als Wettstreit zwischen den Beats von KRS-One und Edith Piafs Chanson »Non, je ne regrette rien« ereignet, die Kult-DJ Cut Killer – mehrfach gebrochen vom Hall – zwischen den Hochhäusern erschallen lässt. In LE HUITIÈME JOUR (1996), einer Tragikomödie von Jaco Van Dormael, ist es ein Flug über ein Feld, der eine grenzenlose Lebensfreude ausdrückt.

Im Unterschied zu den klassischen Kamerakränen, bei denen die Kamerafrau und eventuell die Regisseurin mit auf der Plattform sitzen, um die Kamera unmittelbar zu steuern, ist der *Motion-Control*-Kran eine komplett computergesteuerte Einheit. Jeder Parameter von der Position im Raum bis zu den Kameraeinstellungen – Blende, Schärfe – lässt sich so exakt kontrollieren, dass sich die Bewegungen beliebig oft identisch wiederholen lassen. Deswegen kann man in verschiedenen Durchgängen verschiedene Bausteine für Kompositbilder aufnehmen, eine Technik, die besonders bei Modellaufnahmen üblich ist, aber auch dort, wo unterschiedliche Bildteile in Bewegung miteinander kombiniert werden sollen. Wie Nora Lee im *American Cinematographer* schildert,[20] hatte Edisons Kameramann, James Brautigan, bereits 1914 einen mechanischen Vorläufer dieses Verfahrens entwickelt, der während der 1940er und 1950er Jahre in verschiedenen Varianten wiederkehrte. John Whitney Sr. schließlich und, auf dessen Ideen aufbauend, John Dykstra für STAR WARS (1977, George Lucas) entwarfen ausgeklügelte, allerdings noch analoge elektronische Varianten von Motion Control.

Eine Sonderentwicklung des sehr komplexen und schwerfälligen Motion-Control-Systems sind eher kleinere und daher auch sehr schnelle Roboterarme, mit denen sich die Kamera punktgenau und in Super-High-Speed steuern lässt, um Zeitlupenbilder in der Interaktion mit der Materie zu

---

20   Vgl. Nora Lee: Motion Control. In: *American Cinematographer* 5 (1983), S. 660–661; Dies.: Motion Control Part II. In: *American Cinematographer* 6 (1983), S. 44–46 und S. 48.

erzeugen. Verschiedene Quellen[21] nennen Michael Snows LA RÉGION CEN-
TRALE (1971) als Ausgangspunkt dieser Entwicklung.

> Snow made the movie in 1971 at a mountain range in northern
> Quebec, and like Cuaron, he had to build a special rig in order to
> shoot it: a robotized arm that could move Snow's camera in any
> direction and along any conceivable axis, following electronic
> directions recorded onto magnetic tape (heard on the soundtrack as
> an atonal blips and bleeps). Snow has said he envisioned the film as
> the images an alien probe might report back upon visiting earth.[22]

In MINORITY REPORT (2002, Steven Spielberg) war eine Bullet-Time-ähnli-
che Fahrt um Tom Cruise' Gesicht zu sehen, das in erhöhter Geschwindigkeit altert. Roboterarme, auf dem Autodach installiert, erzeugten ferner in
dem James-Bond-Film A QUANTUM OF SOLACE (2008, Marc Forster) oder
Steven Spielbergs WAR OF THE WORLDS (2005) außermenschliche Bewe-
gungseindrücke während rasanter Autofahrten, in Spiralen um die Autos
rotierend, welche die kinetische Energie maximierten. Haupteinsatzgebiet
von Roboterarmen sind traditionell Werbefilme, in denen spektakuläre
Zeitlupenbilder von perlendem Champagner oder in Hochglanz ausgeleuch-
tetem zerhacktem Gemüse zu sehen sind,[23] denn es bedarf ausgedehnter
Tests, um die komplexen Anordnungen und ihre zeitlichen Entwicklungen
aufeinander abzustimmen.

Bei der neuesten Weiterentwicklung, die über die kleinen, bis dato üblichen Roboterarme weit hinausgeht – dem zuerst in GRAVITY (2013, Alfonso
Cuarón) eingesetzten System IRIS von Bot & Dolly –, handelt es sich um
eine Verschränkung von Roboterarm und Motion-Control-Kamera. Die
Einheit lässt sich direkt über eine Animationssoftware wie Maya steuern,
man muss sie sich einfach wie ein zusätzliches bewegliches Objekt vorstellen,
das den Kontakt zwischen Computeranimation und Live-Action herstellt.[24]

21 Vgl. Volker Pantenburg: Back and Forth. Anmerkungen zum horizontalen Kamera-
    schwenk. In: Pirkko Rathgeber, Nina Steinmüller (Hg.): *BildBewegungen / ImageMove-
    ments*. Paderborn: Fink 2013, S. 158–177, hier S. 159, sowie Scott Foundas: Why »Gravity«
    Could Be the World's Biggest Avant-Garde Movie. URL: http://variety.com/2013/film/
    columns/why-gravity-could-be-the-worlds-biggest-avant-garde-movie-1200702228/
    [letzter Zugriff am 29.1.2016].
22 Ebd.
23 Vgl. beispielsweise URL: http://spectrum.ieee.org/automaton/robotics/industrial-robots/
    robotic-motion-control-enables-breathtaking-highspeed-video [letzter Zugriff am 29.1.2016].
24 Vgl. URL: http://www.youtube.com/watch?v=xWJCxxKuTOw [letzter Zugriff am
    29.1.2016].

Barbara Flückiger

Technocrane von der
Firma Supertechno

Teleskopkräne wie der *Technocrane* sind eine neuere Variante des Kamera-
krans, bei dem ein fernsteuerbarer Teleskoparm sowie eine ferngesteuerte
Kameraaufhängung neue Bewegungsmuster erlauben, während der Kran
selbst, auf Schienen geschoben, und auch der Arm sich konventionell bewegen lassen. Im Interview mit Tom Tykwer schildert Michael Ballhaus seine
frühen, durchaus anspruchsvollen Erfahrungen mit dem Gerät für eine
Szene in AGE OF INNOCENCE (1993, Martin Scorsese) in der Oper:

> [Wir] hatten den »Technocrane«, einen Teleskopkran mit einem
> Arm, der variabel zwischen drei und zehn Metern ausgefahren wer-
> den kann. Die Frage war nur: Wohin mit diesem Ungetüm, weil
> das Parkett ja bestuhlt war und wir möglichst nicht umbauen woll-
> ten. Wir haben dann eine Plattform ins Parkett gebaut, auf Stelzen,
> und da den Technokran draufgestellt, der bestimmt eine Tonne
> wiegt. Damit waren aber noch nicht alle Probleme gelöst, denn der
> Technokran ist auch noch sehr diffizil zu koordinieren. Es braucht
> dafür drei Leute: Einer schwenkt rauf und runter, der andere führt
> ihn seitlich, und der Dritte fährt den Arm rein und raus. Bis diese
> drei Leute synchron arbeiten, dauert es natürlich eine Weile.[25]

Inzwischen gibt es dafür leichtere Modelle, die sich besser steuern lassen. In
der Fallstudie von ENTER THE VOID (2009, Gaspar Noé) wird sich zeigen
lassen, wie sich der Technocrane sehr flexibel und kleinräumig bewegen
lässt.

---

25   Michael Ballhaus: *Das fliegende Auge*. Berlin: Berlin Verlag 2002, S. 185.

Bewegungserfahrung und kinästhetisches Erleben

Kamerabewegungen sind wie alle audiovisuellen Elemente, welche die Sinne direkt adressieren, chronisch untertheoretisiert.[26] Diese Feststellung, die vor kurzem Volker Pantenburg in seinem Text »Back and Forth« bestätigt hat,[27] trifft auch auf Farbe und auf die sensorischen Elemente des Klangs von Musik und Sound Design zu. In einer lange vorherrschenden puritanischen und kulturpessimistischen Perspektive wurde eine Dichotomie zwischen Spektakel und Narration nicht nur geschaffen, sondern auch während Jahrzehnten perpetuiert. Sie ist tief verwurzelt in unserer Kultur, in welcher seit der Aufklärung die nicht rationalen, sensuellen Dimensionen vorwiegend als vulgär ausgesondert werden. Normative Regelwerke haben während Jahrzehnten dafür gesorgt, dass der wilde Charakter von Farben eingedämmt wurde.[28] Geräuschhafte, nicht funktionalisierte Bestandteile der Tonatmosphäre erlangten erst mit dem Aufkommen der Rockmusik in den 1960er Jahren ihre Souveränität.[29] Im Hinblick auf Bewegung ist dieses Defizit umso verwunderlicher, gilt sie doch als Essenz des Filmischen schlechthin, wie besonders in den europäischen Avantgarden der 1920er Jahre von Jean Epstein über Germaine Dulac, Hans Richter und Louis Delluc bis zu Dziga Vertov herausgearbeitet.[30]

Mehr und mehr rückt jedoch die somatische Wahrnehmung in den Fokus der theoretischen Beschäftigung mit dem Filmerleben, wie überhaupt das Filmerleben selbst erst in Ansätzen theoretisch erschlossen ist, oftmals unter Rückgriff auf phänomenologische Ansätze von Edmund Husserl bis Maurice Merleau-Ponty.[31] Maßgeblich wurden diese körperlichen und affektiven

---

26   Eine löbliche Ausnahme bildet Jakob Isak Nielsen: *Camera Movement in Narrative Cinema. Towards a Taxonomy of Functions*. Dissertation, Universität Aarhus, 2007, der eine Typologie von narrativen und ästhetischen Funktionen der Kamerabewegungen aufstellt.

27   Vgl. Pantenburg 2013, S. 160.

28   Vgl. *Timeline of Historical Film Colors* unter der URL: http://zauberklang.ch/filmcolors/ [letzter Zugriff am 29.1.2016].

29   Vgl. Barbara Flückiger: *Sound Design. Die virtuelle Klangwelt des Films*. Marburg: Schüren 2001, S. 121.

30   Vgl. diverse Schriften in Franz-Josef Albersmeier (Hg.): *Texte zur Theorie des Kinos*. Stuttgart: Reclam 1979, sowie in Christian Kiening, Heinrich Adolf (Hg.): *Der absolute Film. Dokumente der Medienavantgarde (1912–1936)*. Zürich: Chronos 2012.

31   Vgl. z.B. Christine N. Brinckmann: Somatische Empathie bei Hitchcock. In: Dies.: *Farbe, Licht, Empathie*. Marburg: Schüren 2014; Franziska Heller: *Filmästhetik des Fluiden. Strömungen des Erzählens von Vigo bis Tarkowskij, von Huston bis Cameron*. München: Fink 2010; Thomas Morsch: *Medienästhetik des Films. Verkörperte Wahrnehmung und ästhetische Erfahrung im Kino*. München: Fink 2011; Carl Plantinga: *Moving Viewers, American Film and the Spectator's Experience*. Berkeley: University of California Press 2009.

Dimensionen durch Vivian Sobchack,[32] Laura Marks[33] und Jennifer Barker[34] für den filmwissenschaftlichen Diskurs aufbereitet. Besonders im Kapitel »Viscera« hat Barker die kinästhetische Dimension von somatisch affizierten Bewegungen in der Filmerfahrung analysiert.

> When we speak of viscera, we're usually speaking about one of two things. Either we use the term in its specific, medical sense to refer to the internal organs, including, for example, the heart, lungs, and pancreas, or we use the term more vaguely, to refer to a general area – the insides, the depths, the guts – that describes not organs but feelings, emotions, and intuition. By our »visceral« reaction to a film we often mean our »gut reaction,« a general feeling that begins deep inside but makes its way to the surface. In the first sense, the medical one, we hardly notice our viscera under normal circumstances […], in the second sense, though, our viscera overpower everything else. Nervousness, excitement, dread, passion – […] these visceral feelings also rise to the forefront of our experience, where they shape and color our entire bodily experience, in such forms as flushed skin, nausea, and facial expression […].[35]

Es ist hier nicht der Ort, diese theoretische Debatte in aller Tiefe auszuloten, sondern es geht darum, im Zusammenspiel zwischen Technologie und Ästhetik ganz praktisch nach der Veränderung der Erlebnisdimension zu fragen, mit einem besonderen Fokus auf das kinästhetische Erleben.

Bewegungen sind in unserem Alltag omnipräsent, wir führen sie weitgehend automatisch aus und erleben sie unbewusst, solange sie uns nicht stören, wir nicht gezielt ungewöhnliche Bewegungserfahrungen suchen oder neue Bewegungstechniken erlernen, wie beispielsweise Radfahren als Kinder. Sobald Bewegungsabläufe nach der Anfangsphase gemeistert sind, sinken sie in tiefere Schichten des Wissens ab und werden automatisch vollzogen. Bewegungen lassen sich daher schwer beschreiben.

In der Bewegungserfahrung kreuzen sich verschiedene Sinne, allen voran das vestibuläre System, das die Position des Körpers im Raum registriert. Weiter sind es die Fernsinne Auge und Ohr, die permanent Rückmeldungen

---

32 Vgl. Vivian Sobchack: *The Address of the Eye. A Phenomenology of Film Experience*. Princeton: Princeton University Press 1992.
33 Vgl. Laura U. Marks: *Touch. Sensuous Theory and Multisensory Media*. Minneapolis: University of Minnesota Press 2000.
34 Vgl. Jennifer M. Barker: *The Tactile Eye. Touch and the Cinematic Experience*. Berkeley: University of California Press 2009.
35 Ebd., S. 129.

zur Raumlage des Körpers geben, zu Geschwindigkeit und Stasis, und schließlich die haptische Wahrnehmung, welche die Interaktion der Haut mit der Umwelt erfasst. Die Propriozeption oder kinästhetische Wahrnehmung wird als ein Zusammenwirken der Sinne verstanden, an dem besonders die Interozeptoren beteiligt sind, welche das homöostatische Gleichgewicht der internen, viszeralen Prozesse registrieren und unterstützen.[36] Im Kino sind es ausschließlich die Fernsinne, das visuelle und das auditive System, die für die Bewegungswahrnehmung zuständig sind: im visuellen Wahrnehmungsfeld die Bewegungsparallaxe sowie die optischen Fließmuster und Änderungen der perspektivischen Anordnungen.[37] In der auditiven Wahrnehmung ändern sich Distanz und Richtung von Klangobjekten.

Da Bewegung relational ist, entstehen im Kino Bewegungsillusionen, die als lineare oder zirkuläre Vektionen unmittelbar körperlich wahrgenommen werden.[38]

> Durch eine filmische Darstellung kann der Eindruck einer Eigenbewegung erzeugt werden. Diese Illusionierungsleistung ist eine filmspezifische, deren wahrnehmungspsychologische Voraussetzungen grundlegend für die ästhetische Funktion der bewegten Kamera sind. Kamerafahrten – hierunter werden auch simulierte Fahrten gefasst – können eine sogenannte induzierte Eigenbewegung erzeugen […], das heißt, es kann durch einen visuellen Reiz die Illusion einer Eigenbewegung beim Zuschauer entstehen.[39]

Wie schon Hugo Münsterberg in seiner Studie *The Photoplay* (1916) schrieb, ist die Bewegungswahrnehmung im Kino als ein Zusammenspiel zwischen »fact and symbol« zu verstehen, wobei er unter »fact« die unmittelbare Wahrnehmungsdimension versteht und unter »symbol« kodierte oder konventionalisierte Darstellungssysteme.[40] In der Interaktion von Bewegungsillusionen, die sich aus der visuellen und auditiven Wahrnehmung ergeben, mit der somatischen Empathie,[41] dem körperlichen Nachvollzug von Bewegungen der Figuren auf der Leinwand, entstehen ausgeprägte immersive

---

36   Vgl. Carol-Lynne Moore, Kaoru Yamamoto: *Beyond Words. Movement Observation and Analysis.* London: Routledge 2012, S. 13 f.

37   Vgl. H. A. Sedgwick: Visual Space Perception. In: E. Bruce Goldstein (Hg.): *Blackwell Handbook of Sensation and Perception.* Malden: Blackwell 2005, S. 140.

38   Vgl. ebd., S. 144.

39   Rayd Khouloki: *Der filmische Raum. Konstruktion, Wahrnehmung, Bedeutung.* Berlin: Bertz + Fischer 2007, S. 57.

40   Vgl. Hugo Münsterberg: *The Photoplay. A Psychological Study.* New York und London: Appleton 1916, S. 71.

41   Vgl. Brinckmann 1999.

Effekte, welche das kinästhetische Erleben des Geschehens auf der Leinwand intensivieren.[42]

Mit diesen wenigen Streiflichtern auf ein paar wahrnehmungstheoretische Grundlagen ist dieses Thema allenfalls umrissen. Es bedarf weiterer, spezifischer Studien, welche die Auswirkungen der Kamerabewegungen auf den Zuschauer im Kino untersuchen. Wie Cynthia Freeland in »Aesthetics and the Senses« schreibt, erfahren die ästhetischen Dimensionen der Wahrnehmungsmodalitäten Propriozeption und Kinästhesie zunehmend mehr Aufmerksamkeit:

> If not quite guilty of »visuocentrism« – focusing only on vision – aesthetics has nevertheless consistently focused on »higher arts« such as painting, sculpture, and music, while denigrating the cultural products that address our »lower« senses, ones more typically associated with appetites, such as taste, touch, and smell. Aesthetics has also virtually ignored sensory modalities that are now being given much greater attention, such as kinesthesia and proprioception.[43]

Im Folgenden geht es darum, in kurzen Fallstudien die technischen Bedingungen von neuen Bewegungserfahrungen und deren Ausdruckspotenzial zu analysieren. Paradigmatisch, so scheint mir, ist die Anbindung der neuen Bewegungserfahrungen an die Lebensbedingungen der Figuren. Es wäre falsch, in diesen durchaus narrativ motivierten Anordnungen ausschließlich eine Funktionalisierung der Kamerabewegungen zu sehen, genauso wie es falsch wäre, die Bewegungen als reine Spielereien in ihrer Wirkungsmächtigkeit zu unterschätzen. Vielmehr manifestiert sich darin eine unmittelbar zugängliche Vermittlung zwischen dem Erleben der Figuren und dem somatischen Mitvollzug durch die Zuschauer. Das lässt sich – wie ich andernorts schon thematisiert habe[44] – sehr schön an STAY (2005, Marc Forster) zeigen, in welchem ein ästhetisches System von Gittern und optischen Schichten im Verbund mit über Morphing[45] verknüpften Bewegungen eine subjektive Wahrnehmung über ihre sensorische und affektive Dimension vermittelt. Dabei sind diese Transformationen von Zeit und Raum durch das ästhetische

42 Vgl. auch Tina Hedwig Kaiser: Dislokationen des Bildes. In: *IMAGE – Zeitschrift für interdisziplinäre Bildforschung* 11 (2010).

43 Cynthia Freeland: Aesthetics and the Senses. Introduction. In: *Essays in Philosophy* 2 (2012), S. 399–403, hier S. 399.

44 Vgl. Barbara Flückiger: Assoziative Montage und das ästhetische System in STAY. In: *Montage AV* 20/1 (2011), S. 133–148.

45 Unter Morphing versteht man die nahtlose Transformation eines Bildes in ein anderes Bild mittels Interpolation.

System und die durch das Morphing umgesetzte assoziative Montage so sublim ausgelegt, dass sie kaum in das Bewusstsein dringen und deshalb eher nicht kognitiv aufgeschlüsselt werden.

In MAR ADENTRO (2004, Alejandro Amenábar) ist eine ähnliche Bewegungskonfiguration ostentativer umgesetzt, mit der Konsequenz, dass sie sowohl in ihrem Ausdruck wie auch in ihrer narrativen Funktion direkter zugänglich ist und in der Regel bei den Zuschauern starke Emotionen auslöst, wie verschiedene Visionierungen mit Studierenden gezeigt haben. Die hier zur Debatte stehende Plansequenz besteht aus drei Einstellungen, die durch Morphing miteinander verbunden sind. Zunächst sehen wir − im Anschluss an eine Einstellung von Ramón, der Anlauf nimmt − eine anthropomorphe Bewegung auf das Fenster zu, die nahtlos übergeht in einen Flug über die Landschaft, sehr nah am Boden, sodass man glaubt, die Baumwipfel berühren zu können. Am Ende mündet die Bewegung in eine weiche Landung am Meer, wo wir uns der Liebsten Ramóns über ihre Schulter nähern, die er antippt, bevor auf sein lächelndes Gesicht geschnitten wird. Zum Verständnis dieser Wirkung ist es wichtig, den erzählerischen Hintergrund der Sequenz mitzudenken, denn die Sequenz visualisiert die Fantasie des gelähmten, hilflos dahinvegetierenden Protagonisten Ramón, der sich nichts sehnlicher zu wünschen scheint, als endlich zu sterben. Wie in LE SCAPHANDRE ET LE PAPILLON (2007, Julian Schnabel) leistet die Mise-en-Scène dieses Films einen erheblichen Anteil zum empathischen Mitvollzug des Lebens in einem immobilen Körper.[46] Aber offensichtlich entfaltet die Verknüpfung von verschiedenen Bewegungserfahrungen ihre emotionale Qualität auch ohne dieses Wissen.

Technisch umgesetzt sind die Bewegung durch erstens eine Steadicam auf das Fenster zu, zweitens einen Hubschrauberflug über die Landschaft und drittens eine Kranfahrt mit einem Technocrane. Ihr emotionales Potenzial entfaltet die Bewegung am Anfang durch die Verbindung der Figur mit der körperlosen und euphorischen kinetischen Energie des Flugs. »Nessun dorma«, die Tenor-Arie aus Giacomo Puccinis Oper *Turandot*, reichert die euphorische Stimmung mit ihrer zwischen Melancholie und Liebessehnsucht changierenden, durch weithin bekannte intertextuelle Verwendung befestigten Bedeutung an. In der Kranfahrt am Meer schließlich sind das

---

46   Vgl. Philip Frédéric Grütter: Somatische Argumentation im Spielfilm zur Sterbehilfe. Eine Untersuchung empathischer Prozesse und deren Einfluss auf narrative Verstehensprozesse und die Figurenkonzeption. Masterarbeit, Universität Zürich, 2010. URL: http://www.film.uzh.ch/research/studentspub.html#8 [letzter Zugriff am 29.1.2016].

gleißende Sonnenlicht mit Sand, glitzerndem Meer und der barfuß, mit wehenden Haaren gehenden Frau gleichermaßen verfestigte Versatzstücke eines positiv besetzten Erlebens. Bedeutsam ist dabei am Ende wieder die Anbindung an die Perspektive des Protagonisten. Es handelt sich hier um eine typische Umsetzung einer zu wesentlichen Teilen körperlosen Bewegungserfahrung, welche die Imagination des in seiner körperlichen Mobilität eingeschränkten Protagonisten visualisiert und uns, die Zuschauer, damit in diese mentale Perspektive einbindet.

Diese narrative Konfiguration habe ich in Anspielung auf Mark J. P. Wolf als »geistiges Auge« (*the mind's eye*) diskutiert.[47] Wolf hat es als einen kognitiven Raum beschrieben, in dem sich Vorstellungen bilden, das Denken stattfindet oder Gedächtnisinhalte abgerufen werden.[48] Es ist in der narrativen Übertragung eine Form der Subjektivierung, die sich vom physischen Zentrum des Blicks löst und den Blickwinkel in eine imaginäre, nur an der Gedankenwelt orientierte, körperlose Bewegung verschiebt. Damit schließt sich – ganz im Sinne der epistemologischen Prämissen des Rückkoppelungsprozesses – der Kreis zu den eingangs aufgeführten Überlegungen zum veränderten Verhältnis zwischen Abbildung und Materie in der Domäne der CGI. Zwar haben die Aufnahmen in diesem Fall eine physikalische Grundlage, denn es sind Live-Action-Aufnahmen. Mittels der computergestützten Transformation des Morphings ermöglichen sie jedoch eine völlig neue, völlig andere Raum- und Zeiterfahrung. Diese Zeiterfahrung entspricht der Flexibilität geistiger Operationen, die ihnen epistemologisch zugrunde liegen. An dieser Nahtstelle entwickelt sich das Paradox einer geistigen Perspektive, welche sich durch die Bildwerdung unmittelbar als konkrete Körpererfahrung manifestiert und den Zuschauer vorwiegend emotional und kinästhetisch anspricht.

Etwas anders gelagert sind ähnliche Konfigurationen in DÉJÀ VU (2006, Tony Scott) und DOGVILLE (2003, Lars von Trier). In DÉJÀ VU ist es tatsächlich ein maschinelles Interface, eine Raum-Zeit-Maschine, welche diese geistigen Operationen ermöglicht. Diese Maschine reiht sich ein in eine Tradition von Interfaces, die Verbindungen in verschiedene Raum- und Zeit-Dimensionen ermöglichen, vom noch unbeholfenen LAWNMOWER MAN (1992, Brett Leonard) über den Cyberpunk in JOHNNY MNEMONIC (1995, Robert Longo) sowie über DARK CITY (1998, Alex Proyas) und

---

47 Vgl. Flückiger 2008, S. 379ff.
48 Vgl. Mark J. P. Wolf: *Abstracting Reality. Art, Communication, and Cognition in the Digital Age.* Lanham: University Press of America 2000, S. 181.

MATRIX zu THE CELL (2000, Tarsem Singh) usw. Die technische Umsetzung ist in DÉJÀ VU besonders interessant, darüber hinaus – wie in den Filmen von Tony Scott häufig zu beobachten – hochgradig *stylish* und – wie in den Produktionen von Jerry Bruckheimer die Regel – etwas am Rande des kitschigen Exzesses situiert. Der Blick dieser Raum-Zeit-Maschine wird umgesetzt als eine Kombination einer komplexeren Variante der Time-Slice-Fotografie mit LiDAR-Scans. Der 3D-Scan der Topografie erlaubt der Kamera die freie Navigation im Raum, während die Time-Slice-Fotografie eine Live-Action-Situation in eine zeitlich flexible Form bringt. So entsteht ein frei navigierbares Raum-Zeit-Gefüge, das in der Narration dazu dient, unterschiedliche Dimensionen zu erkunden, argumentative Zusammenhänge zu entwerfen und Hypothesen zu veranschaulichen.

Lars von Triers DOGVILLE entwickelt mit anderen Mitteln und einer anderen Zielsetzung einen solchen navigierbaren Raum, der sich von einer menschlichen Perspektive loslöst, indem er eine Vielzahl von Perspektiven integriert. Schon das Setting des Films ist hochgradig abstrakt, es fehlen die üblichen illusionsbildenden Zutaten einer Filmausstattung, der Raum bleibt eine fragmentarisch skizzierte Auslegeordnung, die sich in ihrer Abstraktion durch einen bühnenhaften Verfremdungseffekt auszeichnet. Diesen Raum hat Peter Hjorth, Lars von Triers VFX-Supervisor, mit einem Array von 20 HD-Kameras aufgenommen, die er zudem schrittweise so verschoben hat, dass er mit rund 120 Einzelaufnahmen alles erfassen konnte.

Dieses Verfahren gehört im weiteren Sinne zu den bildbasierten Techniken, es wird zwar keine Geometrie extrahiert, aber eine Szenerie aus verschiedenen Blickwinkeln zusammengesetzt. Die einzelnen Figuren haben Hjorth und sein Team mit einem Technocrane vor Greenscreen aufgenommen, sodass sie in diese Szenerie mittels Compositing integriert werden konnten. In diesem zusammengesetzten Feld von Aufnahmen ließen sich sodann virtuelle Kamerabewegungen ausführen, die körperlos waren und über eine sehr große Flexibilität verfügten. Das Kamera-Rig in DOGVILLE transformiert also multiple Perspektiven in einen navigierbaren Raum mit dem Ziel, ein soziales Gefüge zu kartografieren. Die Abstraktion der Mise-en-Scène – so könnte man sagen – wird kongenial umgesetzt durch Techniken, die über einen ähnlich hohen Abstraktionsgrad verfügen und sich aus der konkreten, an einen menschlichen Blickwinkel gebundenen Wahrnehmung lösen. Dennoch wirkt sich die so intellektuell konzipierte Sicht auf eine weitgehend durchkonstruierte und in ihrer Konstruiertheit offengelegte Welt nicht distanzierend aus, sondern lässt durchaus empathische Prozesse zu. Dies dürfte nicht zuletzt ein Resultat der somatisch affizierten Bewegungen sein.

Ungewöhnliche Perspektiven sind in zwei weiteren Filmen zu beobachten, die bildbasierte Verfahren mit komplexen, technomorphen Kamerabewegungen kombinieren, allerdings mit sehr unterschiedlichen narrativen Zielsetzungen, nämlich ENTER THE VOID und PANIC ROOM (2002, David Fincher). ENTER THE VOID ist eine konsequent subjektive Erzählung, in der sich drei verschiedene Blickperspektiven – oder Okularisierungen,[49] um einen Begriff von Gaudreault und Jost zu verwenden – isolieren lassen. Im ersten Teil begleiten wir den Protagonisten auf seinem Trip durch das meist nächtliche Tokio mittels eines Blicks über die Schulter, also einer Semi-Subjektive. Sie wird abgelöst durch POV-Bewegungen im striktesten Sinne. Als der Protagonist erschossen wird, löst sich sein Blick vom Körper und wird im wahrsten Sinne des Wortes ein Auge des Geistes. Sind die ersten beiden Perspektiven mit anthropomorphen Bewegungen im Handkamerastil verknüpft, setzt nun eine entkörperlichte Bewegung ein, in welcher sich verschraubte Technocranespiralen mit ruhigen Flügen zu langen Plansequenzen verbinden. Während die Flüge rein computergeneriert sind – über Stadtlandschaften, die BUF durch bildbasierte Verfahren umsetzte –, sorgen die Live-Action-Segmente für Nähe zu den Figuren, besonders mit der Schwester des Protagonisten, der sich die Kamera immer wieder sehr dicht nähert. Mehrfach durchdringt die Kamera die Materie von Körpern und Räumen und stellt so ihren immateriellen Status in einer ostentativen Geste aus. ENTER THE VOID ist weniger eine filmische Erzählung als der mimetische Nachvollzug eines rastlosen Lebensgefühls in Tokio, einer fremden Stadt, die in ihrer Fremdheit die Sinne mit futuristischem Farbkonzept und atemlosem Rhythmus überwältigt. Mit Nielsen ließe sich diese Verbindung von Figur und Bewegung als *Inflection* bezeichnen, als eine bewegungsinduzierte Tonalität, welche eine Stimmungslage der Figuren vermittelt.[50] Neonlichter, schummrige Interieurs von Drogenhöhlen und Stundenhotels verweben sich zu einem endlosen Strom von Farben und Lichtern, in denen die obsessiven Drogen- und Sexerfahrungen der Figuren nur punktuell als individualisierte, persönliche Geschichten aufscheinen. Vielmehr treten sie in den Hintergrund, als eine eher schwach ausgeprägte, eher stereotyp und pueril wirkende Erzählung, wie man sie zu Hunderten gesehen hat. Es triumphiert in diesem Film die Form über den Inhalt, oder anders ausgedrückt,

49   Vgl. André Gaudreault, François Jost: *Le Récit cinématographique*. Paris: Nathan 1990.
50   Nielsen 2007, S. 233.

Gaspar Noé:
ENTER THE VOID

die Form ist der eigentliche Inhalt, nämlich die sensorisch und affektiv besetzte viszerale Bewegungserfahrung.

Mit denselben Techniken hatte davor David Fincher in Zusammenarbeit mit dem VFX-Supervisor Kevin Tod Haug, der übrigens auch STAY verantwortete, in PANIC ROOM ein völlig anderes Konzept verfolgt. PANIC ROOM ist vielleicht der erste Film, der bereits komplett in der Previs entstand, lange bevor der noch zu besprechende GRAVITY diesen Workflow aus naheliegenden Gründen ebenfalls angewandt hat. Das ganze Haus, als Studiobau konzipiert, wurde in 3D modelliert, alle Kamerastandpunkte und Bewegungen inklusive aller Aktionen der Figuren so minutiös durchgeplant, dass es ein Problem war, als die 20 Zentimeter kleinere Jodie Foster die Hauptrolle anstelle von Nicole Kidman übernahm, denn sie passte nicht mehr in die vorgesehene Mise-en-Cadre. Nur so, mit dieser exakten Planung, lassen sich so komplexe wie auch nahtlose Bewegungen umsetzen, an denen VFX und Motion-Control in Kombination mit Live-Action beteiligt sind. Denn die einzelnen Bestandteile dieser Bewegungen müssen genau aufeinander abgestimmt sein. Die Drehphase ist in einer solchen Konzeption nur mehr ein Schritt, quasi ein Bindeglied zwischen umfassender Präproduktion und ausgedehnter Postproduktion, in welcher einige der notwendigen Teile in Fragmenten aufgezeichnet werden, die sich erst in der Postproduktion zu einem Ganzen fügen.

Oftmals erfuhr die elaborierte, lange Kranfahrt zu Beginn von PANIC ROOM harsche Kritik als sinnlose Zurschaustellung der technischen Mittel.[51] Insbesondere über die Fahrt durch den Teekannenhenkel haben sich die kritischen Geister echauffiert. Dabei ist diese Kranfahrt, die sich in langen, eleganten Bewegungen durch die Stockwerke schraubt bis hinein ins Schlüsselloch im Erdgeschoss und zurück zum Dach, nicht nur ein visuelles Spektakel, sondern sie steigert das Spannungspotenzial signifikant durch den Wissens-

---

51   Kevin Tod Haug, Paneldiskussion im Rahmen der Konferenz »fmx 2011«, 5.5.2011.

David Fincher: Panic Room

vorsprung, den sie dem Zuschauer vermittelt. Ganz gemäß der klassischen Definition von Alfred Hitchcock entsteht *suspense* aus diesem Wissensgefälle, wenn die Protagonisten noch ruhig schlafen, während der Zuschauer schon die Einbrecher sieht, die sich an allen Ecken Zugang zum Haus verschaffen wollen. Es ist eine Nullfokalisierung, die sich von jeder Figurenperspektive löst und einen privilegierten Blick vermittelt, den Gaudreault und Jost als *focalisation spectatorielle* bezeichnen.[52] Dabei – auch dies sei am Rande erwähnt – sind nur einzelne Geräusche zu hören, Musik fehlt völlig oder ist allenfalls als geräuschhafte, windähnliche Komposition zu vermuten.

GRAVITY, der bis dato letzte Film von Alfonso Cuarón, fotografiert von Emmanuel Lubezki, führt diese Tendenz in bestechender Konsequenz weiter. Schon in CHILDREN OF MEN (2006) hatten Cuarón und Lubezki überaus lange, komplexe Kamerabewegungen mit Steadicam oder Handkamera gestaltet und oftmals mittels CGI und Compositing verlängert. In GRAVITY nun, der eine Grenzerfahrung im Weltraum schildert, treffen wir ein ähnliches Phänomen an, wie es schon in ENTER THE VOID angedeutet wurde, nämlich eine Verschiebung von Narration zu unmittelbarer körperlicher Erfahrung im Mitvollzug des Erlebens der Figuren. Dies ist umso erstaunlicher, als fast die ganze Szenerie sowie Teile der Figuren computergeneriert sind. Oftmals stammt kaum mehr als das Gesicht aus der Live-Action. Die

---

52   Vgl. Gaudreault, Jost 1990, S. 141.

Alfonso Cuarón: GRAVITY

Helme und sogar das Visier inklusive Atem sind nachträglich hinzugefügt. Die starke Erfahrungsdimension wird unterstützt von der stereoskopischen Darstellung, die den Raum plastischer erscheinen lässt, trotz der nachträglichen Konversion.

Entkörperlicht wirkt die Kamera schon durch die schwebende Bewegung, die aus der Schwerelosigkeit im All resultiert. Schwerelosigkeit darzustellen war dennoch die größte Herausforderung, vor allem in Verbindung mit langen Einstellungen. Für 2001 – A SPACE ODYSSEY (1968, Stanley Kubrick) hatte das Team ein hydraulisch bewegtes Set geschaffen, um die Relation zwischen Raum und Körper derart zu verändern, dass der Eindruck von Schwerelosigkeit entstand. Der Ansatz in GRAVITY folgte einem ähnlichen Gedanken, war aber entschieden komplexer und natürlich technologisch fortgeschrittener. Es wurden nämlich nicht nur die Kamera, sondern auch Teile des Sets sowie das Licht über den schon beschriebenen IRIS Motion-Control-Roboter choreografiert, zwar aufeinander abgestimmt, aber unabhängig voneinander.[53] Damit erreichte das System maximale Freiheitsgrade auf jeder Achse, eine von gewöhnlichen Koordinatensystemen losgelöste Raumdarstellung, deren einziges Orientierungssystem das Licht war, das von der Erde, weiteren Himmelskörpern sowie dem technischen Equipment stammte, also von einer komplett computergenerierten Szenerie.

Um ästhetische Kohärenz[54] zu schaffen – die größte Herausforderung im Compositing – hat man die vorproduzierte Umwelt auf große LED-Panels projiziert, eine Light-Box, die kubisch um die Schauspieler angeordnet war,

53   Vgl. Joe Fordham: Extra-Vehicular Activity. In: *Cinefex* 136 (Januar 2014), S. 44 ff.
54   Vgl. Flückiger 2008, S. 256 ff.

Iris von Bot & Dolly

wiederum in Abstimmung mit der Kamerabewegung, sodass Kamera und Licht ein stabiles Referenzsystem aufspannten. Zwar erfordert ein solcher Ansatz auch eine ungeheure Vorproduktion mit minutiöser Previs:

> In many ways, Gravity provides a new paradigm for the expanding role of the cinematographer on films with significant virtual components. By all accounts, Lubezki was deeply involved in every stage of crafting the real and computer-generated images. In addition to conceiving virtual camera moves with Cuarón, he created virtual lighting with digital technicians, lit and shot live action that matched the CG footage [...].[55]

Aber im Unterschied zu Panic Room war das System so ausgelegt, dass es jederzeit in Echtzeit an die Bewegungen der Schauspieler angepasst werden konnte.

Auch in Gravity entsteht die empathische Verbindung mit den Figuren über die ausgeprägte Nähe. Schon in der ersten Einstellung rücken wir bis zu einer extremen Nahaufnahme an die Protagonistin heran, die Kamera gleitet sogar in den Helm hinein und übernimmt die Perspektive der tau-

---

55   Benjamin B.: Facing the Void. In: *American Cinematographer* 11 (2013). Dort findet sich auch ein Überblick über den veränderten Workflow.

melnden Astronautin, die in endlos scheinenden Drehbewegungen durchs All schlingert. Die synchron im Visier gespiegelten Lichter, der rhythmisch verschwindende und wiederauftauchende Horizont der Erde, wirken sich als relativer Bewegungseindruck aus, ähnlich wie ein aus dem Augenwinkel beobachteter Zug, der einen vermuten lässt, man würde sich selbst bewegen.

GRAVITY ist der vorläufige Schlusspunkt einer Entwicklung, welche die entkörperlichte Kamera in den Dienst einer betont körperhaften Darstellung stellt, die übrigens nur auf der großen Leinwand funktioniert. Aber es ist keine Überwältigungsstrategie, wie wir sie im Breitwandkino der 1950er Jahre oder im späteren Actionkino seit den 1970er Jahren bis heute erleben. Diesem Kino haftet etwas durchaus Stilles und Intimes an, wie wir es noch kaum gesehen haben.

Volker Pantenburg

Kameraschwenk

Stil – Operation – Geste?

I.

Die folgenden Überlegungen gehen von der Frage aus, wie sich ein grundlegendes Element filmischer Arbeit – die Kamerabewegung – detailliert beschreiben, analysieren, möglicherweise auch theoretisieren lässt. Genauer gesagt, kleinteiliger und konkreter: Es geht um eine einzige Operation, den autonomen, horizontalen Schwenk. Am Beginn standen zwei Beobachtungen, von denen die erste das Phänomen selbst betrifft: Bei Filmemachern wie Jean-Marie Straub und Danièle Huillet, James Benning (in den Filmen der 1970er und 1980er Jahre), Gerhard Friedl, Jean-Luc Godard, Bernardo Bertolucci, Chantal Akerman, Laura Mulvey und Peter Wollen kommt es immer wieder vor, dass die Kamera scheinbar unmotiviert und auf nachdrückliche Art den umliegenden Raum in einer gleitend-horizontalen Bewegung registriert. Oft, aber nicht immer, steht diese Bewegung in enger Verbindung zu Landschaften oder architektonischen Ensembles; oft, aber nicht immer, konfrontiert sie die Gegenwart der Aufnahme mit einer Reflexion über die Vergangenheit der gezeigten Orte. Ist die Aufmerksamkeit für den autonomen Schwenk erst einmal geweckt, begegnet er einem immer häufiger: in D. W. Griffith' A COUNTRY DOCTOR (1909), um ein frühes Beispiel zu nennen, in Samuel Fullers 16-mm-Material von der Befreiung des Lagers Falkenau im Mai 1945, in Michelangelo Frammartinos LE QUATRO VOLTE (2010). Eine Liste entsteht, und jeder Eintrag stellt, implizit aber deutlich vernehmbar, die Frage nach den Gemeinsamkeiten und Unterschieden, nach Konstanten und Abweichungen, nach der Technik, Ästhetik und Geschichte des Schwenks.

Die zweite Beobachtung betrifft die auffällige Lücke innerhalb der Filmtheorie, die sich um Kamerabewegung nur sporadisch gekümmert hat. Gegenüber zahllosen Publikationen zur Montage ist die existierende Literatur zur Kamerabewegung erstaunlich überschaubar.[1] Eine einzige Studie –

---

1   Damit soll nicht in Abrede gestellt sein, dass Literatur zu Bewegungsphänomenen im Film durchaus in großer Zahl existiert. Die Bewegung der *Kamera* macht dabei jedoch in den allermeisten Fällen nur einen Teilaspekt aus. Vgl. etwa Giuliana Bruno: *Atlas of Emotion:*

eine dänische Dissertation von 2007 – widmet sich dem Phänomen in Buchlänge.[2] Hinzu kommen einige instruktive Essays von Vivian Sobchack, David Bordwell und anderen, die inzwischen 30 bis 40 Jahre zurückliegen. Zu erwähnen sind schließlich Fallstudien zu einzelnen Filmemachern, bevorzugt zu Max Ophüls.[3]

Es gibt mehrere Gründe für dieses Manko. Vor allem wird immer wieder auf die Flüchtigkeit von Kamerabewegungen verwiesen, die als inhärenter Widerstand gegen die analytisch-theoretische Stillstellung gewertet wird.[4] Eine Montage ist vergleichsweise einfach in Standbildern darzustellen, von einer Kamerabewegung bleibt wenig bis nichts übrig, wenn man versucht, sie in zwei oder drei arretierten Bildern nachvollziehbar darzustellen.[5] Diese Schwierigkeit mag auch bei anderen Operationen gelten, sie tritt im Fall der Kamerabewegung jedoch verschärft auf, weil die Diskrepanz zwischen der suggestiven Evidenz der Anschauung und der Mühsal jeder analytischen Wiedergabe besonders groß ist. Die scharf artikulierten Differenzen von Schnitt und Montage eignen sich ungleich besser zur Versprachlichung als die gleitenden Übergänge einer Kamerabewegung; gegenüber der diskontinuierlichen, konfliktuösen, abrupten Montage von Einstellungen begegnen uns in der Bewegung der Kamera schwerer zu beschreibende

Journeys in Art, Architecture, and Film. London: Verso Books 2002; Mitchell Schwarzer: *Zoomscape. Architecture in Motion and Media.* New York: Princeton Architectural Press 2004; Tina H. Kaiser: *Aufnahmen der Durchquerung. Das Transitorische im Film.* Bielefeld: transcript 2008. Natürlich ist hier auch Deleuze' »Bewegungsbild« zu nennen, aber die Kamerabewegung steht dort – wohl auch wegen des explizit Bergsonianischen Zugs – nicht im Zentrum.

2   Jakob Isak Nielsen: *Camera Movement in Narrative Cinema – Towards a Taxonomy of Functions.* PhD-Dissertation, Universität Aarhus, 2007. Online als PDF zu finden unter der URL: http://www.academia.edu/6840868/Camera_Movement_in_Narrative_Cinema_2007_ [letzter Zugriff am 13.3.2015]. Nielsen hat einen Teil seiner Beobachtungen, die sich allerdings auf den Funktionalismus von Kamerabewegung im narrativen Kino konzentrieren, auch in einem Videoessay für die Zeitschrift *16:9* aufgearbeitet. Vgl. URL: http://www.16-9.dk/2015/02/camera-movement-in-narrative-cinema/ [letzter Zugriff am 13.3.2015]. Vgl. auch Lutz Bacher: *The Mobile Mise en Scene – A Critical Analysis of the Theory and Practice of Long-Take Camera Movement in the Narrative Film.* New York: Arno Press 1978, sowie Lutz Bacher: *Max Ophuls in the Hollywood Studios.* New Brunswick: Rutgers University Press 1996.

3   David Bordwell: Camera Movement and Cinema Space. In: *Ciné-Tracts* 2 (1977), S. 19–25; Vivian Sobchack: Toward Inhabited Space: The Semiotic Structure of Camera Movement in the Cinema. In: *Semiotica* 41-1/4 (1982), S. 317–335.

4   Ausführlicher dazu: Volker Pantenburg: Surface Movement. Kamerabewegung und »Videographic Film Studies«. In: Ute Holl, Irina Kaldrack, Cyrill Miksch (Hg.): *Oberflächen und Interfaces. Ästhetik und Politik filmischer Bilder.* Paderborn: Fink (im Erscheinen).

5   Bei der DVD-Veröffentlichung von RIDDLES OF THE SPHINX (1977) ist die Lösung gewählt worden, die Schwenks im Beiheft als »Bildfächer« in Form horizontal aneinandergereihter Standbilder darzustellen. Vgl. *Riddles of the Sphinx & Amy!.* DVD arsenal experimental / Filmgalerie 451, 2013.

Übergänge, fließende Entwicklungen, allmähliche und kontinuierliche Verschiebungen. Wer einmal versucht hat, sprachlich detailliert nachzuvollziehen, was in einem Dollyshot, einer Kranfahrt oder einem einfachen Schwenk passiert, kennt die Schwierigkeiten.

II.

»Das Allgemeine ist eine Falle, lediglich das Lokale und Partikulare existiert.«[6] Der Satz stammt von Luc Moullet, dem auch das Bonmot zu verdanken ist, dass die Moral eine Frage von Kamerafahrten sei.[7] Nimmt man seine Parteinahme für das Einzelne ernst, hat dies Konsequenzen nicht nur für den Stilbegriff, sondern für jede Form von Abstraktion und Theoretisierung. Hilfreich scheint mir der Satz als Hinweis, mit dem Konkreten und Spezifischen zu beginnen, induktiv zu verfahren, wie dies Malte Hagener an anderer Stelle als eine der Voraussetzungen jeder Stiluntersuchung benannt hat.[8] Dies ist umso einleuchtender, als der genaue Blick auf eine kleine, klar definierte Form beinahe automatisch eine Fülle von übergreifenden Problemen aufruft. Im Fall des horizontalen Schwenks gehört dazu die Frage, wie sich dieses filmische Verfahren zu früheren, präkinematografischen Kopplungen von Bild und Bewegung, etwa dem Panorama, verhält, dem der Schwenk im Französischen und Englischen seine Bezeichnung (»panoramique«/»pan«) verdankt. Darüber hinaus wird der Blick auf die technikgeschichtliche Dimension des Schwenks, zum Beispiel eine Kulturgeschichte des Stativs, gelenkt, die in Ansätzen bei Barry Salt nachzulesen ist.[9] Und schließlich gilt es, auf der Rezeptionsseite zu klären, welche Wahrnehmungs- und Verstehensprozesse ein Schwenk in Abgrenzung zu anderen Verfahren initiiert. In diesem Text werde ich lediglich die letzte dieser Fragen ansprechen.

Zuvor jedoch noch eine Anmerkung zur Herkunft des Begriffs »Stil«. Zwar deutet der Begriff auch in seiner römisch-antiken Fassung »stilus«

---

6   Luc Moullet: The Green Garbage Bins of Gilles Deleuze. In: *Rouge* 6 (2005). URL: http://www.rouge.com.au/6/deleuze.html [letzter Zugriff am 13.3.2015].

7   Vgl. Luc Moullet: Sam Fuller. Sur les brisées de Marlowe. In: *Cahiers du cinéma* 93 (März 1959), wiederabgedruckt in Luc Moullet: *Piges choisies (de Griffith à Ellroy)*. Paris: Capricci 2009, S. 87–99.

8   Vgl. Malte Hagener: Was heißt und zu welchem Ende studiert man Filmstil? Vier Fragen und ein Beispiel, Vortrag beim Workshop »Filmstil« in Marburg, 10.-12.5.2012.

9   Vgl. zur Entwicklung von Stativen in den 1960er Jahren Barry Salt: *Film Style and Technology. History and Analysis*. 3. Auflage. London: Starword 2009, S. 292–293.

bereits auf eine systematisierende Abstraktion hin, die einzelne literarisch-rhetorische Verfahren auf größere Einheiten wie Individuum, Epoche oder Genre beziehbar macht. Vor allem aber ist ganz konkret der Griffel gemeint, das Schreibgerät, das die technisch-materielle Voraussetzung für die Genese, Ausprägung und Konsolidierung eines Stils darstellte. In der antiken Verwendung des Stilbegriffs fällt also beides zusammen: Das Aufzeichnungsgerät und rekurrente Eigenschaften seines Produkts, das technische Medium und die Ästhetik des jeweiligen Werks. Im Französischen, etwa in Alexandre Astrucs viel zitierter Metapher der »caméra stylo« ist diese Herkunft des Stilbegriffs deutlicher als in anderen Sprachen konserviert.[10] Astrucs Denkfigur lässt sich in ihrer Doppeldeutigkeit zugleich als Hinweis verstehen, dass Stilfragen im Kino zuallererst Fragen nach der Kamera und ihren Operationen sind. Zumindest implizit wird es auch darum gehen, welche Tragweite, welche Implikationen der Stilbegriff für die Analyse von Kamerabewegungen hat und ob alternative Konzepte ebenso oder besser geeignet sind, einen konzeptuellen Rahmen für die Analyse von Schwenks, Steadycamaufnahmen, Dollyshots oder Kranfahrten zu bilden. Allerdings ist mir zunächst, wie schon klar geworden sein dürfte, an einer Beschreibung des Phänomens gelegen, aus der sich – so hoffe ich – im Anschluss einige Hypothesen und Verallgemeinerungen ableiten lassen.

III.

Ein 360-Grad-Schwenk aus DEUX OU TROIS CHOSES QUE JE SAIS D'ELLE / ZWEI ODER DREI DINGE, DIE ICH VON IHR WEISS (1967) von Jean-Luc Godard. In diesem Schwenk, aufgenommen im Sommer 1966 in La Courneuve, einer der Trabantenstädte im Großraum Paris, wird eine Besonderheit manifest, die potenziell für jeden horizontalen Schwenk gilt. Raoul Coutards Hand bewegt die Mitchell-Kamera auf ihrem Stativ gleichmäßig nach rechts. Man kann davon ausgehen, dass die Kamera auf einen *O'Connor 100 Fluid Head* oder einen vergleichbaren Stativkopf montiert ist, der seit Beginn der 1960er Jahre auch bei langen Brennweiten gleichmäßig gleitende, erschütterungsfreie Schwenks ermöglichte.[11] Eine panoramatische Bewegung

---

10 Vgl. Alexandre Astruc: Die Geburt einer neuen Avantgarde. Die Kamera als Federhalter [1948]. In: Christa Blümlinger, Constantin Wulff (Hg.): *Schreiben Bilder Sprechen. Texte zum essayistischen Film.* Wien: Sonderzahl 1992, S. 199–204.

11 Vgl. Salt 2009, S. 292.

Volker Pantenburg

Jean-Luc Godard: Deux ou trois choses que je sais d'elle

wird in Gang gesetzt, die erst aufhört, als 360 Grad durchlaufen sind und der Kreis ausgemessen ist. An anderer Stelle habe ich vorgeschlagen, diesen Typus Schwenk als »kosmologischen« Schwenk zu bezeichnen.[12] Eine Welt wird registriert, und dabei wird sie zugleich filmisch entworfen und ins Bild gesetzt. In diesem Punkt berührt sich der Schwenk mit jeder Ästhetik,

12 Vgl. Volker Pantenburg: Back and Forth. Beobachtungen zum horizontalen Kamera-schwenk. In: Nina Steinmüller, Pirkko Rathgeber (Hg.): *BildBewegungen / ImageMovements*. Paderborn: Fink 2013, S. 158–177.

240

die auf lange ungeschnittene Einstellungen und deren zeitliche Integrität setzt. Gegenüber anderen Sequenzeinstellungen kommt hier jedoch hinzu, dass der entworfene Weltausschnitt sich durch seine relative Vollständigkeit und Geschlossenheit auszeichnet. Es ist eine Welt, deren Radius der Blickdistanz der Kamera entspricht; eine Welt, die vom mechanischen Kameraauge aus in einem vollständigen Zirkel entworfen wird. Was sich in solchen Schwenks artikuliert, ist ein Verlangen nach umfassender Registrierung des Raums.[13]

In Deux ou trois choses lassen sich einige Implikationen dieses skopischen Regimes beobachten. Stärker als andere Filme Jean-Luc Godards hat dieser sich das Ziel gesetzt, einen Zusammenhang zu beschreiben und nicht eine Geschichte zu erzählen. Ein Schwenk ist dem Verfahren der Beschreibung näher als dem der Narration, er zeigt – anders als montierte Sequenzen – Zustände eher als Verläufe und Konsequenzen. »Es geht darum«, schrieb Godard begleitend zum Film, »ein ›Ensemble‹ zu beschreiben«, und bei dieser Aussage muss man mitdenken, dass das französische Wort »Ensemble« auch die Wohnblocks der sozialen Wohnungsbauprojekte der 1960er Jahre meint. »Dieses Ensemble und seine Teile (von denen Juliette der ist, um den ausführlicher zu kümmern wir uns vorgenommen haben, um darauf hinzuweisen, daß auch die anderen Teile ihrerseits wirklich existieren), man muß sie beschreiben, indem man von ihnen gleichzeitig als Objekten und Subjekten spricht. «[14]

Eines der Objekte, die Godard beschreibt – der Wohnblock namens »Tour Debussy« –, wird in dieser Kamerabewegung mit einem der Subjekte, Juliette, die eine Familienexistenz führt und sich gelegentlich prostituiert, in Verbindung gebracht. Juliette ist zwar so etwas wie die Protagonistin des Films, aber das »Elle« im Titel des Films meint nicht oder nicht nur sie, sondern auch »La région parisienne«, den urbanen Raum Paris, der Mitte der 1960er Jahre massiv umstrukturiert wird. An der von Godard beabsichtigten Verschiebung von Objekt- und Subjektverhältnissen sind min-

13   In Rechnung zu stellen ist, dass die Wahl des Kamerastandpunkts – mithin des »Zentrums« eines solchen filmischen Kosmos – in starkem Maße von der gebauten Umwelt mitbestimmt ist und die »Autonomie« des Schwenks insofern relativ ist. Überspitzt ließe sich sagen, dass die Art des Blicks immer auch ein Epiphänomen des architektonischen Raums ist. Mein Dank an Julian Blunk für den Hinweis, dass in den von mir analysierten Schwenks »ungenannte Stadtplaner zu einem spürbaren Anteil Co-Regie führen.«
14   Jean-Luc Godard: Mein Vorgehen in vier Sätzen [1967]. In: Ders.: *Godard, Kritiker. Ausgewählte Kritiken und Aufsätze über Film 1950 – 1970*. Aus dem Französischen von Frieda Grafe. München: Hanser 1971, S. 178–180, hier S. 178.

destens drei Faktoren beteiligt. Erstens: Die massive, an modernistisch-abstrakte Malerei erinnernde Fassade des Hochhauses, die einen Großteil des Bildes füllt; kompositorisch gibt es zunächst nur Vordergrund und Hintergrund, zwei plane Ebenen, die hintereinander gestaffelt sind, bevor die schwenkende Bewegung einsetzt. Zweitens: Die Schauspielerin Marina Vlady, die direkt in die Kamera spricht und Antworten auf Fragen gibt, die wir nicht hören. Und drittens die Kamera – auch sie Objekt/Ding und Subjekt/Agent des Blicks, der sich (und mit sich das Bild) alsbald in Bewegung setzt.

Der Übergang vom statischen Bild in die gleitende Kamerabewegung erfolgt exakt in dem Augenblick, in dem Juliette über ihre Bindungen zur Welt, »mes liens avec le monde« spricht. Es wirkt, als setzten ihr Sprechen und ihre Wendung des Kopfs die Kamera buchstäblich in Gang. Dies ist ein überraschender Moment. Eine körperliche Bewegung, an der sich jeder Kameraschwenk implizit orientiert, wird übersetzt in eine maschinelle Bewegung, aus dem anthropomorphen wird ein technomorpher Blick.[15] Zugleich passiert in dieser einfachen Operation vieles zugleich: Die malerische Fläche wird zum dynamischen Raum, die Stimme Marina Vladys löst sich gemeinsam mit dem Bild von ihrem Körper und ist nun Kommentar der schwenkenden Bewegung. »Das Gefühl meiner Bindungen an die Welt. Auf einmal fühlte ich mich, als sei ich selbst die Welt, und die Welt war ich. Man bräuchte Seiten um Seiten, um das zu beschreiben. Bände um Bände«, sagt sie. Was wie eine kondensierte Paraphrase einer phänomenologischen Prämisse Merleau-Pontys klingt, schafft zugleich einen schroffen Gegensatz zwischen den Grenzen der Sprache und den Möglichkeiten der Kamera. Denn Juliettes Einsicht in die Schwierigkeiten der Beschreibung wird konterkariert von der Leichtigkeit, mit der Coutards Kamera diese Beschreibung in einer kreisenden Bewegung gelingt. Sie braucht dafür kaum 30 Sekunden; sie sieht etwas, und sie bildet das Sehen (Marina Vladys/Juliettes Sehen, unser Sehen) mit ab.

In keinem anderen Film ist diese Welt der Sozialbauten, die Banlieue der 1950er und 1960er Jahre, in ähnlicher Weise konserviert wie in Deux ou trois choses; weniger als zwanzig Jahre später, am 26. Februar 1986, wird der gigantische Wohnkomplex, vor dem Juliette hier spricht, gesprengt. Die-

---

15   Hier greife ich Christine Noll Brinckmanns äußerst hilfreiche Überlegungen zu den anthropomorphen und technomorphen Anteilen von Kameraoperationen auf. Vgl. Christine Noll Brinckmann: Die anthropomorphe Kamera. In: Dies.: *Die anthropomorphe Kamera. Aufsätze zur filmischen Narration*. Zürich: Chronos 1997, S. 277–301.

ser wie andere 360-Grad-Schwenks bringen den Realismuseffekt der Sequenzeinstellung mit dem selbstreflexiven Formbewusstsein zusammen, das mit jeder starken Stilisierung einhergeht.

IV.

»In der Kamera-Arbeit versammeln sich die manieristischen Kunstgriffe bei Bertolucci wie in einem Brennspiegel«, schreibt Karsten Witte.[16] Manierismus, wie Witte ihn hier versteht, ist übersteigerter, ausgestellter Stil. Ein Verfahren wird als Kunstgriff erkannt und steht nun zur Aneignung bereit. Egal, ob man manieristische Praktiken als epigonal kritisiert oder in ihnen die gelungene Übertragung auf einen verwandten, aber anderen Kontext sieht: Manierismus ist selbstbewusster, amplifizierter Stil und in dieser Überzeichnung dankbarer Gegenstand der Analyse.

Bertoluccis Film PARTNER (1968) wurde im April und Mai 1968, knapp zwei Jahre nach DEUX OU TROIS CHOSES, gedreht. Kameramann war Ugo Piccone, der im gleichen Jahr CHRONIK DER ANNA MAGDALENA BACH (1968) drehte und auch später mehrfach mit Danièle Huillet und Jean-Marie Straub zusammenarbeitete. Die Musik komponierte Ennio Morricone, dessen Score – manieriert wie die Bilder – bisweilen wie ein Pastiche von Bernhard Hermanns Hitchcock-Arbeiten wirkt. Üblicherweise wird der Film, Bertoluccis dritter Spielfilm nach LA COMMARE SECA (1962) und PRIMA DELLA REVOLUZIONE (1964) als Höhepunkt der zweiten Phase des Filmemachers beschrieben. Der engen Anlehnung an Pasolini folgte die ebenso enge, bisweilen fast mimetische Orientierung an Godard, der im Voice-over der analysierten Einstellung ausdrücklich als Referenz genannt wird. Auch wenn sich Bertolucci überdeutlich auf den Panoramaschwenk aus DEUX OU TROIS CHOSES bezieht, würde ich das Verhältnis zwischen beiden Schwenks als eine Mischung aus Imitation und Überbietung, Replik und Antithese beschreiben. Was zunächst auffällt, ist die Situierung der Einstellung im Herzen Roms. Der Schwenk beginnt auf dem wuchtig-pompösen Denkmal für Vittorio Emanuele II., einem der prominenten Zeugnisse des imperialen, neuzeitlichen Italien. Er streift die dicht befahrene Via dei Fori Imperiali und setzt sich fort ins Forum Romanum. Die Kreisbewegung des Schwenks konterkariert die kreisförmige Anordnung der Bögen des Forum

16   Karsten Witte: Der späte Manierist. In: Ders.: *Im Kino. Texte vom Sehen & Hören*. Frankfurt a. M.: Fischer 1985, S. 15–48, hier S. 39.

Bernardo Bertolucci: PARTNER (Linksschwenk)

Traiani und landet schließlich auf einer Gruppe von Jugendlichen, die – wie in einem Hörsaal oder auf Theaterrängen – auf den knapp 2000 Jahre alten Steinstufen sitzen. Nach einem kurzen Innehalten kommt Pierre Clementi am Megafon ins Bild. Seine elektrisch verstärkte Stimme, bislang akusmatisch aus dem Off, richtet sich an die gegenüber postierte Gruppe von Studenten. Es ist nicht ganz klar, ob es sich hier um eine Performance im öffentlichen Raum oder um die Karikatur eines indoktrinierenden Sprechakts handelt. Fest steht: Aus Godards zweifelndem Flüstern ist ein verstärkter, von Feedbacks durchzogener Appell geworden, ein kruder Mix aus

Kino / Lebensutopie, Artaud'schem »Theater der Grausamkeit« und politischen Parolen des Frühjahrs 1968.

Mit der räumlichen Verlagerung von der Pariser Peripherie in das Zentrum Roms ist zugleich eine Verlagerung der zeitlichen Adressierung verbunden. Godard zeigt uns eine Gegenwart, die als Wohn- und Gesellschaftsutopie der Mittsechziger in die Zukunft weisen soll; Bertolucci zeigt uns die Abfolge zweier vergangener Schichten des italienischen Empire, das die Jugendlichen ganz buchstäblich besetzen, als Gruppe in Beschlag nehmen und mit ihren Parolen umcodieren. Es ist an diesem Punkt wichtig, auf den Umstand zu sprechen zu kommen, dass Godard nach rechts und Bertolucci nach links schwenkt. In einem kurzen instruktiven Text hat Heinrich Wölfflin sich Gedanken »Über das Rechts und Links im Bilde« gemacht. Er schreibt: »Man könnte meinen, daß unsere Kunst – im Sinne unserer Schrift – immer die Neigung haben müsste, einen objektiven Bewegungszug (marschierende Soldaten, rennende Pferde) von links nach rechts sich entwickeln zu lassen. So ist es nicht. Aber das ist sicher, daß die rechte Bildseite einen anderen Stimmungswert hat als die linke. Es entscheidet über die Stimmung des Bildes, wie es nach rechts ausgeht. Gewissermaßen wird dort das letzte Wort gesprochen.«[17] Wölfflins Beobachtung, angeregt durch versehentlich spiegelverkehrt projizierte Diapositive in seinen Vorlesungen, bezieht sich auf unbewegte Bilder und ihre Komposition. Man müsste seine Anregung aufgreifen und auf die Kamerabewegung des horizontalen Schwenks übertragen. Was unterscheidet einen Linksschwenk von einem Rechtsschwenk? Wie beeinflusst die Direktionalität (neben Geschwindigkeit, Gleichmäßigkeit, Einstellungsgröße usw.) unsere Wahrnehmung der Bewegung? Einerseits ist deutlich, dass Bertoluccis Entscheidung sich in hohem Maße aus den Vorgaben des römischen Stadtraums ableitet. Will er das Denkmal, das Forum Romanum und die Studentengruppe in dieser Sequenz aufeinander folgen lassen, muss er die Einstellung als Linksschwenk anlegen. Andererseits hat die Entscheidung für rechts oder links Implikationen. Wölfflins beiläufige Parallelisierung der Bewegungsrichtung des Blicks mit der Konvention der Schrift, von links nach rechts zu schreiten, öffnet den Raum für Hypothesen, ob es einen subtilen Nexus zwischen Godards Schwenk und seiner Orientierung in die Zukunft und Bertoluccis Bewegung in die Vergangenheit gibt.

17 Heinrich Wölfflin: Über das Rechts und Links im Bilde. In: Ders.: *Gedanken zur Kunstgeschichte. Gedrucktes und Ungedrucktes.* 2. Auflage. Basel: Schwabe 1941, S. 82–90, hier S. 83.

In PARTNER kommt hinzu, dass nicht nur dieser Ausschnitt, sondern der gesamte Film in langen, oft kompliziert choreografierten Sequenzeinstellungen gedreht ist und sich darin programmatisch als Kritik an der Ideologie der Montage versteht.[18] Bewegung, Agitation, Aktion sollen im realen sozialen und politischen Raum stattfinden, nicht als postproduktioneller Effekt am Schneidetisch. Folgerichtig gibt es in PARTNER laut Bertolucci auch keine spezifische dramaturgische Ordnung der Einstellungen. In eine kontinuierliche, narrativ einigermaßen nachvollziehbare Logik ist der Film einzig auf Wunsch der Produzenten gebracht worden.[19] Reiht sich der 360-Grad-Schwenk also einerseits ein in ein stilistisches Muster des Gesamtfilms, so bildet er andererseits einen Sonderfall innerhalb der Reihe. Mir scheint, dass er in besonderem Maße geeignet ist, der Sequenzeinstellung einen monadisch-hermetischen Charakter zu verleihen und die Politaktion zur autistischen, von allen gesellschaftlichen Kontexten abgeschnittenen Performance zu stilisieren.

Es fällt schwer, die beiden gezeigten Schwenks nicht auf die politischen Im- und Explosionen der Jahre 1967/68 zu beziehen. In beiden Fällen steht das Verhältnis von Kamera, Individuum und Gruppe zur Disposition. Aber während Godard die Frage des Einzelnen in einen urbanistischen, sozialutopischen Zusammenhang einbindet, der mit der Peripherie und einer Modernisierung des städtischen Raums zu tun hatte, platziert Bertolucci seine Protagonisten auf der Bühne eines historischen Rom. PARTNER erzählt eine Geschichte von Schizophrenie, von der Spaltung des bürgerlichen Individuums in einen Professor und einen Revoluzzer. Auf dem Höhepunkt der Maiereignisse gedreht, schwenkt Bertolucci bereits vom politischen Aufbruch um zur pathologischen Ernüchterung.

V.

Mein drittes und letztes Beispiel bringt eine deutlich andere Komponente des panoramatischen 360-Grad-Schwenks ins Spiel. In diesem Fall handelt es sich nicht um einen Ausschnitt, sondern um den gesamten, 11-minütigen

---

18   Unmittelbar vor der analysierten Einstellung liegt ein ironisches Remake von Eisensteins Odessa-Sequenz als lange ungeschnittene Einstellung.

19   Vgl. Dietrich Kuhlbrodt: Kommentierte Filmographie. In: Ders.: *Bernardo Bertolucci*. München: Hanser 1982, S. 99–233. »Bertolucci war dabei, mit PARTNER für den Film die Montage abzuschaffen als eine dem Medium eher fremde und literarische Struktur und als verdächtiges Herrschaftsinstrument überhaupt.« (S. 120)

Chantal Akerman: LA CHAMBRE (Linksschwenk)

Chantal Akerman: La Chambre (Linksschwenk)

Film La Chambre (1972) von Chantal Akerman. Hier wie in anderen Filmen Akermans ist Babette Mangolte für die Kameraarbeit verantwortlich. Wie Ivone Margulies beschrieben hat, bringt La Chambre in verdichteter Form auf den Punkt, was in vielen Filmen Akermans zu beobachten ist. Das Zimmer, von Margulies als »Chambre Akerman« bezeichnet, ist sowohl Rückzugsort als auch Schauplatz ästhetischer Experimente. »The primary impetus for the room is its erection of a separate, rigorously demarcated space for the self.« Und: »It is in this room apart that Akerman performs rituals of order and disorder, as if carrying out a continuous aesthetic experiment. This room is especially charged with an obsessive quality that points to a central problematic in her films: the autonomous person.«[20] La Chambre kann man als Nullpunkt dieser Raumforschung beschreiben. Es gibt in diesem Film keine Tonspur, keine Anfangs- oder Endcredits, kein (soziales, ästhetisches, politisches usw.) Außen, und auch die rituellen Handlungen sind auf ein Minimum reduziert. In gewisser Hinsicht *etabliert* La Chambre den Raum, den sie in späteren Filmen von Jeanne Dielman, 23, quai du Commerce, 1080 Bruxelles (1975) bis Là-bas (2006) wie eine Theaterbühne bevölkert und als Spielfeld für Mikrointerventionen alltäglicher Handlungen nutzt.

Ein weiterer Unterschied: Bertoluccis und Godards Schwenks gleiten elegant und reibungsfrei an ihren jeweiligen Umräumen vorüber. Babette Mangoltes Kamera dagegen bewegt sich unruhiger, persönlicher und zögernder. Einerseits ist dies als Hinweis auf die leichtere 16mm-Kamera und das einfachere Stativ zu verstehen, das eine weniger runde, weniger professionelle Bewegung ermöglichte. Zugleich steht dieser intimere Kameragestus mit dem in Verbindung, was zu sehen ist. Eine kurze Inventur: ein Stuhl, über dessen Lehne eine Handtasche hängt. Ein runder Holztisch mit Tassen, Früchten und den Resten eines Frühstücks, der an die malerische Tradition der Stillleben erinnert. Ein Teekessel auf dem Herd. Eine Abfolge von hellen und dunklen Flächen der Wandtäfelung. Eine Holzkommode mit geschwungenen Schubladen. Bis hierher spricht dieser Schwenk von Abwesenheit und Leere. Aber jetzt, als er das Bett zu streifen beginnt, fällt der Blick auf Chantal Akerman, die dort auf die Ellbogen gestützt ruht und ihren Kopf hin und her bewegt. Das ist ein subtiler, aber deutlich spürbarer Wahrnehmungsschock, die plötzliche Bevölkerung des filmischen Raums bewirkt eine vollständige Umcodierung des Zimmers. Allerdings verhält sich die Kamera indifferent dazu, schweift weiter, macht keinen Unterschied

20   Ivone Margulies: La chambre Akerman. In: *Rouge* 10 (2007). URL: http://www.rouge. com.au/10/akerman.html [letzter Zugriff am 13.3.2015].

zwischen Mensch und Ding, erfasst die Unordnung des jetzt bewohnten Zimmers, Holzmöbel, eine weiß gestrichene, verblasste, verwitterte Wand, ein Waschbecken, in dem sich Geschirr stapelt und das, wie der Spiegel andeutet, zugleich als Badezimmer fungiert. Nach einer dunklen Holztür kommt der Stuhl erneut ins Bild, auf dem die Bewegung drei Minuten zuvor begonnen hatte. Kein Innehalten, keine Pause, die zweite Umkreisung beginnt. Diesmal liegt Akerman auf dem Rücken, wogt zwischen den Decken hin und her. Als die Kamera zum dritten Mal bei ihr ankommt, blickt sie ins Leere und betastet versonnen einen Apfel in ihrer Hand. Nach sieben Minuten passiert etwas Unerhörtes: Der Schwenk hält kurz inne, scheint zu zögern und ändert schließlich seine Bewegungsrichtung. Es ist, als würde sich die Kamera schließlich einpendeln auf der Protagonistin dieses Alltagstheaterstücks, die jetzt – eine Variation auf Eva vor dem Sündenfall? – beginnt, den Apfel zu essen und unverwandt in die Kamera blickt. Bei der sechsten Begegnung zwischen Kamerablick und Akerman reibt sich die Filmemacherin die Augen, rückt ihr Schlafkleid zurecht, legt sich wieder hin. Der Film endet nach 11 Minuten, seine Länge entspricht der Dauer einer Rolle 16mm-Filmmaterials.

Bekanntermaßen entschloss sich Chantal Akerman mit 15 Jahren, nach dem Kinobesuch von Jean-Luc Godards PIERROT LE FOU (1965), dazu, Filmemacherin zu werden.[21] Es ist deshalb mehr als naheliegend, diesen Schwenk in eine Reihe des europäischen Kunstkinos der 1960er Jahre zu stellen: Godard – Bertolucci – Akerman. Wichtiger als die Kontinuität sind mir aber auch hier die Differenzen. Denn Akermans Film, gedreht in ihrer New Yorker Phase 1971/72, schließt mindestens ebenso sehr an Andy Warhol und die Gegenwarten der US-amerikanischen Avantgarde zwischen »Structural Film«, Performance und Alltagsbeobachtung an. Nicht zuletzt Babette Mangolte, die regelmäßig mit Yvonne Rainer und punktuell mit Michael Snow zusammenarbeitete, stellt eine plausible Verbindung zwischen

---

21   In einem Interview im Jahr 2010 winkt Akerman gereizt ab, als sie erneut auf die Initialzündung durch PIERROT LE FOU angesprochen wird: »Oh, I have said that a hundred times. Forget about it. You know all about that. I have told that story one million times. And I am so angry at Godard that I don't even want to think about it. Because he is getting to be such an asshole now, and he's anti-Semitic. He gave me the push, but that's it.« Kurz darauf erzählt sie die Anekdote dann doch noch einmal: »Then I saw Godard's film, Pierrot Le Fou, and I had the feeling it was art, and that you could express yourself. It was in 1965, and you felt that the times were changing. He was really representing that, and freedom and poetry and another type of love and everything. So as a little girl, I went out of that place, the cinema, and I said, ›I want to make films.‹ That's it.« Sam Adams: Interview with Chantal Akerman. In: *A. V. Club* (28.1.2010). URL: http://www.avclub.com/article/chantal-akerman-37600 [letzter Zugriff am 4.12.2015].

Europa und den USA her. Anders ausgedrückt: Mangoltes Schwenk partizipiert an den Ästhetiken beider Avantgarden, die Peter Wollen ein paar Jahre später so folgenreich auseinanderdividierte.[22]

Die wohl wichtigste Verschiebung, die damit einhergeht, betrifft die Frage des Politischen. Anders als Godard und Bertolucci und insgesamt untypisch für die Geste des Schwenkens wird hier ein Innenraum, ein *domestic space* abgetastet, noch dazu ein komprimierter Raum, Schlafzimmer-Küche-Bad. Vom Öffentlichen ins Private, von Bertoluccis männlich dominierter Polittheatergruppe zur intimen Szene von Tisch und Bett. Auch ein politischer Nullpunkt zeichnet sich hier ab, die paradigmatisch weit ausholende Geste des Panoramaschwenks wird von der urbanen Umgebung auf den Innenraum, eine weiblich codierte »Landschaft« übertragen. In den 1970er Jahren, etwa in den Filmen Yvonne Rainers oder – in direkter Verlängerung der 360-Grad-Schwenk-Poetik – in Mulvey / Wollens Riddles of the Sphinx (1977), wird dieser Schauplatz repolitisiert und zum Austragungsort von Genderfragen.

VI.

Zum Schluss einige Anmerkungen zum Stilbegriff. Was würde es bedeuten, den Schwenk als zentrales Moment eines Filmstils aufzufassen? In welche Referenzrahmen würde man ihn einordnen und welche Folgen hätte dies? Bereits angeklungen ist die naheliegende Reihenbildung, in der dieser Typus von Kameraschwenk einen Sonderfall des europäischen Kinos der Sequenzeinstellungen darstellen würde. Er wäre dann eng auf die modernistischen Aufbrüche der 1960er Jahre bezogen und würde einen Grenzfall formbewusster Ästhetiken darstellen. Die zweite und ebenfalls hier nur angedeutete Möglichkeit wäre, im Sinne eines »Zeitstils« die Kreuzungspunkte zwischen der Operation des Schwenks und den Implikationen politischer Maximen um 1968 zu bestimmen.[23] Hier stünde das Verfahren in

22 Vgl. Peter Wollen: Die zwei Avantgarden [1975]. In: Gregor Stemmrich (Hg.): *Kunst / Kino* (= *Jahresring* 48). Köln: Oktagon 2001, S. 164–176.

23 Der Begriff der *Operation* wird hier eher vorausgesetzt als ausgeführt. Ähnlich dem Verfahrensbegriff, wie er von den russischen Formalisten vorgeschlagen wurde, verstehe ich ihn als Sammelbegriff für Praktiken und ästhetische Techniken. Im filmwissenschaftlichen Kontext habe ich insbesondere spezifische Verbindungen zwischen Objektwelt, apparativen Ensembles und menschlichen Akteuren im Auge, wie sie etwa im Schwenk, im Zoom, in der Mehrfachbelichtung, dem Freeze Frame und anderen Produktions- und Postproduktionsverfahren geläufig sind.

einem auffälligen Spannungsverhältnis zwischen der traditionellen Kopplung von politischem Kino und Montage einerseits und dem Realismusgebot andererseits, dem der Schwenk zugleich zuarbeitet und das er unterläuft.

In meinen bisherigen Versuchen, über Kameraschwenks nachzudenken,[24] bin ich immer wieder auf das Konzept der »Geste« gestoßen, wie es vor allem von Vilém Flusser in einigen theoretischen Texten, vor allem aber in phänomenologischen Beschreibungen konkreter Gesten entwickelt wurde. Gesten, so Flusser, sind »Bewegungen eines Körpers oder eines mit ihm verbundenen Werkzeugs, für die es keine zufriedenstellende kausale Erklärung gibt.«[25] Dieser Überschuss – durchaus emphatisch mit dem Gedanken der Freiheit gekoppelt – definiert die Geste; er trifft aber, so denke ich, auch auf die hier besprochenen Kameraschwenks zu. Geeignet scheint mir das Konzept aus mehreren Gründen. Zum einen erlaubt es, über die Rückkopplungsverhältnisse von Mensch und Apparat nachzudenken, die im Schwenk wie in jeder Kamerabewegung unterschiedlich moduliert werden. Zum anderen verschränkt der Begriff der Geste von vornherein Aspekte von Bewegung und Ausdruck, die für das Thema Kamerabewegung besonders relevant sind.

Flusser unterscheidet zwischen Gesten, die sich an andere richten, solchen, die sich auf ein Material richten, solchen, die sich auf nichts richten, und solchen, die sich auf sich selbst richten.[26] Im 360-Grad-Schwenk begegnet uns eine eigentümliche Mischung dieser Varianten. Er ist Kommunikation, Arbeit, *acte gratuit* und zirkulär selbst-bewusstes Verfahren. Ein weiterer Punkt, der den Begriff der Geste zu einem möglicherweise offeneren Konzept als dem des Stils macht, ist seine Indifferenz gegenüber Kriterien der Kunst. Wer Stil sagt, operiert im filmwissenschaftlichen Kontext häufig in einem normativ aufgeladenen Feld des Ästhetischen, in dem Fragen des Stils zudem primär im Kontext narrativer Verfahren diskutiert werden. Wenn man, wie es der horizontale Schwenk nahelegt und einfordert, eher den Querverbindungen zwischen den etablierten Gattungen des Fiktionalen, Nichtfiktionalen und Experimentellen folgen will, scheint der Begriff der Geste dazu leichter in der Lage. Um ein drastisches Beispiel dafür anzuführen: Wenn Sam Fullers 16-mm-Kamera das Dorf Falkenau in einem durchgehaltenen, insistierenden Schwenk mit den im Konzentrationslager aufgereihten Leichen verbindet, ist diese Kamerabewegung kaum adäquat

24   Vgl. Volker Pantenburg: Surface Movement. Kamerabewegung und »Videographic Film Studies«. In: Ute Holl, Irina Kaldrack, Cyrill Miksch (Hg.): *Oberflächen und Interfaces. Ästhetik und Politik filmischer Bilder*. Paderborn: Fink 2015 (im Erscheinen).

25   Vilém Flusser: *Gesten. Versuch einer Phänomenologie*. Düsseldorf: Bollmann 1993, S. 8.

26   Vgl. ebd., S. 224.

in Kategorien des Stils zu beschreiben. Es handelt sich um eine ausgesprochen starke moralische Geste, die in diesem Fall nicht primär stilistisch, sondern – im Hinweis auf die räumliche Nähe von Lager und Dorf und die flagrante Lüge aller, die nichts bemerkt haben wollen – vor allem juristisch bestimmt ist.[27]

Das heißt nicht, dass der Stilbegriff ohne Weiteres ersetzbar wäre; aber mir scheint es aussichtsreich, ihn in eine Konstellation einzurücken, in der er als Effekt spezifischer Operationen – etwa der Kamera – und als ein Aspekt eines filmischen Gestenrepertoires beschreibbar ist.

---

27   Für eine Interpretation dieses Materials siehe Georges Didi-Huberman: Die Lager öffnen, die Augen schließen: Bild, Geschichte, Lesbarkeit. In: Ders.: *Remontagen der erlittenen Zeit*. München: Fink 2014, S. 11–82.

Adina Lauenburger

Filmstil und Unschärfe

Eine theorie- und technikgeschichtliche Annäherung

1951

... beginnt André Bazin mit der Arbeit an seinem einflussreichen Aufsatz »L'évolution du langage cinématographique«/»Die Entwicklung der Filmsprache«,[1] der eine fast nebensächliche, doch bestimmende Verknüpfung eines zunächst vage erscheinenden Begriffs der Unschärfe (frz. *le flou*) mit solchen optischen Tricks und stilistischen Merkmalen des Stummfilms vornimmt, die als oder anhand von Montagetechniken beschreibbar sind. Eine Entflechtung dieses Begriffsgewebes anhand eines Filmbeispiels von 1932 sowie unterschiedlicher Positionen aus der kinematografischen Praxis der 1920er und 1940er Jahre unternimmt der vorliegende Text.

»Die Entwicklung der Filmsprache« bezieht sich grundlegend auf die Zäsur zwischen Stumm- und Tonfilm und erschließt formalästhetisch den Rückgang der etablierten Montageformen der 1920er Jahre. Kanonisch wurde Bazins Abhandlung wegen der geradezu programmatischen Akzentuierung der Tiefenstaffelung des dramatischen Geschehens durch große Schärfentiefe (engl. *deep focus cinematography*) als Wegmarke einer die Kontinuität von Raum und Zeit respektierenden Kinematografie. Obwohl bekannt ist, dass die von Bazin beispielhaft gewählten Einstellungen nicht durch Schärfentiefe, sondern durch Trickverfahren entstanden sind und die Technik »ihre Quellen in einer langen Tradition der Künstlichkeit und nicht des Realismus«[2] zu haben scheint, gilt als Ausgangspunkt der folgenreichen theoretischen Auseinandersetzung der Film CITIZEN KANE (1941, Orson Welles). Bazin entwirft nun rund um den technik- und stilgeschichtlichen Einschnitt, den dieser Film markiert, eine Vorgeschichte und attestiert solcherart dem Tonfilm bereits für das Ende der 1930er Jahre eine »klassische Vollkommenheit«, eine »Stabilisierung der technischen Fortschritte«, die

1   André Bazin: Die Entwicklung der Filmsprache [1951/52/55]. In: Ders.: *Was ist Film?* Berlin: Alexander 2004, S. 90–109.
2   Vgl. David Bordwell: CITIZEN KANE und die Künstlichkeit des klassischen Studio-Systems. In: Andreas Rost (Hg.): *Der schöne Schein der Künstlichkeit.* Frankfurt a. M.: Verlag der Autoren 1995, S. 117–149, hier S. 120.

ebenso an der »Reife der dramatischen Genres« wie an einer Art analytischen Erzähltechnik (im Gegensatz zur expressionistischen, symbolistischen Erzählweise des Stummfilms) ablesbar sei.[3] Den richtungweisenden Fortschritt erkennt Bazin jedoch in der Verbesserung der Bildstruktur, für deren Illustration zuerst der fortan bestimmende visuelle Gegensatz, die Unschärfe, etabliert wird:

> Die dreißiger Jahre waren zugleich die des Tons und des panchromatischen Filmmaterials. Die Ausrüstung der Studios wurde immer perfekter, doch diese Verbesserungen waren unwesentlich, keine von ihnen eröffnete der Regie grundsätzlich neue Möglichkeiten. Diese Situation hat sich übrigens seit 1940 nicht geändert, außer vielleicht, dank der höheren Empfindlichkeit des Filmmaterials, die Bildqualität. Der panchromatische Film erschütterte das bisherige Gleichgewicht der Struktur des Bildes, ultraempfindliche Emulsionen haben es ermöglicht, seine Zeichen zu beeinflussen. Der Kameramann konnte nun die Aufnahmen im Studio mit viel kleinerer Blende machen und die – sonst zwangsläufige – *Unschärfe des Hintergrunds* ausschalten.[4]

Der Begriff »Unschärfe« wird an dieser Stelle in die Bazin'sche Ontologie eingeführt als notwendiges Übel, also zunächst als ein sich in die Bildstruktur einschreibender materieller Mangel bei der Arbeit mit großen Blenden im Filmstudio, bevor die erhöhte Lichtempfindlichkeit des panchromatischen Films und neue Beleuchtungstechniken bessere Kontraste beim Abblenden – und damit das Ausblenden des Unscharfen – ermöglichten. Zugleich ereignet sich theoriegeschichtlich die Einschreibung *der* Unschärfe als gleichsam historisches Artefakt. Von der Problematik einer solchen, den reibungsfreien technischen Fortschritt voraussetzenden historischen Betrachtung soll im Weiteren nur implizit die Rede sein, argumentativ bedeutsamer ist der unvermittelte Übergang zum Begriff »Schärfentiefe« (frz. *profondeur de champ*), welcher im sich direkt anschließenden Satz durch die Gegenüberstellung zugleich positiv konnotiert und plausibel gemacht wird:

> Für die Anwendung der Schärfentiefe lassen sich aber auch frühere Beispiele finden (bei Jean Renoir etwa); denn bei Außenaufnahmen und selbst im Studio war sie mit einigem Geschick immer schon möglich. Man mußte nur wollen. Im Grunde geht es also weniger

---

3   Bazin 2004, S. 97.
4   Ebd., S. 97 f., meine Hervorhebung.

um ein technisches Problem – dessen Lösung in der Tat eine große Erleichterung war –, sondern um die Suche nach einem Stil.[5]

Die Paarung der Begriffe »Unschärfe«/»Schärfentiefe« bringt nun weitere Gegenüberstellungen zur Charakterisierung des Bazin'schen Realismus mit sich, die mit der neuen, bald favorisierten Bildstruktur verknüpft werden: unter anderem die Außenaufnahme (mit dem Potenzial der Schärfentiefe) und die Studioaufnahme (mit der Tendenz zur Unschärfe). Unklar bleibt an diesem Punkt der Argumentation jedoch, was mit Stil, gar mit der »Suche nach einem Stil« gemeint ist – der auch durch die »Anwendung der Schärfentiefe« erst garantiert zu sein scheint. Die *Erschütterung des bisherigen Gleichgewichts der Bildstruktur*, von der im obigen Zitat die Rede ist, wird nun zunächst erkennbar als Ermöglichungsbedingung einer neuen Form der Montage, die seither unter dem Begriff der *inneren Montage* bekannt ist und bei Bazin folgende Definition erhält: »Dank der Schärfentiefe sind ganze Szenen in einer einzigen Aufnahme gedreht, sogar mit unbewegter Kamera. Alle dramatischen Effekte, die früher mit der Montage erzielt wurden, entstehen hier durch die Verlagerung der Darsteller innerhalb einer einmal gewählten Kadrierung.«[6] Der nachfolgenden Engführung Bazins entsprechend, lässt sich Unschärfe dann auch nicht als visuelles Stilmittel erkennen, sondern als negative Bestimmung, also als Makel der Montage selbst:

> Natürlich hat Orson Welles die Schärfentiefe so wenig »erfunden« wie Griffith die Großaufnahme; schon die Pioniere des Films benutzten sie, und das aus gutem Grund. *Die Unschärfe im Bild tauchte erst mit der Montage auf. Sie war nicht nur eine aus technischen Gründen zwangsläufige Folge von Nahaufnahmen, sondern geradezu die logische Konsequenz aus der Montage, ihre bildhafte Entsprechung.* Wenn der Regisseur in einem bestimmten Moment der Handlung […] in Großaufnahme eine Obstschale zeigt, ist es normal, daß er sie durch Scharfeinstellung des Objektivs auch räumlich isoliert. Die Unschärfe des Hintergrunds verstärkt also die Wirkung der Montage, sie gehört nur bedingt zum Kamerastil, aber wesentlich zum Erzählstil.[7]

Diese Beurteilung entbehrt aber gleichsam der Erfahrung, nehmen wir doch unscharf abgetrennte Bereiche des kinematografischen Bildes oft sehr deutlich und auch als Begleiterscheinung einer Fokussierung als ästhetisch oder

---

5   Ebd., S. 98.
6   Ebd., S. 101.
7   Ebd., S. 101, meine Hervorhebung.

narrativ sinnhaft wahr. Das »Stilmittel« Unschärfe erscheint jedoch nicht als Resultat, eher als Mittler eines Stils: »la conséquence logique du montage, son équivalence *plastique*«,[8] wie es im französischen Original heißt, also das plastische / anschauliche, sozusagen gestalterische / bildende Äquivalent, nicht nur die »bildhafte Entsprechung«.[9] Das Stilbildende der Unschärfe ist für Bazin also keine eigenständige bildästhetische Kategorie (Kamerastil); sie meint hier nicht einmal eine narrative Funktion wie die der Darstellung subjektiver, zum Beispiel wahrnehmungseingeschränkter Zustände (Schwindel, Trunkenheit, Wahnsinn), die ja ebenfalls zeitig in Form des unscharfen Abblendens oder − seltener[10] − des unscharfen oder weichen Einrahmens standardisiert wird. »Erzählstil« verweist indessen lediglich auf den Einsatz der Großaufnahme als räumlich isolierender und daher, so Bazins Auffassung, *Bedeutung reduzierender Maßnahme*: »Die Schärfentiefe hingegen führt die Mehrdeutigkeit wieder in die Struktur des Bildes ein, zwar nicht notwendigerweise [...], aber als Möglichkeit.«[11] Unschärfe, Studio- und Nah-/ Großaufnahme bilden jetzt eine bescheidene, heißt: beschneidende, limitierende Einheit. Jedoch bleibt der Unschärfebegriff auch an dieser Stelle vieldeutig, denn als »bildhafte Entsprechung« der (Entscheidung für die) Montage erscheint Unschärfe fast als Alibi der Einreihung weiterer, in auffallender Weise optisch verwandter Montagetechniken, also beispielsweise der Überblendung: »So erleben wir also das fast völlige Verschwinden aller optischen Tricks wie etwa Überblendungen und, vor allem in Amerika, sogar von Großaufnahmen, die wegen ihrer allzu starken *Körperlichkeit* auf die Montage aufmerksam machen.«[12]

8   André Bazin: *Qu'est-ce que le cinéma?* [1958−62]. Paris: Les Édition du Cerf 1987, S. 73, meine Hervorhebung.

9   Zur Bedeutungsvielfalt des Begriffs *plastique* empfiehlt sich der Vergleich mit folgender Passage: »En d'autre termes le plan-séquence en profondeur de champ du metteur en scène moderne ne renonce pas au montage [...], il l'intègre à sa *plastique*.« Ebd., S. 74−75, meine Hervorhebung. In der deutschen Übersetzung heißt es: »Mit anderen Worten: Der moderne Regisseur verzichtet mit den in Schärfentiefe gedrehten Plansequenzen nicht auf die Montage [...], er integriert die Montage in seine *Gestaltung*.« Bazin 2004, S. 102, meine Hervorhebung.

10   Vgl. True Heart Susie (1919, D. W. Griffith).

11   Bazin 2004, S. 104; Bazins Konzept der Mehrdeutigkeit muss also auch als Kontrapunkt zu Béla Balázs' geistiger Dimension der Großaufnahme gelten, die sich gerade aus dem Wechsel und der Vervielfältigung der räumlichen Bezüge ergibt: »Denn die Großaufnahme isoliert nicht nur, sie hebt den Gegenstand überhaupt aus dem Raum heraus. [...] In dieser eigenen, geistigen Dimension der Großaufnahme wird das Bild zum Begriff und kann sich wandeln wie der Gedanke. In der Weitaufnahme, in der Totale sind Dinge verwachsen mit der allgemeinen gegenständlichen Realität ihrer Umgebung, die ihre Gesetze hat.« Béla Balázs: *Der Geist des Films* [1930]. Frankfurt a. M.: Suhrkamp 2001, S. 56.

12   Bazin 2004, S. 100, meine Hervorhebung.

Der Abwertung der Großaufnahme (als Keimzelle der Montage) und der daraus resultierenden Erzählformen – etwa des Schuss-Gegenschuss-Verfahrens[13] – folgt also die Herabsetzung derjenigen Montagetechniken, die unzusammenhängende Räume oder diskontinuierliche Anschlüsse generieren (Überblendung, aber auch Doppelbelichtung[14] und Rückprojektion). »Verdrängung der Montage«,[15] Ausschalten der Unschärfe[16] und »Anwendung der Schärfentiefe«[17] lassen sich folglich als Zentrum einer Auseinandersetzung begreifen, die in der Adelung eines einzigen Einstellungstyps mündet: der Plansequenz.

Am sinnfälligsten erscheint nun Bazins Abkehr von Montagetechniken und Unschärfen in Bezug auf Wirkungen von »Körperlichkeit« (frz. *l'effet physique*), da hier ein deutlicher Zusammenhang mit Ästhetiken der 1920er Jahre und dem Referenzmedium Fotografie auszumachen ist:

> Betrachten wir eine Photographie, die beispielsweise eine Personengruppe mitten in einem Zimmer zeigt, so bemerken wir, daß Gegenstände, die sich bei der Aufnahme in einiger Entfernung hinter den aufzunehmenden Figuren befanden, mehr oder weniger verschwommen erscheinen. Besonders die Rückwand des Zimmers mit den direkt anlehnenden Möbelstücken wird davon betroffen. Diese Unschärfe des Hintergrundes läßt uns im Gegensatz zur Schärfe der Bildhauptsache das Bild plastischer erscheinen [...]. Betrachten wir nun auf diese Erscheinung hin die kinematographische Aufnahme eines gleichen Motivs, so können wir nur in den seltensten Fällen einen analogen Effekt feststellen. Das Bild scheint von der Personengruppe bis zur Hinterwand des Zimmers keine merkliche Einbuße an Schärfe zu erleiden.[18]

Für den Autor, Reimar Kuntze (1900–1949), Kameramann ab 1923, ist die beschriebene kinematografische Ausführung des Raums jedoch alles andere

---

13 Vgl. ebd., S. 101. Dass das Schuss-Gegenschuss-Verfahren auch durch eine gezielte Schärfeverlagerung innerhalb einer Einstellung umgangen werden kann, wie sie heute genreübergreifend und dabei vielfach ästhetisch aufgewertet Einsatz findet, war für Bazin noch nicht vorauszusehen.

14 Vgl. André Bazin: Leben und Tod der Doppelbelichtung [1945/58]. In: *montage AV* 18/1 (2009), S. 163–167.

15 Bazin 2004, S. 101.

16 Vgl. ebd., S. 98.

17 Ebd.

18 Reimar Kuntze: Der unscharfe Hintergrund. In: *Die Filmtechnik. Zeitschrift für alle technischen und künstlerischen Fragen des gesamten Filmwesens* 1/5 (August 1925), S. 95.

als erstrebenswert: »Ein Bild nämlich, das von vorn bis hinten gleichmäßig scharf gezeichnet und gleichmäßig hell (oder dunkel) beleuchtet ist, wirkt meistens uninteressant.«[19] Das ästhetische Gewicht des Bildes liegt für ihn – obwohl es sich nicht um einen allgemeinen Trend, nur um eine Meinung handeln kann – auf dem Aspekt der *Plastizität*, denn

> [o]ft ist das erwünscht und man bemüht sich, dem Filmbild die Plastik, die die Photo-Aufnahme durch den unscharfen Hintergrund erhält, auf andere Weise zu geben. […] Man bediente sich deshalb eines beleuchtungstechnischen Kunstgriffs und gab den Dekorationen außer der allgemeinen Helligkeit ein starkes Hinterlicht, meist von oben, zuweilen auch noch von den Seiten. Mit einem Schlag lösten sich jetzt Figuren, die in diesen Lichtschein gerieten, vom Hintergrund ab und bewegten sich in vorher unbekannter Körperlichkeit durch den Raum. Es ist zuzugeben, daß damit ein großer Fortschritt erzielt worden ist. Man sollte aber auch bedenken, daß die Naturwahrheit vieler Bilder dadurch sehr gelitten hat. Besonders ist es nicht recht ersichtlich, woher die Personen in geschlossenen Räumen ihren Glorienschein beziehen.[20]

Plastizität und »Naturwahrheit« – oder sagen wir: Realismus – sind für Kuntze um 1925 also nicht nur denkbar, sondern wünschenswert. Dass Bazin die Ästhetik des Stummfilms von den bildenden Künsten (frz. *arts plastiques*) ableitet und *l'expressionnisme plastique*[21] nennt, ist nun nicht nur aufschlussreich, sondern schlüssig, während die deutsche Übersetzung als *gestalterischer Expressionismus*[22] zugleich ungenau wirkt. Doch zurück zu Kuntze: Die Plastizität des räumlichen Eindrucks, die sich vom Ideal des stereoskopischen Sehens ableitet,[23] erfordert die Ablösung von Bildvorder- und / oder Bildhintergrund. Der Inbegriff guter Inszenierung ist hier also die visuelle Trennung der Bildschichten, die aus dieser Perspektive beinahe wie ein Äquivalent der tiefengestaffelten Dramaturgie erscheint. Zur Umgehung der antinaturalistischen Nebeneffekte durch die Beleuchtung hat Kuntze nun eine merk- wie denkwürdige Idee:

---

19   Ebd.
20   Ebd.
21   Bazin 1987, S. 73.
22   Bazin 2004, S. 100.
23   Vgl. u.a. Michael Wedel: *Filmgeschichte als Krisengeschichte. Schnitte und Spuren durch den deutschen Film.* Bielefeld: transcript Verlag 2011, S. 67–78; Lewis W. Physioc: Applicability of Stereoscopy to Motion Pictures. In: *American Cinematographer* IX / 8 (November 1928), S. 11–14.

Fragen wir uns, ob nicht doch vielleicht eine Möglichkeit besteht, Personen vom Hintergrund loszulösen. Wenn man es erreichen könnte, daß der Hintergrund in ähnlicher Weise wie bei der oben beschriebenen Photographie unscharf zu machen wäre? Nun, auf unmittelbarem Wege geht es aus den angedeuteten Gründen leider nicht; aber mittelbar sehr wohl [...]: Wenn im Atelier die Wände zu einem Zimmer gestellt sind, kommt der Tapezierer [...] und klebt das Zimmer von vorn bis hinten mit der ausgesuchten Tapete voll. Manche Tapete hat ein auffallend helles Muster; und man bekommt am meisten davon an der Hinterseite des Zimmers zu sehen, gerade da, wo man aus bildmäßigen Gründen nur recht wenig davon zu sehen wünscht. In Zukunft wird man nur noch die Seiten des Zimmers in der Nähe des Apparats mit der richtigen Tapete, die Rückwand dagegen mit einem einfarbigen Papier im gleichen Grundton bekleben, auf das mit trockener Farbe ein den vorderen gedruckten Tapeten entsprechendes Muster ganz weich und andeutungsweise aufgewischt wird. Nun hat das Zimmer von sich aus einen »unscharfen« Hintergrund, der bei richtiger Ausführung nicht mehr störend hervortreten kann.[24]

Die optische Räumung des Hintergrunds realisiert sich in Kuntzes Vorstellung als materieller, nicht als medialer Effekt – und erregte damit durchaus Kritik bei Zeitgenossen.[25] Doch von einer *zwangsläufigen Unschärfe des Hintergrunds*, wie sie Bazin behauptet, ist hier nicht die Rede, denn es handelt sich nicht einmal um eine Beschreibung von Großaufnahmen. Der Vorschlag bezieht sich, sogar explizit, auf die Herstellung von Halbtotalen und Totalen – und Unschärfe wird zum Mittel, den Raum überhaupt *geräumig* erscheinen zu lassen. Der Vordergrund erhält durch den unscharfen Hinter-

---

24   Kuntze 1925, S. 95.
25   »Der Gedanke ist zweifellos originell. [...] Aber auch der mechanische Werktag sträubt sich gegen solche technischen Umwege. Auch Kuntze ist es doch eingefallen, daß ein so nach seinem Vorschlag präpariertes Hintergrundstück nur ganz weich zeichnende Dekorations-Requisiten, z. B. Vorhänge, verträgt. [...] Dazu kommt jetzt, was der Verfasser als Kameramann eigentümlicherweise gänzlich vergessen hat, daß in so einem Raum auch das Wechseln des Apparate-Standpunktes unmöglich wird. Ein altes Übel, welches auch den mit ›perspektivisch‹ bauenden Architekten zusammen arbeitenden Regisseuren und Operateuren das Leben verbittert. [...] Die zuletzt angedeutete Gefahr, die darin liegt, daß das ›weich aufgeschmierte‹ Tapetenmuster bei einem Annähern des Apparats auch einem Laienpublikum das und jenes erzählen möchte, könnte man dort zwar mit der Verwendung großbrennweitiger Objektive mindern. Aber, wenn es schon so um die Sache steht, warum dann am Anfang durch den Kamin ins Haus klettern? Warum nicht gleich größere Brennweiten? Hört die Wissenschaft bei 50 mm auf oder nur der Mut?« Andor Kraszna-Krausz: »Der unscharfe Hintergrund«. In: *Die Filmtechnik* 1/15 (November 1925), S. 315–316.

grund allenfalls den Status einer Großaufnahme, ohne eine Großaufnahme im Sinne der Einstellungsgröße zu sein. Der Hintergrund selbst ahmt konzeptionell keine räumlichen Codes nach, verbürgt aber die »Verfügung« des Bildvordergrunds für räumlich-plastische Zwecke. In welch direktes Verhältnis Raum und Raumbild – und hierbei Bazin eigentlich nicht unähnlich – gebracht werden sollen, lässt sich zuletzt an der Abkehr rein technisch-optischer Lösungen festmachen:

> Und die größeren Brennweiten? Es dürfte kaum ratsam sein, einen Bau als Gesamteinstellung damit aufzunehmen. Wie wenige Ateliers bieten uns die räumliche Möglichkeit, einen Bau in den dann erforderlichen Dimensionen und mit dem großen Abstand des Apparates zu stellen! Ein Objektiv von 200 mm Brennweite würde in Verbindung mit unserem kleinen Aufnahmeformat ein so flaches Abbild eines mittleren Zimmers ergeben, daß man gar nicht mehr den Eindruck eines Raumes hätte. Und für Großaufnahmen, manchmal auch für Naheinstellungen, bedient man sich heute ja sowieso oft längerer Brennweiten als 50 mm […].[26]

Das Filmstudio wird von Kuntze als Einschränkung anerkannt. Bazins Einschätzung wird in diesem Zusammenhang beglaubigt, doch unterschlägt Bazin in seiner Ausführung das Bemühen um adäquate technische Lösungen zur Realisation des sogenannten Raumfilms – jedenfalls im deutschsprachigen Raum. Auch die Beziehung zwischen Großaufnahme und langer Brennweite ist bei Kuntze nicht als besondere oder gar notwendige herausgehoben. Eine fast zeitgleich erschienene Anleitung zur Herstellung und Ästhetik der Großaufnahme von Georg Otto Stindt[27] lässt Bazins Grundannahme der zwangsläufigen Unschärfe des Hintergrunds als Verallgemeinerung und begriffliche Abstraktion der den Diskurs bestimmenden Betrachtungen und Probleme oder Beispiele erscheinen:

> Photographisch ergeben sich für die Großaufnahme folgende Forderungen: Entsprechend der Abstumpfung und Dämpfung der Pantomime des Schauspielers muss auch die Schärfe des Bildes gedämpft werden, so weit, daß alles störende Beiwerk verschwindet, zerstreut wird. Technisch erreicht man das durch Schleier, durch besondere weichzeichnende Linsen oder sog. Diffusers, d. i. geschliffene, zer-

---

26 Reimar Kuntze: Der unscharfe Hintergrund. (Replik.) In: *Die Filmtechnik* 2/2 (Januar 1926), S. 27.

27 Vgl. ebenfalls Georg Otto Stindt: *Das Lichtspiel als Kunstform. Die Philosophie des Films, Regie, Dramaturgie und Schauspieltechnik.* Bremerhaven: Atlantis 1924.

streuend wirkende Vorsatzscheiben. *Falsch* sind Übertreibungen durch schwarze Samthintergründe, *weiße Schleier-Umrahmungen* usw., ebenso darf die Lichtführung nicht ganz von der in der Gesamtein-stellung vorhandenen abweichen.[28]

Eine Betonung des Gesichts oder Schauspiels ist mittels einer optischen Extraktion / Heraushebung durch Schärfe demnach Mitte der 1920er Jahre gar nicht vorgesehen und die dramaturgische Zurücknahme wird durch das optische Ausblenden des Beiwerks (heißt: des Hintergrunds) eine einheitliche Beleuchtung und eine andere Form der Unschärfe, nämlich der Weichzeich-nung des gesamten Bildes, erreicht, von der im dritten Abschnitt noch die Rede sein wird. Die Verwandtschaft zur Irisblende, die in den 1910er Jahren zur Fokussierung der Aufmerksamkeit des Zuschauers inflationär Anwen-dung fand und der weicheren fotografischen Umsetzung der Großaufnahme wich, kann hier nur erwähnt, aber nicht ausgeführt werden. Auch »Schleier-Umrahmungen« und unscharfe Hintergründe verhalten sich gewiss nicht synonym, doch zeigt sich deutlicher als zuvor die Notwendigkeit einer exak-ten Durchdringung verwendeter Begriffe und zugehöriger Praktiken sowie Erzählstrategien, die Bazin auf den Begriff der Montage verkürzt.

Im nachfolgenden Filmbeispiel sollen nun strukturell verwandte Formen der inneren Montage und Spielarten plastischer Effekte gänzlich anderer Natur entdeckt werden, die weder auf Schärfentiefe oder einen Tiefenraum noch auf stereoskopische, wohl aber auf *bildschichtende* Wirkungen setzen – und auch auf der Ebene der Lesbarkeit des Bildes Mehrdeutigkeit (frz. *ambiguïté*) ganz im Sinne Bazins herstellen: »Die Ungewißheit, in der man zurückbleibt, was den geistigen Schlüssel oder die Interpretation betrifft, ist zuallererst in den Aufbau der Bilder selbst eingeschrieben.«[29]

1932

... präsentiert Josef von Sternberg den Film SHANGHAI EXPRESS. Dass sich Formen der inneren Montage und Unschärfe nicht ausschließen müssen, gar durch die Überblendung zu ästhetischer Brillanz und narrativer Eleganz

---

28 Georg Otto Stindt: Die Ästhetik der Großaufnahme. In: *Die Filmtechnik* 1/6 (August 1925), S. 115, meine Hervorhebungen.
29 Bazin 2004, S. 104.

synthetisiert werden können, soll im Folgenden gezeigt werden. Der Film beginnt mit einer Reihe Überblendungen. Das Fahrgestell der Lok des titelgebenden Personenzuges ist in einer halbnahen Einstellung erfasst, der Aufnahmewinkel ist frontal und das Bild wird dominiert von horizontalen Linien. In gebückter Haltung befindet sich rechts im Bild ein Arbeiter. Im Vordergrund, also in starker Nähe zum Kameraobjektiv, passieren Händler mit Bastkörben und Fahrgäste die Einstellung, jeweils oberhalb der Schulter und unterhalb der Hüfte vom Bildrand »amputiert«. Es erfolgt eine langsame Überblendung zu einer weiteren Ansicht des Zuges bei identischem Aufnahmewinkel und vergleichbarer Distanz zwischen Kamera und Aufnahmeobjekt, aber deutlich höher gelegener Blickachse. Es sind ein Großraumwagen mit dem Schriftzug *Peiping-Shanghai*, zwei Abteilfenster und herausschauende Passagiere chinesischer Nationalität sowie ein Fensterputzer zu sehen. Auch hier durchqueren Personen, bestückt mit groß- bzw. grobmaschigen Körben und Federvieh, das Bild. Die dritte, merklich länger überblendete Einstellung hat einen veränderten, nach schräg rechts gewendeten Aufnahmewinkel, der nun mehrere Waggons und die Flucht des Bahnsteigs einfasst. Die höhere Objektdichte und eine gemächliche Rückwärtsbewegung der Kamera sorgen dafür, dass die überblendeten Einstellungen und deren Inhalte unübersichtlicher als zuvor und daher vieldeutig wirken: Der Schichtung und Verwebung der Bildelemente entspringt ein regelrechtes Gewimmel, das – auch und vor allem aufgrund des Vorrangs von Bewegung im Bildvordergrund – der Darstellung eines überfüllten Bahnhofs angemessen scheint. Als Blickbarrieren dienen nun zusätzlich opake oder halbtransparente Tücher, Schirme und Hüte. Bisher teilte sich das waagerecht fixierte und strukturierte Bild ausschließlich in Hinter- und Vordergrund, erst eine weitere Überblendung gibt einen Mittelgrund, also eine dritte Handlungsebene zu erkennen. Durch die Menschenmenge, die erstmals als Masse auftaucht, wird eine geschlossene Sänfte getragen und etwa links mittig vor einer Waggontür platziert. Auf diese Weise, fast nebenbei also, wird die erste Hauptfigur des Films, Hui Fei, eingeführt. Dass es sich hierbei um eine handlungstragende Person handelt, ist jedoch nur einem weiteren Einstellungswechsel und einem kurzen Verweilen und Umwenden der Frau in Richtung Kamera zu entnehmen. Die rückwärts verlaufende Kamerabewegung der vorangehenden Einstellung wurde bis zu diesem Zeitpunkt, der auch das Ende des Überblendungsvorgangs markiert, beibehalten, sodass dieser geradezu unmerklich stattfand, auch wenn die Aufnahme zuvor einen gleichwohl größeren Bildausschnitt umfasste. Die Verkürzung der Überblendungsintervalle korrespondierte hierbei mit der

Abb. 1–3:
Josef von Sternbergs
SHANGHAI EXPRESS

Zunahme der Objekte im Bildkader (Abb. 1–3). Innerhalb dieser ersten Einstellungen zeigt sich zwar eine systematische Entfaltung von flächiger, horizontal organisierter zu räumlicher, ja sogar tiefenräumlicher Bildaufteilung, dennoch – und das mag dem Sujet des Films, also der linearen Raumaufteilung eines Zuges geschuldet sein – lässt sich im Verlauf des Films eine deutliche Präferenz für das Nebeneinander von Personen, Objekten und Situationen ausmachen, zum Beispiel auch durch die auffallende Reduktion von Schuss-Gegenschuss-Aufnahmen. So werden die Rahmen der Glasschiebetüren als Längsbalken genutzt, um das Bild mittig – geradezu *splitscreen*-artig – aufzutrennen und den Personen sowie Handlungsebenen separate Räume oder besser gesagt: Bildzonen zuzuweisen. Auch die Stoffrollos der Trenn-/Abteilwände werden zum Ein- und Ausblenden von Bildteilen genutzt (Abb. 4–6). Diese Form der Montage funktioniert gänzlich ohne Schnitt oder Trickverfahren, sondern – und das ist das Singuläre an diesem Filmbeispiel und zugleich eine charakteristische Spielart Sternbergs – nur durch geschickte Materialnutzung. Allein die durchweg verschwommenen Rückprojektionen, die aus der Innenperspektive des Zuges die Abteilfenster mit Bildern von Bewegung, also eigentlich nur mit Bewegungsunschärfen anfüllen, gehören nicht zur Materialästhetik, wohl aber zum ästhetischen Programm des Films, da sie eine weitere heterogene Schicht ins Bild einziehen. Als bildgestalterische Elemente dieses Programms lassen sich somit bisher erkennen:

a) die flächenhafte Inszenierung einer Einstellung oder Einstellungsfolge, mindestens jedoch einer enthaltenen Bildschicht;

b) die nachdrückliche visuelle Differenzierung, das heißt Staffelung von zwei oder drei Bildebenen, genannt Vorder-, Mittel- und Hintergrund, die entweder aus einem homogenen Raumgefüge extrahiert, durch Überlagerung zweier Bilder isoliert oder durch trickkünstlerische Verfahren wie das der Rückprojektion integriert werden;

c) die prinzipielle Uneinheitlichkeit des solcherart *gefügten* kinematografischen Raums;

d) eine regelhafte Nuancierung, Abschattung, Verhüllung und eine darauf gründende Unübersichtlichkeit oder kurz gesagt: Unschärfe einer Bildschicht oder der gesamten Szene;

e) das Bildhaftwerden der Filmaufnahme bei gleichzeitiger Betonung, gar Demonstration sämtlicher Bewegungsaspekte innerhalb des Bildkaders;

f) die Zunahme möglicher bildlicher oder szenischer Anschlüsse und damit die Integration diskontinuierlicher Montageformen in eine klassische, lineare Erzählung.

Abb. 4–6:
Josef von Sternbergs
SHANGHAI EXPRESS

Gerade die Überblendung wird also nicht hinreichend beschreibbar als ein gelungenes »Aneinanderpappen verschiedener Einstellungen«, die nicht als »unnatürliche Aufeinanderfolge wechselnder realer Räume«, sondern als »Bilderbuch« erscheint – Beschreibungen, wie sie Rudolf Arnheim etwa zur Entstehungszeit des Films in kritischer Haltung gegenüber dem noch jungen Tonfilm theoretisch unterfüttert hat[30] und die Bazins Ablehnung dieses Verfahrens durchaus stützen. Sternbergs Einsatz der Überblendung unternimmt jedoch keine Verschmelzung disparater Räume oder Zeiten. Dem räumlichen Hinter- bzw. bildhaften Nebeneinander folgt auch kein assoziatives, bloß ein den Kader überfüllendes Miteinander. Es läge nahe, die Verwendung der Überblendung für eine dem Stummfilm entlehnte, hier bloß mitgeführte Montagepraxis zu halten, denn im technischen Diskurs der 1940er und im theoretischen Diskurs der 1950er sowie folgender Jahre lässt sich zweifellos eine Abkehr von der Überblendung ausmachen. Josef von Sternberg selbst spielt den Gebrauch der Überblendung 1965 in einem Interview mit Serge Daney sogar noch weiter herunter:

> *Serge Daney / Jean-Louis Noames*: In bestimmten Werken Ihrer amerikanischen Zeit gab es einen häufigen Gebrauch von Überblendungen. Waren sie symbolisch gemeint?
>
> *Josef von Sternberg*: Überhaupt nicht. Ich hatte herausgefunden, dass man mit Überblendungen am flüssigsten von einer Sequenz zur anderen überleiten konnte: es war eine Frage des Rhythmus, nicht mehr. Von einer anderen Seite her hatte ich diese Technik bereits in meinen Stummfilmen angewandt. Man beschuldigt mich, ein »künstlerischer« Regisseur zu sein, und ich bin, das gebe ich zu, ein guter Techniker.[31]

Die Frage der Symbolik stellte sich bisher gar nicht. Spricht man vom Rhythmus, sind dann tatsächlich nur flüssige Überleitungen gemeint? Betrifft dies jeweils gleichartige oder ungleichartige Sequenzen? Fragen, die an dieser Stelle offen bleiben müssen, denn in der Art der oben beschriebenen Exposition von SHANGHAI EXPRESS ergeben sich zwar die szenisch fließende, sogar mühelose Darbietung des Bahnhofsareals, jedoch weniger die seiner baulichen Substanz als die seiner Nutzungsarchitektur, sowie die schlüssige *Implementierung eines Bildtyps*, der im Verlauf des Films tatsächlich nicht ein-

---

30   Rudolf Arnheim: *Film als Kunst* [1932]. Frankfurt a. M.: Suhrkamp 2002, S. 223.
31   Alice Goetz, Helmut W. Banz (Hg.): *Josef von Sternberg. Eine Darstellung*. Frankfurt a. M.: Verband des deutschen Filmclubs e. V. 1966, S. 82.

fach als artistischer Ausdruck wiederholt, sondern in deutlich erkennbaren Variationen als Produzent von Mehrdeutigkeit konkretisiert wird. Die Bedeutung der Bildschichtung, wie sie die Überblendung liefert, für die Einführung einer solchen Form liegt nun erstens in der Illustration lesbarer Oberflächeneffekte und zweitens in der stets sichtbaren Öffnung oder Schließung eines Bildausschnitts, einer Einstellung oder Szene. Die Eleganz der Sternberg'schen Inszenierungs- und Montageweise erschöpft sich aber keineswegs in Geschmack oder Gefälligkeit, obwohl man der Umsetzung von Marlene Dietrichs Starimage ein hohes Maß an Kunstwillen und -fertigkeit zusprechen muss, die wiederum maßgeblich der Verwendung weichzeichnender Schleier und bildgebender Tüllgewebe geschuldet ist. Die Überlagerungen der Elemente dieser überfüllten Kader führen nun drittens gerade bei Einstellungen mit viel Bewegung auf der Oberfläche des Bildes zu Arealen ungleicher Blickdichte. Sternberg führt das formale Prinzip der Vervielfachung der Bildschichten, so die These, nicht zum Zwecke des Qualitätsaustauschs zwischen Motiven ein,[32] welcher die Umkehrbarkeit der Bildebenen erfordern würde (Abb. 7), sondern zur Erzeugung von Opazitäten, also Bildern, die nicht mehr – wie für die Lesbarkeit der Überblendung eigentlich unerlässlich – beidseitig, sondern nur noch partiell durchlässig sind. Welche dramaturgische Rolle spielt nun die visuelle Überdeterminierung von Bildelementen / -teilen, gerade weil es ja im Bewegungsbild nicht einfach nur zu einer Stillstellung bloß ästhetischer Formen kommen kann?

Zu Beginn des Films kommt es zu einer Wiederholung der Bildmotive, die erhaltenen Zwischenbilder lassen jedoch eine zunehmend andere Pigmentierung erkennen. Die Unübersichtlichkeit im Bildkader nimmt nun genau dort zu, wo sich gegenläufig ausgerichtete Linien, etwa eine Vertikale und eine Horizontale oder Diagonale kreuzen. Undurchsichtigkeit – und zwar stets als Flächeneffekt – dagegen entsteht, wenn je helle oder dunkle Flächen aufeinanderstoßen. Die Schichtung zweier oder mehrerer Filmbilder bzw. Bildebenen ungleicher Stofflichkeit und (Blick-)Dichte (durchsichtig / opak, scharf / unscharf) gestattet also – trotz eines jederzeit randvoll gefüllten Kaders – zunächst die Öffnung eines kinematografischen Um- und ansatzweise auch Tiefenraums und nur dadurch die plausible Einführung einer Hauptfigur im Mittelgrund, ohne das bis dahin visuell aufwendig etablierte

---

32   Vgl. Marc Vernet: *Figures de l'Absence*. Paris: Editions de l'Etoile 1988, S. 72: »Il y a bien sûr du fantôme là-dedans, mais surtout le fait que la surimpression indique une double appartenance par un échange réciproque de qualités entre les motifs.«

Abb. 7:
Josef von
Sternbergs
SHANGHAI EXPRESS

Milieu, etwa durch eine Großaufnahme, ausblenden zu müssen. Erst dann ermöglicht sie, in der Wiederholung der – jetzt nicht mehr Motive, sondern – Bildformen, die Schließung einer Sinneinheit und den *Einschluss* eines Ensembles. Eine tragende Rolle spielt bei dieser Inanspruchnahme des mit der Bildoberfläche verwobenen Raums unzweifelhaft die Gestaltung des Bildvordergrunds. Die beschriebene Sättigung des Kaders mit Objekten und allerlei *Stoffen* (textiler, aber auch flüchtiger Natur wie Dampf, Rauch oder Nebel), die vor allem den Bildvordergrund zu einem äußerst unzuverlässigen Raumindikator werden lassen kann, wird ergänzt durch die optische Auflagerung materialer Raster. Erwähnenswert sind das grob gewebte, ausfransende Leinen, das hier und da fast störend ins Bild ragt, Banner und Wimpel mit chinesischen Schriftzeichen, aber auch allerlei Schattenmuster, die eine Szene durchaus stimmungsvoll eintrüben und dergestalt Raumbezüge verschleiern, stets jedoch auf konkrete Objekte *hors cadre* verweisen (Netze, Balken, Palmwedel etc.). Überblendung und Schattenwurf können während der Zurücknahme räumlicher Bezüge formal gleichartig erscheinen und doch einer unterschiedlichen Stimmung und Dramaturgie entspringen (Abb. 8). Stoffe und Schatten hingegen werden narrativ einheitlich, dabei abwechselnd oder gleichzeitig angewendet, auf jeden Fall mit unzweifelhaft *mehr* als dekorativen Implikationen. Die Vielschichtigkeit des Bildes und die Uneinheitlichkeit der enthaltenen Elemente gehen stattdessen in einer Mehrdeutigkeit der Erzählung auf: Die Objektdichte enthält keine Informationsverdichtung, als ästhetisches Programm differenziert sie schicht- und zonenweise die politischen (Bürgerkrieg in China), moralischen und emotionalen Ambivalenzen. Der ästhetische Zugriff auf die räumlichen Gegebenheiten, heißt: auf die studiobedingten Vorgaben, wird in den ersten zehn Minuten des

Abb. 8:
Josef von Sternbergs
SHANGHAI EXPRESS

Films – wie beschrieben hauptsächlich mittels der Überblendung sowie einer generellen Belebung und Eintrübung des Bildvordergrunds – etabliert und schließlich einer planvollen Schleierverwendung zugeführt, die das ästhetische Programm von SHANGHAI EXPRESS komplettiert. Wird bei der Überblendung ein elementarer Bruch im räumlichen Kontinuum der Bildgründe zugleich hergestellt und verborgen, so wird bei einer stofflichen Eintrübung nur eine teilweise Unterbrechung im räumlichen Gefüge vorgenommen. Während bei einer Überblendung jedoch die Konturen der überlagerten Bilder zugunsten einer kantenlosen Durchsichtigkeit oder Verdunklung aufgelöst sein können, führen Netze, Schleier und Gardinen gerade dann zu einer weniger beliebigen und weitaus ungleichmäßigeren Eintrübung des Bildes, wenn sich die Materialität und die Eigenbewegung des Gewebes in die Bildstruktur einschreiben. Dies ist insbesondere dann zu beobachten, wenn die Gewebsschicht den Bildvordergrund bildet. Doch auch als Raumteiler, die zum Auf- und Abtreten der Personen dienen, halten die semitransparenten Sichtbarrieren eine Vervielfältigung und Öffnung der Handlungsräume bei gleichzeitiger Zurücknahme von Raum- und Tiefenwirkung bereit (Abb. 9). Eine in den Tiefenraum gestaffelte und hierbei jederzeit als Handlungsschicht *markierte* Dramaturgie wird so ermöglicht – allerdings wesenhaft durch die Anwendung verschleierter Bildteile. Welche Abstufungen von Eintrübungen durch die Verwendung von Geweben möglich sind, habe ich bereits an anderer Stelle ausgeführt.[33] Als Fazit soll an dieser Stelle genügen: Das ästhetische

33   Adina Lauenburger: Wie neu ist das Videobild? Reflexivität und Unschärfe. In: Daniela Wentz, André Wendler (Hg.): *Die Medien und das Neue*. Marburg: Schüren 2009, S. 145–149.

Abb. 9:
Josef von
Sternbergs
Shanghai Express

Programm enthält heterogene Elemente, die einzeln als stilistische Mittel in den Blick genommen werden könnten, jedoch keinen unscharfen Stil, sondern eine sehr wandlungsfähige ästhetische Bildform begründen.

1942

... also ein Jahr nach Erscheinen von Citizen Kane, sind die Debatten um die gestalterischen Möglichkeiten der Schärfentiefe (engl. *depth of field*, *focal depth*, *deep focus*, *pan-focus*) in Hollywood selbst offenbar bereits abgekühlt, wie folgender Artikel des Kameramanns Charles G. Clarke (1899–1983) mit dem Titel »How Desirable Is Extreme Focal Depth?«[34] belegt. Bedeutsam ist dieses Dokument, weil es methodisch bereits den Versuch einer Historisierung darstellt. Hierfür wird die scharfe Filmaufnahme an den Beginn einer »bewussten« Auseinandersetzung mit den medialen Eigenheiten und Möglichkeiten des Filmbildes gesetzt: »And as the cinema was just emerging from the mechanical record stage when the only aim was to get some sort of a picture on the screen, the ideal of good cinematography became that of getting not only a picture, but a clearly recognizable picture on the screen. Detail in every portion of the frame was the most cherished goal.«[35]

Die Debatte um größere Schärfentiefe gibt sich nun bei Clarke zunächst als rein ästhetische, nicht medienbezogene Diskussion und als Meinungs-

---

34   Charles G. Clarke: How Desirable Is Extreme Focal Depth? In: *American Cinematographer* XXIII / 1 (Januar 1942), S. 14 und 36.
35   Ebd.

streit aus, denn einige Zeitgenossen sahen die technische Raffinesse – theoriegeschichtlich erwartungsgemäß – als »one of the outstanding artistic advances of recent years«,[36] andere argumentierten dagegen, es handele sich lediglich um etwas »we had discarded twenty or thirty years ago [which] tended to make the screen's story-telling technique dangerously static.«[37] Und Clarke selbst versucht keine Entscheidung dieser Frage: »I wonder if the actual truth doesn't lie somewhere between these extremes?«[38] Aus zwei Gründen eignet sich der Kommentar für eine genauere Betrachtung. Erstens kontrastiert Clarke die Schärfentiefetechnik mit der, zum Verständnis der historischen Argumente Bazins wesentlichen, künstlerischen Position: dem *soft style*. Dieser Stil wird – filmgeschichtlich fragwürdig, aber für die Darstellung Clarkes zwingend – zwischen zwei Schärfe-Epochen verortet. Zweitens verlaufen für Clarke die technische und die ästhetische Entwicklung weder synchron noch linear – oder gar wie bei Bazin exemplarisch. Da er beide Ästhetiken als Extreme begreift, fasst er die dramaturgischen Entwicklungen seiner Zeit zwar als stetigen Fortschritt im Bereich der kinematografischen Ausdrucksmöglichkeiten, doch stilgeschichtlich zugleich als Pendelbewegung:

> For me, the really significant aspect of the modern increased-depth technique is not the rather obvious fact that by making use of modern objectives, lighting and emulsions we can obtain a depth of field impossible by the conventional method of using today's fast lenses at full aperture. It is, instead, that it has given us something which rounds out our assortment of artistic tools, so that we have a better way of meeting the dramatic requirements of *any* story-situation. Let us hope that if the pendulum of cinematographic style swings back again toward increased softness, we will not forget this technique.[39]

Der *soft style*, der als ästhetisches Gegenkonzept zur Schärfentiefe angeführt wird, ist die bereits erwähnte Weichzeichnung, die auch Clarke am Beispiel des Gesichts, genauer: des weiblichen Stargesichts erläutert. Neben der Verwendung von Gaze und Streuscheibe wird auch das von Bazin hervorgehobene Verhältnis zwischen Brennweite und Blendenöffnung als eine Möglichkeit aufgezählt: »On the screen especially, scenes of any dramatic value,

---

36   Ebd.
37   Ebd.
38   Ebd.
39   Ebd., S. 36, meine Hervorhebung.

or close-ups of women stars were almost invariably photographed with com-
paratively soft lenses, at maximum aperture, and further softened by incre-
dibly strong diffusion—discs, gauzes, and the like—until the result on the
screen was very *sketchy* indeed.«[40]

In den Bemühungen um gesteigerte Dramatik ist das normative System
deutlich erkennbar, das – ein Zuviel an – Unschärfe als Abweichung auffasst.
Die Weichzeichnung ist als *vages* und *flüchtiges*, *skizzenhaftes* und *lückenhaftes*,
also *unvollkommenes* optisches Resultat in der Debatte um die Schärfentiefe
in den 1940er Jahren selbst vorformuliert und natürlich keine Erfindung
Bazins. Dennoch, die von Bazin konstatierte zwangsläufige Unschärfe des
Hintergrunds bei Großaufnahmen, die von Kuntze geforderte Detailarmut
des Hintergrunds für Totalen oder halbnahe Einstellungen und die Weichzeichnung des gesamten Bildes bei Großaufnahmen gehen hier weder
begrifflich noch phänomenologisch zusammen. Offensichtlich bezieht sich
Bazin auch ausschließlich auf die Entwicklungen im angloamerikanischen
Raum. Denn bei seiner Historisierung der montagearmen respektive detail-
reichen Kinematografie konkretisiert er an keiner Stelle die Unterschiede
etwa zum deutschen Kino, sodass sich in Ergänzung zu Kuntze folgendes
Zeugnis von 1929 anführen lässt:

> Der Unterschied zwischen dem amerikanischen und dem deutschen
> Filmbild besteht hauptsächlich im »Soft-focus«. Das amerikanische
> Filmbild ist ausnahmslos gesoftet. Dieser runde, dem Auge so unge-
> mein angenehme Bildvortrag ist den deutschen Produktionen [...]
> nicht geläufig. Man sieht in deutschen Filmen nadelscharfe Groß-
> aufnahmen, selbst von weiblichen Spielern, die nicht befriedigen.
> Dies ist gar nicht erstaunlich, wenn man bedenkt, daß wohl kein
> Portraitphotograph es wagen wird, eine Dame im unretuschierten
> Bild zu zeigen. Dies ist jedoch der Fall, wenn die Großaufnahme
> anastigmatscharf projiziert wird. [...] Was die Amerikaner machen,
> ist aus ihren Veröffentlichungen nicht ersichtlich. Es gibt eine
> Menge Softmittel, wie Netze, Linsen, Vorschaltscheiben und auch
> etwas Feuchtigkeit auf der Frontlinse. Jedes dieser Softmittel wirkt
> anders, doch ist es nicht leicht, aus dem Aussehen des projizierten
> Bildes das eine oder andere, oder gar Kombinationen zu erraten.[41]

Das aus dem englischen abgeleitete *Soften* des Bildes meint nicht die von
Kuntze gewünschte Unschärfe des Hintergrunds für plastische Effekte; die

---

40   Ebd., S. 14, meine Hervorhebung.
41   Adolf Herz: Ein Wort zum Soft-focus. In: *Filmtechnik* 5/7 (März 1929), S. 131.

Textpassage unterstreicht jedoch deutliche länderspezifische Unterschiede im Umgang mit dem, vor allem aber bezüglich der Erwartungen *an* das Medium. Handelt es sich möglicherweise weniger um eine Stil- denn um eine Mediendebatte?

Die Annahme der visuellen Uneinheitlichkeit der optischen Weichzeichner, von der im obigen Zitat ebenfalls die Rede ist, lässt die Materialästhetik Sternbergs, mindestens jedoch den Gebrauch deutlich sichtbarer textiler Gewebe, ob der Raumebene vorgelagert oder eingepflanzt, als anschauliche Auseinandersetzung und dramaturgische Übertreibung weichzeichnender Methoden erscheinen. Und es wurde deutlich, dass hierin sogar eine Möglichkeit lag, den kinematografischen Raum in gestaffelte Sicht- und Handlungsräume zu unterteilen. Da aber im Bemühen um optisch retuschierte Bilder die Montage offenbar keine Rolle spielt, ist es konsequent, dass Bazin der Weichzeichnung keinerlei Beachtung schenkt. Beruht das Argument um die zwangsläufige Unschärfe des Hintergrunds etwa nur auf einem technischen Faktum? Dass anhand medialer Gründe für die Hinwendung zu weichen Bildern den Darlegungen Bazins dennoch auf die Spur zu kommen ist, lässt sich an folgender Betrachtung Clarkes noch einmal wiederholen und vertiefen:

> But before long cinematographers and still-camera pictorialists alike began to discern the artistic limitations of this *f*:64 definition. Still photographers commenced to realize that a picture in which you could count every leaf on a tree a hundred yards away showed you *more* than the best eye could hope to see in reality. They discovered that injecting a softer optical quality into the picture made it more pleasing, and gave it an artistic feeling none of the *f*:64 school could ever capture. At the same time, cinematographers […] also found that softness heightened the pictorial and dramatic value of their scenes. They discovered that flawless definition could tend to exaggerate the two-dimensional flatness of their pictured image on the screen, while softness, especially the sort obtained using lenses are relatively open apertures, worked hand in hand with lighting to suggest roundness and reality. So the pendulum began to swing. As the years went on, it swung to an extreme of softness. Look at any picture of fifteen or twenty years ago […]. If it had any pretensions of being an example of good photography, it was almost certain to be an extreme case of »fuzzyography.«[42]

---

42   Clarke 1942, S. 14.

Wie bei Kuntze wird der scharfen Abbildung – man beachte das Synonym *flawless*, also makellos und fehlerfrei – eine starke Tendenz zur Zweidimensionalität, also Flachheit zugesprochen, während Weichzeichnung mit erhöhter Wirklichkeits- und Wahrnehmungsnähe assoziiert wird. *Fuzzyography*, dieser Neologismus könnte zugleich einer Stilkunde entspringen und eine eigene Abbildungsgattung – oder gar eine Technik im Sinne eines indexikalisch arbeitenden Mediums – sein. Als Norm für die »pictorial and dramatic values« des Fotografen gilt in der Einschätzung Clarkes also die menschliche Wahrnehmung, als Norm des Kameramanns hingegen die *values* des Fotografen. Das ist mediengeschichtlich genau beobachtet, war doch der Film zu dieser Zeit noch immer bemüht, der Fotografie nacheifernd als Kunstform anerkannt zu werden: »In the early 20's the diffused photograph and motion picture came into vogue. The screen, seeking a new approach to art, used this method of diffusion for artistic effect. The Diffusion Disc imitated the art of painting, and at that time any imitation of an art was better than no art at all.«[43]

Fuzzyography steht also auch für ein etabliertes ästhetisches Konzept, das sorgsam evaluiert und auf seine Nützlichkeit geprüft wurde, ohne bloß künstlerische Adaption zu sein. Die Unentschiedenheit, das Für und Wider ereignet sich am Kreuzungspunkt der Naturwahrheit des Objektivs und den dramaturgischen Möglich- oder Notwendigkeiten. Als *Stil* treten Schärfe / Schärfentiefe und Unschärfe nämlich offenkundig nur in Erscheinung, um eine andere Frage zu verhüllen: nämlich die, was als ursächliche mediale Eigenheit der kinematografischen Aufnahme *angenommen*, also zugleich begriffen und akzeptiert werden muss. Als Widerstand gegen den reinen Abbildungsmodus des Kameraobjektivs ist Unschärfe als Stilmittel bereits in der Debatte um die Kunstfotografie der Jahrhundertwende aufzufinden, die sich zugleich als Ringen um Anerkennung und Status qua medialer Differenzierung ausgibt:

> Man verurtheilte auf der einen Seite die »Fanatiker« welche das Objectiv, »das Auge der Camera« völlig verwarfen und nur Monokel und Lochcamera gelten liessen – für ein gutes Auge ein schlechtes adoptirten. Man sprach von der Entweihung der Camera, die dazu bestimmt sei, scharfe, naturgetreue Bilder zu liefern und sagte den Producten der unscharfen Richtung die Bezeichnung »Photographie« ab, denn das Characteristicum der Photographie wäre

---

43 Irving Browning: The Diffusion Disc. In: *American Cinematographer* XXVII / 3 (März 1946), S. 98–99.

> gerade die Schärfe.– Nun, man könnte sich ja damit helfen, dass den
> unscharfen Aufnahmen ein anderer Name gegeben würde, aber das
> würde den Streit schliesslich doch nicht aus der Welt schaffen.[44]

Ein Begriffsanalogon zu *fuzzyography* findet sich im Text von Lettner nicht, jedoch bestimmen offenbar schon hier Naturtreue als Detailtreue und das »gute« Kameraauge als Objektiv den Diskurs. Das Kameraobjektiv wird im Text weiterhin als »Detailkrümmer«[45] und die objektive Abbildung als »Loupenfutter«[46] zitiert, was eine dezidierte Auseinandersetzung gerade mit den Befürwortern des unscharfen Stils erkennen lässt. Doch Lettner hält es wie Clarke: »Jedes Motiv verlangt seine besondere Behandlung. […] Wie [der Photograph] nun sein Motiv zur Darstellung bringen will, ob er alles scharf, alles unscharf oder ob er den Hauptgegenstand scharf und die Nebensache unscharf machen will, das bleibt seinem Geschmack überlassen«.[47] Und nur im Beieinander von Schärfe und Unschärfe ist der Schärfe die Markierung der bedeutenden Details zugesprochen. Hier wird also medial argumentiert: Fokus heißt Schärfe. Aber es ist gerade diese Selbstverständlichkeit, die mit der lupenreinen fotografischen / kinematografischen Aufnahme anscheinend zum Problem wurde: Denn Schärfe verlangt Fokus. Oder noch einmal mit Clarkes Worten:

> In this straining for exaggerated focal depth, too, there is definite danger of overlooking one of the basic factors which makes the screen so powerful dramatically: its *selectivity*. In the pioneer movies, as on the stage, the story was told from one angle only—that of the long-shot. Intimate action had to be put over with sledge-hammer blows, or it would be lost. It often was, anyway, because some inadvertent motion, or even tonal contrast elsewhere in the field of view attracted audience-attention at the wrong moment. But as screen technique developed, it was found that by bringing the camera closer to the person or object which was for the moment the center of dramatic interest, the audience's attention could be focused sharply on that one detail, *excluding all others*.[48]

---

44 Gustav Lettner: Scharf oder unscharf? [1895]. In: Bernd Stiegler, Felix Thürlemann (Hg.): *Das subjektive Bild. Texte zur Kunstphotographie um 1900.* München: Fink 2012, S. 185–188, hier S. 186.
45 Ebd., S. 187.
46 Ebd., S. 186.
47 Ebd., S. 187.
48 Clarke 1942, S. 14 und 36, meine Hervorhebung.

Diese Exklusion ist nun mit Bazins Definition der Unschärfe gleichbedeutend und meint demnach nicht nur ungenügende optische Ergebnisse beim Abblenden. Die zwangsläufige Unschärfe des Hintergrunds ist zu übersetzen als unentbehrliche Reduktion störender Details während einer sukzessiven, durch die Montage garantierten Annäherung an das dramatische Geschehen vor der Kamera. Die negative Konnotation bei Bazin ergibt sich daher aus dieser Gleichsetzung von Störung der Aufmerksamkeit sowie deren Vermeidung – und Unschärfe ist letztlich nicht die logische Konsequenz *aus der*, sondern die triftige Voraussetzung *für die* Montage. Das Sternberg-Beispiel sollte eine hiervon abweichende, nämlich eine aufmerksamkeits- und sinnstiftende Verwendung des Unscharfen, oder besser: des Verschleierten aufzeigen. Gleichzeitig ergibt sich nun der Eindruck, dass die Auseinandersetzung mit den neuen Möglichkeiten scharfer bzw. tiefenscharfer Aufnahme um 1940 bloß eine dramaturgiefreundliche Anerkennung des Medialen darstellt – eine Zusammenkunft, die weder eine Nachahmung der Realität noch anderer Künste anstrebt.

Malte Hagener

Kippfiguren

Splitscreen im frühen Kino

Die »new film history« war einstmals angetreten, Geschichte(n) zu hinterfragen und zu differenzieren, die vereinfachend einem vorgegebenen Pfad folgten, ohne sich um das Material selbst zu kümmern. Tradierte Überlieferungen sollten hinterfragt, wissenschaftliche Standards eingeführt und der Drang zur Linearität gebrochen werden.[1] Drei Jahrzehnte Forschung zum frühen Kino haben jedoch inzwischen eine Entwicklungserzählung des frühen Kinos hervorgebracht, die selbst in der Gefahr schwebt, sich zu einer routiniert, wenn nicht gar unreflektiert abgespulten Checkliste zu wandeln. Vom Kino der Attraktionen, das frontal-ostentativ seinen Präsentationsgestus ausstellt und zeigt statt zu erzählen, führt die Linie über das Kino des Übergangs, das schon in seiner Benennung keinen eigenen Kern aufweist, sondern lediglich als eine Verbindung oder Brücke zwischen zwei anderen, anerkannten und beschreibbaren Zuständen fungiert, hin zur narrativen Integration, die in die Klassik als (vermeintlich) perfekte Ausdrucksform mündet. Nun ist es keineswegs so, dass diese grobe Skizze nicht in zentralen Punkten mit einer großen Anzahl an ästhetischen, ökonomischen und kulturellen Phänomenen korrelieren und korrespondieren würde. Problematisch wird es dann, wenn alles vorbehaltlos einem derartigen Modell untergeordnet wird. Es kann in diesem Beitrag daher nicht darum gehen, diesem Paradigma einen neuen »grand récit« entgegenzusetzen, sondern es geht eher um eine Differenzierung, die auf die Ränder und Grenzen eines derartigen Erklärungsmusters hinweisen will, das stets Gefahr läuft, übermäßig zu pauschalisieren und zu generalisieren. Tatsächlich handelt es sich bei allen drei Phasen um höchst heterogene Phänomene, die bei anders kalibrierten Längs- und Querschnitten noch einmal andere Ergebnisse zeitigen.

---

[1]   Vgl. etwa Robert C. Allen, Douglas Gomery: *Film History: Theory and Practice*. New York: Knopf 1985 als Standardtextbuch. Paul Kusters: *New Film History*. Grundzüge einer neuen Filmgeschichtswissenschaft. In: *montage AV* 5/1 (1996), S. 39–60 bietet eine kritische Einschätzung.

Splitscreen

Zur Erweiterung und Differenzierung dieses Systems soll in diesem Beitrag eine einzelne Technik, ein bestimmtes Stilmittel untersucht werden: der Splitscreen. David Bordwell hat bei der Beschäftigung mit der visuellen und akustischen Gestaltung des Films drei Ebenen unterschieden: 1. *devices* (Techniken), also einzelne technische Elemente; 2. *systems*, also die systematische Artikulation von Raum, Zeit und Kausalität durch die Kombination dieser Techniken; 3. *relations of systems* (Systembeziehungen), also die komplexe Interaktion der drei Systeme.[2] Während der Neoformalismus bei der mittleren Ebene ansetzt – »functional equivalence« zwischen unterschiedlichen ästhetischen Techniken ist bei Bordwell eine Art Zauberformel, mit der Kontingenz zugleich anerkannt und wegerklärt wird – und ideologiekritische Analysen psycho-semiotischer Prägung sich auf die dritte Stufe konzentrieren und diese in Beziehung zu übergreifenden politischen Fragen setzen,[3] schlägt dieser Beitrag vor, die Produktivität der ersten Ebene in den Blick zu nehmen. Damit ergeben sich konstruktive Umwertungen, die sich ebenso auf die analytische Dimension, die historische Erkenntnis wie auf die Theoriebildung beziehen. Anhand des Splitscreens – einer dezidiert nicht-klassischen Technik, die mehrere Teilbilder innerhalb eines übergreifenden Rahmens zusammenführt – soll der Frage nachgegangen werden, welche Möglichkeiten eine derartige Stilanalyse für das Filmbild in historischer wie in systematischer Hinsicht aufweist.

Der Splitscreen kombiniert mehrere separate Teilbilder innerhalb eines Rahmens und macht diese Montage im Bild sichtbar, bemüht sich also nicht um eine Verschleierung der Teilung, sondern rückt diese sichtbar in den Vordergrund. Dies unterscheidet die Technik von anderen Verfahren, denn gemeinhin erfordert das System der Klassik ein Zurücktreten der Technik hinter die Figuren und die erzählte Geschichte. Insofern ist der Splitscreen eine ostentative Zeigetechnik. In der offenen Zurschaustellung der eigenen Gemachtheit ähnelt der Splitscreen damit der Montagesequenz, von Bordwell als Abweichung charakterisiert, die die klassischen Regeln bestätigt: »Flagrant as the montage sequence is, its rarity, its narrative function, and its

---

2   Vgl. David Bordwell: The classical Hollywood style, 1917–1960. In: Ders., Janet Staiger, Kristin Thompson: *The Classical Hollywood Cinema. Film Style & Mode of Production to 1960.* London: Routledge 1985, S. 1–84, hier S. 6–7.

3   Vgl. Malte Hagener: Am Kreuzweg von Magie und Positivismus. Die Hermeneutik des Verdachts und die »paranoiden« Analysen der 1970er Jahre. In: Ivo Ritzer (Hrsg.): *Classical Hollywood & kontinentale Philosophie.* Wiesbaden: Springer 2015, S. 57–71.

narrowly conventional format assure its status as classical narration's most acceptable rhetorical flourish.«[4] Ist eine jede auffällige Stilfigur derart als rhetorische Verzierung zu verstehen, wird der Film reduziert auf einen Algorithmus zur Verteilung von narrativen Informationen, mit denen der Zuschauer die *fabula* aus dem *syuzhet* konstruiert.[5]

Es mag nun verführerisch sein, um diesem Problem zu entgehen, im Anschluss an Tom Gunning eine klare Opposition zwischen Attraktion und Narration zu konstatieren, um dem Splitscreen damit eine Zugehörigkeit zur Attraktion zuzusprechen.[6] Mir scheint es jedoch produktiver, den Split-screen als eine alternative stilistische Form zu verstehen, die bestimmte Probleme der Gestaltung von Raum, Zeit und Kausalität auf andere Weise lösen kann als jene Techniken der Mise-en-scène und Montage, die sich dann im Allgemeinen als dominanter erwiesen haben (klassische Montage, Kamera-bewegung, Inszenierung in die Tiefe).[7] Implizit ist damit auch die Frage nach den Alternativen und der Ausdehnung der funktionalen Äquivalenz, jener Zauberformel des Neoformalismus, angesprochen.

(Film-)Raum in drei Epochen

Unter den diversen Aspekten, die man bei der Erörterung von Filmstil in Anschlag bringen kann, ist Raum sicherlich ein zentraler. Im Kino der Attraktionen ist Raum zuallererst ein Raum der »monstration«,[8] ein Büh-nenraum, der sich selbstbewusst auf den Zuschauerraum des Kinos hin öffnet und ausdehnt. Zudem ist jede einzelne Einstellung begrenzt und in sich geschlossen, weist also nicht über sich hinaus. Das Kino der Attraktionen zeichnet sich laut Gunning aus durch den ostentativen Präsentationsgestus (Verbeugungen, Einbeziehung der Kamera in den aktiv evozierten Film-raum etc.) und durch die frontale Adressierung des Zuschauers, dem nicht-illusionistisch die Zeugenschaft an einer unabhängig von ihm ablaufenden

---

4   Bordwell 1985, S. 29.
5   Vgl. David Bordwell: *Narration in the Fiction Film*. London: Methuen 1985 und Wolfgang Beilenhoff (Hg.): *Poetika Kino. Theorie und Praxis des Films im russischen Formalismus*. Frankfurt a. M.: Suhrkamp 2005.
6   Zur Problematisierung und Erweiterung von Gunnings Attraktionsbegriff siehe die Beiträge in Wanda Strauven (Hg.): *The Cinema of Attractions Reloaded*. Amsterdam: Amsterdam University Press 2006.
7   Vgl. für einen anders gelagerten, wiewohl vergleichbaren Fall Malte Hagener: Montage im Bild: Die Splitscreen bei Brian de Palma. In: *Montage AV* 20/1 (2011), S. 121–132.
8   André Gaudréault: Narration and Monstration in the Cinema. In: *Journal of Film and Video* 39/2 (Frühjahr 1987), S. 29–36.

Geschichte vorgegaukelt wird, sondern der aktiv und direkt in das Geschehen auf der Leinwand einbezogen wird.[9]

Der Raum des klassischen Kinos dagegen ist einer, der sich auf sich selbst faltet und in seiner Konstruktion potenziell unsichtbar macht. In der immer noch einflussreichsten Studie des klassischen Hollywoodkinos wird die Artikulation des klassischen Filmraums folgendermaßen beschrieben: »In describing the classical cinema's use of space we are most inclined to use the term ›transparent‹, so much does that cinema strive to efface the picture plane.«[10] Diese Tilgung der Bildfläche im Klassischen ist inzwischen vielfach diskutiert worden und kann weitgehend als Konsens gelten, auch wenn sowohl Tilgung wie Klassik zu spezifizieren wären. Am schwierigsten zu bestimmen ist sicher die Raumgestaltung im Kino des Übergangs, weil diese sich gerade durch ein »Dazwischen-Sein« auszeichnet, also was es gerade nicht mehr (Attraktion / Monstration) oder noch nicht ist (Klassik). Es fällt schwer, dafür positive Attribute zu finden. Am ehesten ließe sich der Raum im Kino des Übergangs definieren als eine beginnende räumliche Organisation, die sich vor allem in der Logik von Wiederholung, Alternation und Differenz zeigt, am prototypischsten wohl zu finden in D. W. Griffith' kurzen Biograph-Filmen der Epoche von 1909 bis 1913.[11] Anders jedoch als das klassische Kino, das ließe sich hinzufügen, ist diese Ordnung meist noch formal vordergründig, schematisch und auf den ersten Blick erkennbar – derart steht dieses Kino zwischen den Attraktionen und der narrativen Integration, gehört weder dem einen noch dem anderen Bereich wirklich an.

Im Folgenden möchte ich den Blick auf einen Sonderfall lenken, nämlich den Splitscreen, um dadurch eine andere Perspektive zu gewinnen. Dieser

---

9   Tom Gunning: Das Kino der Attraktionen. Der frühe Film, seine Zuschauer und die Avantgarde. In: *Meteor – Texte zum Laufbild* 4 (1996), S. 25–34 (englisches Original 1986). Siehe zur Diskussion und Erweiterung des Gunning'schen Theorems auch Strauven 2006.

10   Bordwell 1985, S. 50.

11   Anhaltspunkte für diese Gestaltung finden sich in der einschlägigen Forschungsliteratur zu dieser Periode – Eileen Bowser: *The Transformation of Cinema, 1907–1915*. New York: Charles Scribner's Sons 1990, Charlie Keil: *Early American Cinema in Transition. Story, Style, and Filmmaking, 1907–1913*. Madison: University of Wisconsin Press 2001; exemplarische Analysen, insbesondere zu Griffith, finden sich in Charlie Keil, Shelley Stamp (Hg.): *American Cinema's Transitional Era: Audiences, Institutions, Practices*. Berkeley u. a.: University of California Press 2004 (insbesondere Tom Gunning: Systematizing the Electric Message: Narrative Form, Gender, and Modernity in *The Lonedale Operator*, S. 15–50) und in Raymond Bellour: *The Analysis of Film*. Hg. von Constance Penley. Bloomington: Indiana University Press 2000 (insbesondere: To Alternate / To Narrate [on The Lonedale Operator], S. 262–277). Eine besonders gelungene Form, dieses Prinzip in eine eigene ästhetische Form zu gießen, findet Aitor Gametxos Videoessay VARIATION ON THE SUNBEAM unter der URL: https://vimeo.com/22696362 [letzter Zugriff am 7.4.2015].

gilt als unklassische Technik, weil er ostentativ-vordergründig zwei (oder mehr) Bilder nebeneinander präsentiert und damit auf den Status des Bilds als Bild aufmerksam macht. Der Durchgang durch eine Reihe von Beispielen vom frühen Kino bis in die 1920er Jahre soll die Frage beantworten, ob Film ein anderes Raummodell impliziert, das nicht notwendigerweise den geometrischen und physischen Gesetzen der Alltagsrealität unterliegt. Darüber hinaus geht es um eine Differenzierung der eben skizzierten schematischen Ordnung, also darum, welche Kategorien wir anwenden, wenn wir Filme derart breit in verschiedene historische Phasen einteilen.

(Medien-)Techniken des Betrachters und Hörers – frühe Splitscreens

Die Tradition der Animation von Bildern, die Betonung der dynamischen Veränderung von Visualität ist älter als das Kino und eine etablierte Darstellungskonvention der visuellen Kultur im 19. Jahrhundert. Es ging dabei in zumindest einer Tradition weniger um eine möglichst realistische Darstellung einer äußeren Realität, sondern eher um die spektakulären Schauwerte von optischen Geräten und Techniken.[12] Diese Entwicklung setzt sich im frühen Kino fort, als es zunächst noch üblich war, Verfahren einzusetzen, um das artifizielle und künstliche Wesen des Filmbilds in den Vordergrund zu rücken – Mehrfachbelichtungen, Überblendungen, Masken und andere optische Tricks finden sich dementsprechend häufig. Schon um 1900 hoben Filme einen bestimmten Teil des Bilds, ein Detail oder ein Objekt, durch den Einsatz einer runden Blendenöffnung oder Maske hervor.[13] Zumeist handelt es sich dabei um Einstellungen, die eine Ansicht in einer Kreisform zeigen und es dadurch vom umgebenden Schwarz abgrenzen. Damit sollten diese Bilder, eingepasst in das rhetorische Nacheinander der Montage, als subjektive *point of view shots* markiert werden. Zugleich rückt damit auch der Akt des Sehens selbst in den Vordergrund, wie Elena Dagrada herausgestellt hat: »The faculty of vision – that is, the faculty to benefit from an organ of

---

12   Vgl. hierzu Birgit Verwiebe: *Lichtspiele. Vom Mondscheintransparent zum Diorama.* Stuttgart: Füsslin 1997 und Erkki Huhtamo: *Illusions in Motion. Media Archaeology of the Moving Panorama and Related Spectacles.* Cambridge und London: The MIT Press 2013.

13   Vgl. Elena Dagrada: Through the keyhole: Spectators and matte shots in early cinema. In: *Iris* 6/2 (1990), S. 95–106 und Barry Salt: Film Form 1900–1906. In: Thomas Elsaesser (Hg.): *Early Cinema. Space, Frame, Narrative.* London: BFI 1990, S. 31–44, insbesondere S. 36ff.

sight and obtain scopic pleasure through its use – is in my opinion a common denominator of the early cinema audience«.[14] Bekannte Beispiele hierfür sind G. A. Smith' As Seen through a Telescope (1900) und Grandma's Reading Glass (1900) – in beiden Filmen markiert die Kreisblende einen Beobachterstandpunkt (und zugleich auch das Medium der Beobachtung, nämlich das Teleskop beziehungsweise die Lupe); dessen Position erschließt sich allerdings erst in der Sukzession der Montage, weil stets nur ein Bild zur gleichen Zeit zu sehen ist.[15]

Es gibt aber auch Beispiele, in denen mehr als eine Ansicht innerhalb eines Gesamtbilds zu sehen ist – etwa wenn Figuren und die ihnen zugeschriebenen Träume, Halluzinationen oder Gedanken gleichzeitig gezeigt werden.[16] Diese grafischen Kompositionen sind frühe Formen des Splitscreens, weil sie ein synthetisches (also zusammengesetztes) Bild zeigen, das die Zeichen der eigenen Konstruktion nicht verbirgt und auf die Koexistenz mehrerer Ebenen verweist. Darüber hinaus veranschaulichen solche gerahmten und maskierten Bilder einen Gestus des Zeigens und Präsentierens, der gemeinhin dem frühen Film vor 1907 zugeschrieben wird, sich aber auch in späteren Phasen noch findet. Erstaunlicherweise, darauf hat Jan Olsson hingewiesen, erlebte der Splitscreen erst später seinen Höhepunkt als »ubiquitous splitscreen model in the mid-1910s«.[17]

Die Verbindung zweier Ebenen – objektiv / subjektiv beziehungsweise real / irreal – findet sich am häufigsten bei einer anderen Medientechnologie, die im frühen Kino gerne als Motiv und Handlungsträger eingesetzt wurde, nämlich dem Telefon. Jan Olsson hat ausführlich dargestellt, wie häufig der Splitscreen als Mittel angewandt wurde, um die paradoxe Kommunikationssituation des Fernsprechers (Körper abwesend, Stimme anwesend) visuell darzustellen. Die Zergliederung von Gleichzeitigkeit bei räumlicher Trennung, die in der Montage in sukzessive Einstellungen zerlegt wird, musste dagegen erst erprobt und erlernt werden: »telephone scenes presuppose spectatorial awareness of two spatially separated speakers interacting in real time

14   Dagrada 1990, S. 95.
15   Vgl. Daniel Eschkötter: Irisblende. In: Marius Böttcher u. a. (Hg.): *Wörterbuch kinematografischer Objekte*. Berlin: August-Verlag 2014, S. 68–70.
16   Eine Abbildung aus G. A. Smith' Santa Claus (1898) findet sich in Elsaesser 1990, S. 36. Abbildungen aus Dream of a Rarebit Fiend (1906, Edison) und The Secret of Death Valley (1906, Lubin) sind zu sehen in Charles Musser: *The Emergence of Cinema. The American Screen to 1907*. Berkeley: University of California Press 1994, S. 459 und 480–481.
17   Jan Olsson: Framing Silent Calls: Coming to Cinematographic Terms with Telephony. In: John Fullerton, Jan Olsson (Hg.): *Allegories of Communication. Intermedial Concerns from Cinema to the Digital*. Rom: John Libbey 2004, S. 157–192, hier S. 157.

over the wires, as well as the impact of the time-space blending of filmic editing«.[18] Die Darstellung eines Telefonats in mehreren Teilbildern findet sich schon auf Postkarten Ende des 19. Jahrhunderts und setzt sich in unterschiedlichen Nationalkinematografien in je unterschiedlicher Weise fort. In der bildlichen Darstellung finden sich zunächst oft dreigeteilte Bilder, in der neben den beiden an der Konversation beteiligten Personen der Kanal abgebildet wird, also Kabel oder andere Elemente der technischen Infrastruktur des Telefonwesens, wenn nicht gar die moderne Stadt als Topos der entkörperlichten Kommunikation. Dieses Bildprogramm wird zunächst von Postkarten und anderen Illustrationen bestimmt, im Laufe der Zeit verschwindet im Film das mittlere Teilbild, das den Übertragungsweg zeigt, zunehmend; nur bei Störung, Einmischung oder sonstigen Auffälligkeiten ist es weiterhin zu sehen.[19]

Eine der ersten Verwendungen im Film findet sich in James Williamsons Are you there? (1901), in dem der Effekt der geteilten Bilder nicht durch optische Tricks (Blenden, Masken, Mehrfachbelichtungen) erreicht wird, sondern durch entsprechend gebaute Kulissen.[20] In Zusammenhang mit diesem Film hat Martin Sopocy darauf hingewiesen, dass möglicherweise in der Verwendung von Ton (die Lippenbewegungen der Figuren sind deutlich sichtbar) eine ältere Tradition aus Laterna-Magica-Vorträgen fortdauert, die Spur also zurück in das 19. Jahrhundert führt.[21] Es fragt sich darüber hinaus, ob zeitgenössische Zuschauer diese für uns so offensichtlich gebauten Kulissen als solche wahrgenommen haben oder ob nicht eher die »willing suspension of disbelief« in Kombination mit der Neuheit der Anschauungsobjekte die Skepsis überwogen haben. Denkbar wäre auch, dass hier eher Konventionen aus dem Theater und anderen Unterhaltungsformen in das Kino diffundiert sind, die uns heute nicht mehr auf gleiche Weise präsent sind. Tatsächlich finden sich diese sogenannten »split sets« regelmäßig bis in die frühen 1910er Jahre im US-Kino.[22]

Ein prominentes Beispiel für die ambivalente und offene Gestaltung in der Kombination mehrerer Bilder findet sich in G. A. Smith' Weihnachts-

18   Ebd., S. 158.
19   Ebd., passim.
20   Barry Salt: *Film Style & Technology: History & Analysis*. 2. Auflage. London: Starword 1992, S. 57.
21   Martin Sopocy: A Narrated Cinema. The Pioneer Story Films of James A. Williamson. In: *Cinema Journal* 18/1 (Herbst 1978), S. 1–28, hier S. 10 (»in 1901 we are still not far from lantern showmanship (...) the showman-commentator would [more or less] fit these dialog exchanges to the lip movements of the actors«).
22   Hinweise auf derartige Kulissen finden sich in Keil 2001, S. 106–107, 109, 123, 163, 208.

G.A. Smith:
SANTA CLAUS
(1898)

film SANTA CLAUS (1898). Die erste Einstellung zeigt in einer Halbtotale, wie zwei Kinder in einem viktorianischen Zimmer einen Kamin untersuchen. Als das Kindermädchen sie ins Bett schickt und das Licht löscht, verschwindet alles in der Schwärze bis auf das weiterhin sichtbare Bett, das an der gleichen Stelle stehen bleibt. Technisch wird dies durch einen Ersetzungstrick bewerkstelligt, wie ihn Georges Méliès zu jener Zeit vielfach angewandt hat. Am Ort des Kamins erscheint daraufhin in einem runden Rahmen ein Weihnachtsmann, der zunächst in einen Kamin einsteigt, dann aus dem Schwarz der Wandbespannung hervortritt und Geschenke zurücklässt, die die Kinder nach dem Erwachen finden. Der Film enthält eine fundamentale Ambivalenz, weil das rechte Teilbild entweder zeitliche Simultanität bei räumlicher Trennung (wenn auch Nähe) impliziert, denn der Weihnachtsmann ist auf dem Dach desselben Hauses, oder als subjektiv motiviert verstanden werden kann – dies wäre dann der Traum oder die Vorstellung der Kinder. Mit der Erscheinung des zweiten Teilbilds vor dem schwarzen Hintergrund könnte das physische Hereintreten der Figur gemeint sein, aber auch eine ontologische Verschiebung der Realitätsebenen. Denkbar wäre es auch, die Komposition auf die Geschichte zu beziehen, die den Kindern beim Spielen am Kamin zu Beginn des Films erzählt wurde, wodurch sich eine retroaktive Temporalität eröffnet: Der Splitscreen wäre damit eine Aktualisierung der am Anfang erzählten Geschichte. Vielleicht ist es gerade die Ambivalenz der Kippfigur, die durch diese grafische Gestaltung hervorgerufen wird, die den Splitscreen zu einer Technik macht, die nur für eng begrenzte Fälle eingesetzt werden kann.

Inneres veräußerlicht: Bewusstseinsveränderung und Psychologie

Ein anderes, bekanntes Beispiel ist Edwin S. Porters Dream of a Rarebit Fiend (1906) nach dem Comic von Winsor McCay. Der Film enthält Mehrfachbelichtungen, die schwankende Laternenmasten mit Großstadtszenen überlagern, wie auch Trickaufnahmen, die den Kopf des Betrunkenen im Bett unten und eine Reihe von Teufeln, die seinen Kopf bearbeiten, im oberen Bildteil zeigen. Während das untere Bild naturalistisch als diegetischer Zustand verstanden werden kann (die Hauptfigur liegt im Bett), zeigt das obere entweder einen geistigen Inhalt (also die Vorstellung beziehungsweise den Traum des Betrunkenen) oder einen affektiven Zustand in allegorischer Form (hämmernder Kopfschmerz).[23] Der Film legt sich jedoch nicht fest, wie dies zu verstehen ist, sondern öffnet eine Reihe von Interpretationsmöglichkeiten, die allerdings nicht gleichzeitig gegeben sind. Denkt man an das Vorbild des Films, nämlich McCays grafische Erzählungen, so ist eine weitere Motivation für die Gestaltung in mehrere Bildfenster aufgerufen: Die Unterteilung des Bilds verweist auf das Medium des Comics, der ja auch stets mit der Multiplizität von Bildern auf einer Ebene (Buch- bzw. Heftseite) arbeitet.[24] Das gewichtigere Argument für die Anwendung der Technik liegt aber darin, dass veränderte Wahrnehmung häufig über den Splitscreen dargestellt wird: Träume, Halluzinationen, Rauschzustände oder anderweitig intensivierte Wahrnehmungen (Achterbahn, Großstadtverkehr) zeigen oft eine Bildstruktur, in der in einem Teilbild eine Figur gezeigt wird, in einem anderen, was er/sie vermeintlich fühlt, denkt oder erfährt. Die Multiplikation der Bildfenster und Blickpunkte korrespondiert also etwa mit der Hyperstimulation, die um 1900 der Großstadt zugesprochen wurde.[25]

Im zauberhaften Méliès-Kurzfilm Les affiches en goguettes / Die betrunkenen Plakate (1906) erwachen urbane Plakatbilder zu eigenständigem Leben. Durch die Erscheinung des erotisierten Spektakels (in der Form eines Posters, das »L'amour à credit« verspricht) und das Vorübergehen zweier Betrunkener werden die unterschiedlichen Teilbilder der Wand in Bewegung versetzt. Eine flache Bildfläche verwandelt sich in eine Art Setz-

23 Zwei weitere Beispiele für grafisch ungewöhnliche Splitscreengestaltungen finden sich in Edwin S. Porters Cupid's Pranks (1908) und College Chums (1907).
24 Zur Beziehung von Comic und Film in dieser Periode siehe Drew Morton: Sketching Under the Influence? Winsor McCay and the Question of Aesthetic Convergence Between Comic Strips and Films. In: *Animation: An Interdisciplinary Journal* 5/3 (2010), S. 295–312.
25 Vgl. etwa Leo Charney, Vanessa R. Schwartz (Hg.): *Cinema and the Invention of Modern Life.* Berkeley u.a.: University of California Press 1995.

kasten, aus dem die ehemals zweidimensionalen Bilder nicht nur aktiv hervorschauen, sondern diese Rahmen sogar verlassen und den ehemals autonomen Bildraum davor betreten. In diesem Sinne einer Verschmelzung unterschiedlicher Räume kann der Film auch als eine Allegorie der Zuschauerschaft im Kino angesehen werden: Der Splitscreen, wenn er als Moment der Überschreitung und Begegnung unterschiedlicher, eigentlich ontologisch getrennter Räume eingesetzt wird, ähnelt damit den Rube-Filmen aus dieser Zeit.[26] Diese hatten nicht zuletzt eine Disziplinierung des Publikums zum Ziel, man denke etwa an R. W. Pauls THE COUNTRYMAN AND THE CINEMATOGRAPH (1901) oder an Edwin S. Porters US-Remake UNCLE JOSH AT THE MOVING PICTURE SHOW (1902).[27] Indem die unbewegten Bilder animiert werden und die flache Bildfläche verlassen, stellt der Film die Grundsituation des Kinos als eine der Liminalität und Transgression dar, in der Zweidimensionalität in Dreidimensionalität kippt und umgekehrt. Es ist diese Kippfigur, die für den Splitscreen – und einige andere Kompositionen – charakteristisch ist und gerade in ihrer unauflöslichen Spannung und Ambivalenz stellen diese potenziell eine Bedrohung dar für Darstellungssysteme, die es auf Eindeutigkeit abgesehen haben. Damit ist die »Reversibilität von Figur und Grund [angesprochen, der] ein Vexierspiel zwischen Form und Inhalt entspricht. Eine Variante davon ist das Filmbild, welches man in dem Sinne als Kippfigur verstehen kann, als es gleichermaßen einen Rahmen und ein Fenster bildet.«[28]

Damit ist mit einer solchen Figur nicht länger ein Ausnahmefall der filmischen Darstellung bezeichnet, sondern tatsächlich eine Selbstallegorisierung – oder, in der Sprache der Systemtheorie: der Wiedereintritt der Form in die Form – des Films erreicht. Die grundlegende Operation des Films in der Verbindung von tatsächlichen und imaginären Räumen findet hier einen Ausdruck im Medium selbst. Diese Figuren stellen also die Umkehrbarkeit

---

26   Die Rube-Filme zeigten eine naive Person, die die Herausforderungen der modernen Welt nicht kennt, ein »Landei« also, das der Illusion des Kinos anheimfällt, die Handlungen auf der Leinwand für real hält und dementsprechend handelt, also vor Gefahr davon läuft oder sich attraktiven Dingen annähert.

27   Siehe Thomas Elsaesser: Discipline through Diegesis: The Rube Film between »Attractions« and »Narrative Integration«. In: Wanda Strauven (Hg.): *The Cinema of Attractions Reloaded*. Amsterdam: Amsterdam University Press 2006, S. 205–223 und Wanda Strauven: Early Cinema's Touch(able) Screens: From Uncle Josh to Ali Barbouyou. In: *Necsus – European Journal of Media Studies* 2 (Herbst 2012); online unter der URL: http://www.necsus-ejms.org/early-cinemas-touchable-screens-from-uncle-josh-to-ali-barbouyou/ [letzter Zugriff am 19.2.2016].

28   Hans-Georg von Arburg, Marie Theres Stauffer: Einleitung. In: *Figurationen* 13/2 (2012), S. 7–12, hier S. 10. Sondernummer »Kippfiguren / Figures réversibles«.

von zwei Aspekten, die gleichzeitig präsent sind, aber nicht zur gleichen Zeit gesehen werden können, in den Mittelpunkt. Im Fall des frühen Splitscreens ist dies eben die paradoxe Betrachtersituation im Kino.

Doch kehren wir zum Méliès-Film zurück: Bemerkenswert ist auch, wie Les affiches en goguettes ein Gefühl von Maßstab und Größe entwickelt und vermittelt. Während die meisten Figuren ihre natürliche Größe beibehalten, zeigt ein Teilbild (beziehungsweise Plakat) die Figuren sehr viel kleiner als die anderen. Der Film bezieht sich dergestalt auf die neuen und dynamischen Stadträume, in denen visuelle Spektakel wie Plakatwände mit architektonischen Flächen konkurrierten und korrespondierten. In der zweiten Hälfte des Films verändert sich die recht statische Ausgangssituation zu einer kämpferischen Auseinandersetzung, wenn die Figuren sich überlagern und ihre Position innerhalb der Teilbilder wechseln. Als dann schließlich die Leinwand – im Sinne eines materiellen Objekts, das zwischen zwei unterschiedlichen ontologischen Räumen vermittelt – zusammenbricht, können wir einen Blick hinter die Kulissen werfen. Damit gerät eine andere Markierung und Grenze in den Blick, nämlich ein schmiedeeisernes Tor, hinter dem die widerspenstigen Figuren von den Plakaten sich vor der Polizei verstecken.

Die Technik des Splitscreens wird in diesem Film nicht länger auf einer zweidimensionalen Bildfläche ausgetragen, sondern kippt auf mehreren Ebenen in das Dreidimensionale. Dieser Übergang von einer Dimension zur anderen wird – abgesehen vom Ausgangsmoment – nicht narrativ motiviert, sondern entpuppt sich als *raison d'être* des Films. Anstatt also eine grafische Anordnung oder eine Tricktechnik zu sein, die der Film verwendet, um eine narrative Idee zu illustrieren (wie bei den vorhergehenden Beispielen), sind hier vielfach intern geteilte Bilder der alleinige Zweck des kurzen Films. Der Raum entspricht dabei weder dem frontalen Bühnenraum des frühen Films noch dem durch Mise-en-scène und Montage erfahrbaren szenografischen Raum des Klassischen, sondern es handelt sich stattdessen um einen flexiblen und variablen Raum, der sich immer wieder anders darstellt. Anders jedoch als in den Mind-Game- und Puzzle-Filmen des postklassischen Kinos[29] wird dieser Kippeffekt des Raums, der sich immer wieder anders konfiguriert,

---

29   Vgl. allgemein dazu Thomas Elsaesser: Film als Möglichkeitsform: Vom »post-mortem«-
      Kino zu *mindgame movies*. In: Ders.: *Hollywood heute. Geschichte, Gender und Nation im
      postklassischen Kino*. Berlin: Bertz + Fischer 2009, S. 237–263. Für die Raumentwürfe in
      diesen Filmen vgl. Oliver Schmidt: *Hybride Räume. Filmwelten im Hollywood-Kino der Jahr-
      tausendwende*. Marburg: Schüren 2012. Vgl. auch Warren Buckland (Hg.): *Hollywood
      Puzzle Films*. New York und London: Routledge 2014.

nicht narrativ gerahmt und über die Innenwelten von Figuren motiviert, sondern die Transformationen geschehen unvermittelt und scheinbar ohne eine logische Erklärung. Die unterschiedlichen Ontologien oder Aspekte, so der Wittgenstein'sche Begriff in Bezug auf die unterschiedlichen Ansichten einer Kippfigur,[30] verbleiben einem Chiasmus gleich erhalten, gehen eben nicht auf einer höheren Ebene eine wie auch immer geartete Synthese ein.

Ein vergleichbarer Fall zu Les affiches en goguettes, wenn auch weniger elaboriert, findet sich in Kiss me (1904, American Mutoscope & Biograph),[31] in dem sich innerhalb einer Reihe von Postern mit leicht bekleideten Damen ein tatsächliches Fenster mit einer Frau, die Passanten verführerisch anlächelt, eingeschlichen hat. Während anfangs noch eine Mutter ihre Tochter wegzieht, so gibt sich ein älterer Mann genüsslich der Betrachtung hin, doch auch er wird schließlich von (s)einer Frau gemaßregelt und weggeführt. Deutlich bleibt hier das Vorbild des Rube-Films sichtbar, wobei Plakate die Stelle des Films einnehmen. Jedoch hat sich unter die flächigen Abbildungen eine tatsächliche Person eingereiht, sodass die Interaktion in diesem Fall kein Missverständnis ist, sondern der Tatsache entspricht, dass es diegetisch eine klar erkennbare Differenz zwischen Aussehen und Agieren gibt. Damit ist implizit auch die Andeutung der Prostitution gemacht, also die Transformation einer Frau in eine Ware, die man betrachten und besitzen kann.[32]

Orte verschalten – Suspense und The Lonely Villa

Ein recht bekanntes Beispiel für den Einsatz des Telefon-Splitscreens im Kino des Übergangs findet sich in Lois Webers Film Suspense (1913). Der Film erzählt die Geschichte einer Frau, die allein in einem abgelegenen Haus ist und von einem Einbrecher bedroht wird, der um das Haus schleicht, während ihr Mann zurückeilt, um sie zu retten. Die klimaktische Situation wird in drei Teilbildern mit Ehefrau, Einbrecher und Ehemann am Telefon

30   Ludwig Wittgenstein: Philosophische Untersuchungen [1952]. In: Ders.: *Tractatus logico-philosophicus / Tagebücher 1914–1916 / Philosophische Untersuchungen*. Werkausgabe Band 1. Frankfurt a. M.: Suhrkamp 1984, S. 519 ff.

31   Dieser Film ist online verfügbar unter der URL: https://www.youtube.com/watch?v=SV_IBgeGIPw [letzter Zugriff am 19.2.2016].

32   Zur Nähe von Werbung und filmischer Darstellung in der ersten Hälfte des 20. Jahrhunderts siehe Charles Eckert: The Carole Lombard in Macy's Window. In: *Quarterly Review of Film Studies* 3/1 (Winter 1978), S. 1–21 und Jane Gaines: The Queen Christina Tie-Ups. Convergence of Show Window and Screen. *Quarterly Review of Film and Video* 11/4 (1989), S. 35–60.

Lois Weber:
Suspense (1913)

gezeigt. Webers Film – das hat die existierende Forschung überzeugend gezeigt – geht, wie D. W. Griffith' The Lonely Villa (1909), nicht nur auf dasselbe französische Ausgangsmaterial zurück (Théâtre Grand Guignol, André de Lorde),[33] sondern verdeutlicht auch, dass die Griffith'sche Parallel-montage mit ihren verwickelten Reimen und Rhythmen[34] sehr viel effekti-ver und ökonomischer in Bezug auf die Dramatisierung und Ausdehnung der Suspense ist als die Dreieckskomposition, die Weber einsetzt. Erstaunlich ist jedoch, dass Suspense mehrere Jahre nach Griffith' Film erschien, und davon auszugehen ist, dass Weber diesen kannte. Das Argument der Effekti-vität, das ja stets in Bezug auf die Klassik hervorgebracht wird, scheint hier gar nicht entscheidend zu sein. Es geht stattdessen eher darum zu fragen, welche Argumente zu einer Zeit für den Splitscreen gesprochen haben, als der Filmstil noch nicht vollständig verformelt war. So enthält Suspense nicht nur jene auffällige Dreieckskomposition, sondern eine ganze Reihe anderer expressiver Einstellungen, etwa einen Durchblick durch ein Schlüsselloch mit Maske, Blicke durch Balken hindurch oder einen schon fast grotesk zu nennenden Overhead-Shot, bei dem der Einbrecher seinen Kopf nach oben wendet und direkt in die Kamera blickt. Man könnte diese auffällige Expres-sivität als eine auktoriale Intentionalität sehen, also als barocken Überschuss wie in den Filmen von Orson Welles, aber zugleich heben diese Einstellun-

---

33 Tom Gunning: Heard over the phone: The Lonely Villa and the de Lorde tradition of the terrors of technology. In: *Screen* 32/2 (1991), S. 184–196.

34 Rick Altman: The Lonely Villa and Griffith' Paradigmatic Style. In: *The Quarterly Review of Film Studies* 6/2 (1981), S. 123–134.

gen stets den Akt des Sehens als solchen hervor, stellen die Frage nach der optischen Positionierung und der damit verbundenen geistigen Aktivität. Auf diese Weise rückt die Medialität und die Vermittlungsarbeit des Films in den Vordergrund, während die Einheitlichkeit des Griffith'schen Stils eher die Transparenz des Mediums und die Unsichtbarkeit des Erzählaktes im Sinn hat.

Wie der Splitscreen dennoch im ausgereiften klassischen Film sein (beschränktes) Aufgabengebiet finden konnte, das machen Beispiele aus dem US-Kino der 1920er Jahre deutlich. Die funktionelle Logik der Klassik weist dem Verfahren eine klar umrissene Rolle innerhalb einer generischen Logik zu – neben der Spannung (Thriller, Detektiv- und Kriminalfilme) sind es vor allem Komödien, in denen sich Splitscreens finden. Beide Formen basieren häufig auf Asymmetrien und Ungleichgewichten in der Verteilung von Information. In einer Szene des mittellangen Slapstick-Zweiakters NUMBER PLEASE (1921, Hal Roach / Fred C. Newmeyer) mit Harold Lloyd krönt der Splitscreen eine Szene, in der Harold die Eltern seiner Angebeteten per Telefon zu erreichen sucht. Eine Verbindung mit zwei Anschlüssen kulminiert rasch zu einer babylonischen Kaskade des Missverstehens und der Konfusion. Diese expressive Einstellung ähnelt zwar äußerlich jener in SUSPENSE, ist aber doch ganz anders gerahmt, da hier die klimaktische Verwirrung der Szene verdeutlicht werden soll, nicht die grundlegende Standpunktabhängigkeit eines jeden Wahrnehmungsaktes.

Ein ähnlicher Fall liegt in Buster Keatons letztem Stummfilm, THE CAMERAMAN (1928), vor, in dem Keaton einen glücklosen Kameramann darstellt, dessen kunstvolle Fehler den Produzenten des Films derart erzür-

Hal Roach
und Fred C.
Newmeyer:
NUMBER PLEASE
(1921)

nen, dass dieser ihn schließlich feuert. Unter den großen Komödianten der
Stummfilmperiode war Keaton derjenige, der am meisten mit filmischer
Technik und selbstreflexiven Drehungen operierte. In diesem Film werden
die Mehrfachbelichtungen und Mehrfachbilder als »Fehler« gewertet, die
es um jeden Preis zu vermeiden gilt. Tatsächlich wurden diese Effekte auf-
wändig hergestellt unter Mithilfe der Spezialeffekteabteilung von MGM.
Dennoch sind diese Trickaufnahmen innerhalb der Narration als transgres-
siv und unbedingt zu vermeiden markiert – Transparenz der Technik ist
das oberste Ziel. Dem Publikum wird dabei eine Haltung gegenüber dem
Film nahegelegt, die mit den Rube-Filmen vergleichbar wäre: Den
Zuschauern wird also eine privilegierte Position gegenüber dem Film vorgeschlagen, um ihnen derart eine »richtige« Lesart und ein erwünschtes
Verhalten nahezulegen.

Avantgarde als Residuum des Splitscreens

Zur gleichen Zeit setzten Künstler wie Walter Ruttmann oder Dziga Vertov
in ihren »Großstadtsinfonien« ganz ähnliche visuelle Techniken ein, um
die Erfahrung von Schock, plötzlichen Zusammentreffen und sensorischer
Hyperstimulation zu transportieren. Wiewohl diese avantgardistischen
Filme sich weit vom klassischen Stil entfernen, so hat Michael North doch
vorgeschlagen, Keatons THE CAMERAMAN und Dziga Vertovs CELOVEK S
KINOAPPARATOM / DER MANN MIT DER FILMKAMERA (1929) quasi als inverses
Spiegelbild (also aufeinander bezogen) zu verstehen.[35] Beide wenden ganz
ähnliche Verfahren an, allerdings mit entgegengesetzten Zielen: Während
Vertov die neue Macht der Sichtbarkeit feiert, die der Menschheit durch das
Kino gegeben ist, hat es Keatons Kameramann auf Verständlichkeit und
Transparenz abgesehen. In Vertovs MANN MIT DER FILMKAMERA kippen
Fahrtaufnahmen einer Straßenbahn vertikal entlang einer Mittelachse aus-
einander und verkanten sich gegeneinander, an anderer Stelle schichten
sich Bilder des Großstadtverkehrs horizontal übereinander. Ähnliche Bildkompositionen wie etwa die Überblendung unterschiedlicher Titelseiten
von Zeitungen mit einem typischen Bild der Großstadt finden sich in Walter
Ruttmanns BERLIN, DIE SINFONIE DER GROSSSTADT (1927).

---

35   Michael North: *Machine-Age Comedy*. New York: Oxford University Press 2009, S. 27–52.

Dziga Vertov:
DER MANN
MIT DER KAMERA
(1929)

Walter Rutt-
mann: BERLIN –
DIE SINFONIE DER
GROSSSTADT
(1927)

Nicht zufällig spielt die Großstadt in beiden Filmen eine wichtige Rolle, bot doch die moderne Metropole in den ersten Jahrzehnten des 20. Jahrhunderts die quintessenzielle Erfahrung der aggressiv gesteigerten, das Individuum attackierenden und fragmentierten Wahrnehmung, versehen mit solchen Etiketten wie »Chock« (Walter Benjamin), »Attraktion« (Sergej Eisenstein, Tom Gunning) oder »Übersteigerung des Nervenlebens« (Georg Simmel). Die filmische Übersetzung dieser damals als überwältigend empfundenen Sinnesstimulanz bedurfte außergewöhnlicher Mittel, wie sie der Splitscreen (als ein Mittel unter vielen) bereitstellt, um der Reizüberflutung einen stilistischen Ausdruck zu geben. Darüber hinaus war diese Technik in der Lage, visuelle Tropen der Metropolen wie große Werbeplakate und andere sich überlappende Flächen (durch moderne Architektur oder motorisierte Fahrzeuge) optisch in die Zweidimensionalität des Filmbilds zu übersetzen. Die Gleichzeitigkeit mehrerer ganz unterschiedlicher Dinge, die gleichermaßen die Aufmerksamkeit eines Augenzeugens auf sich ziehen, findet ihre grafische Entsprechung im Splitscreen.

Das wohl bekannteste Beispiel einer Multiplikation der Bilder ist sicherlich Abel Gances monumentaler NAPOLÉON (1927), der den Splitscreen von einer bildinternen Technik zu einem Verfahren umdeutet, das sich physisch-materiell im Vorführungsakt selbst manifestiert, wenn zwei zusätzliche Projektoren links und rechts des projizierten Bilds hinzutreten und so die Bildfläche verdreifachen.[36] In seinem grundsätzlichen technischen Grundriss ähnelt dies der Cinerama-Technologie der 1950er Jahre, die ebenfalls mit drei synchronisierten Projektoren arbeitete. Wie Gance betonte auch Cinerama die enormen Ausmaße durch das Alternieren von gigantischen Panoramen, die den Anschein eines einzigen extrem breiten Bilds erwecken sollten, mit einer Dreiteilung nach Art des Triptychon.

Noch ein weiterer Grund begünstigte den Einsatz des unterteilten Bilds in diesem Kontext: Die Avantgarde hatte sich die Überschreitung herkömmlicher Darstellungsformen, die Erweiterung menschlicher Sinneswahrnehmung wie auch die Überwindung der vorherrschenden sozialen und politischen Ordnung auf die Fahnen geschrieben. Der Splitscreen überwand auch die eingangs angesprochene implizite Einheitlichkeit des Filmraums, die – wie gesagt – dem Film quasi wesenhaft zugeschrieben wurde. Um also das Kino in seinen konventionalisierten Darstellungsformen infrage zu stellen, wollte die Avantgarde nicht nur die herkömmliche Erzählkonstruktion und die schematisierten Figurenentwürfe, die sentimentale Moral und das rückwärtsgewandte Gesellschaftsmodell angreifen, sondern auch das Bild selbst, das einem traditionellen Weltentwurf zugrunde lag, und der daraus folgenden Raumkonzeption.[37]

---

36   Mehr zu dieser Logik siehe Malte Hagener: Jenseits des Kinos. Erweiterte Projektionsdispositive bis 1930. In: Irina Gradinari, Dorit Müller, Johannes Pause (Hg.): *Wissensraum Film*. Wiesbaden: Reichert 2014, S. 121–133. Zu Gances Verwendung dieser Technik siehe Valérie Peseux: *La projection grand spectacle du Cinérama à l'Omnimax*. Paris: Éditions Dujarric 2004, S. 73–83.

37   Ausführlicher hierzu Malte Hagener: *Moving Forward, Looking Back. The European Avantgarde and the Invention of Film Culture, 1919–1939*. Amsterdam: Amsterdam University Press 2007.

In den 1920er Jahren – andere Verwendungen des Splitscreens

Im deutschen Stummfilm der 1920er Jahre sind noch Reste und Überbleibsel einer auffälligen Bildgestaltung sichtbar, die sich noch nicht völlig dem Paradigma des Klassischen angepasst und untergeordnet hat: häufig kreisrunde (Iris-)Blenden und andere Formen der grafischen Hervorhebung. Bei Ernst Lubitsch finden sich solche Öffnungen und Schließungen von Bildern typischerweise am Beginn oder Ende von Szenen, um eine Hauptfigur, einen wichtigen Gegenstand oder den Schauplatz zu akzentuieren. Oft wurden dadurch Umschnitte zwischen *establishing shot* und näheren Ansichten vermieden, die zumindest Anfang der 1920er Jahre im deutschen Kino noch nicht fest etabliert waren.[38] Der entscheidende Unterschied zu späteren Splitscreens besteht in diesen Beispielen aus den frühen Jahren des Films darin, dass die innerhalb eines Gesamtrahmens angeordneten Einzelbilder in der Regel nicht grafisch voneinander getrennt sind, etwa durch Balken oder Ähnliches, sondern häufig nur zwei (oder mehr) Bilder auf schwarzem Grund nebeneinander stehen. Ein Grenzfall ist in Ernst Lubitschs DIE AUSTERN- PRINZESSIN (1919) zu finden – ein Splitscreen präsentiert hier eine Hochzeitsszene, in der drei getrennte Teilbilder mit tanzenden Füßen horizontal übereinander geschichtet sind. Der entscheidende Unterschied zu späteren Splitscreenkompositionen liegt im Mangel an grafischer Unterscheidung zwischen den Bildern, wenn diese einfach nebeneinander auf schwarzem Untergrund präsentiert werden. In dieser Hinsicht ist die Grenze zwischen Mehrfachbelichtung, Überblendung und Splitscreen bis in die 1920er Jahre hinein zumindest in einigen Beispielen noch fließend.

Typisch sind im Stummfilm darüber hinaus die kaleidoskopartigen Vervielfältigungen eines einzelnen Bilds, die in der Regel an die Subjektivität einer Figur und ihre Wahrnehmung gebunden sind. In Fritz Langs METRO- POLIS (1925) ist Maria nicht nur von stechenden Augenpaaren umgeben, sondern auch von den Gesichtern der Arbeiter, die ihrer Rede lauschen. Das monokulare Bild in Zentralperspektive, der Regelfall der Renaissance-Perspektive mit einem einzigen Fluchtpunkt, fällt auseinander, und nicht selten geht damit auch das Zentrum des Bilds verloren, wenn mehrere identische Ansichten umeinander kreisen. In Johannes Guters DER TURM DES SCHWEI- GENS (1925) hält der gefeierte Wüstenforscher Wilfred Durian (Fritz Delius) einen Vortrag vor einem Aviatikerverband, als sein Expeditionspartner Aved

---

38 Siehe dazu Kristin Thompson: *Herr Lubitsch Goes to Hollywood. German and American Film After World War I.* Amsterdam: Amsterdam University Press 2005.

Ernst Lubitsch:
DIE AUSTERNPRINZESSIN
(1919)

Fritz Lang:
METROPOLIS (1927)

Holl (Nigel Barrie), den er tot in der Wüste zurückgelassen zu haben glaubte, plötzlich im Auditorium auftaucht. Die daraus resultierende Ohnmacht Durians wird durch eine kaleidoskopische Vervielfältigung der Ansicht von Holl aus Durians Perspektive illustriert.

Die Technik des Splitscreens war übrigens nicht auf den fiktionalen Film beschränkt, sondern findet sich mindestens ebenso häufig in dokumentarischen Filmformen.[39] So enthält etwa Wilhelm Pragers WEGE ZU KRAFT UND

---

[39] Siehe Klaus Kreimeier: Komplex-starr. Semiologie des Kulturfilms. In: Klaus Kreimeier, Antje Ehmann, Jeanpaul Goergen (Hg.): *Geschichte des dokumentarischen Films in Deutschland. Band 2: Weimarer Republik*. Stuttgart: Reclam 2005, S. 87–119, hier S. 97.

SCHÖNHEIT (1925/26) eine Splitscreenmontage, in der die Enge und Un-menschlichkeit der modernen Großstadt veranschaulicht werden soll.[40]

Fazit

Die Dominanz der monokularen und zentralperspektivischen Logik des klassischen Films schien lange Zeit unzweifelhaft – egal, ob man sie als rechtmäßigen Triumph einer überlegenen (und dem Menschen genetisch mitgegebenen) Ausdrucksform feierte oder die unterdrückerische Natur eines kapitalistisch-patriarchalen Herrschaftsinstruments kritisierte. In jüngster Zeit ist Bewegung in diese Debatte gekommen – der dreidimensionale Film hat die Zentralität und zwangsläufige Logik dieser Bildgestaltung infrage gestellt. Vor diesem Hintergrund erhält auch der Splitscreen, das intern geteilte Bild, eine neue Aktualität, weil sich in ihm stets eine Multiperspektivität manifestiert. Diese Multiperspektivität lässt sich am treffendsten nicht beschreiben als Ambiguität, als ontologischer Pluralismus oder als kognitive Dissonanz,[41] sondern als Kippfigur.

Historisch lässt sich die Verwendung des Splitscreens im Stummfilm grob in zwei Phasen einteilen. In einem ersten Zeitabschnitt bis Mitte der 1910er Jahre wurde die Technik regelmäßig eingesetzt, um zwei entfernte, aber verbundene Orte miteinander in Beziehung zu setzen. Der Nexus zwischen diesen beiden Räumen konnte technologisch vermittelt sein, wie im Fall des Telefons, oder mental und subjektiv, wie bei Träumen oder Halluzinationen. Mit der Durchsetzung des klassischen Systems wurde der Splitscreen zu einem zunehmend seltener eingesetzten Stilmittel. Eine Technik, die ihre eigene Künstlichkeit hervorhebt, erforderte eine starke Motivation, die von Mitte der 1910er bis in die 1960er Jahre vor allem das Telefon darstellte. Diese klare Strukturierung wird jedoch infrage gestellt durch die filmische Avantgarde und das Weimarer Kino, das zwischen einer Anpassung an die Klassik Hollywood'scher Prägung und der Entwicklung einer eigenen Filmsprache oszillierte.

Ohne Zweifel ist die klare und eindeutige Gestaltung von Raum und Zeit im klassischen System eine erhebliche Errungenschaft: »Narrative development demanded the creation of a larger fictional whole assembled from a succession of shots. The individual shot was subordinated to an extended

---

40   Ebd., S. 114.
41   So lauten einige der Kernbegriffe in Buckland 2014.

action in the new multi-shot narratives, with the direct address to the spectator sublated into a vectorized narrative expectation which carried the spectator from shot to shot.«[42]

Doch diese Vereinheitlichung hatte als Preis die Aufgabe der Diversität und den Formenreichtum in Hinblick auf die zeitliche und räumliche Gestaltung des Splitscreens. Die Kohärenz, Transparenz und Verständlichkeit des Klassischen musste sich von den ausgefallenen und innovativen Verwendungen des Splitscreens verabschieden, wie sie sich bis 1920 vielfach finden. Der Splitscreen (wie auch das geteilte und multifokale Bild) ist eine Technik, die in dieser Zeit als eine Art Indikator des Nicht-Klassischen gelten könnte – wegen der ostentativen Vordergründigkeit und ihrer artifiziellen räumlichen Konstruktion passte sie nur in sehr wenigen Fällen in die klassische Continuity-Logik.

Diese Skizze zur Verwendung des Splitscreens könnte auch zu einer Debatte beitragen, die inzwischen etwas abgenutzt erscheint, nämlich jene zwischen der Attraktion und der narrativen Integration. Eine ganze Reihe der vorgestellten Beispiele sind als Kippfiguren verständlich, weil sie einerseits im Dienst der Narration stehen, einen veränderten Bewusstseinsstatus illustrieren wie auch zugleich eine interessante (»attraktive«) Form für die Zuschauer präsentieren. Sie halten diese unterschiedlichen Möglichkeiten als Kippfiguren bereit, also als Aspekte, die angelegt sind, aber nicht gleichzeitig wahrgenommen werden können, sondern nur in der Alternation, im stetigen Wechsel zwischen zwei Zuständen. Wenn Visualität insgesamt die Fähigkeit besitzt, andere Räume, also fremde, exotische, unzugängliche oder historisch entfernte, zu zeigen, die Welt auf andere Art wahrnehmbar zu machen – und das Kino steht hier in einer langen Tradition der Kunst und visuellen Technologie[43] –, so sind die Räume, die uns durch Technologie und Subjektivität eröffnen, nicht minder wichtig. Der Splitscreen bietet gerade für diese speziellen Fälle eine mögliche visuelle Lösung an, die zugleich narrative Evidenz und eine interessante grafische Komposition bietet.

42 Gunning 1991, S. 186.
43 Siehe dazu Victor Stoichita: *Das selbstbewusste Bild: Vom Ursprung der Metamalerei.* München: Fink 1998.

Julian Hanich

Komplexe Tiefeninszenierungen

Über die verborgenen Dimensionen im Filmstil Roy Anderssons[1]

»To create a complex image is infinitely more difficult than telling the same thing using editing. But when one is successful the result is much richer. One saves time and, above all, achieves clarity – clarity of thought – which can sometimes be painfully intense for the viewer.«
(Roy Andersson)[2]

Einführung

Macht sich klein, wer zugibt, auf den Schultern von Riesen stehend einen besseren Überblick zu haben? In diesem Aufsatz folge ich unverblümt dem Vorbild von André Bazin und David Bordwell und ihrer Auseinandersetzung mit tiefenscharfen Plansequenzen und Tiefeninszenierungen. Dabei habe ich drei Ziele im Auge.

Erstens untersuche ich *en détail* den Stil des schwedischen Regisseurs Roy Andersson. Der 1943 in Göteborg geborene Andersson ist vor allem bekannt für seine Filme SÅNGER FRÅN ANDRA VÅNINGEN / SONGS FROM THE SECOND FLOOR (2000), DU LEVANDE / DAS JÜNGSTE GEWITTER (2007) und EN DUVA SATT PÅ EN GREN OCH FUNDERADE PÅ TILLVARON / EINE TAUBE SITZT AUF EINEM ZWEIG UND DENKT ÜBER DAS LEBEN NACH (2014). Darin verzichtet er auf Nahaufnahmen und bevorzugt statische Plansequenzen mit ausgefeilten Bildkompositionen und Tiefeninszenierungen. Der »schwedische Meister

---

1 Der vorliegende Text ist eine überarbeitete und auf den neuesten Stand gebrachte Version eines Aufsatzes, der zuerst auf Englisch in der Zeitschrift *Movie. A Journal of Film Criticism* erschienen ist (Ausgabe 5, 2014). URL: http://www2.warwick.ac.uk/fac/arts/film/movie/contents/complex_staging_the_hidden_dimensions_of_roy_anderssons_aesthetics.pdf [letzter Zugriff am 25.8.2015]. Ich danke Guido Kirsten, Ari Purnama, Anders Marklund sowie den beiden anonymen Gutachtern der Zeitschrift *Movie* für hilfreiche Hinweise. Für die überarbeitete Version haben Julian Blunk, Tina Kaiser, Dietmar Kammerer und Chris Wahl sehr wichtige Anregungen geliefert.
2 Roy Andersson: The Complex Image. In: Mariah Larsson / Anders Marklund (Hg.): *Swedish Film. An Introduction and Reader.* Lund: Nordic Academic Press 2010, S. 274–278, hier S. 275.

der Schärfentiefe«[3] bedient sich dieses Stils, den er in einem listigen Akt der Eigenwerbung als »komplexes Bild« bezeichnet, mit erstaunlicher Beharrlichkeit: in seinen Werbefilmen, in seinen Kurzfilmen und – seit Songs from the Second Floor – auch in seinen Langfilmen.

Zweitens möchte ich einen Beitrag zur Erforschung der Tiefeninszenierung liefern, eines weitgehend übersehenen Stilmittels, das – wie angedeutet – ein wichtiger Baustein in Anderssons Ästhetik ist. David Bordwell hat in seinen Büchern *On the History of Film Style* (1997), *Visual Style in Cinema* (2001) und *Figures Traced in Light* (2005) mehrfach auf die filmische Tiefeninszenierung aufmerksam gemacht. Er hält sie für ein Stilmittel, das im Medium Film zur besonderen Entfaltung kommen kann und unterscheidet sie kategorial von der Bühneninszenierung.[4] Jedoch gesteht auch Bordwell freimütig ein, seine Analysen von Louis Feuillade, Kenji Mizoguchi, Theo Angelopoulos und Hou Hsiao-Hsien erschöpften keineswegs die Vielfalt der Tiefeninszenierung.[5] Ein Blick auf die Filme Roy Anderssons könnte die Forschung zur Tiefeninszenierung fraglos bereichern, denn Andersson wiederholt nicht einfach nur die Inszenierungsstrategien seiner Vorgänger, sondern führt stilistische Innovationen ein und verknüpft diese mit inhaltlichen Zielen. Darüber hinaus haben auch Riesen nicht alles im Blick: Bordwell übersieht in seinen Analysen Aspekte, die der auf den Schultern des Riesen Stehende leichter erkennt. Da sich Bordwell vor allem darauf konzentriert, was *vor der Kamera* zu sehen ist, vernachlässigt er Tiefeninszenierungsstrategien, in denen die *Tonspur* und das *Off* die Wahrnehmung und die Imagination des Zuschauers gleichermaßen ansprechen. Auch wenn ich in diesem Aufsatz auf Anderssons Gebrauch des Tons nicht detailliert eingehen kann, möchte ich doch auf ein paar Punkte aufmerksam machen, die bei Bordwell zu wenig Beachtung finden. Im besten Fall verschränken sich dabei meine beiden erstgenannten Ziele: Anderssons Ästhetik dient meinem Beitrag zur Tiefeninszenierungsforschung – und meine Tiefeninszenierungsanalysen werfen ein Licht auf Andersson, den eigenwilligen Stilisten.

---

3   Roger Clarke: Reasons to Be Cheerful. In: *Sight & Sound* 4 (2008), S. 34–36.
4   Vgl. David Bordwell: *On the History of Film Style*. Cambridge: Harvard University Press 1997; *Visual Style in Cinema. Vier Kapitel Filmgeschichte*. Frankfurt a. M.: Verlag der Autoren 2001; *Figures Traced in Light. On Cinematic Staging*. Cambridge: Harvard University Press 2005, S. 60–63.
5   Bordwell schreibt: »Certainly we could learn from scrutinizing many other filmmakers, from the 1910s masters through Keaton, Dreyer, and Eisenstein and on to Chantal Akerman, Otar Iosseliani, and Béla Tarr. I select my quartet because they both exemplify some typical norms and display some unusual exploitations of them.« Bordwell 2005, S. 9.

Aber warum überhaupt ein Stilmittel wie die Tiefeninszenierung untersuchen? André Bazin, mit dem Andersson erstaunlich viele ästhetische Vorlieben teilt, hat einmal geschrieben: Man verstehe »vielleicht besser, *was* der Film zu sagen versucht, wenn man weiß, *wie* er es sagt.«[6] Wenn Bazin mit der Annahme aus seinem Orson-Welles-Buch Recht hat, dass ein filmischer Stil eine Bedeutung schaffen und auf eine Metaphysik verweisen kann,[7] dann darf man getrost einen genauen Blick auf den Filmstil werfen und die Stilanalyse mit Behauptungen über die Bedeutung verknüpfen. Ein drittes Ziel meines Aufsatzes wird daher sein, eine Antwort auf die Frage zu geben, inwiefern aus der Verflechtung von Anderssons Stil mit dem Inhalt seiner Filme Bedeutung entsteht. Dabei wird sich zeigen, dass Anderssons Tiefeninszenierungen als Teil eines pessimistischen Blicks auf die Einsamkeit unserer modernen Lebenswelt zu sehen sind, in der uns Mitmenschen lediglich als apathische Beobachter begegnen. Gleichzeitig dienen die filmischen Inszenierungen seiner »komplexen Bilder« jedoch einem pädagogischen Ziel, das optimistische Hoffnungen birgt. Durch seinen Stil fordert Andersson seine Zuschauer nämlich heraus, *aufmerksame* Beobachter zu werden: Ganz im Gegensatz zu den Figuren seiner Filme sollen wir Zuschauer die Welt – und damit auch seine Filme – mit besonders wachsamen Augen betrachten.

Da vermutlich nicht jeder Leser mit dem erstaunlichen Auf und Ab in Anderssons Leben als Filmemacher vertraut sein dürfte, will ich den Rest dieser Einleitung dafür nutzen, seine Karriere und die kritische Aufnahme seiner Filme knapp zu umreißen. Seit 1970 hat Andersson fünf Spielfilme gedreht: zunächst den bewegenden und sehr erfolgreichen Coming-of-Age-Film EN KÄRLEKSHISTORIA / EINE SCHWEDISCHE LIEBESGESCHICHTE (1970) sowie den kritisch und kommerziell weitgehend erfolglosen GILIAP (1975). Nach einer 25-jährigen Unterbrechung gewann er im Jahr 2000 für SONGS FROM THE SECOND FLOOR den Großen Preis der Jury in Cannes. Sieben Jahre später hatte der bei den Kritikern sehr erfolgreiche Film DAS JÜNGSTE GEWITTER ebenfalls in Cannes Premiere. Und schließlich gewann Andersson im September 2014 mit dem letzten Teil seiner »Trilogie über das Menschsein« EINE TAUBE SITZT AUF EINEM ZWEIG den Goldenen Löwen

6   André Bazin: Die Entwicklung der Filmsprache. In: *Was ist Film?*. 2. Auflage. Berlin: Alexander Verlag 2009, S. 90–109, hier S. 97 (Hervorhebung im Original). Andersson hat seine Nähe zu Bazins Ästhetik selbst betont: »I was not aware of [Bazin's] film theoretical writings until about fifteen years ago. When I read Bazin I understood that he reasoned in the same way as I did.« Andersson 2010, S. 274.
7   Vgl. André Bazin: *Orson Welles*. Wetzlar: Verlag Büchse der Pandora 1980 [frz. Orig. 1958], S. 133.

beim Filmfestival in Venedig. Nun ist es aber keineswegs so, dass Andersson in den 25 Jahren zwischen seinem zweiten und dritten Spielfilm das Filmemachen aufgegeben hätte. Neben einer Reihe beeindruckender Kurzfilme wie NÅGONTING HAR HÄNT / SOMETHING HAPPENED (1987) und HÄRLIG ÄR JORDEN / WORLD OF GLORY (1991) drehte er mehr als 400 Werbefilme. Die meisten von ihnen sind »one-shot commercials«, wie er sie selbst nennt, für Kunden wie Kodak, Volvo, Clearasil, Citroën, Air France, McDonald's und Schwedens Sozialdemokraten.[8]

Dabei gehört Andersson zu jener Sorte von Regisseuren, deren Einfallsreichtum die Kritiker zu überfordern scheint. Um seine Originalität in den Griff zu bekommen, suchen sie nach Vorbildern und ergehen sich in Vergleichen. So wurde er abwechselnd als »eine Art dystopischer Tati« (David Bordwell), als »nordischer Buñuel« (*Première*) oder als extreme Ausgabe Aki Kaurismäkis (Marc Saint-Cyr) bezeichnet. Auch Federico Fellini wird häufig als Einfluss angeführt, nicht zuletzt von Andersson selbst. Darüber hinaus gibt es Vergleiche mit den Malern René Magritte und Balthus, dem flämischen Altmeister Pieter Bruegel dem Älteren und dem amerikanischen Realisten Edward Hopper. Andersson selbst behauptet: »My most important source of inspiration is painting and its history, and photo history as well. I'm very fond of all periods in art history, though there are some periods that I appreciate more. For example, expressionism.«[9] Zu den Künstlern, die er namentlich als Inspirationsquelle genannt hat, gehören Otto Dix, Honoré Daumier und Ilya Repin.[10] Sein jüngster Film EINE TAUBE SITZT AUF EINEM ZWEIG bezieht

8   Eine Analyse von Anderssons zweitem Werbeclip für die sozialdemokratische Partei Schwedens aus dem Jahr 1988 findet sich in Jan Holmberg: Kan vi bry oss om varanda?/ Can We Bother About Each Other? In: Tytti Soila (Hg.): *The Cinema of Scandinavia*. London: Wallflower 2005, S. 190–200. Das Zitat über die »one-shot commercials« stammt aus einem Radiointerview. Vgl. URL: http://www.youtube.com/watch?v=PBJkwukLAGQ [letzter Zugriff am 25.8.2015]. Allerdings kommen nicht alle Werbefilme Anderssons ohne Schnitt aus. Manchmal arbeitet er mit zeitlichen Ellipsen, um einen komischen Effekt dadurch zu erzielen, dass er ein Zuvor und Danach gegenüberstellt – zum Beispiel in seinem Werbeclip für die schwedische Post. URL: http://youtu.be/6jg4VTW3y9Y?t = 6m46s [letzter Zugriff am 25.8.2015].

9   Vgl. Ignatiy Vishnevetsky: Figurative and Abstract: An Interview with Roy Andersson (2009). URL: https://mubi.com/notebook/posts/figurative-and-abstract-an-interview-with-roy-andersson [letzter Zugriff am 13.12.2014].

10   Repins Einfluss kann man am deutlichsten daran ablesen, wie Andersson Innenräume arrangiert. Zum Vergleich bieten sich Repin-Interieurs wie *Arrest of the Propagandist* (1880–1892), *They Did Not Expect Him / The Unexpected* (1884–1888) oder *They Did Not Expect Her* (1883) an. Siehe dazu die Farbreproduktionen in David Jackson: *The Russian Vision. The Art of Ilya Repin*. Schoten: BAI 2006, S. 145, 148/149 und 150. Interessanterweise hat Bordwell mehrfach auf Repin als ein Beispiel für die Tradition der Tiefeninszenierung in der Kunstgeschichte hingewiesen. Vgl. Bordwell 2001, S. 14–15, und die URL: http://www.davidbordwell.net/blog/2011/02/06/the-eyes-mind/ [letzter Zugriff am 25.8.2015].

sich zudem auf das berühmte Gemälde *Die Jäger im Schnee* (1565) von Pieter Bruegel dem Älteren.[11] Stilistisch lehnt er sich in dem Film aber auch an deutsche Künstler der Neuen Sachlichkeit aus den 1920er Jahren an: Hier nennt er namentlich die Maler Karl Hofer, Felix Nussbaum und Georg Scholz sowie den Fotografen August Sander.[12]

Angesichts der stilistischen Brillanz Anderssons erstaunt es, wie spärlich die wissenschaftliche Auseinandersetzung mit seinen Filmen bislang verlief. Sicher: In manchen Aufsätzen wird er mit Künstlern wie Bruegel oder dem peruanischen Dichter César Vallejo zusammengebracht.[13] Andere Forscher legen ihren Schwerpunkt auf den Surrealismus oder die religiösen Bezüge in Anderssons Filmen.[14] Doch eine tiefer gehende Untersuchung seines auffälligen Filmstils gibt es meines Wissens bisher nicht.[15]

Der Visuelle Stil Roy Anderssons[16]

Wie aber lässt sich dieser Filmstil beschreiben, ein Stil, der neben dem eines anderen Anders(s)ons – Wes Anderson – sicherlich zu jenen mit dem größten Wiedererkennungseffekt im gegenwärtigen Weltkino gehört? Andersson ver-

---

11 In der englischsprachigen Originalfassung dieses Aufsatzes habe ich das Gemälde versehentlich Jan Bruegel dem Älteren zugeordnet.

12 Vgl. URL: http://www.royandersson.com/pigeon/ [letzter Zugriff am 25.8.2015].

13 Vgl. Christopher Mildren: Spectator Strategies, Satire and European Identity in the Cinema of Roy Andersson via the Paintings of Pieter Bruegel the Elder. In: *Studies in European Cinema* 2–3 (September 2013), S. 147–155; Ursula Lindqvist: Roy Andersson's Cinematic Poetry and the Spectre of César Vallejo. In: *Scandinavian-Canadian Studies* 19 (2010), S. 200–229. Andersson hat Vallejo seinen Film Songs From the Second Floor gewidmet.

14 Vgl. Michael Lommel: Die Erkaltung der Restwärme. Surreale Milleniumsbilder in Songs From the Second Floor. In: Michael Lommel, Isabel Maurer Quiepo, Volker Roloff (Hg.): *Surrealismus und Film. Von Fellini bis Lynch*. Bielefeld: Transcript 2008. S. 223–238; Reinhold Zwick: The Apocalypse of Andersson. Biblical Echoes in Songs From the Second Floor (1999). In: David Shepher (Hg.): *Images of the Word: Hollywood's Bible and Beyond*. Atlanta: Society of Biblical Literature 2008, S. 97–112; Kevin Cryderman: The Beatitudes of Everyday Life: the Jesus Archetype and the Paralysis of Historical Imagination in Roy Andersson's Songs from the Second Floor. In: Kenneth R. Morefield (Hg.): *Faith and Spirituality in Masters of World Cinema: Volume II*. Newcastle upon Tyne: Cambridge Scholars Publishing 2011, S. 195–211.

15 Da ich kein Schwedisch spreche, kann ich die Forschungslage in Schweden und anderen skandinavischen Ländern nicht einschätzen. Mein schwedischer Kollege Anders Marklund von der Universität Lund hat mir jedoch freundlicherweise eine Bibliografie mit skandinavischen Texten zusammengestellt, die auf Andersson Bezug nehmen. Diese Liste umfasst keine wissenschaftlichen Artikel, die sich näher mit Anderssons Filmstil beschäftigen. Eine Ausnahme bilden lediglich drei Bachelor- und Masterabschlussarbeiten, in denen ästhetische Fragen und der Begriff des »komplexen Bildes« eine Rolle spielen.

16 Aus Platzgründen und aufgrund mangelnder Tonexpertise konzentriere ich mich vorwiegend auf die visuellen Elemente von Anderssons Stil. Damit ist jedoch keineswegs ein

Roy Andersson: Songs From the Second Floor und Das jüngste Gewitter

zichtet durchwegs auf Teleobjektive und arbeitet stattdessen mit Weitwinkel-objektiven (meist mit einer Brennweite von 16mm), die ihm Einstellungen von großer Schärfentiefe ermöglichen.[17] Häufig sind diese tiefenscharfen Ein-

Urteil über die vermeintlich mangelnde Bedeutung der drei Tonelemente Dialog, Musik und Geräusche in Anderssons Filmen getroffen.

17   Eine Taube sitzt auf einem Zweig ist der erste Film, den Andersson digital gedreht hat. Mit Blick auf seine tiefenscharfen Kompositionen erkennt Andersson einen Vorteil des

stellungen so arrangiert, dass sie in Dreiecksform auf den Fluchtpunkt zulaufen; nicht selten bevorzugt Andersson aber auch Bildkompositionen mit Zweipunktperspektive, durch die im Bild eine Art Raute entsteht (siehe die Abbildungen auf der vorherigen Seite). In Anlehnung an den Kunsthistoriker Heinrich Wölfflin bezeichnet Bordwell diese Art von Einstellung als »recessive composition«: Die Figuren und der architektonische Raum laufen *diagonal* auf den Hintergrund zu.[18]

Um die Schärfentiefe durch verschiedene Bildebenen zu akzentuieren, setzt Andersson zusätzlich auf Rahmungen innerhalb des Bildes wie Tür- und Fensterrahmen. Bordwell spricht in diesem Zusammenhang auch von »aperture framing« (siehe die Abbildungen auf der folgenden Seite).[19] Seit Das JÜNGSTE GEWITTER finden sich jedoch auch Tendenzen, die Aufmerksamkeitszentren nicht nur in die Tiefe, sondern zugleich *horizontal* zu arrangieren. Für die Zuschauer bedeutet das, von einem Bildelement zum anderen zu »schwenken«, der Komposition also mit den Augen von links nach rechts zu folgen oder gar den Kopf bewegen zu müssen. Wiederum Wölfflin folgend nennt Bordwell diese Art der Bildkomposition »planimetrisch«: »The camera stands perpendicular to a rear surface, usually a wall. The characters are strung across the frame like clothes on a line. Sometimes they're facing us, so the image looks like people in a police lineup. Sometimes the figures are in profile, usually for the sake of conversation, but just as often they talk while facing front,« so Bordwell.[20] Dieser planimetrische Stil – wie man ihn beispielsweise aus Wes Andersons MOONRISE KINGDOM (2012) oder Takeshi Kitanos SONATINE (1993) kennt – beinhaltet eine rechteckige Anordnung mit flachem Hintergrund. Die Figuren sind dabei gerade nicht entlang sich verjüngender Diagonalen angeordnet. Anderssons horizontale Kompositionen stellen jedoch keine prototypischen Beispiele für den planimetrischen Stil dar. Vielleicht sollte man in seinem Fall eher von *planimetrischen Schichtungen* sprechen. Das würde der Tatsache Rechnung tragen, dass Andersson selbst in seinen horizontal arrangierten Bildern immer noch in die Tiefe inszeniert.

digitalen Materials gegenüber dem analogen: »Früher war ich besorgter um die Schärfe im Hintergrund. Ich bin ein Fan von Tiefenschärfe und von Tiefe, und mit einer Digitalkamera ist es möglich, in der gesamten Einstellung Schärfe zu haben, was ich erstaunlich finde.« Zitiert aus dem offiziellen Presseheft des deutschen Verleihs Neue Visionen, das heruntergeladen werden kann unter der URL: www.neuevisionen.de/download/EineTaubeSitzt-Presseheft.pdf [letzter Zugriff am 25.8.2015].

18   Bordwell 2005, S. 166–167.
19   Ebd., 2005, S. 160–161.
20   URL: http://www.davidbordwell.net/blog/2007/01/16/shot-consciousness/   [letzter Zugriff am 25.8.2015].

Julian Hanich

Roy Andersson:
EINE TAUBE SITZT AUF
EINEM ZWEIG und
DAS JÜNGSTE GEWITTER

Darüber hinaus gehört zu den Merkmalen von Anderssons Bildkompositionen, dass sie oft sehr frontal angeordnet sind: Er konfrontiert uns gerne
mit Figuren, die direkt in die Kamera *blicken* und dabei den Zuschauer zu
fixieren scheinen. Gelegentlich gibt es sogar Figuren, die in die Kamera
sprechen (siehe die Abbildungen auf der folgenden Seite): in DAS JÜNGSTE
GEWITTER beispielsweise einen im Stau stecken gebliebenen Bauarbeiter und
eine verliebte junge Frau in einer Bar, die Träume aus der vorangegangenen
Nacht erzählen; und in EINE TAUBE SITZT AUF EINEM ZWEIG einen ehemaligen Fährkapitän in einem Friseurladen, einen vom Regen durchweichten

Roy Andersson: SONGS FROM THE SECOND FLOOR und DAS JÜNGSTE GEWITTER

Offizier in einer Bar und einen Käsehändler, der vor seinem Geschäft Zigarre raucht. Bei diesen *frontalen* Inszenierungen handelt es sich um typische Beispiele dessen, was der Kunsthistoriker und Fotografiekritiker Michael Fried als *Theatralität* bezeichnen würde.[21] Gelegentlich bevorzugt Andersson auch

21   Zu den Begriffen »theatricality« und »absorption« vgl. Michael Fried: *Absorption and Theatricality. Painting and the Beholder in the Age of Diderot.* Chicago: Chicago University Press

307

Roy Andersson: Das jüngste Gewitter

»anti-theatralische« Inszenierungen, in denen die vom Zuschauer abgewen-
deten und in eine Handlung vertieften Figuren von hinten gefilmt sind
(siehe oben).[22] Bei diesen *rückseitigen* Inszenierungen handelt es sich um Bei-

1980. Zur direkten Kamera-Adressierung im Film siehe zuletzt Tom Brown: *Breaking the Fourth Wall. Direct Address in the Cinema.* Edinburgh: Edinburgh University Press 2012.

22 Zu diesem Motiv vgl. auch Guido Kirsten: Zur Rückenfigur im Spielfilm. In: *Montage AV* 2 (2011), S. 103–124.

spiele für die Fried'sche Kategorie der *Absorption*. In diesem Fall scheint die Kamera – und mithin der Betrachter – von den Figuren unbemerkt zu bleiben. Diese Norm des kommerziellen Kinos findet sich jedoch deutlich seltener in Anderssons Werk.

Interessanterweise bedient sich Andersson gelegentlich auch einer Mischform, in der sich die rückseitige Inszenierung in eine frontale Inszenierung verkehrt. Anfänglich von hinten gefilmte Figuren scheinen sich irgendwann bewusst zu werden, dass sie von irgend*jemandem* – oder von irgend*etwas*, wie der Kamera – beobachtet werden. Sie drehen sich daraufhin um und blicken frontal in die Kamera. Man denke nur an die erste Szene aus DAS JÜNGSTE GEWITTER. Darin sieht man einen Mann, der auf einer Couch schläft. Als ein Zug vor dem Fenster vorbeirattert, schreckt er aus dem Schlaf hoch, schaut aus dem Fenster und sieht dann in die Kamera (siehe die Abbildungen auf der folgenden Seite). Oder nehmen wir den erschütternden Anfang aus dem Kurzfilm WORLD OF GLORY, einer Szene voller Anspielungen auf die Holocaust-Deportationen: Hier dreht sich die am nächsten stehende Figur um und blickt über die Schulter in Richtung Kamera (ähnlich wie sechs Jahre später der von Arno Frisch gespielte Verbrecher in Michael Hanekes FUNNY GAMES [1997]).

Des Weiteren zeichnen sich Anderssons Filme durch ein weitgehendes Fehlen von Bewegung aus. Das gilt zunächst einmal für die Mise-en-scène: Wenn sich die Figuren überhaupt bewegen, tun sie das nur sehr langsam. Dadurch wird jegliche Form von Körperbewegung – das Zur-Seite-Neigen, Sich-Umdrehen oder Kopf-Bewegen – besonders auffällig. Auch die Kamera bleibt beinahe komplett statisch. Tatsächlich sind Anderssons zahllose Studiobauten – er vermeidet Außenaufnahmen so weit es geht – derart minutiös gefertigt, dass ihr Konstruktcharakter selbst von geringen Kamerabewegungen entblößt zu werden droht. In SONGS FROM THE SECOND FLOOR gibt es lediglich zwei Rückwärtsfahrten, eine davon aus einem Auto heraus. In DAS JÜNGSTE GEWITTER durchbricht Andersson seinen Tableaustil etwas häufiger mit langsamen Vorwärts- und Rückwärtsfahrten, die gelegentlich mit minimalen Schwenks verbunden sind. Mit EINE TAUBE SITZT AUF EINEM ZWEIG beschränkt er sich wieder radikal: Die einzige Kamerabewegung (ein leichter Schwenk nach rechts) findet sich in jener ausgefeilten surrealen Plansequenz von zehn Minuten und 40 Sekunden Länge, die König Karl XII. vor seinem Feldzug gegen die Russen beim Haltmachen in einer modernen schwedischen Bar zeigt. Doch diese Bewegungen sind lediglich minimale Zugeständnisse: Andersson betont, seine Kamera nur dann zu bewegen, wenn er das Gewünschte nicht mit statischen Einstellungen ausdrücken kann: »When you have tried to get all values out of [the static scene], then you can maybe

Roy Andersson: DAS JÜNGSTE GEWITTER

start to move.«[23] Eine langsame Kamerabewegung ist dabei wiederum einem Schnitt vorzuziehen.

Folglich gehört der Verzicht auf analytische oder synthetische Montageformen ebenfalls zu den Kennzeichen von Anderssons Stil (Roger Clarke

23   Vgl. den Audiokommentar auf der DVD von YOU, THE LIVING.

behauptet, in SONGS FROM THE SECOND FLOOR fänden sich lediglich 45 Schnitte; Andersson selbst sagt, EINE TAUBE SITZT AUF EINEM ZWEIG setze sich aus 39 Einstellungen zusammen).[24] Der Großteil von Anderssons Sequenzen besteht aus einer einzigen Einstellung. Nur selten gibt es Sequenzen, in denen zwei Einstellungen durch einen Schnitt verbunden sind. Zu den wenigen Ausnahmen gehört eine Sequenz aus DAS JÜNGSTE GEWITTER, in der eine Grundschullehrerin einen Nervenzusammenbruch erleidet, und man sie sowohl vor ihren Schülern als auch im Gang vor dem Klassenzimmer weinen sieht (siehe die Abbildungen auf der folgenden Seite). Das Fehlen von Figuren- und Kamerabewegungen sowie die auffällige Länge der Einstellungen machen Anderssons Filme zu einem Paradebeispiel für das, was Kritiker als *slow cinema* oder *contemporary contemplative cinema* bezeichnet haben.[25]

Zu guter Letzt verzichtet Andersson auch noch auf Nahaufnahmen (zumindest in seinen Filmen seit den 1980er Jahren). Andersson zufolge sind Nahaufnahmen unzureichend für die Beschreibung der mentalen Zustände seiner Figuren und ihrer Beziehung zur Welt: »The wide shot defines the human being more than the close-up because, for example, the room where the person is tells about his tastes, his life.«[26] Die Art und Weise zu vermitteln, wie sich eine Person im Raum positioniert, ist Andersson so wichtig, dass er dafür den Schnitt als ästhetisches Mittel ausschließt: »This important component should [...] – preferably – not be cut to pieces with the result that the relationship between a person and the room and its contents is rendered unclear or unintelligible.«[27] Stattdessen vertraut Andersson auf akribisch arrangierte Plansequenzen, die er in seinem Buch *Vår tids rädsla för allvar* (1995) als »das komplexe Bild« bezeichnet – ein Begriff, den ich im folgenden Abschnitt genauer erläutern werde.[28]

---

24   Clarke 2008, o. S. Das Andersson-Zitat findet sich auf der Webseite von EINE TAUBE SITZT AUF EINEM ZWEIG, vgl. URL: http://www.einetaube.de/ [letzter Zugriff am 25.8.2015].

25   In Harry Tuttles »contemporary contemplative cinema auteurs directory« wird Andersson neben üblichen Verdächtigen wie Béla Tarr, Apichatpong Weerasethakul, Pedro Costa, Lav Diaz oder Aleksandr Sokurov angeführt. Vgl. URL: http://unspokencinema.blogspot.nl/p/blog-page.html [letzter Zugriff am 25.8.2015].

26   Vgl. Vishnevetsky 2009.

27   Andersson 2010, S. 275.

28   Roy Andersson: *Vår tids rädsla för allvar*. Revised Edition. Stockholm: Studio 24 Distribution / Filmkonst 2009 [1995]. Eine kurze Analyse der sozialen und politischen Konsequenzen von Anderssons Stil findet sich in: Dagmar Brunow: The Language of the Complex Image: Roy Andersson's Political Aesthetics. In: *Journal of Scandinavian Cinema* 1 (2010), S. 83–86.

Roy Andersson: Das jüngste Gewitter

Das komplexe Bild: Entstehen, Verstehen, Fortbestehen

Was genau meint Andersson, wenn er von »komplexen Bildern« spricht, jenen typischen, in die Tiefe inszenierten Plansequenzen mit hoher Schärfentiefe? Andersson zufolge sind Bilder dann komplex, wenn sie (a) künstlerisch schwer herzustellen sind, (b) eine höhere Herausforderung an das

Zuschauerverständnis darstellen und (c) einen stärkeren und länger anhaltenden Effekt auf den Betrachter haben. Man könnte daher von einer dreifachen
Komplexität des Entstehens, Verstehens und Fortbestehens sprechen.

1. Die Komplexität des *Entstehens*. Im Zitat, das ich diesem Aufsatz vorangestellt habe, behauptet Andersson: Eine Szene, die auf einem komplexen
Bild basiere, sei unendlich viel schwerer zu drehen, als eine Szene, die mit
Schnitten operiere. Das ist allenfalls eine leichte Übertreibung, wenn man
bedenkt, dass Andersson manchmal mehrere Monate an einer einzigen Einstellung arbeitet. Und die Behauptung klingt noch weniger übertrieben,
wenn man sich das enorme künstlerische Geschick vor Augen führt, das
dieser Stil dem Filmemacher in Fragen der visuellen Komposition und der
Schauspielerinszenierung abverlangt (wie ich hoffentlich in meiner Analyse
weiter unten zu zeigen vermag). Für Andersson stellt das komplexe Bild auch
deshalb eine überlegene Bildform dar, weil es eine ästhetisch zu bevorzu-
gende Konzentration auf wenige stilistische Mittel mit sich bringt: »I can
find no reason to communicate something in several images if it can be done
in one,«[29] schreibt er. Mit Hinweis auf Bazin betont Andersson, dass es für
ihn keinen Grund zu schneiden gebe: Die Elemente des Bildes würden
innerhalb einer Einstellung aufeinandertreffen und dabei Bedeutung auch
ohne Montage schaffen.

2. Die zweite Form der Komplexität – die Komplexität des *Verstehens* – hat
damit zu tun, dass Anderssons langen und in die Tiefe inszenierten Einstellungen mit großer Schärfentiefe die Wahlmöglichkeiten des Betrachters
erhöhen: Der Zuschauer kann selbst entscheiden, was er betrachten und was
er ignorieren möchte. Gleichzeitig bedeutet es jedoch auch, dass die komplexen Bilder anspruchsvoller werden, da der Zuschauer die Einstellungen selbst
analysieren muss und nicht auf Interpretationen vertrauen kann, wie sie die
klassische analytische Montage nahelegt.[30] Andersson schreibt: »the artist
allows the viewer to decide for himself what is important in the image. Bazin
maintained, and I fully share this view, that this stimulates the viewer's emo-
tions and intellect much more effectively.«[31] Seine Filme ermuntern daher

---

29   Andersson 2010, S. 275.
30   Vgl. ebd. Es bleibt allerdings vage, was Andersson mit seiner Aussage über die größere
     »Klarheit des Gedankens« (*clarity of thought*) meint (siehe das Zitat, das diesem Aufsatz
     vorangestellt ist). Denn was Andersson im Folgenden über die Aktivität des Zuschauers
     und die Notwendigkeit des Mehrfachbetrachtens sagt, scheint einer Klarheit des Gedan-
     kens zu widersprechen, zumindest wenn man diese als das Gegenteil von Mehrdeutigkeit
     versteht.
31   Ebd. Genau genommen äußert sich Bazin nicht über die Emotionen des Zuschauers, son-
     dern lediglich über dessen »aktiveres Mitdenken«. Vgl. Bazin 2009, S. 103.

zur mehrfachen Betrachtung – was im Übrigen ein erklärtes Ziel Anderssons ist. Das Bild soll Inhalt und Aussage nicht einfach ausstellen, sondern ein mehrfaches Sehen sowohl einfordern als auch belohnen: »you can also overdo things and make it very clear and obvious, so you can immediately see what's happening. Sometimes, I think, it's better that you not *really* capture it, but next time you will see it,«[32] so Andersson. Der schwedische Regisseur glaubt, sogar die statischen Bilder der Malerei und der Fotografie könnten so vollgepackt mit Informationen sein, dass sie ihr Publikum zum Wiederbetrachten drängen: »That's also why I prefer to have the camera [...] fixed: because there are still many things to pick up from a very simple framing with fixed camera – like in painting.«[33]

3. Das bringt uns zur dritten Form der Komplexität, die man aus Anderssons Text über das komplexe Bild herauslesen kann: die Komplexität des *Fortbestehens* ihrer Wirkung. Da seine Szenen »always provoking« seien und dabei oft eine Wirkung beim Zuschauer hinterließen, die als »painfully intense« beschrieben werden kann, seien sie nur schwer abzuschütteln: »it is exactly this complexity that modern people seem to be afraid of: the experience lingers, one cannot leave it behind.«[34] Es versteht sich von selbst, dass es Andersson auf genau diese psychologischen Effekte abgesehen hat.

Auch wenn alle drei Typen der Komplexität eine vertiefte Diskussion verdienten, werde ich mich hier nur auf den zweiten Typus beschränken. Genauer gesagt werde ich zu zeigen versuchen, wie eine stilistische Analyse von Anderssons Tiefeninszenierungsstrategien seinen Behauptungen über die erhöhten Ansprüche an das Verständnis des komplexen Bildes Gewicht verleihen kann.

Anderssons komplexe Tiefeninszenierungen

Betrachten wir daher seine tiefenscharfen Tiefeninszenierungsstrategien etwas genauer. Wie wir bereits gesehen haben, arrangiert Andersson die Aufmerksamkeitszentren in die Tiefe des Raumes hinein. Aufgrund der hohen Schärfentiefe ist es für ihn dabei nicht notwendig, auf Schärfenverla-

32   Audiokommentar auf der DVD von Songs From the Second Floor.
33   Ebd. Angesichts von Anderssons Vorliebe für Malerei könnte man allerdings die Frage aufwerfen, als welchen Typus von Regisseur Bazin ihn bezeichnet hätte: als einen Regisseur, der an die *Bilder*, oder als einen, der an die *Realität* glaubt? In Anderssons Fall gäbe es sicher Argumente für beide Kategorien. Vgl. Bazin 2009, S. 91 ff.
34   Andersson 2010, S. 277.

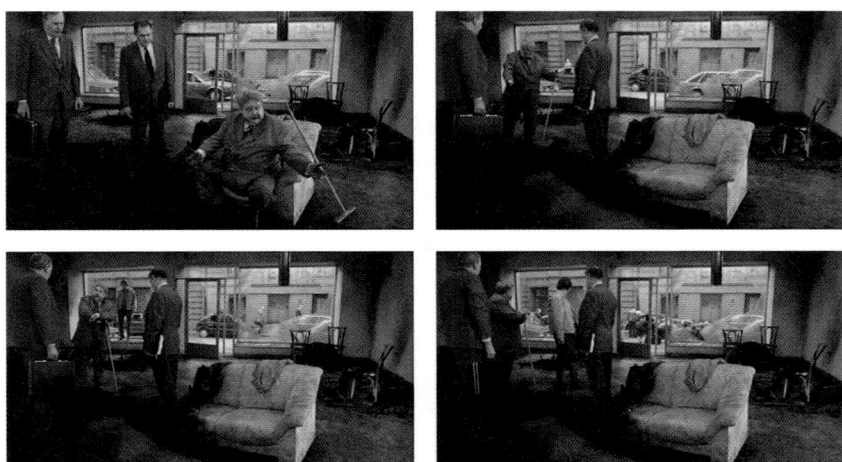

Roy Andersson: SONGS FROM THE SECOND FLOOR

gerungen zurückzugreifen. Für den Zuschauer hat dies zur Folge, dass er gleichsam *mental* »schärfenverlagern« muss, wenn er seine Aufmerksamkeit von einer Ebene des Bildes zur nächsten verschiebt. Bazin betont, eine Ästhetik der langen, tiefenscharfen Einstellungen setze für den Zuschauer »ein aktiveres Mitdenken voraus, fordert sogar einen aktiven Beitrag des Zuschauers zur Mise-en-scène. Während er bei der analytischen Montage sich nur der Führung überlassen muss und seine eigene Aufmerksamkeit in der des Regisseurs aufgeht, der für ihn auswählt, was er sehen soll, ist hier ein Minimum an persönlicher Auswahl erforderlich.«[35]

Andersson verkompliziert seine Einstellungen häufig dadurch, dass er nach und nach immer mehr Ebenen des Bildes im Vorder-, Mittel- und Hintergrund ins Spiel bringt. Da wir uns als Zuschauer folglich nie sicher sein können, welche Teile des Bildes unsere Aufmerksamkeit beanspruchen sollen, müssen wir den Einstellungen mit besonderer Wachsamkeit begegnen. Ein gutes Beispiel für diese Tiefeninszenierungsstrategie findet sich in einer Szene aus SONGS FROM THE SECOND FLOOR. Darin trifft ein Ladenbesitzer in den niedergebrannten Überbleibseln seines Geschäfts auf zwei Versicherungsangestellte (siehe die Abbildungen oben). Am Anfang der Einstellung liegt das Aufmerksamkeitszentrum im Vordergrund, wo sich die drei Männer im Gespräch befinden, während im Hintergrund lediglich der all-

---

35   Bazin 2009, S. 103.

tägliche Straßenverkehr vorübergleitet. Doch dann schieben sich im Hintergrund Passanten auf dem Bürgersteig ins Bild, die links in das Off blicken.
Damit ziehen sie nicht nur unsere Aufmerksamkeit auf sich, sondern werfen auch die Frage auf, was es dort im Off zu sehen gibt. Etwas später betritt
ein vierter Mann – der Sohn des Ladenbesitzers – das Geschäft durch das
zerbrochene Schaufenster und aktiviert somit den Mittelgrund als Aufmerksamkeitszentrum. Und schließlich sehen wir auf der Straße eine seltsame
Prozession auf Knien robbender Manager vorbeiziehen, die sich peitschen,
als wären sie mittelalterliche Mönche. Nun sind natürlich nicht alle Bildebenen immer gleichzeitig aktiviert, häufig streiten jedoch zumindest zwei Ebe-

Roy Andersson:
SONGS FROM THE SECOND
FLOOR

nen um unsere Aufmerksamkeit. Um keine wichtigen Details zu übersehen, sollten wir daher immer alle Bildebenen im Auge behalten.

Ein ähnliches Argument ließe sich für eine Taxiszene aus SONGS FROM THE SECOND FLOOR machen, die ebenfalls hohe Ansprüche an die Wahrnehmungsfähigkeit des Zuschauers stellt (siehe die Abbildungen auf der vorherigen Seite). Darin sehen wir frontal in den Innenraum eines sich langsam durch den verstopften Straßenverkehr arbeitenden Taxis. Durch die Fenster des Fahrzeugs geraten nach und nach immer mehr Details aus der Umgebung in den Blick. Obwohl nur schwer zu erkennen, ist der Außenraum beinahe so wichtig wie das Geschehen im Inneren des Taxis. Je weiter sich das Taxi fortbewegt, desto mehr Personen kommen außerhalb des Autos ins Bild. Diese Personen scheinen irgendetwas im Off zu verfolgen. Folglich müssen wir ständig unsere Aufmerksamkeit verlagern: vom Innenraum des Wagens, wo sich ein Soldat mit dem Taxifahrer unterhält, zur Umgebung des Taxis, wo sich etwas Eigenartiges zuzutragen scheint. Doch irgendwann wird unsere Wachsamkeit schlagartig belohnt: Wer genau hinsieht, bekommt durch die Fahrzeugscheiben hindurch genau jene Gruppe von Flagellanten-Managern auf der Straße zu sehen, die schon in der oben diskutierten Szene eine Rolle gespielt hat. Andersson verkompliziert diese Szene dabei durch einen Trick: Aus unerfindlichen Gründen bemerken die beiden Männer im Wagen nämlich das Geschehen außerhalb überhaupt nicht, weshalb uns der Blick der beiden keinen Hinweis auf die Flagellanten gibt. Wir müssen sie selbst entdecken.

In beiden Fällen verlangen Schärfentiefe und Tiefeninszenierung einen wachsamen Betrachter, der die verschiedenen Ebenen des Bildes im Blick behält. Doch wie verhält es sich mit dem folgenden Beispiel aus DAS JÜNGSTE GEWITTER, in dem ein Mann auf seinem Balkon steht und die kuriosen Begebenheiten im Gebäude gegenüber beobachtet? (Siehe die Abbildungen auf der folgenden Seite). Auf den ersten Blick scheinen wir es mit einer weiteren Einstellung zu tun zu haben, in der sich die Komposition diagonal in die Tiefe erstreckt: Der Mann auf dem Balkon (im Vordergrund), das Haus auf der gegenüberliegenden Straßenseite (im Mittelgrund) und die Autobahn (im Hintergrund) bilden dabei die unterschiedlichen Aufmerksamkeitsebenen. Doch in dieser Szene macht Andersson etwas Ungewöhnliches: Nach 13 Sekunden wird der Mann in eine Diskussion mit seiner Frau verwickelt, die in jenem fünften Bereich des Offs sitzt, den Noël Burch als das Off »hinter der Kamera« bezeichnet hat.[36] Die Frau ist folglich im Bild nicht zu

---

36   Vgl. Noël Burch: NANA, or the Two Kinds of Space. In: Ders.: *Theory of Film Practice.* Princeton: Princeton University Press 1981, S. 17–31, hier S. 17.

Roy Andersson: Das jüngste Gewitter

sehen. Doch als sie zu sprechen beginnt, eröffnet ihr Dialog eine weitere, nicht sichtbare Ebene des Raumes im Off. Damit streckt sich der *hörbare* Raum auch in die andere Richtung, als ob die Kamera in der Mitte eines Tunnels stünde.

Für den Zuschauer hat dies zur Folge, dass er den Raum »hinter der Kamera« mental konstruieren muss – oder anders gesagt: dass er den Raum selbst *imaginieren* muss. Da der Film die Frau nicht per Gegenschuss ins Bild holt und sie den Bildraum auch nicht aus dem Off-Bereich hinter der Kamera betritt, bleibt sie während der gesamten 80 Sekunden dieser Szene in jenem Bereich des Offs, den Burch auch das *imaginäre* Off nennt.[37] Ich würde nun behaupten, dass die Erweiterung des filmischen Raumes – audiovisuell vor der Kamera und auditiv hinter der Kamera – die Tiefeninszenierung verstärkt. Sie reicht von (1) der Frau im Off hinter der Kamera und damit gleichsam hinter unseren Köpfen über (2) den Mann im Vordergrund bis zu (3) den beiden Apartmentfenstern gegenüber und (4) der Autobahn im Hintergrund. Dieses Beispiel ist insofern interessant, als es uns erlaubt, Bordwells ansonsten virtuosen Tiefeninszenierungsanalysen zu ergänzen: Aufgrund seines Schwerpunkts auf das, was tatsächlich vor der Kamera zu *sehen* ist, finden sich bei ihm kaum Analysen dessen, wie die Tonspur und das Off eine Form der Tiefeninszenierung ermöglichen, die sowohl auf der *Wahrnehmung* als auch der *Imagination* des Zuschauers beruht.

Dieses Argument gilt auch für einige von Anderssons Einstellungen mit Spiegeln, die ebenfalls die Tiefeninszenierung erweitern und den Zuschauer kognitiv herausfordern. Ich spreche von jenen komplexen Spiegel-Einstellungen, die Figuren enthalten, die sich nicht im Raum zwischen der Kamera und dem Spiegel befinden (vgl. die Abbildungen auf der folgenden Seite, wo jeweils im Spiegel zwischen den beiden Hauptfiguren eine Figur zu sehen ist, die im Moment der Aufnahme nicht *vor* der Kamera stand). Wie in der oben besprochenen Balkonszene dehnt sie die Tiefe des Raumes auf das Burch'sche Off »hinter der Kamera« aus. Und wiederum bedeutet das: Der Zuschauer muss den Raum mental konstruieren und imaginieren. Es gibt jedoch einen entscheidenden Unterschied: Im Gegensatz zur Balkonszene kann der Zuschauer die Figur im Spiegel *sehen* und muss sie zugleich in einem Raum *imaginieren*, der sich hinter der Kamera befindet. Der Filmtheoretiker und Regisseur Pascal Bonitzer hat in einer Diskussion von Diego Velásquez' berühmtem Gemälde *Las Meninas* (1656), an das man in diesem Zusammenhang denken mag, von einem »Zentrifugalschub in der Komposition« gesprochen, die den Betrachter »gleichzeitig innen [im Bild] festhält und nach außen stößt.«[38] Die kognitive Herausforderung an den Zuschauer ist dabei keineswegs gering: In der Szene im Friseursalon beispielsweise muss der Zuschauer auf den Dialog zwischen dem Friseur und seinem fremdenfeind-

37   Zur Unterscheidung zwischen »imaginary off« und »concrete off« vgl. ebd., S. 21–22.
38   Pascal Bonitzer: Dekadrierungen. In: *Montage AV* 2 (2011), S. 93–102, hier S. 94 und 95.

Roy Andersson: Das jüngste Gewitter und Songs From the Second Floor

lichen Kunden achten, im Blick behalten, was im Spiegel zu sehen ist und gleichzeitig das Off hinter der Kamera mental konstruieren.

Komplexe Spiegel-Einstellungen haben eine lange Geschichte, zuallererst natürlich in der Malerei, aber auch im Film, wo sie nicht erst in einer mittlerweile viel diskutierten Szene in Jewgeni Bauers Stummfilm Korol Parischa (1917) ihren Anfang haben und mit zeitgenössischen Kunstfilmen wie Ulla von Brandenburgs Spiegellied (2012) oder Tsai Ming-liangs Journey

TO THE WEST (2014) sicher nicht an ihr Ende gekommen sind.[39] Sie stellen ein faszinierendes Forschungsfeld dar, das ich an anderer Stelle genauer untersuche.[40] Hier dienen sie mir lediglich dazu, mein bereits zuvor gemachtes Argument zu untermauern: Bordwells auf die Bild- und Wahrnehmungsebene beschränkte Tiefeninszenierungsanalysen sollten durch Analysen ergänzt werden, die auch jene imaginären Elemente miteinbeziehen, die der Zuschauer auffüllen muss. Dieser Vorschlag trifft sich im Übrigen sehr gut mit Bordwells eigenen Interessen: Seine kognitive Theorie des narrativen Verstehens betont ja ebenfalls die Ergänzungstätigkeit des Zuschauers – zum Beispiel, wenn der Zuschauer aufgrund narrativer Auslassungen im *syuzhet* Spekulationen darüber anstellen muss, was Teil der *fabula* ist.

Die verborgene Dimension: Kopräsenz, Apathie und menschliche Einsamkeit

Der vorhergehende Abschnitt hat Argumente für Anderssons Annahme geliefert, seine langen Tiefeninszenierungseinstellungen würden die mentale Zuschauertätigkeit verkomplizieren. Für meine Interpretation seiner Tiefeninszenierungsästhetik wird es nun entscheidend sein, in Anderssons Einstellungen ein wiederkehrendes Motiv zu erkennen: nämlich die *Andeutung* und – häufiger noch – die *Enthüllung* einer zuvor verborgenen Dimension.[41] Dabei zieht eine Person oder Sache, die zuvor verborgen war, plötzlich die Aufmerksamkeit auf sich. Meist schlägt Unsichtbarkeit geradewegs in Sichtbarkeit um – manchmal wird das Unsichtbare aber auch nur derart suggestiv angedeutet, dass der Zuschauer zumindest imaginieren kann, was gemeint ist. Andersson variiert dabei grandios verschiedene Strategien, mit denen er diese verborgene Dimension ins Spiel bringt. Mindestens vier solcher Strategien lassen sich unterscheiden. Ich nenne sie »Verbergen und

---

39 Die Spiegelszene in Bauers Film wird unter anderem diskutiert in Yuri Tsivian: Portraits, Mirrors, Death: On Some Decadent Clichés in Early Russian Films. In: *Iris* 14–15 (1992), S. 67–83 und Bordwell 2005, S. 77–79.

40 Vgl. Julian Hanich: Reflecting on Reflections: Complex Mirror Shots in Films. In: Martine Beugnet, Allan Cameron, Arild Fetveit (Hg.): *Indefinite Visions*. Edinburgh: Edinburgh University Press (im Druck).

41 Für Bazin besteht ein Unterschied zwischen der *andeutenden* bzw. auf etwas *anspielenden* Montage eines Kuleschow, Eisenstein oder Gance, die der gegebenen Realität etwas hinzufügt, und den die Realität *enthüllenden* Filmen eines Flaherty, Murnau oder von Stroheim. Vgl. Bazin 2009, S. 90 ff. Meine Verwendung des Begriffs »Enthüllung« ist eine etwas andere, da es mir nicht um die metaphysische Enthüllung von Welt an sich geht, sondern um konkret zuvor verborgene Dinge in der Diegese.

Erscheinen«, »Verdecken und Offenlegen«, »Verschleiern und Enthüllen« sowie »Suggerieren und Imaginieren«. Wie wir gleich sehen werden, spielen dabei die Tiefeninszenierungen seiner langen tiefenscharfen Einstellungen eine entscheidende Rolle. (Von nun an werde ich immer dann, wenn die Tiefeninszenierung dem Andeuten oder Enthüllen der verborgenen Dimension dient, den Begriff *Szene der verborgenen Tiefe* benutzen und ihn dem Begriff *tiefenscharfe Einstellung* vorziehen).

1. Verbergen und Erscheinen: In der wohl häufigsten und am wenigsten anspruchsvollen Strategie verbirgt Andersson Figuren ganz einfach hinter Wänden, Türen oder anderen Requisiten der filmischen Welt und lässt sie dann unerwartet auf der Szene erscheinen. Die Figuren gehören zunächst jenem Bereich des Offs an, den Noël Burch als das sechste Segment des Offs bezeichnet: den Raum hinter dem Set oder einem darin enthaltenen Objekt.[42] Doch dann werden die Figuren mit einem Mal im Bildraum sichtbar und schieben sich somit von der mittelbaren in die unmittelbare Nähe anderer Figuren. In EINE TAUBE SITZT AUF EINEM ZWEIG sehen wir die beiden Scherzartikelvertreter Sam und Jonathan, wie sie einem Ladenbesitzer Vampirzähne und Horrormasken andrehen wollen (siehe die Abbildungen auf der folgenden Seite). Hinter ihnen ist, wie so oft bei Andersson, eine leicht geöffnete Tür zu erkennen. Irgendwann platzt durch diese Tür aus dem Nebenraum, der sich dabei als der eigentliche Geschäftsraum herausstellt, eine Verkäuferin herein und erkundigt sich bei ihrem Chef nach dem Preis für ein Produkt – bevor sie sich angesichts des maskierten Jonathan erschrocken aufschreiend in den Geschäftsraum zurückzieht.

In DAS JÜNGSTE GEWITTER gibt es zwei einander sehr ähnliche Einstellungen mit Männern, die in ihrem Wohnzimmer sitzen (der eine von ihnen spielt auf seiner Tuba) und irgendwann von ihren im Hintergrund aus einem angrenzenden Zimmer erscheinenden Frauen angeraunzt werden. Oder nehmen wir die Szene in einem Teppichgeschäft: Hier ist einer der Mitarbeiter so exakt hinter einem Wandvorsprung verborgen, dass er sich nur leicht nach vorne zu beugen braucht, um im Bild zu erscheinen (siehe die Abbildungen auf Seite 324). Nach dem Motto: In Anderssons Welt kann hinter jeder Wand,

---

42   Burch schreibt: »A person reaches it by going out a door, disappearing behind a pillar or behind another person, or performing some similar act.« Vgl. Burch 1981, S. 17. Man kann natürlich darüber streiten, ob Figuren, die hinter Requisiten oder anderen Figuren *im Bildausschnitt* verborgen sind, sich tatsächlich im Off befinden. Für meine Diskussion spielt diese kategoriale Zuordnung letztlich aber keine entscheidende Rolle.

Roy Andersson: Eine Taube sitzt auf einem Zweig

hinter jeder Tür, hinter jedem Baum jemand verborgen sein – und bereitstehen, im Bild zu erscheinen.

2. *Verdecken und Offenlegen*: Die zweite Strategie unterscheidet sich von der ersten nur minimal, aber dennoch auf entscheidende Weise. In Anlehnung an Bordwell nenne ich sie »Verdecken und Enthüllen« (*blocking and revealing*).[43]

---

43   Vgl. Bordwell 2005, S. 58–64.

Roy Andersson: DAS JÜNGSTE GEWITTER

In diesem Fall befinden sich die Figuren nicht hinter einem *Requisit* oder
einer *Wand*, sondern werden von einer anderen *Figur* verdeckt. Ihre Anwesenheit wird in dem Moment offengelegt, in dem sich die andere Figur
bewegt und damit dem Zuschauer eine neue und unvorhergesehene Perspektive eröffnet. Ein sehr einfaches Beispiel finden wir in der allerersten Einstellung von EINE TAUBE SITZT AUF EINEM ZWEIG: Ein Mann steht in einem
Naturkundemuseum vor einem Schaukasten, in dem ein ausgestopfter
Vogel zu sehen ist. Als er sich nach vorne beugt, um das Exponat genauer

Roy Andersson: DAS JÜNGSTE GEWITTER

unter die Lupe zu nehmen, legt er im Hintergrund einen weiteren Muse-
umsbesucher vor einem anderen Ausstellungsstück frei. Oder denken wir
an die Krankenhausszene in DAS JÜNGSTE GEWITTER. Hier sehen wir eine
rothaarige Frau und ihre an Alzheimer erkrankte Mutter im Vordergrund
sitzen (siehe die Abbildungen oben). Im Mittelgrund steht eine der vielen
Andersson'schen Beobachterfiguren: eine Krankenschwester, die auf die
beiden vor ihr sitzenden Frauen blickt. Als sich die Krankenschwester
irgendwann nach hinten umdreht, legt die Bewegung ihres Körpers die

Anwesenheit eines alten Mannes offen, der die gesamte Zeit über im Hintergrund gesessen haben muss.

Einen anspruchsvolleren Fall des Verdeckens-und-Offenlegens finden wir in einer Bahnsteigszene in SONGS FROM THE SECOND FLOOR (siehe die Abbildungen auf der folgenden Seite). In dieser Plansequenz von beinahe sieben Minuten nutzt Andersson die räumliche Tiefe seiner Bildkomposition, um mit seinen verdeckenden und verdeckten Figuren einen geradezu unheimlichen Effekt zu erzielen. Nach und nach werden hier zwei tote Figuren aus der Vergangenheit offengelegt, die anscheinend die gesamte Szene über im Hintergrund gelauert haben: ein älterer Mann mit stigmataartigen Selbstmordwunden und ein junger, gehängter Russe. Bei der Szene handelt es sich, laut Andersson, um eine Personifikation der Schuld. Doch damit nicht genug: Wenn sich die beiden Toten im Laufe der Szene zu bewegen beginnen, werden darüber hinaus noch weitere Personen im tiefenscharfen Hintergrund offengelegt. Wiederum müssen wir also eine verborgene Dimension konstatieren, von der wir zuvor keine Notiz genommen hatten. Andersson fordert uns dazu auf, beständig Ausschau zu halten. Denn hinter jeder Figur kann eine weitere Figur verdeckt sein.

Warum aber unterscheidet sich das »Verdecken und Offenlegen« in einem zentralen Punkt von der »Verbergen-und-Erscheinen«-Strategie? Während Letztere häufig auch im Theater genutzt wird, bedarf Erstere der perspektivischen Eigenschaften der Kamera. Bordwell nennt überzeugende Gründe dafür, warum die filmische Tiefeninszenierung etwas anderes ist als die Inszenierung auf einer Theaterbühne.[44] Im Theatersaal ist nämlich kein Blickwinkel auf die Bühne identisch. Was die Zuschauer in der ersten Reihe links auf der Bühne zu sehen bekommen, ist möglicherweise kaum sichtbar für die Zuschauer in der hintersten Reihe rechts (und umgekehrt). Eine komplexe Tiefeninszenierung ist daher im Theater nicht möglich – jedenfalls nicht mit dem gleichen Grad an für alle Zuschauer nachvollziehbarer Präzision. Daher muss die Bühneninszenierung mehr in die Breite gehen als in die Tiefe. Im Kino existiert das Problem der unterschiedlichen Blickwinkel nicht, da alle Zuschauer die gleiche Bildkomposition zu sehen bekommen (wenngleich sich natürlich die Größe der Leinwand zwischen den Sitzpositionen im Kino erheblich unterscheiden kann). Die Zuschauer müssen der vorgegebenen Kameraperspektive folgen, die, grob gesprochen, einer umgestoßenen Pyramide gleicht: Nahe an der Kamera ist die Perspektive noch sehr eng; sie öffnet sich jedoch sukzessive, je weiter sich das Objekt von der Kamera entfernt

44   Vgl. Bordwell 2001, S. 40–43, und Bordwell 2005, S. 62–63.

Roy Andersson: Songs From the Second Floor

befindet. Auch wenn manche Filmkritiker die »Verbergen-und-Offenlegen«-Strategie möglicherweise als theatralisch abtun mögen, ist sie – im Gegenteil – ein sehr filmisches Mittel: Es sind gerade die optischen Eigenschaften der Kamera, die ein präzises »Verdecken und Offenlegen« erlauben. (Übrigens gibt Andersson zu Protokoll, dass er am Theater kein Interesse habe).[45]

---

45   Andersson sagt: »I must say that theatre is not my cup of tea, so to speak.« Vgl. Vishne-vetsky 2009.

3. Verschleiern und Enthüllen: Eine dritte Strategie, mit der Andersson die verborgene Dimension ins Spiel bringt, setzt auf die Unachtsamkeit des Zuschauers, der wichtige Details übersieht. In diesem Fall ist die verborgene Dimension sozusagen voll sichtbar, scheint aber durch eine Fülle an anderen Details »verschleiert«. Unachtsam, wie wir als Zuschauer oft sind, nehmen wir das entscheidende Objekt oder Ereignis nicht wahr. Erst wenn dieses »enthüllt« und dadurch offensichtlicher wird, erkennen wir, was wir zuvor übersehen haben. Ähnlich wie »Der stibitzte Brief« in Edgar Allan Poes gleichnamiger Kurzgeschichte ist das Objekt des Interesses sichtbar in

Roy Andersson:
SONGS FROM THE SECOND
FLOOR

Anderssons tiefenscharfen Plansequenzen, doch aus verschiedenerlei Gründen bleiben wir ihm gegenüber mit offenen Augen blind.

Nehmen wir eine Szene aus SONGS FROM THE SECOND FLOOR, in der eine Reihe wichtiger Vertreter aus der Welt der Wirtschaft und der Politik zusammenkommen (siehe die Abbildungen auf der vorherigen Seite). In einer jener typischen Andersson'schen Kompositionen, die im Bild eine Art Dreieck entstehen lassen, sehen wir eine Gruppe von etwa 25 Leuten an einem langen Konferenztisch sitzen und über die Finanzkrise diskutieren. Dabei wird eine Kristallkugel von einer Person zur nächsten gereicht. Ich gehe davon aus, dass die meisten Zuschauer erst am Schluss vollständig durchdringen, worum es in dieser Szene geht. Doch mit etwas genauerem Blick könnte der Zuschauer sehr bald eine scheinbar verborgene Dimension erkennen, denn der Schlüssel zum Verständnis dieser Szene – ihre entscheidende Figur – ist nur teilweise verdeckt. Die Einstellung wird verständlicher, sobald Andersson gleichsam den Schleier über dieser sarkastischen Szene lüftet und das entscheidende Element deutlicher erkennbar wird. Als nämlich beinahe alle Personen aufstehen, ans Fenster auf der linken Bildseite eilen und nur die entscheidende Figur sitzenbleibt, wird klar: Eine als »Zigeunerin« codierte Frau hatte ihre Kristallkugel herumgereicht, damit die Entscheidungsträger aus Wirtschaft und Politik darin die Zukunft lesen – und somit zur hoffentlich richtigen Entscheidung kommen. Wir haben es hier also wiederum mit der Enthüllung von etwas Unerwartetem zu tun. Nur überrascht uns Andersson in diesem Fall, indem er unsere Unfähigkeit offenlegt, sein komplexes Bild zu entziffern. Szenen dieser Art enthalten daher geradezu einen Wahrnehmungsimperativ: »Lasst euch nicht hinters Licht führen und schaut beim nächsten Mal genauer hin!« Wie die Männer aus der Welt der Wirtschaft und der Politik, die bewundernd aber verständnislos in die Kristallkugel starren, sind viele Zuschauer möglicherweise zu sehr damit beschäftigt, den Dialogen zu lauschen, die Bildkomposition zu bewundern, den Blick-, Zeige- und Bewegungsrichtungen im Bild zu folgen etc., um die Szene zu durchdringen.

4. Suggerieren und Imaginieren: Die letzte Strategie, dem Zuschauer eine verborgene Dimension im Bild nahezubringen, beruht auf dem *suggestiven* Gebrauch des Offs. Dabei bleibt die verborgene Dimension unsichtbar und hängt folglich von der visuellen und auditiven Imagination des Zuschauers ab. Dabei nützt Andersson sehr unterschiedliche Mittel, um etwas im Off anzudeuten, das der Zuschauer zwar nicht zu sehen bekommt, das er aber imaginierend auffüllen muss. Eine Möglichkeit sind Dialoge wie in der oben beschriebenen Balkonszene, in der die sprechende Frau durchweg im Off verborgen bleibt – was den Zuschauer dazu drängt, sich die Frau in irgendeiner Weise vorzustellen. In anderen Fällen arbeitet Andersson mit Teichoskopien (Mauerschauen): Eine Figur *beschreibt*, was im Off in diesem Moment zu sehen wäre, aber ungezeigt bleibt.[46] In der zuvor erwähnten Szene mit dem Treffen der Entscheidungsträger aus Wirtschaft und Politik steht eine Figur namens Dr. Wendt plötzlich auf, blickt aus dem Fenster und behauptet, das Haus gegenüber würde sich bewegen. Als ihn der verdutzte Vorsitzende fragt, wovon er da spreche, wiederholt er seine Beobachtung und deutet mit dem Finger auf das Haus auf der anderen Straßenseite. Nun stehen auch seine Kollegen auf und schauen aus dem Fenster. Sie bestätigen, dass sich das Haus gegenüber tatsächlich bewege. Selbstverständlich enthüllt Andersson dabei nicht, was die Figuren sehen, sondern verbleibt mit seiner tiefenscharfen Plansequenz im Konferenzsaal. Somit bringt er sein Publikum dazu, das wankende Haus mental zu visualisieren.

In einem anderen Fall deutet Andersson das Off durch *suggestive Handlungen* an. In einer häuslichen Szene am Ende von DAS JÜNGSTE GEWITTER sehen wir im Vordergrund eine Frau auf der rechten Seite des Bildes in einer Badewanne liegen, während im Hintergrund ihr Ehemann durch einen Türrahmen beim Ankleiden zu beobachten ist (siehe die Abbildungen auf der folgenden Seite). Irgendwann scheint der Mann etwas außerhalb des im Hintergrund erkennbaren Wohnzimmerfensters zu bemerken, denn er geht zum Fenster und schaut hoch gen Himmel. Wiederum enthüllt Andersson nicht, was der Mann dort zu sehen bekommt, sondern lädt den Zuschauer durch die Bewegung und Körperhaltung des Mannes dazu ein, imaginierend über das Objekt oder Ereignis zu spekulieren, das im Off verbleibt. In diesem Fall erstreckt sich die filmische Tiefeninszenierung weiter in die Tiefe, als es die Bildkomposition erlaubt. Doch um die Komposition zu »vertiefen«, müssen wir selbst aktiv werden, indem wir das Objekt oder Ereignis durch unsere Imaginationstätigkeit auffüllen (etwas später, am Ende des Films, wird sich das zu imaginierende Objekt letztlich als eine Fliegerstaffel herausstellen).

Wie die Diskussion der verborgenen Dimension gezeigt hat, müssen wir in Anderssons Filmen auf der Hut sein: Irgendjemand oder irgendetwas könnte irgendwo im Off anwesend sein – verborgen durch eine Wand, eine Tür, einen Baum, verdeckt durch eine andere Person oder eine Gruppe Herumstehender. Zugleich ist das Andersson'sche Universum voll mit Figuren,

---

46   Zum Begriff der Teichoskopie im Film und den Gebrauch der Sprache zur Evokation mentaler Visualisierungen vgl. Julian Hanich: Suggestive Verbalisierungen. Wenn Sprache die Imagination des Zuschauers weckt. In: Heinz-Peter Preußer (Hg.): *Anschauen und Vorstellen. Gelenkte Imagination im Kino.* Marburg: Schüren 2014, 153–184.

Roy Andersson: DAS JÜNGSTE GEWITTER

die *sichtbar* im Bild warten oder im Hintergrund herumlungern, einfach nur passiv zugegen sind oder gar voyeuristisch gaffen. All diese Figuren haben entweder das Geschehen direkt sichtbar vor sich oder sie stehen quasi um die Ecke, von wo sie jederzeit eingreifen könnten. Doch aus verschiedenen Gründen bleiben sie passiv und apathisch. Wie sollen wir das interpretieren? Anderssons Szenen mit verborgener Tiefe sind sicherlich nicht auf eine einzelne Funktion festzulegen. Bevor ich darlege, was mir als die schlüssigste

Interpretation erscheint, möchte ich daher zunächst drei weitere Funktionen
nennen, wobei meine Liste keinen Vollständigkeitsanspruch erhebt.

Die Komik-Funktion: Anderssons Szenen mit verborgener Tiefe können
häufig schlichtweg komisch wirken. Dabei sind es vor allem seine Werbeclips, die häufig mit einem Gag enden, der mit einer verborgenen Dimension
spielt. Nehmen wir ein einfaches Beispiel: In einem berühmt gewordenen
Ketchup-Werbefilm sehen wir einen Familienvater im Vordergrund an
einem Küchentisch beim Abendessen sitzen.[47] Im Mittelgrund steht seine
Frau, die dem Mann den Rücken zuwendet. Sie verfolgt eine Sendung, die
auf dem Fernsehbildschirm im nebenan liegenden Wohnzimmer zu sehen ist,
aber für den Zuschauer verborgen bleibt (vermutlich um nicht vom Geschehen abzulenken). Im Hintergrund, kompositorisch zwischen Türrahmen
und Vater eingeklemmt, sehen wir den Sohn, der ebenfalls auf den Fernseher
blickt. Nachdem sich der Vater darüber beschwert hat, dass das neue Ketchup
ohne Zucker sei, entwickelt sich ein trockener, griesgrämiger Dialog zwischen dem Mann und seiner Frau. Der Sohn starrt unterdessen stoisch und
stumm auf den Fernseher. Als der Vater behauptet, er habe sein gesamtes
Leben das gleiche Ketchup benutzt, er würde schon wissen, worin der Unterschied liege, schaltet sich der Sohn völlig unerwartet mit dem trockenen
Kommentar »Nee« in das Gespräch ein. Seinen schlecht gelaunten Vater
zurechtweisend macht er diesen noch mehr zum Idioten. Nun mag dieser
Clip nicht zu den komplexesten unter Anderssons Werbefilmen gehören.
Doch er ist insofern typisch, als er den Zuschauer zunächst auffordert, den
Vorder-, Mittel- und Hintergrund abzutasten und dann alle drei potenziellen Aufmerksamkeitszentren im Blick zu behalten. Während der Dialogpas-
sage wird die Aufmerksamkeit höchstwahrscheinlich zwischen Vater und
Mutter hin- und herspringen. Zumindest erfahrene Andersson-Zuschauer
werden jedoch auch ein Auge auf den Hintergrund werfen. Denn: Wie wir
bereits wissen, kann man bei Andersson nie sicher sein, ob die Tiefe des
Raumes nicht doch irgendwann aktiviert wird. Während der Hintergrund
manchmal nur passiv bleibt, wird er häufig genug durch eine plötzliche
komische Wendung als bedeutsam enthüllt.

Die Ausdrucksfunktion: Ein weiteres Konzept Bordwells aufgreifend,
behaupte ich, dass Anderssons Stil gelegentlich auch die Gefühle oder Stim-
mungen seiner Figuren ausdrückt.[48] In der dritten Szene von SONGS FROM
THE SECOND FLOOR können wir zwei Männer in einem Bürokorridor bei

47 Vgl. URL: http://youtu.be/6jg4VTW3y9Y?t=5m22s [letzter Zugriff am 25.8.2015].
48 Zur expressiven Funktion des Filmstils vgl. Bordwell 2005, S. 34.

einem beschämenden Schauspiel beobachten (siehe die Abbildungen unten). Der erste Mann, offenbar der Vorgesetzte, steht mit dem Rücken zur Kamera; der zweite Mann, gerade gefeuert, kniet vor ihm und fleht ihn an. Während-dessen blicken diverse Kollegen durch ihre leicht geöffneten Bürotüren und verfolgen das Geschehen. Am Anfang der Szene ist das Ende des Korridors – und damit die Tiefe des Raumes – durch die beiden Männer im Vorder-grund verdeckt. Erst als sich der Vorgesetzte zur Seite bewegt, können wir

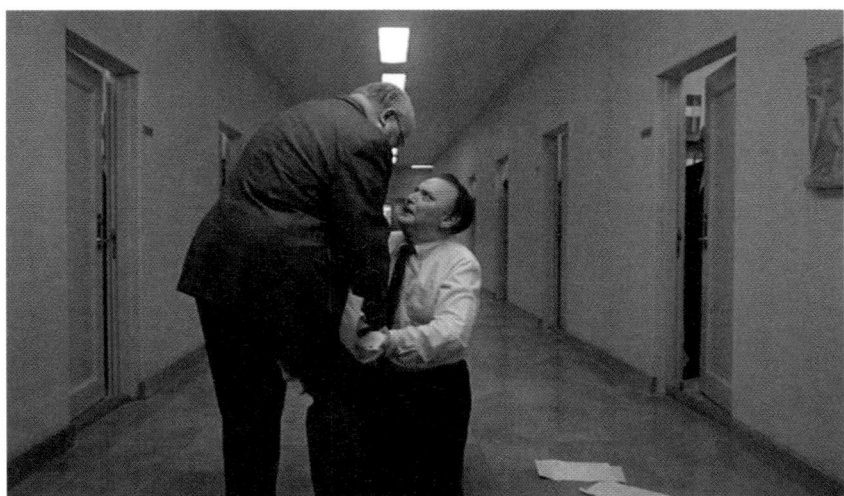

Roy Andersson: Songs From The Second Floor

den Flur in seiner ganzen Länge erkennen. Gerade die Tatsache, dass Andersson seine tiefenscharfe Plansequenz in die zunächst verborgene Tiefe des Raumes hinein inszeniert, macht diese Szene besonders schwer erträglich. Anderssons Inszenierung erlaubt es dem Zuschauer, mit beiden Männern zu empathisieren – was auch den Vorgesetzten beinhaltet, der seinen untergebenen Kollegen feuern musste und in der allerersten Szene des Films von *seinem* Vorgesetzten gedemütigt worden war: Er möchte so schnell wie möglich aus dieser peinlichen Situation entkommen, muss aber den gesamten Weg bis zum Ende des Gangs zurücklegen. Das Vergehen der Zeit ist in diesem Fall entscheidend: Hätte Andersson die Szene durch Schnitte in mehrere Einstellungen zerlegt, wäre es ihm unmöglich gewesen, die subjektive Erfahrung gedehnter Zeit der beiden Männer auszudrücken und sie damit dem Zuschauer begreifbar werden zu lassen.

Die Symbolfunktion: Anderssons Szenen der verborgenen Tiefe funktionieren zudem auf einer symbolischen Ebene.[49] Denken wir an die vierte Szene aus Songs from the Second Floor: Hier steht ein Migrant vor der geschlossenen Bürotür einer anonymen schwedischen Behörde. Er klopft an die Tür und öffnet sie zögerlich. Dabei enthüllt er eine Gruppe von Angestellten, die im Inneren des Büros fotografiert werden. Als der Migrant fragt, ob ein gewisser Allan Svensson zu sprechen sei, schütteln die Angestellten zunächst die Köpfe, bevor ihn ein glatzköpfiger Mann unhöflich verscheucht. Die symbolische Bedeutung liegt auf der Hand: Für Migranten bleibt Schweden eine verschlossene Gesellschaft – Betreten für Unbefugte verboten. Auch wenn es für sie eine »Tiefe« zu enthüllen und sogar zu durchdringen gäbe, können Außenseiter nur einen Blick davon erhaschen, bevor sie ein für allemal ausgeschlossen werden (und tatsächlich wird der Migrant in der darauffolgenden Szene vor dem Behördengebäude brutal verprügelt, während zahlreiche Passanten untätig im Hintergrund verharren). Die symbolische Funktion dieses »Verbergen-und-Enthüllen«-Stils spielt auch eine entscheidende Rolle in Anderssons politisch-historischem Programm. In Das jüngste Gewitter legt der gescheiterte Versuch eines Bauarbeiters, in einer großbürgerlichen Familie den berühmten Tischtuchtrick vorzuführen, zwei auf einem langen Holztisch eingravierte Hakenkreuze frei (siehe die folgenden Abbildungen).[50] Andersson

---

49   Vgl. ebd., S. 34.
50   Eine ähnliche Szene findet sich bereits in Kurt Hoffmanns Komödie Das Spukschloss im Spessart (1960). Vgl. hierzu Tobias Ebbrecht: Kalkulierte Fehlleistungen – Erinnerungsspuren an den Nationalsozialismus in Kurt Hoffmanns Spessart-Filmen. In: Chris Wahl / DIF (Hg.): *Der Mann mit der leichten Hand – Kurt Hoffmann und seine Filme*. München: belleville 2010, S. 97–111.

Roy Andersson: Das jüngste Gewitter

entblößt so die uneingestandene Verwicklung der schwedischen Bourgeoisie mit den Nazis.[51] Versteckte Spuren dieses verdrängten Vermächtnisses können offenbar an vielen unerwarteten Orten gefunden werden.

51   Eine detailliertere Auseinandersetzung mit Anderssons politischer Agenda findet sich in Brunow 2010.

Die Zuschaueraktivierungsfunktion: Darüber hinaus können Szenen der verborgenen Tiefe noch eine vierte Funktion haben, die für mich die bedeutsamste ist. Sie erlauben es Andersson nämlich, eine existenzielle Kritik unserer modernen Lebenswelt zu äußern und sie mit dem Versuch zu kombinieren, den Zuschauer stärker in die Betrachtung des Films zu verwickeln – um somit diese Krankheit der Moderne zu bekämpfen. Erinnern wir uns daran, dass die Figuren in Anderssons Welt selten unbeobachtet bleiben. Diese Überwachung zeitigt jedoch keinen positiven Effekt. Viele Figuren erleiden Nervenzusammenbrüche oder fangen zu weinen an: ob ein Mann in einem Teppichgeschäft, eine Frau in einem Park oder ein Mann mit Blumen, der von seiner Liebsten zurückgewiesen wird. Keiner scheint Anteil an ihrem Ungemach zu nehmen, zumindest aber greift keiner ein und nimmt sich ihrer an. Ziemlich desillusioniert betont Andersson, die Menschen müssten heutzutage rücksichtslos und unaufmerksam vorgehen, um im Leben voranzukommen: Man hat keine Zeit, sich der Sorgen anderer anzunehmen.[52]

Obwohl der Mensch immer von Anderen umgeben zu sein scheint, bleibt er existenziell einsam; obwohl er immer unter direkter oder indirekter Beobachtung steht, kümmert sich niemand um ihn. Und genauso wenig schert er sich um das Schicksal der Anderen. In den Produktionsnotizen zu EINE TAUBE SITZT AUF EINEM ZWEIG leistet Andersson dieser Interpretation Vorschub: »In unserem täglichen Leben denken wir selten über Räume und den Raum um uns herum nach, ob wir beobachten oder beobachtet werden – so beschäftigt sind wir mit unseren alltäglichen Aufgaben und Gedanken.«[53] Es gibt nur wenige Szenen, in denen sich die Figuren in den Arm nehmen, Hilfe anbieten oder einander trösten – als ob uns Andersson zeigen wollte, dass wir in unserer modernen Lebenswelt immer gemeinsam einsam sind. Motivisch wird diese Interpretation durch Anderssons Tendenz gestützt, seine einsamen Figuren häufig in jenen Räumen zu platzieren, die Marc Augé als *Nicht-Orte* bezeichnet hat: Übergangsorte der Mobilität, Anonymität und Funktionalität wie Bürokorridore, Krankenhäuser, Bahnhöfe, Taxis, U-Bahnen, Flughafenterminals oder Bars.[54] Mit dieser zunächst pes-

---

52 Vgl. den Audiokommentar auf der DVD von YOU, THE LIVING. Auf der offiziellen Webseite von EINE TAUBE SITZT AUF EINEM ZWEIG findet sich ein Interview mit Andersson, in dem er diese Aussage wiederholt: »Heutzutage muss man zuerst an sich selbst denken und seinen eigenen Gewinn maximieren, indem man andere übervorteilt. Ich will gar nicht über die schrecklichen Folgen dieses Verhaltens nachdenken. Es ist eine Katastrophe, ein Irrsinn, der den jungen Leuten den Glauben an das Gute austreiben wird.« URL: http://www.einetaube.de/ [letzter Zugriff am 25.8.2015].
53 Zitiert aus dem offiziellen Presseheft.
54 Vgl. Lommel 2008, S. 231.

simistisch anmutenden Moderne-Diagnose ist Andersson natürlich nicht alleine – sie ist ein vielfach variiertes Merkmal des europäischen Autorenkinos, man denke an die Filme Antonionis oder Hanekes, um nur zwei Namen zu nennen. Stilistisch steht Andersson allerdings weitgehend alleine da. Deshalb stellt sich die Frage: Muss Andersson wirklich auf die starken stilistischen Beschränkungen der tiefenscharfen Plansequenzen mit Tiefeninszenierung zurückgreifen, um diese pessimistische Aussage über die Einsamkeit unserer modernen Lebenswelt zu machen? Braucht er, mit anderen Worten, das komplexe Bild dafür?

Meine Antwort lautet: ja. Denn Andersson erschwert es uns damit, so unaufmerksam, passiv und apathisch zu bleiben wie die Figuren seiner Filme. Wir können uns nie sicher sein, ob nicht irgendetwas innerhalb der Dauer seiner einzelnen Einstellungen enthüllt, entblößt, offengelegt wird. Er fordert uns konsequent auf, seine Bilder nach Spuren von Dingen zu durchsuchen, die es noch zu entdecken gilt. Wie wir gesehen haben, stellt die bildende Kunst Anderssons größte Inspirationsquelle dar – die Kunstform, mit der sich der Film messen soll. Im Gegensatz zu den statischen Bildern der Malerei und der Fotografie arbeiten Anderssons Filme jedoch mit jenem Element, das dem Kino eigentümlich ist: der Zeit. Die zeitliche Dimension des Kinos erlaubt es Andersson, Dinge und Ereignisse erst nach und nach zu enthüllen und Elemente im Bild unerwartet erscheinen zu lassen. Der Zuschauer ist dadurch *freier*, die Einstellung nach eigenem Gutdünken zu verfolgen, aber auch *stärker aufgefordert*, das komplexe Bild mit aktiverer Wahrnehmung als sonst zu durchforsten: mit Blick auf verschleierte oder verdeckte Elemente, sich auf verschiedene Aufmerksamkeitszentren konzentrierend, plötzliche Enthüllungen antizipierend und wachsam bleibend, was minimale Veränderungen im Bild betrifft. Würde Andersson seine Szenen in klassisch-analytischer Weise auflösen – die Montage würde bestimmen, was wichtig ist, es oft in Nahaufnahmen direkt zur Anschauung bringen und Verbindungen zwischen den einzelnen Elementen nahelegen. In Anderssons Fall ist das anders: Der Zuschauer muss ein Auge haben für »the implicit relations, which the *decoupage* no longer displays on the screen like the pieces of a dismantled engine«[55], wie es Bazin einst formuliert hat.

Können wir vor dem Hintergrund seiner apathischen Figuren daher nicht den Schluss ziehen, Andersson möchte uns zu einer anderen – einer aufmerksameren – Wahrnehmung einladen? Das Kino erlaubt es uns nicht, einzu-

---

55   Bazin 1978, S. 80.

greifen und das Schicksal der Figuren zu verändern. Doch anders als die apathischen Passanten können wir uns als Zuschauer alert zeigen und versuchen, den Blick geschärft zu halten. Anderssons Ziel scheint es zu sein, uns visuell aufzuklären und in wachsame Beobachter zu verwandeln, die offen für die verborgenen Dimensionen unserer Lebenswelt bleiben. Aus diesem Grund sind für Andersson die komplexen Bilder seiner Szenen verborgener Tiefe tatsächlich unerlässlich.

Dietmar Kammerer

Der Moment der aufgehobenen Zeit, oder: Von der Karriere und Wandlung eines Spezialeffekts

»Etwas ist nur insofern aufgehoben, als es in die Einheit mit seinem Entgegengesetzten getreten ist; in dieser näheren Bestimmung als ein Reflektiertes kann es
passend *Moment* genannt werden.«
(G. W. F. Hegel)[1]

»Policeman: ›Freeze!‹«
(THE MATRIX)

In Patentanmeldungen werden ästhetische Phänomene aus technischen Bedingungen ableitbar:

> ABSTRACT – A system for producing virtual camera motion in a
> motion picture medium in which an array of cameras is deployed
> along a preselected path with each camera focused on a common
> scene. Each camera is triggered simultaneously to record a still
> image of the common scene, and the images are transferred from
> the cameras in a preselected order along the path onto a sequence of
> frames in the motion picture medium such as motion picture film
> or video tape. Because each frame shows the common scene from a
> different viewpoint, placing the frames in sequence gives the illu-
> sion that one camera has moved around a frozen scene (i. e., virtual
> camera motion). (US-Patent 6 331 871-B1)[2]

Mit diesen Worten beschreibt der ehemalige Filmstudent und spätere Unter-
nehmer Dayton Taylor 1997 ein Verfahren, das ihn über Jahre erst als Idee
beschäftigt hatte, bevor es verschiedene Gestalten annahm – als selbst gebas-
telter und mehrfach überarbeiteter Prototyp, als Patentschrift und Marken-

---

1   G. W. F. Hegel: *Wissenschaft der Logik.* In: Ders.: *Werke,* Band 5. Frankfurt a. M.: Suhrkamp
     1979, S. 114.
2   Dayton Taylor: System for producing time-independent virtual camera movement in
     motion pictures and other media. US-Patent 6 331 871 B1. Einzusehen unter der URL:
     http://www.google.com/patents/US6331871 [letzter Zugriff am 22.3.2016]. Eine Über-
     sicht über alle Patentanträge Taylors findet sich unter der URL: http://www.digitalair.
     com/patents.html [letzter Zugriff am 22.3.2016].

name und schließlich als zentrale Dienstleistung der von ihm gegründeten Produktionsfirma *Digital Air*.[3] In die Geschichte des Films, der Medien und der visuellen Kultur Eingang gefunden hat das so beschriebene Verfahren allerdings nicht unter der von Taylor gewählten (und als Markennamen geschützten) Bezeichnung *Timetrack*™, sondern, deutlich martialischer, als *bullet time*.[4]

Nun kennt Mediengeschichte allen Patenten, Urheberrechten und Individualbiografien zum Trotz weder singuläre »Erfindungen« noch derartige »Erfinder«, sondern bestenfalls inkrementelle Fortschreibungen, Umschreibungen und Neubewertungen bekannter Sachverhalte, die sich in ihrem Verlauf niemals isoliert, sondern nur prozessual, als Verflechtung zahlreicher miteinander verbundener Einflüsse darstellen lassen. Die Mediengeschichte von *bullet time* ist mittlerweile, wenigstens in ihren Grundzügen, gut recherchiert und kann mindestens bis in das 19. Jahrhundert zurückverfolgt werden: zu Eadweard Muybridges Serienfotografie oder zum Zentrorama und den Fotoskulpturen von François Willème.[5] Nimmt man die Kunstgeschichte zum Horizont, lässt sich der historische Vorlauf noch erweitern. Winfried Gerling etwa verortet die *bullet time* in einer Tradition der Multiperspektivität, die (mindestens) bis in die altniederländische Malerei des frühen 15. Jahrhunderts zurückverfolgt werden kann.[6] Über die Zeit nach Muybridge schweigt die Literatur auffällig und setzt mit einem Sprung von 100 Jahren erst wieder in den 1980er Jahren ein, als Musikvideoregisseure (Jim Blashfield, Michel Gondry) und der künstlerische Experimentalfilm

---

3   Vgl. Dayton Taylor: Virtual Camera Movement: The Way of the Future? In: *American Cinematographer* 77/9 (1999), S. 93–100.

4   Am 11.8.2003 beantragte das Unternehmen Warner Bros. Entertainment Inc. das Markenschutzrecht für den Ausdruck *bullet time*™. Seit dem 11.7.2014 ist dieser Schutz, vermutlich aus Desinteresse des Rechteinhabers, nicht mehr in Kraft (vgl. die URL: http://tsdr.uspto. gov/documentviewer?caseId=sn78285661 [letzter Zugriff am 22.3.2016]). Auch in den Archiven der Patent- und Markenämter finden sich Hinweise für eine Geschichte filmischer Stilelemente. Zur Vorgeschichte, Geschichte und Erfindergeschichte von *virtual camera motion* vgl. neben Taylor 1999 vor allem Bob Rehak: The Migration of Forms. Bullet Time as Micro-Genre. In: *Film Criticism* 32/1 (2007), S. 26–48; Mark J. P. Wolf: Space, Time, Frame, Cinema. Exploring the possibilities of spatiotemporal effects. In: *New Review of Film and Television Studies* 4/3 (2006), S. 167–181; Axel Volmar: Die Mikrotemporalität der Medien. Manipulationen medialer Zeitlichkeit in der Geschichte von Film und Video. In: Ingo Köster, Kai Schubert (Hg.): *Medien in Raum und Zeit. Maßverhältnisse des Medialen*. Bielefeld: transcript 2009, S. 117–142; Winfried Gerling: Die eingefrorene Zeit oder das bewegte, stillgestellte Filmbild. In: Stefanie Diekmann, Winfried Gerling (Hg.): *Freeze Frames. Zum Verhältnis von Fotografie und Film*. Bielefeld: transcript 2010, S. 147–170.

5   Vgl. Gunnar Schmidt: *Visualisierungen des Ereignisses. Medienästhetische Betrachtungen zu Bewegung und Stillstand*. Bielefeld: transcript 2009; Volmar 2009, S. 127–128.

6   Vgl. Gerling 2010.

(Tim Macmillan, Emmanuel Carlier) den Eindruck einer »eingefrorenen Zeit« durch verschiedene Techniken umsetzten.

Zumindest kommt Taylor das Verdienst zu, das Phänomen als Erster prägnant definiert zu haben, etwa in der zitierten Passage seiner Patentschrift von 1997. Noch komprimierter ist die Formel, die er für den *American Cinematographer* gefunden hat: »Virtual Camera Movement [...] separates the time-base of a virtual, moving point-of-view from the time-base of a subject.«[7] Nicht nur sind, wie üblich, objektive und subjektive Perspektiven zu unterscheiden, sondern, radikaler noch, es treten die »Zeit-Standpunkte« von Kamera und Figuren vollständig auseinander. Und anders als in traditionellen Verfahren kamerabasierter Zeitmanipulation (Zeitlupe und Zeitraffer), die auf der beschleunigten bzw. verlangsamten Aufnahmegeschwindigkeit *in* einer Kamera beruhen, externalisiert *Timetrack*™ den Transport des Filmbandes, das auf eine (prinzipiell unbegrenzte) Vielzahl von Einzelbildkameras verteilt wird: »an integrated, multi-lensed camera system which records still frames both en masse and simultaneously«[8]. Die Kamera *wird* der Raum, indem sie überall zugleich ist: »Of course, my camera doesn't actually move at an infinite speed, it merely ›pretends‹ to do so by being everywhere at once.«[9] Taylor ermutigt dazu, im wörtlichen Sinne *outside the box* – außerhalb der Kamera – zu denken: »To help conceptualize what the camera is capable of, one must first forget the idea of how a normal motion picture camera works (motion picture film passing through the camera with each frame being exposed sequentially in the camera's gaze). Instead, think of the film itself as ›being‹ the camera«.[10] Wenn der Film die Kamera und die Kamera der Raum »ist«, treten die Zeit der filmischen Diegese und des filmischen Apparates auseinander und werden auf der Leinwand als separate Elemente erkennbar.

Seither streiten Theoretiker, Ingenieure und Rechteinhaber darüber, wie das Phänomen auf den Begriff zu bringen sei. In der Literatur lassen sich zahlreiche Bezeichnungen und Beschreibungen finden für den Effekt der *virtual camera motion*. Schmidt zählt auf: »Gondry-Effekt, Time-Slice-Effekt, Multicam, Bullet Time, Temps Mort oder Virtual Camera«.[11] Das Kieler Filmlexikon führt das Verfahren unter dem Lemma »Flow-motion« und nennt »Time-Slice, Temps Mort, Timetrack, Virtual Camera, multicam,

---

7	Taylor 1996, S. 93.
8	Ebd.
9	Ebd.
10	Ebd.
11	Schmidt 2009, S. 116.

EyeVision« als Alternativen.[12] Die englischsprachige Wikipedia gibt unter *bullet time* »adrenaline time, focus time, frozen time, the big freeze, dead time, flow motion, slowing-your-roll, time slice« als Synonyme an.[13]

Axel Volmar schlägt vor, innerhalb der *virtual camera motion* zwei Stufen zu unterscheiden: Erstens die von Tim Macmillan entwickelte *Time-Slice*-Technik, die auf zwei Prinzipien beruht: auf der Auslöschung des zeitlichen Intervalls und der »Entfaltung der Aufnahmeapparatur in den Raum«.[14] In *Time-Slice* wird die Filmkamera ersetzt durch eine Batterie von Aufnahmeapparaten, die im Raum verteilt und multiperspektivisch auf denselben Ort hin ausgerichtet werden, um simultan Einzelbilder eines Ereignisses aufzunehmen. Was so inner- und außerhalb der Kamera entsteht, nennt Volmar »*kinematografische Skulpturen*, das heißt Filmsequenzen in Form von Kamerafahrten durch Szenen, in denen keine Zeit zu vergehen scheint«.[15]

Ein technisches Update erhielt *Time-Slice*, so Volmar, durch *flow motion*. Diese setzt das zeitliche Intervall zwischen den Bildern nicht auf Null, sondern *variabilisiert* und *dynamisiert* die Intervalle durch den Einsatz digitaler errechneter Zwischenbilder, »was gleitende Retardierungen und Beschleunigungen des filmischen Zeitablaufs und damit einhergehend neue ästhetische Phänomene ermöglicht«.[16] Aus zwei Gründen setzt *flow motion* die Digitalisierung voraus: Erstens müssen die fehlenden Zwischenbilder durch Interpolationsalgorithmen errechnet werden, zweitens sind aufwändige Simulationen oder Prävisualisierungen notwendig, um den Bewegungsablauf und die Kameraoperationen optimal synchronisieren zu können.[17] Bekannt wurde das Verfahren unter der Bezeichnung *bullet time*.

Aufstieg und Fall eines Spezialeffekts

Als höchst wiedererkennbares und äußerst verdichtetes Aggregat filmischer Zeichen begann der Aufstieg der *virtual camera motion* im Jahr 1999 mit THE MATRIX (1999, Andrew und Lana [Laurence] Wachowski) sowie den Sequels

---

12   AJS, MKE: Flow Motion. In: *Lexikon der Filmbegriffe*. URL: http://filmlexikon.uni-kiel. de/index.php?action=lexikon&tag=det&id= 3448 [letzter Zugriff am 22.3.2016].
13   Vgl. URL: http://en.wikipedia.org/wiki/Bullet_time [letzter Zugriff am 22.3.2016].
14   Volmar 2009, S. 126.
15   Ebd.
16   Ebd., S. 129. Zur Interpolation von Zwischenbildern vgl. Barbara Flückiger: *Visual Effects. Filmbilder aus dem Computer*. Marburg: Schüren 2008, S. 73. Das Verzögern und Beschleunigen einer Bewegung innerhalb derselben Einstellung wird auch *speed ramping* genannt.
17   Vgl. Volmar 2009, S. 132.

The Matrix Reloaded (2003) und The Matrix Revolutions (2003). Für die Cyberpunk-Trilogie war *bullet time* nicht nur ein Verfahren oder Spezialeffekt unter vielen, sondern wurde zum Erkennungszeichen bzw. zur Trademark eines drei Spielfilme, eine Kurzfilmreihe (*Animatrix*), drei Computerspiele sowie eine Comicserie umfassenden, kommerziell äußerst erfolgreichen, crossmedialen Franchisesystems. Obgleich der Effekt bereits zuvor in kommerziellen Spielfilmen verwendet worden ist – in so unterschiedlichen Filmen wie Batman and Robin (1997, Joel Schumacher) und Buffalo 66 (1998, Vincent Gallo) –, wurde er erst durch die Filme der Wachowskis zum globalen Phänomen, das allen weiteren Verwendungen den sekundären Rang eines Zitats zuwies. An dieser Monopolisierung nahm die Filmgeschichte bittere Rache: Ebenso rasch, wie die *bullet time* sich in immer neuen erzählerischen Varianten, filmischen Genres und medialen Kontexten verbreitete, verblasste ihr Neuigkeitswert: »Bullet time first became a cliché, then a joke«[18]. Filme wie Scary Movie (2000, Keenen Ivory Wayans), Shrek (2001, Andrew Adamson und Vicky Jenson) oder Kung Pow: Enter the Fist (2002, Steve Oedekerk) nahmen nur noch in parodistischer Weise darauf Bezug.[19]

Für Bob Rehak spiegelt sich darin ein für die visuelle Kultur unserer Gegenwart charakteristisches Muster: »the recent emergence of an unusual, scaled-down class of media objects: aggregates of imagery and meaning that move in cycles of quotation and parody like minimovies in themselves, becoming first famous, then overfamiliar, then tiresome and aesthetically uninteresting.«[20] Solche Karrieren (Verbreitung, steigende Häufigkeit, Gewöhnung, Parodie oder Obsolet-Werden) sind typisch für große narrative Formen wie das Genre. Wenn sich ein ähnliches Muster, so Rehak, für die *bullet time* nachweisen lässt, dann mit dem Unterschied, dass der Lebenszyklus aus Aufstieg und Fall nicht Jahre oder Jahrzehnte, sondern wesentlich kürzere Zeitspannen umfasst: »the rapid circulation and burnout of cinematic ›quanta‹ like bullet time invites us to classify them as instances of genre on a compressed and accelerated scale, or what I will call *microgenres*«.[21] Die Pointe dieses Begriffs, an die die folgenden Überlegungen anschließen, liegt nun darin, dass Mikrogenres nicht mit individuellen filmischen Techniken gleichgesetzt werden können, sondern aggregierte Zeichenkomplexe dar-

---

18   Rehak 2007, S. 28.
19   Zu solchen »Sättigungseffekten« vgl. Flückiger 2008, S. 472–473.
20   Rehak 2007, S. 29.
21   Ebd.

stellen. Ein Mikrogenre ist mehr als nur ein Spezialeffekt, es ist bildhaftes Stereotyp, das multiple narrative Elemente miteinander verbindet.

Anders als Rehak zeichnet das Folgende nicht den Aufstieg und Niedergang eines filmischen Verfahrens nach. Im Gegenteil wird es darum gehen, die Transformationen, Wandlungen und Erweiterungen nachzuzeichnen, die die *virtual camera motion* durchläuft. Dazu wird erstens nachgewiesen, wie in einer Reihe von jüngeren Beispielen – die einem Onlinewerbespot, einem Computerspiel, einem Spielfilm und einer TV-Serie entnommen sind – der Effekt nicht mehr nur als schlaglichtartige, visuelle Attraktion oder als parodistisches Zitat eingesetzt wird, sondern imstande ist, längere narrative Segmente zu tragen. Eingefrorene Filmszenen begleiten uns also nicht nur weiterhin, sie nehmen neue Formen und Funktionen an. Zweitens geht dieses Weiterbestehen einher mit einem Umbau des technischen Dispositivs, das den Effekt hervorbringt. Dies geschieht vor allem in der Verschränkung von *flow motion* mit dem *dolly shot* und der Plansequenz. Diese technische Innovation bleibt nicht ohne Konsequenzen, die als Set ästhetischer und narrativer Innovationen beschreibbar sind. Kurz gesagt: Es wird die Diagnose bezweifelt, dass der Effekt stillgestellter Zeit im Film nur noch Bilder hervorbringen kann, die »aesthetically uninteresting« sind.

Karussellfahrt mit verdrehtem Ende

2009 wird einem Onlinewerbespot der niederländischen Elektronikfirma Philips auf dem *Cannes Lions International Festival of Creativity* der Hauptpreis zuerkannt.[22] Der mit interaktiven Elementen ausgestattete Kurzfilm CAROUSEL (2009, Adam Berg) wurde in Auftrag gegeben als Teil einer Werbekampagne, die die Markteinführung eines übergroßen Flachbildschirms im CinemaScope-Format (21:9) annoncierte. Der Film nutzt den Effekt »kinematographisch ›schockgefrosteter‹ Zeit«[23] über die volle Länge von zwei Minuten und 19 Sekunden. In einer einzigen komplexen Kamerafahrt, die mehrere Räume und Stockwerke durchquert und als zirkuläre Bewegung an ihrem Ausgangspunkt endet, wird das Ereignis eines Banküberfalls bzw. die auf der Straße und in den Räumen der Bank ausgetragene Schießerei zwischen Polizisten und einer schwer bewaffneten Gruppe von Bankräubern, die Clownskostüme tragen, in Szene gesetzt. Erst am Ende der auf-

22 CAROUSEL (2009). Regie: Adam Berg. Werbeagentur: Stinkdigital / Tribal DBB.
23 Volmar 2009, S. 128.

Tableaux vivants,
temps mort.
(Adam Berg:
CAROUSEL)

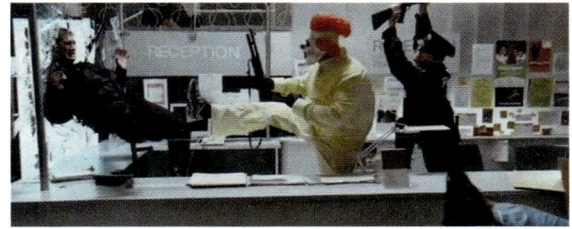

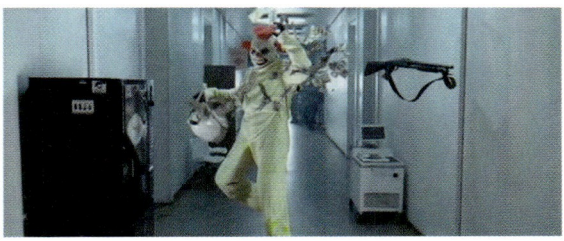

wändig choreografierten Fahrt erkennt man, dass der zu Beginn gezeigte Polizist, der mit ausgestrecktem Arm scheinbar seine Kollegen zum Vorrücken anspornt und auch der Kamera die Richtung der Bewegung vorgibt, tatsächlich einer der Bankräuber ist, der seine Beute gesichert und seine Maske abgelegt hat und nun eine Polizeiuniform als neue Verkleidung trägt.

Anders als die *bullet time* der MATRIX-Filme ist CAROUSEL nicht als Halbkreisfahrt um eine Figur oder ein Ereignis angelegt, sondern als sorgsam geplanter *long shot* bzw. als Plansequenz durch eine Welt, die zahlreiche Objekte und viele gleichsam ineinandergeschachtelte Räume enthält.

Diese Betonung des *räumlichen* Aspekts lässt es notwendig erscheinen, den Effekt begrifflich neu zu fassen, da die bisherigen Benennungen exklusiv auf den besonderen Zeitbezug solcher Szenen abheben. Daher soll nachfolgend von *frozen moment* die Rede sein, wenn eine zeitlich stillgestellte Situation mit einer Plansequenz kombiniert wird. Durch diese prononcierte Mobilität des Blicks ist der *frozen moment* der *skené*, dem theaterhaften Raum oder der Bühne näher als der dramatischen *scene*, die davon lebt, dass eine Handlung

dramatisch ausagiert wird. Im *frozen moment* ist jede Progression der Aktion aufgehoben oder tritt weitgehend zurück, obgleich der Raum als erkundbares und durchfahrbares Volumen weiterhin aufrechterhalten bleibt.

Zum Raum wird also hier die Zeit. Die Philosophiegeschichte gibt darüber Auskunft, dass das Lateinische *momentum* ursprünglich keine zeitliche Größe bezeichnete, sondern als technischer Ausdruck auf den geringen Gewichtsunterschied verwies, der bei einer Waage den Ausschlag gibt bzw. auf die Distanz des Zeigers vom Gleichgewichtszustand.[24] *Momentum* ist somit wirksame Kraft und räumlicher Vektor. Erst insofern in dieser Bewegung oder Neigung der Waage ein Vorher und ein Nachher unterscheidbar wird, nimmt der Begriff auch eine zeitliche Bedeutung an, die dann in der Moderne, vor allem durch die Newton'sche Physik, vorherrschend wird. Das Englische *moment* bewahrt beide Aspekte auf und kann sowohl »a very brief period of time« als auch eine spezifische Krafteinwirkung in physikalischen Zusammenhängen bezeichnen. Das Deutsche unterscheidet zwischen mechanisch-technischer und zeitlicher Bedeutung durch ein jeweils anderes grammatikalisches Geschlecht (der bzw. das Moment). Im physikalisch-mechanischen *moment* verschränken sich statische und dynamische Größen, Raum *und* Zeit in besonderer Weise. Daher scheint mir der Begriff für das in Rede stehende Phänomen angebrachter als Alternativen, die vor allem auf den Aspekt der Zeit abstellen.

Was ist neu am *frozen moment*? In Differenz zum Standbild oder *freeze frame*, in dem der Stillstand der diegetischen Zeit mit einem Stillstand der Erzählzeit (wenn auch nicht der Projektionszeit) korreliert, wird der Umstand, dass eine (schwache) erzählerische Instanz *weiterhin aktiv* ist, im *frozen moment* durch die Kamerabewegung deutlich herausgestellt. Mehr noch: Der Stillstand der diegetischen Elemente der Szene macht die entfesselte Bewegung der Kamera umso notwendiger – schließlich lässt erst die Mobilität des Blicks in den Raum hinein und durch den Raum hindurch die Differenz zum fotografischen *freeze frame* prägnant werden. Und anders als die fotografische Stillstellung, die typischerweise das Ende der Narration ankündigt, ist der *frozen moment* ein filmisches Verfahren, das den Fluss der Handlung nicht unterbricht, sondern *zwischen* einem Vor- und einem Nachher, einem Zustand A und einem neuen Zustand B steht.

Beide Verfahren unterscheiden sich zudem hinsichtlich der Art ihrer Reflexivität. Der *freeze frame* nötigt dazu, den Blick auf das Bild als solches

---

24   Vgl. Françoise Balibar u. a.: Der / das Moment, der Augenblick, die günstige Gelegenheit. In: *Trivium* 15 (2013). URL: http://trivium.revues.org/4725 [letzter Zugriff am 22.3.2016].

zu richten und hebt somit den sich selbst negierenden Status der filmischen Leinwand als scheinbares Fenster zur Welt wieder auf. Dadurch wird er zu einem eminent selbstreflexiven Verfahren und lesbar als Chiffre ästhetischer Modernität.[25] Hingegen ist das Verfahren des *frozen moment*, das weisen die Beispiele aus, den Strategien der kommerziellen Kinos, der Attraktion und des Spektakels zuzurechnen, die auf eine Verdichtung und Intensivierung filmischer Erfahrung abzielen – was keinesfalls bedeutet, dass sich nicht auch diese Szenen als Beispiele medialer Selbstreflexivität ausweisen ließen.

In Differenz zu *Time-Slice* und *flow motion* handelt es sich beim *frozen moment* nicht um eine virtuelle Kamerabewegung. Für die Dreharbeiten von CAROUSEL wurde tatsächlich eine Kamera auf Schienen und an Kränen durch mehrere Räume geführt – *real camera motion*. Die Aufnahmeapparatur wird (wieder) durch einen Raum bewegt, der sie umgibt. Sämtliche Aufnahmen sind (ohne Interpolation) in der Kamera entstanden, zahlreiche Objekte (zerberstendes Glas, Feuerbälle, durch den Druck abgefeuerter Kugeln sichtbar gewordene Schallwellen, fliegende Geldscheine und vieles mehr) wurden nachträglich digital modelliert und in das Bild eingefügt. Die Darsteller mussten, für die Zeit der Aufnahme, jede Bewegung, Gestik oder Mimik unterlassen, unterstützt durch Drähte und andere Halteapparate, die anschließend digital retuschiert wurden. Insofern kann auch CAROUSEL auf kulturelle und mediale Praktiken des 19. Jahrhunderts zurückgeführt werden, allerdings nicht auf Serienfotografie oder die Fotoskulptur, sondern auf die Tradition der *living statues* oder *tableaux vivants*. Dem Titel nach steht CAROUSEL zudem explizit im Horizont von Jahrmarkt und Schaustellerei, worauf im Übrigen auch die Clownsmasken hindeuten.[26]

Nicht nur das Herstellungsverfahren, auch die ästhetischen und narrativen Parameter der stillgestellten Zeit werden umgestellt.[27] Erstens ist im *fro-*

25 Vgl. die Beiträge in Stefanie Diekmann, Winfried Gerling (Hg.): *Freeze Frames. Zum Verhältnis von Fotografie und Film.* Bielefeld: transcript 2010. Zu einer Ästhetik der Gewalt und der Transgression des *freeze frame* vgl. Amy Rust: Hitting the »Vérité Jackpot«: The Ecstatic Profits of Freeze-Framed Violence. In: *Cinema Journal* 50/4 (2011), S. 48–72.
26 Zu den *tableaux vivants* des frühen Films vgl. Daniel Wiegand: Stillstand im Bewegungsbild. Intermediale Beziehungen zwischen Film und Tableaux vivants um 1900. In: *montage AV* 20/2 (2011), S. 41–53. Auch die Kulturgeschichte des *evil clown* lässt sich bis in das 19. Jahrhundert zurückverfolgen, vgl. Thomas Macho: Mit lachendem Gesicht. En face le pire jusqu'à ce qu'il fasse rire. In: *Zeitschrift für Medien- und Kulturforschung* 0 (2009), S. 19–36.
27 Diese Veränderungen lassen sich auch an einem weiteren Beispiel veranschaulichen, das zwar als Computeranimation entstand, in ästhetischer und erzählerischer Hinsicht aber als Remake von CAROUSEL gelten kann. Der Werbetrailer für das Computerspiel PAYDAY 2 (2013, Overkill Software / Starbreeze Studios), einen Egoshooter, in dem die Spieler eine Reihe von Banküberfällen durchführen müssen, übernimmt nicht nur das von CAROUSEL

Adam Berg: CAROUSEL

zen moment die für *Time-Slice* und *bullet time* typische (multiperspektivische) Bindung an eine Figur oder ein Ereignis aufgelöst; hier bewegt sich das Kameraauge ungebunden, unabhängig von einer Figur oder einem Ort, oft über eine deutlich längere Dauer als in den früheren Verfahren. Zweitens wurden die Momente stillgestellter Zeit immer weiter narrativiert: *Time-Slice* führte in den 1980er Jahren die filmische »Nullzeit« ein, in der jeder Körper fotografisch fixiert wurde und ein einziges Ereignis (ein Sprung ins Wasser, ein Sprung durch einen Reifen) zur Abbildung kam.[28] 1999 dehnte *bullet time* die Dauer einer minimalen Handlung (einer Kugel ausweichen, einen Tritt ausführen) auf eine Erzählzeit von einigen Sekunden aus. CAROUSEL stellt 2009 wieder »Nullzeit« oder absolute Stasis her, allerdings mit dem Unterschied, dass das Gezeigte sich zu einem Narrativ vielfältiger Handlungen entfalten darf.

Zwar ist es zweifellos möglich, die in der Fahrt der Kamera *nacheinander* gezeigten Ereignisse des Banküberfalls als diegetisch absolut *gleichzeitig* zu lesen. (Damit würde der paradoxe Fall einer Plansequenz vorliegen, die die Funktion einer alternierenden Montage übernimmt, in der ebenfalls das Nacheinander von Bildern deren diegetische Gleichzeitigkeit indiziert.) Ich möchte allerdings für eine andere Lesart plädieren. CAROUSEL präsentiert einen Banküberfall als stark typisiertes Tableau aus lauter generischen Versatzstücken. Den Regeln des Genres zufolge ist ein Banküberfall als sorgfältig geplanter Mechanismus, als Kette aus Vorbereitung – Ausführung – Flucht und Verfolgung darzustellen. Innerhalb dieser Abfolge ist die Situation des Duells zwischen Polizisten und Bankräubern gewissermaßen ein Fla-

---

etablierte stilistische Element einer gedehnten (hier mehr als vier Minuten langen) Plansequenz durch eine ansonsten erstarrte Szene, sondern auch das Szenario: Polizisten und schwer bewaffnete Einsatzkommandos liefern sich eine Schießerei mit einer Gruppe hochgerüsteter Bankräuber, die Clownsmasken tragen. Auch dieser Kurzfilm schließt mit einer überraschenden Wendung in letzter Sekunde.

28   Für den Begriff der »Nullzeit« vgl. Jens Schröter: A momentary flash. Kurze Anmerkung zu sehr kurzen Lichtblitzen. In: Axel Volmar (Hg.): *Zeitkritische Medien*. Berlin: Kadmos 2009, S. 167–174.

schenhals: Das Geschehen wird krisenhaft, wenn Protagonisten und Antagonisten sich gegenseitig immobilisieren. Zwei Ausgänge sind möglich: Entweder wird eine Bewegung erfolgreich blockiert (und die Bankräuber werden festgenommen) oder die Flucht gelingt. Die paradoxe zeitliche Struktur des Films ist also nicht notwendigerweise als reale Momentaufnahme einer Situation lesbar, sondern auch als Allegorie für die *krísis* des Motivs, in der alles auf eine Entscheidung drängt und sich zugleich alle Kräfte gegenseitig aufheben.

Die Stasis dieser unentschiedenen Situation wird, wenn auch erst in letzter Sekunde, durch die Narration konterkariert, die mit einer überraschenden Enthüllung endet. Die narrativen Voraussetzungen – die Guten und die Bösen sind, trotz der chaotischen und katastrophalen Auseinandersetzung, eindeutig zu identifizieren – erweisen sich als falsch. Ausgerechnet diejenige Figur, die als einzige durch eine Großaufnahme individualisiert wird, die die Kamerafahrt eröffnet und damit eine narrative Funktion übernimmt, entpuppt sich zum Schluss als doppelgesichtig. Bemerkenswert ist nun nicht das *twist ending* als solches, sondern die Form seiner Vermittlung. Während die Kamera eine Kreisfahrt unternimmt, in der sich keinerlei diegetische Veränderung zu vollziehen scheint, macht die Narration einen Sprung: Wir wissen am Ende nicht nur mehr über die Ereignisse und Beteiligten des Überfalls (ein Wissen, das rein summarisch ist und Genrekonventionen bestätigt: fallende, springende und sich duckende Körper, Explosionen, Mündungsfeuer, berstendes Glas usw.), sondern auch, dass die Instanz, die uns durch diese diegetische Welt führt, das Wissen darüber nicht in Form einer zeitlosen Liste oder Aufzählung präsentiert (als bloße Addition von Eindrücken), sondern erzählerisch und rhetorisch vorgeht, indem sie Informationen gezielt zurückhält oder preisgibt.

Plansequenzen durch zeitlose Räume

Für Bazin war die Plansequenz dasjenige filmische Verfahren, das wie kein zweites geeignet ist, dem fiktionalen filmischen Setting Authentizität zu verleihen.[29] In der Plansequenz oder Sequenzeinstellung werden Handlungen und Ereignisse nicht nur, wie in der Montage, bloß dem Anschein nach oder imaginär miteinander verkettet, sondern in einer einzigen Einstellung

---

29 Vgl. André Bazin: Schneiden verboten! [1953/56]. In: Ders.: *Was ist Film?* Berlin: Alexander 2004, S. 75–89.

als real verbunden oder wenigstens benachbart gezeigt. Dieser Überschuss des Zeigens – sowohl der einzelnen Elemente oder Figuren als auch ihrer tatsächlichen Verbundenheit – macht für Bazin die Plansequenz zum filmischen Verfahren des Realismus par excellence. Lorenz Engell beschreibt das Verfahren wie folgt:

> Die Leitidee der Plansequenz ist diejenige des Kontinuums. Wir sehen nicht, wie in der gewöhnlichen erzählenden Montage oder dem filmischen Szenenumbruch, ausschnitthaft Anfang, Mitte und Ende eines Vorgangs; und wir ergänzen auch nicht die dazwischen fehlenden Teile. Im Gegenteil, wir sehen einen zusammenhängenden Ablauf ohne jede Pause und ohne etwas hinzuzufügen. Die Eck- und Wendepunkte sind nicht im Voraus ausgewählt. Wir können nicht sagen, welches der entscheidende Punkt oder der glückliche Moment in diesem Verlauf eigentlich ist. Wir können aber sehr wohl sehen, dass und wie im Verlauf der Sequenz etwas in etwas anderes sich verwandelt.[30]

Überträgt man Engells Charakterisierung der Plansequenz auf die hier in Rede stehenden Beispiele, fällt zweierlei auf. Erstens wäre der Beobachtung, dass die Plansequenz den »entscheidenden Punkt« nicht markiert, entgegenzuhalten, dass CAROUSEL immerhin von nichts anderem erzählt als einer Entscheidung (Verhaftung oder Flucht), die durch eine gewaltförmige Auseinandersetzung herbeigeführt werden soll, die aber in der Dauer der Narration nie eintreten wird. Diese Logik des *Aufschubs*, der Verschiebung aller zeitlichen in räumliche Register im *frozen moment*, wird auch am »glücklichen Moment« nachvollziehbar, einem Begriff, der nicht erst seit der Klassik genutzt wird, um das Verhältnis zwischen den Künsten und Medien zu diskutieren.[31] So erinnern die herausgehobenen Posen der Figuren und ihre skulpturale Qualität durchaus an Lessings Bildbeschreibung der Laokoon-Gruppe. Allerdings wird im Fallen, Stürzen und Sterben der Beteiligten kein »fruchtbarer Augenblick« zum Sujet. Vielmehr lässt sich die Szene mit der ursprünglichen (homerischen) *räumlichen* Bedeutung des καιρός in Verbindung bringen,

---

30   Lorenz Engell: Film als Weltanschauung. In: Ders.: *Playtime*. Konstanz: UVK, S. 9–29, hier S. 24.

31   Norbert Christian Wolf: Prägnanter Moment. Studien zur deutschen Literatur der Aufklärung und Klassik. In: Peter-André Alt u.a. (Hg.): *Festschrift für Hans-Jürgen Schings*. Würzburg: Königshausen & Neumann 2002, S. 373–404. URL: http://www.goethezeit-portal.de/db/wiss/epoche/wolf_augenblick.pdf [letzter Zugriff am 22.3.2016].

Trailer von PAYDAY 2: καίριος, oder die entscheidende Stelle in der Rüstung

als Bezeichnung für einen kritischen Punkt in Form eines Ein-
schnitts oder einer Öffnung: So bezeichnet das nur in der Ilias auf-
tauchende Adjektiv kairios [καίριος] dort eine Schwachstelle, eine
»entscheidende Stelle« in einer Rüstung, einem Gelenk oder einem
Verbindungsstück (IV, 185; XI, 439; VIII, 326) oder auch die Kno-
chennaht des Schädels (VIII, 84)[32]

Vor diesem Hintergrund wird die Auseinandersetzung zwischen den hochge-
rüsteten Bankräubern und den mit Körperpanzern, Helmen, schusssicheren
Westen und Einsatzschildern ausgestatteten Polizisten lesbar als Auseinandersetzung um den καιρός als derjenigen Stelle am Körper, »in die auf fatale
Weise ein Pfeil eindringen und über das Schicksal entscheiden kann«,[33] was
vor allem der Trailer von PAYDAY 2 in eindringlicher Weise in Szene setzt.

---

32   Balibar 2013, Abs. 16.
33   Ebd.

Umgebungen in völliger Auflösung

Was aber, so muss man im Anschluss an das Zitat und die genannten Beispiele fragen, »verwandelt« oder »verändert« sich in den Plansequenzen der
frozen time? Wie stellt sich in der Zeitabwesenheit ein »zusammenhängender
Ablauf« ein?

Ein weiteres Beispiel soll helfen, die folgende Überlegung besser zu konturieren. Die Eröffnungssequenz der CSI-Folge A Family Affair (Erstaus-
strahlung am 24. September 2009, Regie: Kenneth Fink) präsentiert in
einem zwei Minuten und 17 Sekunden dauernden Tableau den Überfall
einer Gruppe russischer Gangster auf das Gebäude und Labor des CSI-Teams:

> The camera starts in the morgue, flying through a water spray over
> a number of corpses on gurneys. The environment is in total disar-
> ray, with bodies falling out of the coolers, and smoke and debris
> floating in midair. We travel past a coroner screaming into a phone
> and around a corner, to find Doc Robbins (Robert David Hall,
> Starship Troopers) in mid-leap as he whacks one of the robbers in
> the head, sending the man's weapon flying. The camera swoops
> through floating medical instruments past the first tableau and up
> into the ceiling. One floor up, we find the same chaos in the Lab,
> with the CSIs and lab techs frozen in mid-motion.
> The camera continues past a book case tipping over, with falling
> curios, books and antiques suspended in shattered glass. Panning
> right and heading into the DNA Lab, the camera flies past one of
> the lab techs with a bullet exploding out of her shoulder, as she
> crashes through plate glass while suspended three feet off the ground.
> Wiping past her into the Lab proper, the camera finds Dr. Raymond
> Langston (Laurence Fishburne, The Matrix) kicking a second rob-
> ber Morpheus-style through plate glass, while several rounds of
> ammunition leave trails of disturbed air in their wakes.
> Flying smoothly past Catherine Willows (Marg Helgenberger, Spe-
> cies, Species II) and over an exploding lab experiment, the camera
> continues down the hall past David Hodges (Wallace Langham,
> Weird Science) and Wendy Simms (Liz Vassey, The Tick), who
> hang suspended horizontally in midair as they leap to avoid gunfire,
> and into the muzzle flash of the gun of another robber.[34]

---

34 Erik David Even: Zoic Stops Time, Creates Historic »Frozen Moment« Sequence for CBS'
    »CSI« Premiere. In: *I Design Your Eyes* (6.11.2009). URL: http://kunochan.com/?p= 1024
    [letzter Zugriff am 22.3.2016].

Auf die Frage nach der Möglichkeit einer zeitenthobenen Plansequenz lassen sich drei Antworten geben, denen gemeinsam ist, dass sie zeitliche jeweils in räumliche Kategorien übersetzen:

Erstens folgt die Kamera in allen Beispielen einer Linie, die von außen nach innen führt, die in den Raum von dessen Rand her eintritt, ihn durchquert und anschließend wieder verlässt. Die Einheit der Zeit, die unteilbare Dauer einer Handlung, die von der Plansequenz gewahrt und von der Montage zerstückelt wird, kehrt im *frozen moment* als Einheit eines Raumes wieder, der vollständig durchmessen und vorgeführt wird. Ein *twist ending* markiert zusätzlich das Ende der Sequenz, das in der Rückkehr der Kamera zu ihrem Ausgangspunkt oder in das Außen des Raumes ohnehin angekündigt wird.

Zweitens dauert der Effekt stets die gesamte Länge der Einstellung; dieses ist ein in sich abgeschlossenes Narrativ, das das Vorher und Nachher jeweils auslagert. Carousel und der Trailer von Payday 2 können sich dabei darauf verlassen, dass die Frage nach dem Woher oder Warum bei einem generischen Motiv keine Rolle spielt und ignoriert werden kann. A Family Affair hingegen setzt auf die voraussetzungslose Kraft des Anfangs. Die Sequenz leitete nicht nur die Episode ein, sondern, nach einer längeren Sendepause, die zehnte Staffel insgesamt, und hält (wie bei einer Vorausblende) die Antwort auf die Frage nach dem Vorher und dem Nachher, nach den Ursachen und den Konsequenzen des Gezeigten, bis etwa zur Mitte der Episode zurück, um den Überfall dann in die Kausalketten des Plots zu reintegrieren.[35]

Wenn, *drittens*, der *frozen moment* auf jeglichen Schnitt verzichtet, dann vor allem auf die Möglichkeit, den Exzess des dargestellten Geschehens durch eine hyperkinetische Montage, durch einen stakkatohaften Wechsel verschiedener Perspektiven darzustellen. Statt einer Überfülle an *shots* wird eine Überfülle an Details angeboten. Diesen Plansequenzen ist nicht nur nichts hinzuzufügen, diese Räume und Gänge sind Behälter, die bis zum Rand angefüllt sind mit dem Staub der Ereignisse:[36] Rauch, Mündungsfeuer, Glassplitter und zahllose weitere Körper, die zu schweben scheinen, dort aufgehoben und fixiert sind. Wie die Kamera müssen sich auch die Zuschauer in einer Umgebung in völliger Auflösung zurechtfinden. Nicht die Zeit, der

---

35   Zugleich dient die Eröffnungssequenz, wie auch im zitierten Text deutlich wird, als *opening credits*, zur Präsentation der einzelnen Figuren bzw. Schauspieler, die dem Publikum nach der Sendepause wieder ins Gedächtnis gerufen werden. In ähnlicher Weise hat der klassische Hollywoodfilm der 1930er Jahre sein Personal in »bebilderten Cast-Listen« vorgestellt, vgl. Alexander Böhnke: Vorspann. In: Joanna Barck, Petra Löffler (Hg.): *Gesichter des Films*. Bielefeld: transcript 2005, S. 307–319, hier S. 308.

36   In dieser Ästhetik ähneln sie den Bildern des gegenwärtigen 3D-Kinos.

Adam Berg: Carousel,
Kenneth Fink: CSI: A Family Affair,
sowie Payday-2-Trailer.
Der Staub der Ereignisse

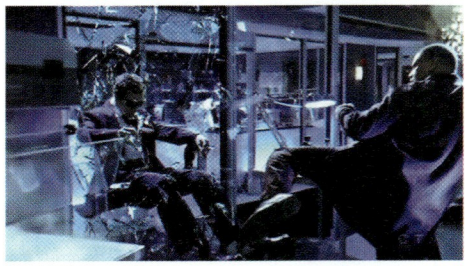

Raum ist hier aus den Fugen, *in total disarray*. Immer wieder geraten die Elemente dieser Unordnung in den Weg der Kamera, wird der Blick für kurze Zeit unscharf oder trübe, bevor er durch fliegende Glassplitter oder eine Wand aus Feuer tritt und enthüllt, was dahinter verborgen war.

Obgleich diese Plansequenzen des *frozen moment* auf einen Wechsel der Perspektiven in der Montage verzichten, folgen sie demnach dennoch einer sorgsamen Ökonomie der Blicklenkung und -ablenkung, des Zeigens und Verbergens, des Transparenten und des Intransparenten. Sie sind durch die räumliche Bewegung und durch Details auf vielfache Weise rhythmisiert und gegliedert. Durch zahllose Hindernisse hindurch kann der Blick nicht kontemplativ schweifen, sondern muss den Trajektorien der Kamera folgen. Dabei geht der Vektor stets von der Ver- zur Entbergung, von der Andeutung zur Enthüllung. Am Ende wird jede Feuerwand durchfahren, jeder fallende Körper umrundet, jede ballistische Flugbahn nachverfolgt sein: Auf diese Weise wird das Chaos der Geschehnisse zugleich bestätigt und negiert.

Die anderen (und anderen und anderen und anderen) Jungs

Es gibt freilich eine alternative Möglichkeit des *frozen moment,* die (paradoxe) Entwicklung einer Situation darzustellen, in der sich nichts mehr bewegt. Sie lässt sich anhand einer Szene aus THE OTHER GUYS (2010, Adam McKay) beschreiben:

Am Tiefpunkt ihrer verschiedentlich gescheiterten Versuche, einen millionenschweren Finanzbetrug aufzudecken, dem Spott ihrer Kollegen zu entkommen und ihre Paarbeziehungen zu retten, treffen sich die beiden New Yorker Polizisten Allen Gamble (Will Ferrell) und Terry Hoitz (Mark Wahlberg) auf ein Feierabendbier.[37] Hoitz lädt Gamble ein, den Job Job sein zu lassen und ein Pub aufzusuchen. Gamble erwidert, er hätte schon ein Getränk. »No, no, no. I'm talking about doing some serious drinking. Drink with Terry Hoitz.« Es setzt Musik ein. Die folgende, rund 44 Sekunden lange Szene führt die Ereignisse dieser *night out* vor. Zu den Beats und Lyrics von »Imma Be« der Black Eyed Peas (aus dem Album *The E. N. D.*, 2009) durchmisst die Kamera in einer einzigen Einstellung den Pub vom Eingang bis zu dessen hinteren Ende. Außer der Kamera selbst bewegt sich kein Element in

---

37 Inspiriert wurde die Szene von Bergs CAROUSEL, vgl. Eric Ditzian: »The Other Guys«. Five Secrets revealed. In: *MTV News* (9.8.2010). URL: http://www.mtv.com/news/1645370/the-other-guys-five-secrets-revealed/ [22.3.2016].

Adam McKay:
THE OTHER GUYS (2010)

diesem Raum, in dem der Lauf der Dinge angehalten scheint. Sämtliche Figuren, Gegenstände und Ereignisse (stürzende Gläser, abgefeuerte Pistolenkugeln, ein brennender Abfalleimer, fliegende Geldscheine) sind stillgestellt, werden aber wie Skulpturen umfahren. Hoitz, Gamble und weitere Gäste sind in diesem Raum, in verschiedenen Situationen und Zuständen, gleich mehrfach vorhanden.

Mit einer gewissen Ähnlichkeit zum Stationendrama, das einzelne Szenen oder Bilder lose aneinanderreiht, werden die sich steigernden Konsequenzen des »ernsthaften Trinkens« in mehreren Etappen vorgeführt: Eintritt von Hoitz und Gamble; gemeinsames Biertrinken und Popcorn-Werfen mit zwei weiblichen Pubgästen; Hoitz, der einem älteren männlichen Gast Bier über den Kopf schüttet, während Gamble, eine weitere Begleiterin auf dem Schoss, an der Theke seine Pistole abfeuert; Hoitz, das Hemd offen, der hochprozentigen Alkohol direkt aus der Flasche kippt (und seine Pistole abfeuert), während Gamble einem Priester in den Arm beißt; schließlich Gamble, der auf dem Billardtisch stehend uriniert, während Hoitz den Gästen, vermutlich zur Beruhigung, seine Polizeidienstmarke und ein Bündel Geldscheine zeigt. Die Einstellung endet mit einem Schnitt auf die Silhouette der Stadt, über der die Sonne aufgeht. *Fade out music.*[38]

Während weitgehend dieselbe Technik wie in CAROUSEL angewendet wurde, wurde die Vervielfachung der Figuren mithilfe eines *motion-control*-Systems erreicht, das die mehrfache präzise Wiederholung der Kamerafahrt erlaubte. So wurde es tatsächlich möglich, darzustellen, wie »etwas in etwas anderes sich verwandelt«, nämlich zwei Ordnungshüter in zwei randalierende und um sich schießende Pubgäste.

Kreise und Linien

Angetreten als ein Verfahren, um einen minimalen Ausschnitt diegetischer Zeit zu dehnen, wurde der *frozen moment* in Verbindung mit der Plansequenz zu einem narrativen Prinzip, das in der Lage ist, auch ausgedehnte und vielfach verteilte Handlungsabläufe in zeitlich komprimierter Weise darzustellen. Die Bewegung geht vom Kreis zur Linie: von den *Time-Slice*-Konstruktionen Tim Macmillans über die Halbkreise in der Patentschrift von Taylor,

---

38 Im Übrigen kann der Song »Imma Be« nicht nur als Begleitung, sondern als expliziter Kommentar der Szene verstanden werden. Schon das Musikvideo ist erstens über mehrere Stationen aufgebaut und bringt zweitens seine Protagonisten, die Bandmitglieder, in zeitlich paradoxe Situationen: eingeschlossen in Loops, die nur sie selbst, nicht aber ihre Umgebung zu betreffen scheinen. Das »Imma Be«, die Ankündigung einer veränderten und besseren Zukunft des Ich, das Versprechen auf den Ausbruch aus einem fürchterlichen Wiederholungszwang, charakterisiert schließlich auch die desolate Lage von Hoitz und Gamble.

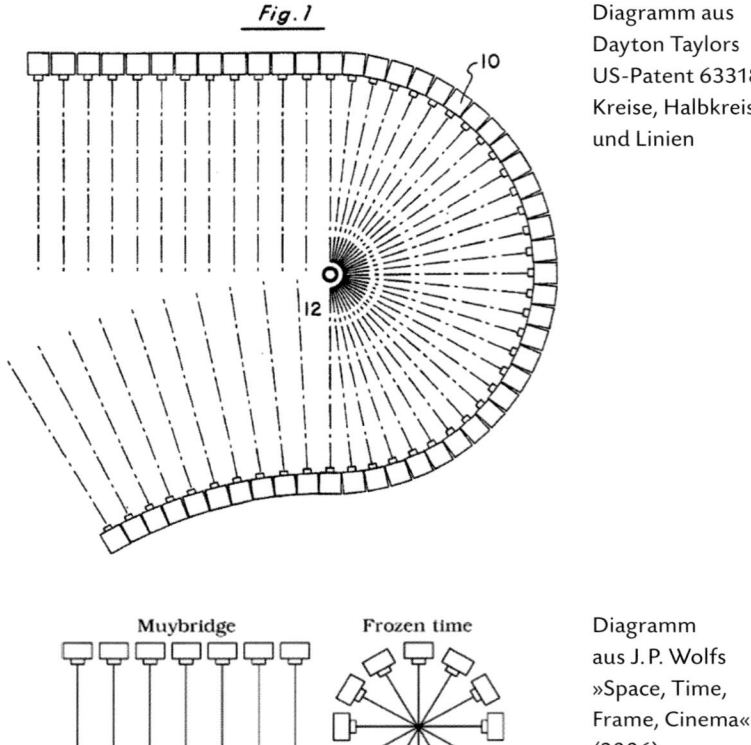

Diagramm aus
Dayton Taylors
US-Patent 6331871 B1:
Kreise, Halbkreise
und Linien

Muybridge   Frozen time

Diagramm
aus J. P. Wolfs
»Space, Time,
Frame, Cinema«
(2006)

FIGURE 1 A Muybridge set-up (in which a linear camera array follows a moving subject) versus a frozen time set-up (in which a circular camera array tracks around frozen action).

über die zu ihrem Ausgangspunkt zurückkehrende Plansequenz in CAROUSEL bis zu der einmal von vorne nach hinten durchquerten Bar in THE OTHER GUYS. Zugleich dehnen sich die erzählten Zeiträume aus, von der Nullzeit springender oder hüpfender Protagonisten bei Macmillan über die Minimalbewegungen (die maximale Wirkung und Kraft entfalten) der Renegaten der MATRIX bis hin zu den turbulenten Ereignissen einer *night out*, die erst mit dem Sonnenaufgang endet.

Rehak schreibt über das Schicksal der Spezialeffekte: »More noticeably than other filmic elements, special effects preserve specific aggregates of narrative and technological practice like insects in amber«.[39] Während die

---

39   Rehak 2007, S. 31.

Metapher des in Bernstein fixierten Insekts als Beschreibung des Prinzips des *frozen moment* durchaus erhellend wäre, verstellt die Annahme, dass Spezialeffekte als Verfahren nicht aus ihrer Zeit herausgelöst werden können und späteren Generationen folglich stets als überholt erscheinen müssen, den Blick auf zwei Einsichten: darauf, dass Spezialeffekte eine Vergangenheit haben, und darauf, dass sie eine Zukunft haben. Der filmische Effekt stillgestellter Zeit wurde zwar erst 1999 populär, beruht aber (zum großen Teil) auf Ideen, die mehr als 100 Jahre früher datieren. Andererseits werden Spezialeffekte (wie Medien) durch Ablösung nicht obsolet oder zukunftsuntauglich, sondern nehmen neue Funktionen an, wandeln sich, rücken in neue narrative Zusammenhänge ein.[40] Diese Herkünfte und Zukünfte, Generationsprozesse und Sukzessionsbeziehungen der Spezialeffekte gilt es ebenso herauszuarbeiten wie die vielfältigen ästhetischen, narrativen und stilbildenden Funktionen, die sie im Laufe ihrer Karrieren übernehmen.[41]

---

40 Die anhaltende Popularität des Effekts hat dazu geführt, dass verschiedene Systeme entwickelt werden, den *frozen-moment*-Effekt per Eigenbau nachzustellen. Vgl. Silvia Weber: Diese App macht den Bullet-Time-Effekt aus »Matrix« massentauglich. In: *Wired* (9.7.2015); James Hobsin: Frozen Pi. An affordable Bullet Time recorder (31.3.2014). URL: http://hackaday.com/2014/03/31/frozen-pi-an-affordable-bullet-time-recorder [letzter Zugriff am 22.3.2016].

41 Einer medienphilosophischen Betrachtung muss die Aufgabe überlassen werden, *frozen moment* als ein Denken in filmischen Bildern zu deuten und die ideelle *suspension* (die Hegel'sche »Aufhebung«) in der materiellen *suspension* (die Aufhängung der Darsteller an Drähten, die anschließend retuschiert werden) wieder sichtbar und lesbar zu machen. Beides sind immerhin Verfahren zur Produktion der »Einheit des Entgegengesetzten« von Bewegung und Stillstand.

Die Autorinnen und Autoren des Bandes

Blunk, Julian, Studium der Kunstgeschichte und der Film- und Fernsehwissenschaften in Bochum. Abschluss mit einer Arbeit über Andrea Pozzos Fresken in Sant'Ignazio. Promotion im Rahmen des Internationalen Graduiertenkollegs 625 »Institutionelle Ordnungen, Schrift und Symbole« der TU Dresden und der EPHE Paris mit der Arbeit *Das Taktieren mit den Toten. Die französischen Königsgrabmäler in der Frühen Neuzeit* (2011). Seit Juni 2008 wissenschaftlicher Mitarbeiter am Institut für Kunstwissenschaft und Ästhetik der Universität der Künste Berlin.

Bordwell, David, Jacques Ledoux Professor of Film Studies, Department of Communication Arts, University of Wisconsin-Madison. Jahrzehntelange Forschungstätigkeit, eine Vielzahl an Publikationen – darunter *The Way Hollywood Tells It: Story and Style in Modern Movies* (2006), *Visual Style in the Cinema: Vier Kapitel Filmgeschichte* (2001), *The Classical Hollywood Cinema: Film Style and Mode of Production to 1960* (1985) –, zahlreiche Auszeichnungen. Mitbegründer der neoformalistischen Schule der Filmanalyse.

Echle, Evelyn, wissenschaftliche Mitarbeiterin am Architekturdepartement der ETH Zürich. Forschungsschwerpunkte sind Bildtheorie, Filmgeschichte sowie Architektur und Film. Nach mehrjähriger Tätigkeit als Printredakteurin Studium der Film- und Fernsehwissenschaften, Germanistik und Pädagogik in Bochum und Zürich; Dissertation zum Ornament als ästhetischem Prinzip des kinematografischen Raumes im Stummfilm (erscheint 2016 im Schüren-Verlag). Lehraufträge an der Filmuniversität Potsdam-Babelsberg und der Universität Zürich; Autorin des Buches *Danse Macabre. Die Figur des personifizierten Todes als filmische Allegorie* (2009) und seit 2007 Mitherausgeberin der Fachzeitschrift *Montage AV*.

Flückiger, Barbara, außerordentliche Professorin ad personam für Filmwissenschaft an der Philosophischen Fakultät der Universität Zürich. Nach jahrelanger filmtechnischer Tätigkeit Studium der Germanistik, Publizistik und Filmwissenschaft in Zürich und Berlin. Promotion 2001 an der Universität Zürich mit der Schrift *Sound Design. Die virtuelle Klangwelt des Films*. 2002–2004 Oberassistentin am Institut für Medienwissenschaften der Universität Basel. Dozentin zu Theorie und Praxis der Filmgestaltung an verschiedenen Hochschulen in der Schweiz und der BRD. Abgeschlossene Forschungsprojekte über Sound Design und digitales Kino. 2004 bis 2006 Habilitationsprojekt zu technischen, ästhetischen und narrativen Aspekten von computergenerierten Visual Effects an der Universität Zürich. 2007 Habilitation im Fachbereich Philosophie und Geisteswissenschaften an der Freien Universität Berlin mit der Schrift *Visual Effects. Digital / analoge Formen der filmischen Darstellung.* Seit Februar 2007 Gastprofessorin am Seminar für Filmwissenschaft der Universität Zürich. 2015 Advanced Grant des European Research Council für das Forschungsprojekt »Film Colors. Bridging the Gap Between Technology and Aesthetics«.

Hagener, Malte, Professor für Medienwissenschaft, insbesondere Geschichte, Theorie und Ästhetik des Films, an der Universität Marburg. Studium der Medien- und Literaturwissenschaft sowie der Philosophie an der Universität Hamburg, an der University of East Anglia, Norwich / England, und an der Universiteit van Amsterdam. 2001–2004 Mitarbeiter am Institut für Medien und Kultur der Universiteit van Amsterdam, Promotion im Rahmen des Projekts »Cinema / Media Europe«. 2004–2007 wissenschaftlicher Mitarbeiter im Bereich Medienwissenschaft an der Universität Jena. 2007–2010 Akademischer Rat an der Leuphana-Universität Lüneburg im Institut für angewandte Medienforschung. 2008/09 Vertretungsprofessur für Filmwissenschaft an der Ruhr-Universität Bochum.

Hanich, Julian, Associate Professor of Film Studies an der Universität Groningen (Niederlande). Studium der Nordamerikastudien, Filmwissenschaft und Kunstgeschichte in Berlin, Berkeley und München. Promotion an der Freien Universität Berlin. 2009 bis 2012 filmwissenschaftlicher Mitarbeiter am Exzellenzcluster »Languages of Emotion« der Freien Universität Berlin. Forschungsaufenthalte an der UCLA und der Universität Amsterdam. 2010/11 Vertretung einer medienwissenschaftlichen Juniorprofessur an der Christian-Albrechts-Universität zu Kiel.

Kaiser, Tina, wissenschaftliche Mitarbeiterin am Institut für Medienwissenschaft der Philipps-Universität Marburg. Studium der Film-, Kultur- und Kunstwissenschaft in Lüneburg und Berlin, 2008 Promotion mit *Aufnahmen der Durchquerung – das Transitorische im Film.* Arbeiten als Autorin, Dozentin, Herausgeberin, Film- und Medienwissenschaftlerin sowie im Kinospielfilmbereich (Regieassistenz, Drehbuchentwicklung, Recherche). 2011–2014 organisatorische Leitung des Marburger Kamerapreises. 2015 Mitgründerin der Medienpraxis-Veranstaltungsreihe »Doing Audio-Visual Media« an der

361

Universität Marburg. Aktuelles Postdoc-Forschungsprojekt: *Arbeit am Audio-visuellen – ästhetische, narrative und produktionstechnische Strategien aus der Kinoperipherie* (AT).

Kammerer, Dietmar, wissenschaftlicher Mitarbeiter am Institut für Medienwissenschaft der Philipps-Universität Marburg. Studium der Allgemeinen und Vergleichenden Literaturwissenschaft, Philosophie und Politikwissenschaft an der Universität Konstanz, der University of Warwick und der Freien Universität Berlin. 2007 Promotion am Kulturwissenschaftlichen Seminar der HU Berlin. Jahrelange Tätigkeit als freier Autor, Filmkritiker, Kulturjournalist. Publikationen zu Filmwissenschaft sowie im Bereich der Surveillance Studies. Monografie *Bilder der Überwachung* (2008). Habilitationsprojekt *Medialität im Film*.

Kirsten, Guido, wissenschaftlicher Mitarbeiter an der Universität Stockholm. Studium der Filmwissenschaft (sowie der Soziologie und Philosophie) an der Universität zu Köln, der Sorbonne Nouvelle (Paris III) und der Freien Universität Berlin. Von 2007 bis 2009 wissenschaftlicher Mitarbeiter im Forschungsprojekt »Zurück zur Leinwand« an der Friedrich-Schiller-Universität Jena. Seit Oktober 2009 Mitarbeiter im NCCR »Mediality: Medienwandel – Medienwechsel – Medienwissen« der Universität Zürich mit einem Dissertationsprojekt zur Theorie und Geschichte des filmischen Realismus. Diverse Veröffentlichungen in Fachzeitschriften und Sammelbänden. Herausgeber (gemeinsam mit Karl Sierek) von *Das chinesische Kino nach der Kulturrevolution* (2011). Seit 2007 Mitherausgeber der Zeitschrift *montage AV*, verantwortlich insbesondere für die Hefte *Warum Bazin* (1/2009) und *Filmologie / Soziologie* (2/2010).

Köhler, Kristina, wissenschaftliche Assistentin, Lehrbeauftragte und Doktorandin am Seminar für Filmwissenschaft der Universität Zürich. Studium der Medien-, Film- und Theaterwissenschaften in Brüssel, Weimar und Lyon. 2007 wissenschaftliche Mitarbeiterin am International Graduate Centre for the Study of Culture der Justus-Liebig-Universität Gießen. Seit 2008 Dissertationsprojekt *Im Sinnesrausch der Bewegung. Die Rede vom Tänzerischen als medientheoretische Reflexion des Films in der Moderne (1895 bis 1935)*. Initiantin und Leiterin der interdisziplinären Forschungsgruppe »FilmWissen«, die 2008/09 als Peer-Mentoring-Projekt von der Universität Zürich gefördert wurde. Von September 2012 bis August 2013 Archiv- und Forschungsaufenthalt in Berlin: Stipendiatin des Schweizerischen Nationalfonds und Gastforscherin an der Universität der Künste Berlin. Mitherausgeberin des Bandes *Serielle Formen: Von den frühen Film-Serials zu aktuellen Quality-TV- und Online-serien* (2011). Mitherausgeberin der Zeitschrift *Montage AV.*

Lauenburger, Adina, Lehrkraft für besondere Aufgaben am Lehrstuhl für Medienwissenschaft der Universität Regensburg. Studium der Neueren deutschen Literatur, Theaterwissenschaft und Psychologie in Berlin. 2005–2007 DFG-Stipendiatin des Graduiertenkollegs »Mediale Historiographien« der Universitäten Weimar, Erfurt und Jena. Herbst 2007 Visiting Fellow am Department of German der Northwestern University, Evanston / USA. 2008–2010 wissenschaftliche Mitarbeiterin am »Internationalen Kolleg für Kulturtechnikforschung und Medienphilosophie« (IKKM) in Weimar.

Lehmann, Hauke, Postdoktorand am Exzellenzcluster »Languages of Emotion« in Berlin. Er hat Film- und Theaterwissenschaft an der FU Berlin und in Prag studiert. Titel seiner Dissertation: *Die Aufspaltung des Zuschauers. Suspense, Paranoia und Melancholie im Kino des New Hollywood.* Jüngste Publikation: »Schrecken der Straße. Steven Spielbergs DUEL als Road Movie-Horrorfilm«. In: Uta Felten, Kerstin Küchler (Hg.): *Kino und Automobil.* Tübingen: Stauffenburg Verlag 2013, S. 159–185.

Pantenburg, Volker, Juniorprofessor für Bildtheorie mit dem Schwerpunkt Bewegtbildforschung an der Fakultät Medien der Bauhaus-Universität Weimar. 2010–2013 Juniordirektor am IKKM Weimar. Studium der Komparatistik, Politikwissenschaft, Geschichte und Philosophie an den Universitäten Bonn und Paris IV. 1998–2006 wissenschaftlicher Mitarbeiter an der Universität Münster. 2005 Promotion zu *Film als Theorie. Bildforschung bei Harun Farocki und Jean-Luc Godard.* Im Rahmen des SFB »Ästhetische Erfahrung im Zeichen der Entgrenzung der Künste« an der FU Berlin verfolgte er 2007 bis 2010 ein filmwissenschaftliches Projekt zu zeitgenössischen Film- und Videoinstallationen und den Migrationsbewegungen zwischen Kino und Museum. 2008–2009 Projekt »Kunst der Vermittlung. Aus den Archiven des Filmvermittelnden Films«.

Wahl, Chris, Heisenberg-Professor für das audiovisuelle Kulturerbe an der HFF »Konrad Wolf«, wo er sich um den Aufbau eines Forschungszentrums »Filmerbe« bemüht. Schwerpunkte seiner Arbeit waren bislang Film und verbale Sprache bzw. audiovisuelle Übersetzung (polyglotter Film, Synchronisation, Untertitelung, Sprachversionen), deutsche Filmgeschichte sowie Medienästhetik und Filmstil (Zeitlupe und Mehrfachbelichtung). Herausgeber der Schriftenreihe *Film-Erbe* bei der edition text + kritik (München). Mitglied des Fachausschusses »Kulturerbe« im Deutschen Kulturrat. Mitglied des Beirates »Film, Fernsehen, Hörfunk« sowie dessen Arbeitsgruppe »Repertoire« im Goethe-Institut. Co-Betreiber des Blogs *Memento Movie – Materialien zum audiovisuellen Kulturerbe.*

Rolf Aurich / Ralf Forster (Hg.)

**Wie der Film
unsterblich wurde**
**Vorakademische Filmwissenschaft
in Deutschland**
417 Seiten, zahlr. s/w-Abbildungen,
€ 39,–
ISBN 978-3-86916-407-6

Als sich der Film etablierte, war seine Existenz noch rasch
vergänglich. Es fehlten all jene Personen und Institutionen, die
mittlerweile dazu beitragen, dass Materialien bewahrt und
Inhalte reflektiert werden: Filmarchive, Institute und Museen,
Ausstellungen, Studiengänge, Autoren und Verlage, film-
geschichtliche Websites ohnehin.

Die Beiträge dieser Anthologie gehen erstmals den Fragen
nach, wer die Akteure auf dem langen Weg gegen das Vergessen
waren, wann sie mit welchen Ideen, Erfolgen und Niederlagen in
Deutschland auftraten. So fächert der Eröffnungsband
der Reihe »Film-Erbe« den besonderen Facettenreichtum
jener Annäherungen an die Geschichte des Mediums auf:
Netzwerke werden erkennbar, die sich aus der Filmbranche
selbst heraus entwickelten. Produzenten, Sammler,
technische Pioniere und Journalisten riefen gemeinsam
zum Bewahren auf. Ein Standardwerk für alle, die sich mit
der Geschichte des Films befassen!

et+k

edition text+kritik · 81673 München · www.etk-muenchen.de

> **Film-Erbe**
Herausgegeben von Chris Wahl

Adelheid Heftberger

Kollision der Kader
Dziga Vertovs Filme,
die Visualisierung
ihrer Strukturen und
die Digital Humanities
517 Seiten, zahlr.
s/w-Abbildungen, € 49,–
ISBN 978-3-86916-463-2

Dziga Vertov (1896–1954) gilt als einer der bedeutendsten Filme-macher der Sowjetunion. Trotz der Aufmerksamkeit, die sein Werk durch Kollegen, Cinephile und Filmhistoriker erfahren hat, sind viele Fragen u. a. zu den dichten »Montagekonstrukten« und zur Überlieferungslage bis heute nicht beantwortet worden.

Mit diesem Buch liegt nun die bisher detaillierteste Untersuchung von Vertovs Schaffen vor. Im Zentrum stehen die acht Langfilme, aber auch seine Filmtheorie und die nicht realisierten Projekte werden besprochen. Dabei wird das Studium historischer Quellen mit quantitativer Filmanalyse und der Tradition des russischen Formalismus verbunden, und es werden Wege aufgezeigt, wie die Informatik und die Informationsvisualisierung genutzt werden können, um die Analyse von Vertovs Filmen auf eine neue Grund-lage zu stellen. Damit bietet das Buch nicht nur neue Einblicke in das komplexe Werk des Regisseurs, sondern greift auch aktuelle Entwicklungen in den Digital Humanities auf.

et+k

edition text+kritik · 81673 München · www.etk-muenchen.de

1. Platz
Sachbuchliste
(Februar 2016)
der »Süddeutschen
Zeitung«
und des NDR

Matthias Bauer

Michelangelo Antonioni
Bild – Projektion – Wirklichkeit
2015, 768 Seiten, zahlr. s/w Abb.,
geb., € 59,–
ISBN 978-3-86916-267-6

Michelangelo Antonioni (1912–2007) zählte nach seinem internationalen Durchbruch mit »L'avventura« (1960) zu den wichtigsten Vertretern des Europäischen Autorenkinos und erlangte mit »Blow-Up« (1966) Weltruhm. Im Dialog mit Gemälden und Romanen, mit Architektur, Mode und Design hat er sein Kino mehrmals neu erfunden: in Abgrenzung vom italienischen Neorealismus, in der Auseinandersetzung mit der Spätmoderne und mit der Fernsehgesellschaft wie in der Begegnung mit kultureller Alterität. Als offene Kunstwerke stellen seine Filme immer wieder politische und intellektuelle Gewissheiten infrage – zugunsten einer Welterkundung durch bewegte Bilder, die Beziehungsverhältnisse vergegenwärtigen. In dieser umfassenden Darstellung werden erstmals alle Regiearbeiten Antonionis, aber auch die zeitgenössischen Diskurse besprochen, die ihren Kontext bilden. Die Untersuchung bewegt sich im Spannungsfeld von Projektion und Wirklichkeit, Medien- und Mentalitätsgeschichte.

et+k

edition text+kritik · 81673 München · www.etk-muenchen.de

Film-Konzepte

Herausgegeben von Michaela Krützen,
Fabienne Liptay und Johannes Wende

auch als eBook

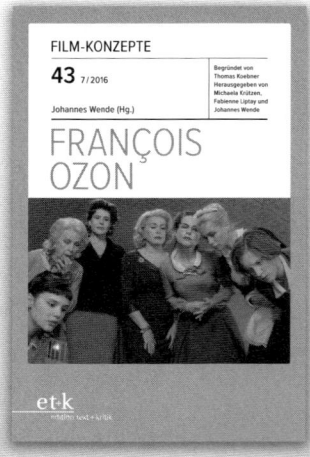

Johannes Wende (Hg.)

Heft 43

François Ozon

etwa 100 Seiten, zahlreiche farbige
und s/w-Abbildungen

ca. € 20,– (D)

ISBN 978-3-86916-511-0

François Ozon (*1967) zählt zu den wichtigsten französischen
Filmemachern der Gegenwart. Sein bereits jetzt sehr umfangreiches
Werk steht in der Tradition des französischen Autorenfilms.
Ozon verweist in seinen Filmen immer wieder auf die große
Filmgeschichte seines Landes, ohne in Ehrfurcht vor ihr zu
erstarren.

Bemerkenswert ist auch Ozons Vielseitigkeit: Sein Werk umfasst
aufsehenerregende Kurzfilme, bunte Publikumserfolge wie
»8 Frauen« oder »Swimming Pool« ebenso wie die psychologischen
Dramen »Unter dem Sand« oder »Jung und Schön«.
All diesen Facetten seines Schaffens widmen sich die Beiträge
dieses Film-Konzepte-Bandes.

edition text+kritik · 81673 München · www.etk-muenchen.de